나두공
직렬별 써머리 동영상 강의
5만원 가격파괴

국어+영어+한국사 행정법총론+행정학개론	국어+영어+한국사 행정법총론+교육학개론	국어+영어+한국사 행정법총론+노동법개론
일반행정직(5만원)	교육행정직(5만원)	고용노동직(5만원)

국어+영어+한국사 노동법개론+직업상담심리학개론	국어+영어+한국사 교정학개론+형사소송법개론	국어+영어+한국사 행정법총론+사회복지학개론
직업상담직(5만원)	교정직(5만원)	사회복지직(5만원)

구성 및 특징

핵심이론

시험에 출제되는 핵심 내용만을 모아 효율적인 학습이 가능하도록 구성하였습니다. 반드시 알아야 할 내용에 대한 충실한 이해와 체계적 정리가 가능합니다.

빈출개념

시험에서 자주 출제되는 개념들을 표시하여 중요한 부분을 한눈에 들어올 수 있도록 하였습니다. 합격에 필요한 핵심이론을 깔끔하게 학습하시기 바랍니다.

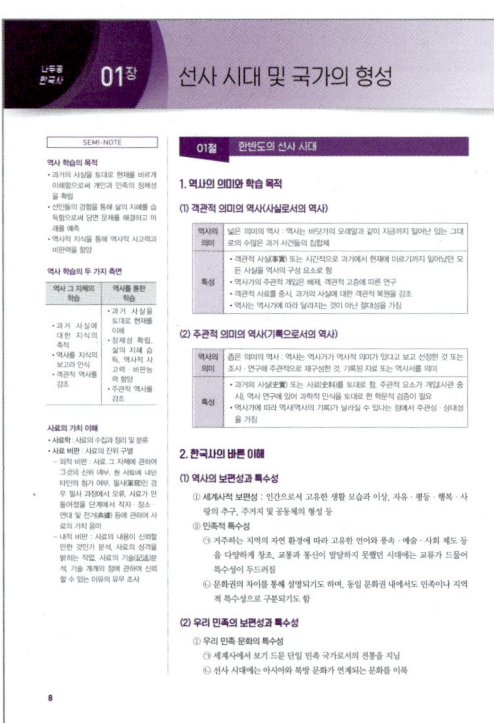

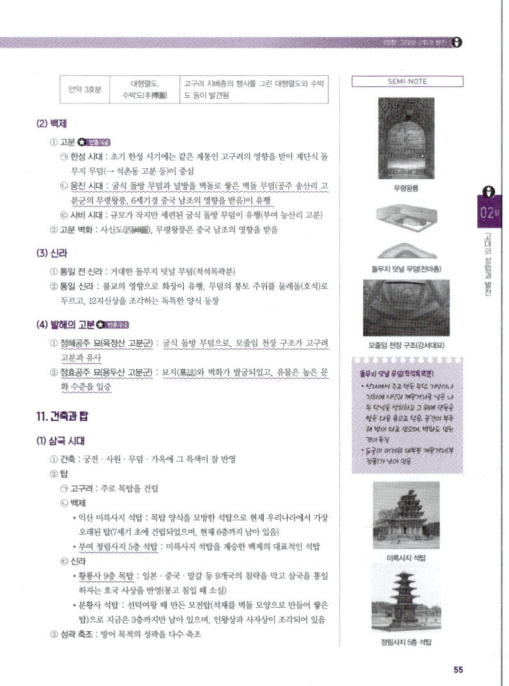

한눈에 쏙~

흐름이나 중요 개념들이 한눈에 쏙 들어올 수 있도록 도표로 정리하여 수록하였습니다. 한눈에 키워드와 흐름을 파악하여 수험에 도움이 되도록 하였습니다.

실력 up

더 알아두면 좋을 내용을 실력 up에 배치하고, 보조단에는 SEMI – NOTE를 배치하여 본문에 관련된 내용이나 중요한 개념들을 수록하였습니다.

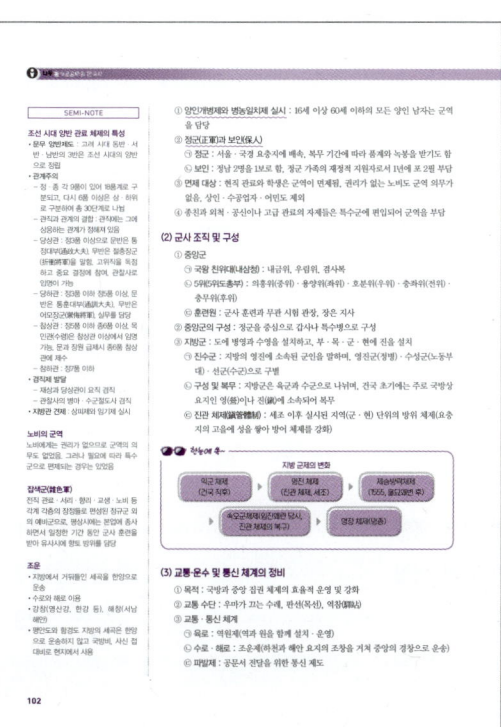

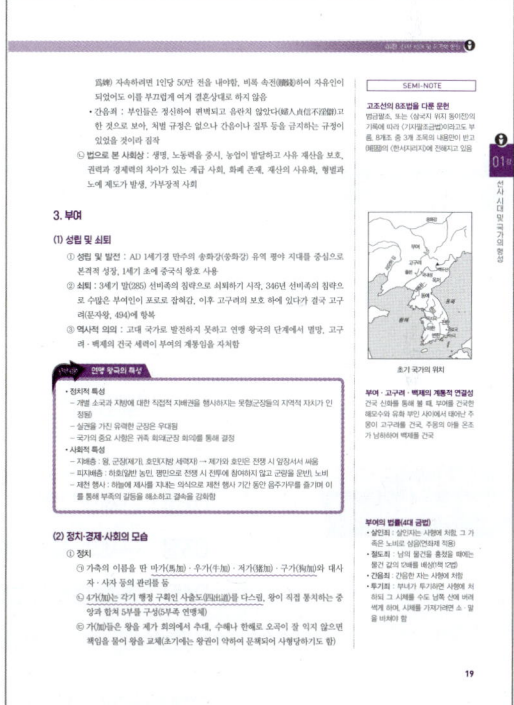

목 차

01장
선사 시대 및 국가의 형성
- 01절 한반도의 선사 시대 ·········· 8
- 02절 국가의 형성과 발달 ·········· 16

02장
고대의 성립과 발전
- 01절 고대의 통치 구조와 정치 활동 ·········· 26
- 02절 고대의 경제 구조와 경제 생활 ·········· 40
- 03절 고대의 사회 구조와 사회 생활 ·········· 43
- 04절 고대 문화의 발달 ·········· 46

03장
중세의 성립과 발전
- 01절 중세의 통치 구조와 정치 활동 ·········· 60
- 02절 중세의 경제 구조와 경제 생활 ·········· 75
- 03절 중세의 사회 구조와 사회 생활 ·········· 80
- 04절 중세 문화의 발달 ·········· 86

04장
근세의 성립과 발전
- 01절 근세의 통치 구조와 정치 활동 ·········· 96
- 02절 근세의 경제 구조와 경제 생활 ·········· 111
- 03절 근세의 사회 구조와 사회 생활 ·········· 117
- 04절 민족 문화의 발달 ·········· 123

05장
근대 태동기의 변동
- 01절 정치 상황의 변동 ·········· 136
- 02절 경제 구조의 변동 ·········· 144
- 03절 사회의 변화 ·········· 150
- 04절 문화의 새 기운 ·········· 155

06장 근대의 변화와 흐름

- **01절** 근대 사회의 정치 변동 ·········· 168
- **02절** 개항 이후의 경제와 사회 ·········· 184
- **03절** 근대 문화의 발달 ·········· 187

07장 민족 독립 운동의 전개

- **01절** 국권 침탈과 민족의 수난 ·········· 194
- **02절** 민족 독립 운동의 전개 ·········· 198
- **03절** 사회·경제·문화적 민족 운동 ·········· 205

08장 현대 사회의 발전

- **01절** 대한민국의 건국과 발전 ·········· 218
- **02절** 통일 정책 ·········· 229
- **03절** 경제 발전과 사회·문화의 변화 ·········· 232

9급공무원
한국사

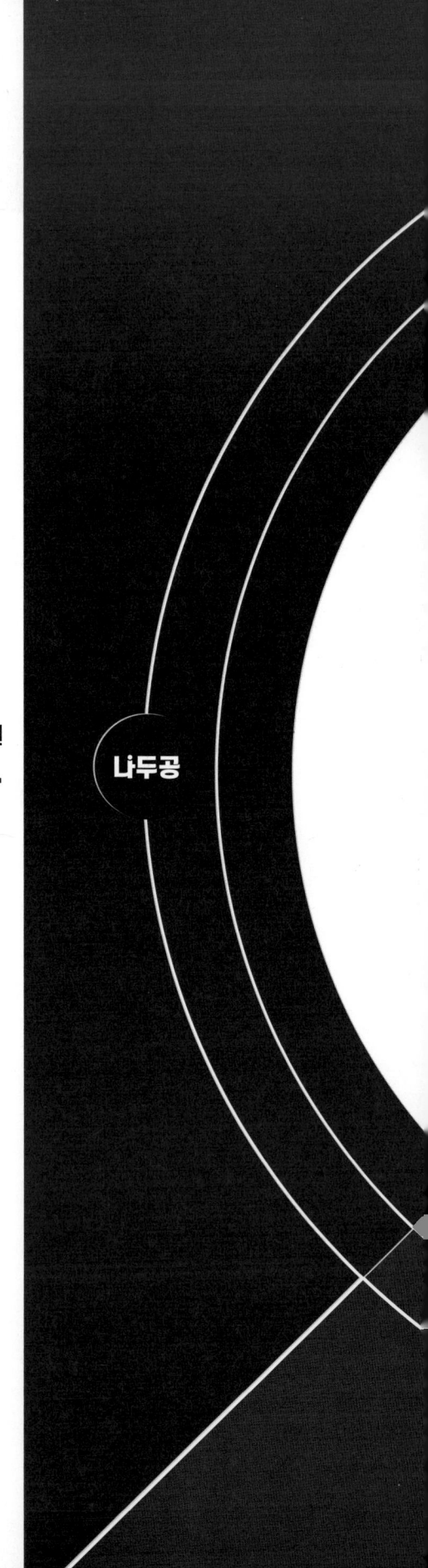

나두공

01장 선사 시대 및 국가의 형성

01절 한반도의 선사 시대
02절 국가의 형성과 발달

01장 선사 시대 및 국가의 형성

SEMI-NOTE

역사 학습의 목적
- 과거의 사실을 토대로 현재를 바르게 이해함으로써 개인과 민족의 정체성을 확립
- 선인들의 경험을 통해 삶의 지혜를 습득함으로써 당면 문제를 해결하고 미래를 예측
- 역사적 지식을 통해 역사적 사고력과 비판력을 함양

역사 학습의 두 가지 측면

역사 그 자체의 학습	역사를 통한 학습
• 과거 사실에 대한 지식의 축적 • 역사를 지식의 보고라 인식 • 객관적 역사를 강조	• 과거 사실을 토대로 현재를 이해 • 정체성 확립, 삶의 지혜 습득, 역사적 사고력 · 비판능력 함양 • 주관적 역사를 강조

사료의 가치 이해
- **사료학** : 사료의 수집과 정리 및 분류
- **사료 비판** : 사료의 진위 구별
  - 외적 비판 : 사료 그 자체에 관하여 그것의 진위 여부, 원 사료에 대한 타인의 첨가 여부, 필사(筆寫)인 경우 필사 과정에서 오류, 사료가 만들어졌을 단계에서 작자 · 장소 · 연대 및 전거(典據) 등에 관하여 사료의 가치 음미
  - 내적 비판 : 사료의 내용이 신뢰할 만한 것인가 분석, 사료의 성격을 밝히는 작업, 사료의 기술(記述)분석, 기술 개의의 점에 관하여 신뢰할 수 있는 이유의 유무 조사

01절 한반도의 선사 시대

1. 역사의 의미와 학습 목적

(1) 객관적 의미의 역사(사실로서의 역사)

역사의 의미	넓은 의미의 역사 : 역사는 바닷가의 모래알과 같이 지금까지 일어난 있는 그대로의 수많은 과거 사건들의 집합체
특성	• 객관적 사실(事實) 또는 시간적으로 과거에서 현재에 이르기까지 일어났던 모든 사실을 역사의 구성 요소로 함 • 역사가의 주관적 개입은 배제, 객관적 고증에 따른 연구 • 객관적 사료를 중시, 과거의 사실에 대한 객관적 복원을 강조 • 역사는 역사가에 따라 달라지는 것이 아닌 절대성을 가짐

(2) 주관적 의미의 역사(기록으로서의 역사)

역사의 의미	좁은 의미의 역사 : 역사는 역사가가 역사적 의미가 있다고 보고 선정한 것 또는 조사 · 연구해 주관적으로 재구성한 것, 기록된 자료 또는 역사서를 의미
특성	• 과거의 사실(史實) 또는 사료(史料)를 토대로 함, 주관적 요소가 개입(사관 중시), 역사 연구에 있어 과학적 인식을 토대로 한 학문적 검증이 필요 • 역사가에 따라 역사(역사의 기록)가 달라질 수 있다는 점에서 주관성 · 상대성을 가짐

2. 한국사의 바른 이해

(1) 역사의 보편성과 특수성

① **세계사적 보편성** : 인간으로서 고유한 생활 모습과 이상, 자유 · 평등 · 행복 · 사랑의 추구, 주거지 및 공동체의 형성 등
② **민족적 특수성**
  ㉠ 거주하는 지역의 자연 환경에 따라 고유한 언어와 풍속 · 예술 · 사회 제도 등을 다양하게 창조, 교통과 통신이 발달하지 못했던 시대에는 교류가 드물어 특수성이 두드러짐
  ㉡ 문화권의 차이를 통해 설명되기도 하며, 동일 문화권 내에서도 민족이나 지역적 특수성으로 구분되기도 함

(2) 우리 민족의 보편성과 특수성

① 우리 민족 문화의 특수성
  ㉠ 세계사에서 보기 드문 단일 민족 국가로서의 전통을 지님
  ㉡ 선사 시대에는 아시아와 북방 문화가 연계되는 문화를 이룩

ⓒ 고려 시대에는 불교를 정신적 이념으로 채택하였고, 조선 시대에는 유교적 가치와 문화가 중심이 됨
ⓔ 불교는 현세 구복적·호국적 성격이 두드러졌고 유교는 충(忠)·효(孝)·의(義)의 덕목이 특히 강조됨
ⓕ 국가에 대한 충성과 부모에 대한 효가 중시되고, 두레·계·향도와 같은 공동체 조직이 발달

3. 인류의 기원 및 한민족의 형성

(1) 인류의 성립 및 전개

① **구석기 시대의 인류** : 구석기인이 등장한 시기는 대략 70만 년 전, 오늘날 현생인류의 직접적 조상은 대략 4만 년 전에 등장

② **신석기 시대의 인류**
  ⓐ 기원전 1만 년 경 빙하기가 끝나고 후빙기가 시작되면서 인류의 생활환경이 급변하였는데, 중석기 시대를 지나 신석기 시대가 시작됨
  ⓑ 사냥이나 식량 채집 단계에서 벗어나 농경 등 생산 경제 활동(식량 생산 단계)을 전개함으로써 인류의 생활이 크게 변함
  ⓒ 농경과 목축을 시작하고 토기를 제작·사용, 정착생활을 통해 촌락공동체를 형성

③ **청동기 시대의 인류**
  ⓐ 기원전 3000년을 전후하여 메소포타미아의 티그리스 강과 유프라테스 강, 이집트의 나일 강, 인도의 인더스 강, 중국의 황허 강 유역에서 4대 문명이 형성
  ⓑ 관개 농업의 발달, 청동기의 사용, 도시의 출현, 문자의 사용, 국가의 형성 등을 통해 인류문화가 급격하게 발달

> **실력up 선사 시대와 역사 시대의 구분**
>
> - 선사 시대와 역사 시대를 구분하는 기준은 문자사용의 여부
>   - 세계사적 : 선사 시대는 문자를 사용하지 않았던 구석기 시대와 신석기 시대, 역사 시대는 문자를 사용하기 시작한 청동기 시대 이후
>   - 우리나라의 경우 : 문자를 사용하였던 철기 시대부터 역사의 시작
> - 선사 시대는 문자기록이 없으므로 유적이나 유물을 통해 당시의 상황을 유추, 역사 시대는 유물·유적 이외에 문자 기록물을 통해 보다 쉽고 상세하게 시대상 파악

한눈에 쏙~

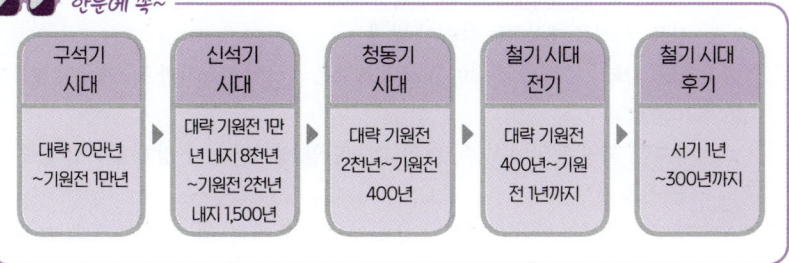

SEMI-NOTE

한국사의 이해
- 한국사를 바르게 인식하는 데 기초
- 우리 민족의 역사적 삶의 특수성 이해와 그 가치를 깨우치는 것
- 민족적 자존심을 잃지 않고 세계 문화에 공헌하는 것이 필요

한국사의 특수성
- 반만 년의 유구한 단일 민족사 유지
- 불교와 유교의 수용 및 토착화
- 문화의 주체적·개방적 측면의 조화
- 공동체 조직의 발달

세계화 시대의 역사의식
- **개방적 민족주의** : 민족 주체성을 가지며 외부 세계의 변화에 적극적으로 대응하는 개방적 민족주의에 기초, 내 것이 최고라는 배타적 민족주의와 외래의 문화만을 추종하는 것은 버려야 함
- **인류 공동의 가치** : 인류 사회의 평화와 복리 증진 등 인류 공동의 가치를 추구

원시 인류의 성립

구분	의미
오스트랄로피테쿠스(350만 년 전)	• 남방의 원숭이 • 직립보행, 양손을 이용해 간단한 도구 사용
호모 하빌리스(250만 년 전)	• 손재주 좋은 사람(능인(能人)) • 도구를 제작하여 사용(도구의 인간)
호모 에렉투스(70만 년 전)	• 곧선사람(원인(原人)) • 구석기 시대의 본격적 전개 • 불과 언어의 사용, 손도끼 등 발달된 도구 사용
호모 사피엔스(20만 년 전)	• 슬기사람(고인(古人)) • 여러 석기 제작·사용, 종교의식과 미의식 발생, 시체 매장 풍습
호모사피엔스 사피엔스(4만 년 전)	• 슬기 슬기사람(신인(新人)) • 어느 정도 정교한 도구 사용, 동굴벽화, 여인상

| SEMI-NOTE |

알타이 어족
터키에서 중앙아시아와 몽골을 거쳐 한국과 일본에 이르는 지역에 분포하는 어족(語族)으로서, 몽골어 · 터키어 · 한국어 · 일본어 · 만주어 · 핀란드어 · 헝가리어 · 퉁구스어 등을 포함함

한민족과 동이(東夷)족
동이족은 한민족과 여진족, 일본족 등 중국을 중심으로 동쪽에 있는 여러 부족을 통칭하기도 하나, 일반적으로는 우리 한민족만을 지칭하는 용어임. 동이족에 관한 최초의 우리 문헌은 김부식의 〈삼국사기〉이며, 중국의 문헌으로는 〈논어〉, 〈예기〉, 〈사기〉, 〈산해경〉 등이 있음

(2) 한민족의 형성과 전개

① 한민족의 형성 및 분포
　㉠ 한반도에 거주했던 구석기인들에 대해서는 우리 민족의 직접 조상으로 보지 않음
　㉡ 우리 민족의 모체이자 근간은 고아시아계인 신석기인, 일반적으로 신석기에서 청동기를 거치는 과정에서 민족의 기틀이 형성
　㉢ 우리 민족의 주류를 형성한 것은 신석기인의 문화를 흡수한 청동기인
② 한민족의 특성 및 독자성
　㉠ 인종상 황인종에 속하며, 형질 인류상 북몽골족, 언어학상 알타이 어족 계통이라 봄
　㉡ 오래 전부터 하나의 민족 단위 형성, 농경 생활을 바탕으로 독자적인 문화 형성

4. 구석기 시대

(1) 구석기 시대의 범위

① 시간적 범위 : 70만 년 전부터 1만 년 전까지
② 시대 구분 : 석기(뗀석기)를 다듬는 기법에 따라 전기 · 중기 · 후기로 구분

전기(대략 70만 ~10만 년 전)	큰 석기 한 개를 다양한 용도로 사용, 주먹도끼, 찍개, 찌르개 등
중기(대략 10만 ~4만 년 전)	한 개의 석기가 하나의 용도로 사용됨. 밀개, 긁개, 자르개, 새기개, 찌르개 등
후기(대략 4만 ~1만 년 전)	쐐기 같은 것을 이용해 형태가 같은 여러 개의 돌날격지를 만드는 데까지 발달, 슴베찌르개 등

(2) 구석기 시대의 생활 모습

① 경제 · 사회 생활
　㉠ 이동 생활 : 사냥이나 어로, 채집 생활(농경은 시작되지 않음)
　㉡ 도구의 사용 : 뗀석기와 함께 뼈 도구(골각기)를 용도에 따라 사용
　㉢ 용도에 따른 도구의 구분
　　• 사냥 도구 : 주먹도끼, 돌팔매, 찍개, 찌르개, 슴베찌르개
　　• 조리 도구 : 긁개, 밀개, 자르개
　　• 공구용 도구 : 뚜르개, 새기개(단양 수양개 유적)
　㉣ 무리 사회 : 가족 단위를 토대로 무리를 이루어 공동체 생활을 영위, 언어를 사용, 시신을 매장하는 풍습이 발생
　㉤ 평등 사회 : 무리 중 경험이 많고 지혜로운 사람이 지도자가 됨, 계급이 없음
② 주거 생활
　㉠ 대부분 자연 동굴에 거주, 바위 그늘(단양 상시리)이나 강가에 막집(공주 석장리)을 짓고 거주
　㉡ 구석기 후기의 막집 자리에는 기둥 자리와 담 자리, 불 땐 자리 존재, 불을 사

주먹도끼, 슴베찌르개, 뚜르개
• 주먹도끼 : 사냥의 용도 이외에도 동물의 가죽을 벗기고 땅을 팔 때에도 널리 사용
• 슴베찌르개 : 슴베는 '자루'를 의미하며, 주로 창날이나 화살촉으로 사용
• 뚜르개 : 돌날격지 등의 뾰족한 끝을 이용해 구멍을 뚫거나 옷감을 만들 때 사용

용하게 되면서 음식을 익혀 먹고 빙하기의 추위에도 견딜 수 있게 됨
③ 예술 활동 : 사냥감의 번성을 비는 주술적 성격, 공주 석장리에서 개 모양의 석상 및 고래·멧돼지·새 등을 새긴 조각과 그림(선각화), 단양 수양개에서 고래와 물고기 등을 새긴 조각 발견

(3) 주요 유물 및 유적

① 주요 유물 : 뗀석기·사람과 동물의 뼈로 만든 골각기 등이 출토, 다양한 동물의 화석이 함께 발견
② 주요 유적지 : 단양 도담리 금굴, 단양 상시리 바위 그늘, 공주 석장리, 평남 상원 검은모루 동굴, 연천 전곡리, 제천 점말 동굴, 함북 웅기 굴포리, 청원 두루봉 동굴(흥수굴), 평남 덕천 승리산 동굴, 평양 만달리 동굴, 함북 종성 동관진, 단양 수양개, 제주 어음리 빌레못

5. 신석기 시대

(1) 신석기 시대의 범위

① 시간적 범위 : 대략 기원전 8천 년부터 시작
② 시대 구분 : 주로 사용된 토기의 종류와 특징에 따라 전기·중기·후기로 구분
③ 공간적 범위 : 주로 강가나 바닷가에 위치

(2) 경제 생활

① 농경과 사냥·채집·어로
  ㉠ 중기까지는 사냥·채집·어로 생활이 중심, 후기부터 농경과 목축 시작
  ㉡ 유물 및 유적 : 봉산 지탑리와 평양 남경 유적의 탄화된 좁쌀은 신석기 후기의 잡곡류(조·피·수수) 경작을 반영, 이 시기 목축이 시작
  ㉢ 주요 농기구 : 돌괭이(석초), 돌보습, 돌삽, 돌낫, 맷돌(연석) 등
  ㉣ 농경 형태 : 집 근처의 조그만 텃밭을 이용하거나 강가의 퇴적지를 소규모로 경작
  ㉤ 사냥·채집·어로 : 경제생활에서의 비중은 점차 줄어듦, 주로 활이나 돌창·돌도끼 등으로 사냥, 그물·작살·뼈낚시 등을 이용, 조개류로 장식
② 원시 수공업 : 가락바퀴(방추차)나 뼈바늘(골침)로 옷, 그물, 농기구 등을 제작

(3) 토기의 종류 및 특징 ★빈출개념

구분	토기	특징	유적지
전기	이른 민무늬 토기 (원시무문 토기)	한반도에 처음 나타난 토기	제주 한경면 고산리, 부산 동삼동, 웅기 굴포리, 만포진
	덧무늬 토기 (융기문 토기)	토기 몸체에 덧무늬를 붙인 토기	강원 고성 문암리, 부산 동삼동(→ 조개더미에서 이른 민무늬 토기와 함께 출토)

SEMI-NOTE

중석기 시대(잔석기 시대)

• 성립
  – 배경 : 빙하기가 지나고 기후가 다시 따뜻해지고 동식물이 번성함에 따라 새로운 자연 환경에 적절히 대응하기 위한 인류의 노력으로 성립
  – 시기 : 구석기 시대에서 신석기 시대로 넘어가는 과도기인 기원전 1만 년에서 8천 년 전 무렵
  – 지역 : 주로 유럽 서북부 지역을 중심으로 성립
• 도구 : 잔석기, 이음 도구
  – 큰 짐승 대신에 토끼·여우·새 등 작고 빠른 짐승을 잡기 위해 한 개 내지 여러 개의 석기(잔석기)를 나무나 뼈에 꽂아 쓰는 이음 도구(복합 용구)로 만들어 사용
  – 활이나 톱·창·낫·작살 등을 이용해 사냥·채집·어로 활동
• 유적지
  – 남한 지역 : 공주 석장리 최상층, 통영의 상노대도 조개더미, 거창 임불리, 홍천 하화계리 등
  – 북한 지역 : 웅기 부포리, 평양 만달리 등

빗살무늬 토기

덧무늬 토기

빗살무늬 토기 ★빈출개념

신석기 시대의 대표적 토기인 빗살무늬 토기는 회색으로 된 사토질 토기, 크기는 다양하나 바닥은 뾰족한 V자형의 토기, 주로 해안이나 강가의 모래에서 발견되었다는 점에서 신석기인들이 수변생활을 했음을 알 수 있음

SEMI-NOTE

신석기 후기의 움집
- 움집 내의 공간이 다소 커지고 정방형이나 장방형으로 바뀜, 화덕 자리가 한쪽으로 치우쳐 설치
- 움집 생활의 다양성 또는 작업 공간의 확보 등을 의미

신석기 시대의 움집

신석기 시대의 집터 유적

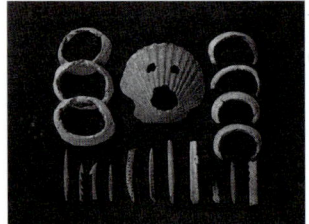

조가비로 만든 팔찌, 패면, 뼈바늘 등

조개더미 유적지
- 신석기 시대 : 웅기 굴포리, 부산 동삼동, 양양 오산리
- 철기 시대 : 양산, 김해, 웅천, 몽금포

기타의 신앙 형태
- 사람이 죽어도 영혼은 없어지지 않는다고 생각하여 영혼 숭배·조상 숭배 등
- 금기(Taboo), 투우, 부장, 호신부의 지참 등

중기(BC 4000~2000)	빗살무늬 토기 (즐문 토기, 기하문 토기, 어골문 토기)	• 빗살문·기하문 등 어골문이 새겨진 회색의 V자형 토기(일본의 조몽 토기로 연결) • 대부분 해안이나 강가에서 발견되어, 수변·어로 생활을 반영	서울 암사동, 경기 미사리, 김해 수가리, 부산 동삼동, 웅기 굴포리
후기	변형즐문 토기 (평저즐문 토기, 번개무늬 토기, 물결무늬 토기)	밑바닥이 평평한 U자형의 토기로, 농경 및 정착 생활을 반영	부산 다대동, 황해 봉산 지탑리, 평남 온천 궁산리, 평북 청진 농포동, 강원 춘천 교동, 경기 부천 시도

(4) 사회생활

① **주거지(움집)** : 주로 해안이나 강가에 움집을 짓고 생활
  ㉠ 바닥은 원형이나 둥근 방형, 4~5명 정도의 사람이 들어감, 중앙에는 취사와 난방을 위한 화덕이 위치
  ㉡ 남쪽으로 출입문, 화덕·출입문 옆 저장 구덩이에 식량이나 도구를 저장

② **씨족 중심의 사회**
  ㉠ 혈연을 바탕으로 하는 씨족을 기본 구성단위로 하는 사회, 점차 다른 씨족과의 혼인(족외혼), 모계 혈통을 중시하여 출생 후 모계의 씨족에 편입
  ㉡ 경제적 측면에서 폐쇄적·배타적 성격이 강함, 중요한 일은 씨족 회의의 만장일치에 의해 결정
  ㉢ 씨족에는 청소년 집단 훈련 기능 존재, 집단적·공동체적 제천 행사나 신앙 활동 존재
  ㉣ 연장자나 경험이 많은 자가 자기 부족을 이끌어 나가는 평등 사회

(5) 예술 활동

① **주술적 성격** : 주술적 신앙이나 종교와 관련(음악·무용), 부적과 같은 호신부나 치레걸이 등을 통해 풍요·다산 기원
② **주요 예술품** : 토우, 안면상, 여인상, 패면(조개껍데기 가면), 장식품, 치레걸이 등

(6) 원시 신앙 활동(원시 종교)

① **애니미즘(Animism, 정령신앙)**
  ㉠ 모든 자연 현상이나 자연물에 정령(생명)이 있다고 믿는 신앙
  ㉡ 영혼불멸사상, 지모신 사상, 동쪽으로의 매장방식, 삼신(천신·지신·조상신) 숭배, 태양 숭배, 물에 대한 숭배

② **샤머니즘(Shamanism, 무격신앙)**
  ㉠ 영혼이나 하늘을 인간과 연결시켜 주는 무당(巫堂)과 주술을 믿는 신앙
  ㉡ 무당은 주술을 통해 인간의 장수와 질병, 농경생활, 사냥 등의 제의 주관

③ **토테미즘(Totemism, 동물숭배)** : 자기 부족의 기원을 특정 동·식물과 연결시켜 그것을 숭배, 단군왕검(곰)·박혁거세(말)·김알지(닭)·석탈해(까치)·김수로왕(거북이) 등이 해당

(7) 유물 및 유적

① 대표적 유물
　㉠ 간석기 : 돌을 갈아 여러 가지 형태와 용도를 가진 간석기를 만들어 사용, 부러지거나 무뎌진 도구를 다시 갈아 손쉽게 쓸 수 있게 됨
　㉡ 토기 : 토기는 흙으로 빚어 불에 구워 만들며, 신석기 시대에 처음으로 제작
　㉢ 가락바퀴와 뼈바늘 : 가락바퀴(방추차)와 뼈바늘(골침)은 옷이나 그물 등을 제작하는 용도로 사용(방적술·직조술)

② 주요 유적지와 특징

구분	유적지	특징
전기	제주 고산리	• 최고(最古)의 유적지(기원전 8천 년 무렵의 유적) • 고산식 이른 민무늬 토기, 덧무늬 토기 출토
	강원 양양 오산리	• 최고(最古)의 집터 유적지 • 흙으로 빚어 구운 안면상, 조개더미
	강원 고성 문암리	덧무늬 토기 출토
	부산 동삼동	조개더미 유적으로, 패면(조개껍데기 가면), 이른 민무늬 토기, 덧무늬 토기, 바다 동물의 뼈 등이 출토
	웅기 굴포리	• 구석기·신석기 공통의 유적지 • 조개더미, 온돌장치
중기	서울 암사동, 경기 하남 미사리, 김해 수가리	빗살무늬 토기 출토
후기	황해도 봉산 지탑리	• 빗살무늬 토기 출토 • 탄화된 좁쌀(농경의 시작)
	평남 온천 궁산리	• 빗살무늬 토기 출토 • 뼈바늘(직조, 원시적 수공업의 시작)
	경기 부천 시도, 강원 춘천 교동	후기의 토기 출토

6. 청동기 문화의 성립과 발달

(1) 청동기 문화의 성립

① 성립 시기 및 지역적 범위 : 한반도와 만주 지역에서 BC 2000~1500년경에 본격적으로 청동기 문화가 전개

② 특징
　㉠ 우리나라의 경우 중국이 아닌 시베리아 등 북방 계통의 청동기가 전래
　㉡ 청동기 전래와 더불어 이전 시대의 석기(간석기)도 더욱 발달
　㉢ 벼농사가 시작, 농업 생산력이 증가, 정치권력과 경제력을 가진 지배자(군장)의 등장

가락바퀴(방추차)

뼈바늘

간석기

청동기 문화의 독자성

청동기 문화의 토착화를 반영하는 것으로는 거푸집(용범)과 세형동검, 잔무늬거울 등이 있음

SEMI-NOTE

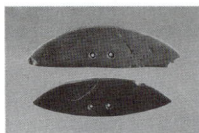
반달 돌칼

홈자귀(유구석부)

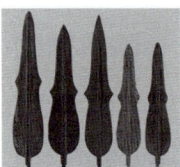
비파형 동검

미송리식 토기

민무늬 토기

미송리식 토기
- 청동기시대의 토기
- 밑이 납작한 항아리 양쪽에 손잡이가 하나씩 달리고 목이 넓게 올라가서 다시 안으로 오므라든 모양을 하고 있음
- 표면에 접선 무늬
- 평북 의주 미송리 동굴에서 처음 발굴, 주로 청천강 이북, 요령성과 길림성 일대에 분포

청동기 시대 유적지
평북 의주 미송리, 평북 강계 공귀리, 여주 흔암리, 함북 회령 오동리, 함북 나진 초도, 평양 금탄리와 남경, 충남 부여 송국리, 충북 제천 황석리, 경기 여주 흔암리, 전남 순천 대곡리, 울산 검단리 등

(2) 유적 및 유물

① 유물 : 주로 집터나 고인돌 · 돌널 무덤 · 돌무지 무덤 등 당시의 무덤에서 출토
  ㉠ 농기구 : 청동 농기구는 없음, 석기 · 목기로 제작된 농기구가 사용
    - 반달 돌칼(추수용), 바퀴날 도끼(환상석부), 홈자귀(유구석부, 경작용), 돌괭이 등, 나무 쟁기 등
  ㉡ 청동기
    - 비파형 동검, 제기(祭器), 공구, 거친무늬 거울, 장신구(호랑이 · 말 모양의 띠고리 장식, 팔찌, 비녀, 말자갈 등), 북방 계통의 청동기가 전래
    - 청동 제품을 제작하던 틀인 거푸집(용범)이 여러 유적에서 발견된다는 점, 우리나라에서 독자적으로 청동기가 제작되었음을 짐작
    - 청동기 후기(초기 철기)에는 초기의 비파형 동검(요령식 동검)과 거친무늬 거울(다뉴조문경)보다 독자적 성격이 반영된 세형동검과 잔무늬 거울(세문경)이 주로 제작
② 토기 : 덧띠새김무늬 토기, 민무늬 토기
  ㉠ 민무늬 토기 : 청동기 시대 대표적 토기, 지역에 따라 모양이나 형태가 조금씩 다름(바닥이 편평한 원통 모양인 화분형, 밑바닥이 좁은 모양인 팽이형, 빛깔은 적갈색), 미송리식 토기, 각형식(팽이형) 토기, 역삼동식 토기, 가락리식 토기, 송국리식 토기 등
  ㉡ 검은 간 토기, 붉은 간 토기, 가지무늬 토기(붉은 간 토기의 변형) 등

7. 철기 문화의 성립과 발달

(1) 철기 문화의 성립

① 성립 시기 : BC 5~4세기경부터 중국 스키타이 계통의 철기가 전래, 초기 철기 시대는 청동기 후기와 시기상 겹치며, 오랫동안 청동기와 철기가 함께 사용
② 영향(특징) : 철제 농기구의 보급 · 사용으로 농업이 발달, 경제 기반이 확대, 철제를 무기와 연모 등에 보편적으로 사용, 청동기는 의식용 도구, 한반도 안에서 독자적으로 발전

(2) 유적 및 유물

① 유적지 : 한반도 전역에 걸쳐 널리 분포
② 주요 유물
  ㉠ 동검 : 비파형 동검(요령식 동검)은 세형동검(한국식 동검)으로 변화 · 발전
  ㉡ 청동 거울 : 거친무늬 거울(조문경)은 잔무늬 거울(세문경)로 형태가 변화
  ㉢ 거푸집(용범), 민무늬 토기, 검은 간 토기, 덧띠 토기

(3) 중국과의 교류

① 중국 화폐의 사용 : 중국과의 활발한 경제적 교류 반영

명도전	중국 춘추 전국 시대에 연과 제에서 사용한 청동 화폐로, BC 4세기 무렵 중국 철기의 전래 및 중국과의 활발한 교역 관계를 반영
반량전	BC 3세기 무렵 진에서 사용한 청동 화폐로 半兩(반량)이라는 글자가 새겨져 있으며, 사천 늑도에서 출토
오수전	BC 2세기 무렵의 한(漢) 무제 때 사용된 화폐로, 창원 다호리 등에서 출토
왕망전	1세기 무렵 신(新)의 왕망이 주조한 화폐로, 김해 패총과 제주도에서 출토

② 한자의 사용 : 창원 다호리 유적에서 붓이 출토되었는데, 이는 당시(BC 2세기경)의 문자(한자) 사용 및 중국과의 문화적 교류를 반영

8. 청동기 시대 및 철기 시대의 생활 모습

(1) 경제 생활

① 농기구의 개선 및 발달 : 석기 농기구가 다양·기능 개선, 철제 농기구 새로 도입, 농업 발달, 생산 경제 향상
② 조·보리·콩·수수 등 밭농사가 중심, 청동기 시대 일부 저습지에서 벼농사가 시작되어 철기 시대에 발달, 사냥이나 어로는 농경의 발달로 비중이 줄어듦

(2) 사회 생활

① 사회의 분화
  ㉠ 직업의 전문화와 분업 : 모계 중심 사회가 붕괴, 가부장 사회 성립
  ㉡ 계급의 분화·지배자 등장(잉여 생산물의 발생과 사적 소유에서 기인) : 청동기 문화가 일찍부터 발달한 북부 지역을 중심으로 권력·경제력을 가진 지배자(족장)인 군장 출현
  ㉢ 친족 공동체 중심의 사회가 진전되면서 씨족 공동체가 붕괴
② 정복 활동의 전개 : 정치권력과 경제력에서 우세한 부족들이 선민사상(選民思想)을 배경으로 주변 부족을 통합·정복, 금속제 무기의 사용

(3) 주거 생활

① 청동기 시대
  ㉠ 주로 움집에서 생활, 장방형의 움집(수혈 주거)으로 깊이가 얕다가 점차 지상 가옥에 근접, 움집을 세우는 데에 주춧돌 이용, 화덕은 한쪽 벽으로 이동, 저장 구덩이를 따로 설치·한쪽 벽면을 밖으로 돌출시켜 만듦, 독립된 저장 시설을 집 밖에 따로 설치
  ㉡ 후기의 지상 가옥은 농경 생활의 영향으로 점차 배산임수의 지역에 취락 형성, 구릉이나 산간지에 집단 취락(마을)의 형태를 이룸
② 철기 시대 : 배산임수가 확대, 지상 가옥 형태가 보편적, 산성에 거주, 정착 생활의 규모가 점차 확대, 대규모의 취락 형태

SEMI-NOTE

탄화미의 출토(벼농사의 흔적)
청동기 시대의 유적지인 여주 흔암리와 부여 송국리, 서천 화금리 유적 등지에서 불에 탄 볍씨(탄화미)가 출토, 청동기 시대에 벼농사가 시작되었음을 반영

청동기 시대의 농기구
청동은 매우 귀할 뿐만 아니라 무척이나 무른 금속이므로 농기구를 만드는 데에는 적합하지 않음. 청동은 주로 지배층의 권위를 나타내는 물건을 만드는 데 사용. 농기구 등의 생활 도구는 돌이나 나무로 제작

선민사상
- 스스로 하늘의 자손이라고 믿는 사상
- 권력·경제력 등이 강한 부족이 약한 부족을 정복·통합함에 있어 바탕이 됨

방어를 위한 촌락
- 청동기 시대의 일부 유적지에서는 방어를 위한 촌락의 형태가 나타나기도 함
- 울산 검단리에서는 환호 취락(주위에 호(濠)를 두른 취락)이, 부여 송국리에서는 목책 취락과 환호 취락의 형태가 발견

북방식 고인돌

남방식 고인돌

(4) 무덤 양식

① 무덤 양식의 구분
- ㉠ 청동기 시대 : 고인돌, 돌무지 무덤, 돌널 무덤, 돌덧널 무덤(돌곽 무덤), 석곽묘 등
- ㉡ 철기 시대 : 널 무덤(움 무덤, 토광묘), 독 무덤(옹관묘), 주구묘(마한) 등

② 고인돌(지석묘)
- ㉠ 우리나라 전역에 분포하는 청동기 시대의 대표적인 무덤, 지배층(족장)의 무덤
- ㉡ 북방식(탁자식)과 남방식(기반식 · 바둑판식), 굄돌을 세우고 그 위에 거대하고 평평한 덮개돌을 얹은 북방식이 일반적인 형태

(5) 예술 활동의 성격

종교나 정치적 요구와 밀착, 미 의식과 생활 모습을 반영, 주술성이 있음

02절 국가의 형성과 발달

1. 단군 신화

(1) 단군 신화의 의의

① 의의 및 성격
- ㉠ 우리 민족의 시조 신화, 유구한 민족사 · 단일 민족 의식 반영(민족적 자긍심과 주체성)
- ㉡ 우리 민족의 세계관과 윤리관, 널리 인간을 이롭게 한다는 홍익인간의 건국이념 내포

② 단군의 건국에 관한 기록 : 일연 〈삼국유사〉, 이승휴 〈제왕운기〉, 정도전 〈조선경국전〉, 권람 〈응제시주〉, 〈세종실록 지리지〉, 〈동국여지승람〉 등

(2) 단군 신화의 기록 및 내용

① 삼국유사(三國遺事)

> 옛날에 환인(桓因)의 서자 환웅(桓雄)이 항상 천하에 뜻을 두고 인간 세상을 바랐다. 아버지는 아들의 뜻을 알고 삼위태백(三危太白)을 내려다보니 인간 세계를 널리 이롭게 할 만하였다. 이에 천부인(天符印) 세 개를 주어, 내려가서 세상을 다스리게 하였다. 환웅은 그 무리 3천 명을 거느리고 태백산(太白山) 꼭대기의 신단수(神壇樹) 아래에 내려와서 이곳을 신시(神市)라 불렀다. 그는 풍백(風伯), 우사(雨師), 운사(雲師)를 거느리고 곡식, 수명, 질병, 형벌, 선악 등을 주관하고, 인간의 삼백 예순 가지나 되는 일을 주관하여 인간 세계를 다스려 교화시켰다. 이때, 곰 한 마리와 범 한 마리가 같은 굴에서 살았는데, 늘 신웅(神雄)에게 사람 되기를 빌었다. 때마침 신(神)이 신령한 쑥 한 심지와 마늘 스무 개를 주면서 말했다. "너희들이 이것을 먹고 백일 동안 햇빛을 보지 않는다면 곧 사람이 될 것이다." 곰과 범은 이것을 받아서 먹었다. 곰은 몸을 삼간 지 삼칠일 만에 여

SEMI-NOTE

간석검(마제석검)
족장의 무덤에서 부장품으로 간석검이 출토되는데, 이는 족장들의 힘과 권위를 상징

청동기 시대 및 철기 시대 주요 예술품 및 바위그림
- 청동 제품 : 의식용 도구로 비파형 동검, 거친무늬 거울, 잔무늬 거울, 방울(동령 · 쌍두령 · 팔주령 등), 농경문 청동기(종교 의식과 관련된 청동 의기) 등
- 토우(土偶) : 흙으로 빚은 짐승이나 사람 모양의 상
- 바위그림(암각화) : 전국 20여 지역에서 발견
  - 울주 대곡리 반구대 바위그림 : 거북 · 사슴 · 호랑이 · 새 등의 동물과 작살이 꽂힌 고래, 그물에 걸린 동물, 우리 안의 동물 등이 새겨짐(사냥 및 고기잡이의 성공과 풍성한 수확 기원)
  - 울주 천전리 바위그림 : 제1암각화에는 원형 · 삼각형 등 기하학적 문양, 제2암각화에는 사냥과 고래잡이를 하는 모습
  - 고령 양전동 바위그림 : 동심원 · 십자형 · 삼각형 등의 기하학적 무늬가 새겨짐. 동심원은 태양을 상징하는 것으로 태양 숭배나 풍요로운 생산을 비는 의미
  - 칠포의 바위그림 : 우리나라에서 발견된 최대의 바위그림

〈삼국유사〉와 〈제왕운기〉의 단군기록
- 일연의 〈삼국유사〉 : 단군에 대한 최초의 기록, 환웅이 웅녀와 혼인하여 단군을 낳은 것으로 기록하여 원형에 충실한 서술을 하고 있으며, 고조선이라는 표현을 처음으로 사용
- 이승휴의 〈제왕운기〉 : 환웅의 손녀가 사람이 된 후 단군을 낳은 것으로 기록, 원형과 거리가 있음

기자(箕子) 조선
중국 사서인 〈상서대전〉(최초의 기록)과 〈사기〉, 〈한서〉 등에 주(周)의 무왕이 기자를 조선에 봉하였다는 전설(기자동래설), 기원전 12세기 인물인 기자가 기원전 3~2세기 기록에 처음 나타난 점과 당대의 역사적 상황, 고고학적 근거 등을 고려할 때 허구성이 강함. 우리나라와 북한의 학계에서도 이를 인정하지 않음

자의 몸이 되었으나, 범은 능히 삼가지 못했으므로 사람이 되지 못했다. 웅녀(熊女)는 그와 혼인할 상대가 없었으므로 항상 신단수 아래에서 아이 배기를 축원했다. 환웅은 이에 임시로 변하여 그와 결혼해 주었더니, 그는 임신하여 아들을 낳아 이름을 단군왕검이라 하였다. 단군은 요 임금이 왕위에 오른 지 50년인 경인년에 평양성에 도읍을 정하고 비로소 조선(朝鮮)이라 불렀다. 또다시 도읍을 백악산(白岳山) 아사달(阿斯達)로 옮겨, 1천5백 년 동안 여기에서 나라를 다스렸다.

② 단군 신화의 주요 내용 : 선민사상과 천손족(天孫族) 관념, 주체성·우월성 과시, 홍익인간의 이념, 청동기의 사용, 사유 재산의 존재와 계급 분화, 애니미즘과 농경 사회의 모습, 의약에 관한 지식, 태양 숭배 의식, 곰 토템 사회 및 모계 중심의 사회, 천지 양신족설·족외혼, 제정일치 사회

2. 고조선

(1) 고조선의 성립

① 성립 배경 : 농경과 청동기 문화의 발전과 함께 족장이 지배하는 군장 사회 출현, 강한 족장 세력이 주변의 여러 족장 사회를 통합, 고조선이 가장 먼저 국가로 성장
② 건국 시기 : 단군 왕검이 BC 2333년 건국

(2) 고조선의 발전 및 변천

① 발전 : 청동기를 배경으로 철기 문화를 수용, 요하·대동강 일대의 세력을 규합, 대연맹국으로 성장
② 시기별 변천
  ㉠ BC 7세기경 : 춘추 전국 시대의 제(齊)와 교역하며 성장(〈관자〉에 기록)
  ㉡ BC 4세기경 : 춘추 전국 시대 동방 사회의 중심 세력으로 성장, 왕호 사용, 관직을 둠, 중국의 철기 문화가 전파됨
  ㉢ BC 3세기경 : 요서 지방을 경계로 연과 대등하게 대립할 정도로 강성, 부왕·준왕 같은 강력한 왕이 등장하여 왕위 세습제가 마련, 상·대부·대신·장군 등의 중앙 관직을 두고 박사·도위(지방관) 등을 파견

(3) 위만 조선

① 유이민의 이주와 위만의 집권
  ㉠ 기원전 5~4세기·기원전 3~2세기(진·한 교체기) 유이민들의 1차·2차 이주, 위만은 혼란을 피해 1,000여 명의 무리를 이끌고 고조선으로 이주
  ㉡ 준왕은 위만을 박사로 봉하고 서쪽 땅의 통치와 변경을 수비하는 임무를 맡김
  ㉢ 위만은 준왕을 몰아내고 스스로 왕이 됨(BC 194)
② 위만 조선의 성격 : 고조선의 토착 세력, 유민, 유이민 세력이 규합하여 성립한 연맹 국가(단군 조선을 계승)
③ 정치 조직의 정비
  ㉠ 통치 체제 : 왕 아래 비왕과 상(相)이라는 독립적 군장과 경·대신·장군 등의

SEMI-NOTE

고조선에 대한 기록서
- 우리나라의 사서 : 〈삼국유사〉, 〈동국통감〉, 〈표제음주동국사략〉(유희령), 〈신증동국여지승람〉, 〈동국역대총목〉(18세기 홍만종, 단군 정통론), 〈동사강목〉(안정복) 등
- 중국의 사서 : 〈관자〉, 〈산해경〉, 〈사기〉, 〈위략(魏略)〉 등

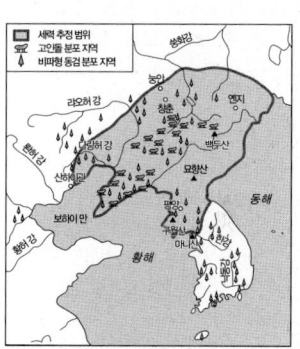

고조선의 세력 범위

세력 범위 및 중심지
- 요령 지방을 중심으로 성장. 인접한 군장 사회를 통합하면서 한반도까지 발전
- 청동기 시대를 특징짓는 유물의 하나인 비파형 동검과 고인돌(북방식)은 미송리식 토기와 거친무늬 거울(다뉴조문경)이 나오는 지역과 관련. 주로 만주와 북한 지역에서 집중적으로 발굴. 고조선의 세력 범위를 짐작하게 함
- 요령 지방과 대동강 유역을 중심으로 독자적인 문화를 이룩하면서 발전

고조선의 통치 체제
중앙의 통치는 왕과 대부, 지방의 통치는 왕과 박사가 연결되는 구조의 통치 체제. 여기서의 대부는 중앙 행정 관리에 해당하나, 박사는 관리나 관직의 개념이라기보다는 지방행정을 대행하는 명망가를 지칭하는 개념이라고 봄

SEMI-NOTE

위만 조선의 비왕(裨王)
- 비왕은 왕에 버금가는 존재(왕권 버금 세력)를 지칭하는 것
- 고구려의 고추가, 백제의 길사, 신라의 갈문왕 등과 유사

위만이 조선인이라는 근거
- 위만이 상투를 틀고 조선인의 옷을 입고 있었다는 점(사마천의 〈사기〉)
- 고조선의 준왕이 위만을 신임하여 서쪽 변경 수비를 맡긴 점
- 집권 후 나라 이름을 그대로 조선이라 하였고, 토착민 출신으로 높은 지위에 오른 자가 많았다는 점

고조선과 한 간 전쟁의 불씨
- 우거왕 집권 당시 고조선은 강력한 군사력을 가지고 있었음
- 고조선은 이 군사력을 기반으로 예·진 등이 한과 직접 교역하지 못하도록 하고 중계 무역을 통해 이익을 독점
- 이에 한은 사신 섭하를 보냈으나 양국 간의 회담은 실패
- 섭하가 그를 전송하던 고조선의 비왕(작위의 이름으로 추측됨)을 살해, 한은 귀환한 그를 요동군 동부 도위로 임명하여 고조선을 자극, 이에 우거왕은 패수를 건너가 섭하를 죽임

한 군현(한4군)의 설치

구분	지역	소멸
임둔군	함경남도, 강원도	BC 82년 전 한 때 폐지·소멸
진번(대방)군	자비령 이남, 한강 이북	BC 82년 전 한 때 폐지·소멸
현도군	압록강 중류 (통구)	고구려와 충돌, BC 75년 만주 등지로 축출
낙랑군	대동강 유역 (고조선의 옛 땅)	313년 고구려 미천왕에게 멸망

점제현 신사비
AD 85년 낙랑 당시 건립된 저수지 축조 기념비, 우리나라에서 발견된 금석문 중 가장 오래됨, 오곡의 풍성함과 도둑과 짐승의 피해를 막아달라고 산신에게 비는 내용

관료 체계
ⓒ 군사 체제 : 기병과 보병 형태를 갖춘 상비군 체제를 갖추고 한에 대항
ⓒ 중앙 및 지방 지배 체제 : 중앙 정부는 국왕을 중심으로 직접 통치, 지방은 독자적 권력을 가진 군장에 의해 간접 지배
④ 위만 조선의 발전
　㉠ 철기의 사용으로 농업, 수공업, 상업, 무역 발달
　ⓒ 활발한 정복 사업을 전개, 넓은 영토 차지, 중앙 정치 조직을 갖춘 강력한 국가로 성장

(4) 고조선의 멸망

① 한의 견제와 침략
　㉠ 한이 흉노를 견제하고 고조선에 압력을 가하고자 창해군을 설치(BC 128) 하였으나 토착인의 저항으로 2년 뒤에 철폐
　ⓒ 고조선은 한의 동방 침략 기지인 요동군까지 위협
　ⓒ 한은 사신(섭하) 살해를 빌미로 한무제가 육군 5만과 수군 7천을 이끌고 고조선을 침(BC 109)
② 경과
　㉠ 1차 접전(패수)에서 고조선은 대승, 위만의 손자인 우거왕이 1년간 항전
　ⓒ 2차 침입에 대신 성기(成己)가 항전, 고조선의 내분(주전파·주화파의 분열)으로 우거왕 암살, 주화파의 항복으로 왕검성(평양성) 함락(BC 108)
③ 한 군현(한4군)의 특징 및 영향
　㉠ 정치면 : 고조선 내부 지배 세력 재편, 민족적 차별 발생, 고대 국가 성립 지연, 토착 세력의 반발과 민족적 자각 촉발
　ⓒ 사회면 : 법 조항의 증가, 엄한 율령(律令)의 시행, 풍속이 각박해짐
　ⓒ 경제면 : 철제 농기구의 보급으로 농업 생산력이 증가, 한 상인들의 범죄 행위로 피해가 발생
　ⓔ 문화·사상면 : 한자가 전파, 철기 문화 널리 보급
　ⓜ 유물 및 유적 : 토성, 점제현 신사비, 기와, 봉니, 채화칠협, 전화, 오수전, 한의 동전 등

(5) 고조선의 생활 모습

① 경제적 모습 : 생활 용품이나 도구, 무기, 장신구 등을 만들어 사용, 중국과 활발한 무역 전개(명도전)
② 사회·문화적 모습 : 귀족(지배 계급), 하호(下戶, 일반 농민), 노예로 구성, 농민들은 대나무 그릇 사용
③ 8조법 : 고조선 사회 전체에 해당되는 만민법, 보복법
　㉠ 내용
　　• 살인죄 : 사람을 죽인 자는 사형에 처함(相殺以當時償殺)
　　• 상해죄 : 상해를 입힌 자는 곡식으로 배상함(相傷以穀償)
　　• 절도죄 : 도둑질한 자는 그 주인의 노비로 삼되(相盜者男沒入爲其家奴女子

爲婢) 자속하려면 1인당 50만 전을 내야함, 비록 속전(贖錢)하여 자유인이 되었어도 이를 부끄럽게 여겨 결혼상대로 하지 않음
- 간음죄 : 부인들은 정신하여 편벽되고 음란치 않았다(婦人貞信不淫僻)고 한 것으로 보아, 처벌 규정은 없으나 간음이나 질투 등을 금지하는 규정이 있었을 것이라 짐작
ⓒ **법으로 본 사회상** : 생명, 노동력을 중시, 농업이 발달하고 사유 재산을 보호, 권력과 경제력의 차이가 있는 계급 사회, 화폐 존재, 재산의 사유화, 형벌과 노예 제도가 발생, 가부장적 사회

3. 부여

(1) 성립 및 쇠퇴

① **성립 및 발전** : AD 1세기경 만주의 송화강(쑹화강) 유역 평야 지대를 중심으로 본격적 성장, 1세기 초에 중국식 왕호 사용
② **쇠퇴** : 3세기 말(285) 선비족의 침략으로 쇠퇴하기 시작, 346년 선비족의 침략으로 수많은 부여인이 포로로 잡혀감, 이후 고구려의 보호 하에 있다가 결국 고구려(문자왕, 494)에 항복
③ **역사적 의의** : 고대 국가로 발전하지 못하고 연맹 왕국의 단계에서 멸망, 고구려 · 백제의 건국 세력이 부여의 계통임을 자처함

> **실력up 연맹 왕국의 특성**
> - 정치적 특성
>   - 개별 소국과 지방에 대한 직접적 지배권을 행사하지는 못함(군장들의 지역적 자치가 인정됨)
>   - 실권을 가진 유력한 군장은 우대됨
>   - 국가의 중요 사항은 귀족 회의(군장 회의)를 통해 결정
> - 사회적 특성
>   - 지배층 : 왕, 군장(제가), 호민(지방 세력자) → 제가와 호민은 전쟁 시 앞장서서 싸움
>   - 피지배층 : 하호(일반 농민, 평민으로 전쟁 시 전투에 참여하지 않고 군량을 운반), 노비
>   - 제천 행사 : 하늘에 제사를 지내는 의식으로 제천 행사 기간 동안 음주가무를 즐기며 이를 통해 부족의 갈등을 해소하고 결속을 강화함

(2) 정치·경제·사회의 모습

① 정치
ⓐ 가축의 이름을 딴 마가(馬加) · 우가(牛加) · 저가(猪加) · 구가(狗加)와 대사자 · 사자 등의 관리를 둠
ⓑ 4가(加)는 각기 행정 구획인 사출도(四出道)를 다스림, 왕이 직접 통치하는 중앙과 합쳐 5부를 구성(5부족 연맹체)
ⓒ 가(加)들은 왕을 제가 회의에서 추대, 수해나 한해로 오곡이 잘 익지 않으면 책임을 물어 왕을 교체(초기에는 왕권이 약하여 문책되어 사형당하기도 함)

SEMI-NOTE

고조선의 8조법을 다룬 문헌
범금팔조, 또는 〈삼국지 위지 동이전〉의 기록에 따라 〈기자팔조금법〉이라고도 부름. 8개조 중 3개 조목의 내용만이 반고(班固)의 〈한서지리지〉에 전해지고 있음

초기 국가의 위치

부여 · 고구려 · 백제의 계통적 연결성
건국 신화를 통해 볼 때, 부여를 건국한 해모수와 유화 부인 사이에서 태어난 주몽이 고구려를 건국, 주몽의 아들 온조가 남하하여 백제를 건국

부여의 법률(4대 금법)
- 살인죄 : 살인자는 사형에 처함, 그 가족은 노비로 삼음(연좌제 적용)
- 절도죄 : 남의 물건을 훔쳤을 때에는 물건 값의 12배를 배상(1책 12법)
- 간음죄 : 간음한 자는 사형에 처함
- 투기죄 : 부녀가 투기하면 사형에 처하되 그 시체를 수도 남쪽 산에 버려 썩게 하며, 시체를 가져가려면 소 · 말을 바쳐야 함

② ㉣ 궁궐 · 성책 · 감옥 · 창고 등의 시설을 갖추고 부족장들이 통제
② 경제 : 반농반목, 특산물로는 말 · 주옥 · 모피 등이 유명
③ 사회(신분)
  ㉠ 왕, 제가, 호민(지방 세력자) 등이 지배 계층
  ㉡ 하호 : 읍락에 거주하며 농업에 종사하는 농민(평민), 조세 · 부역 담당
  ㉢ 노비 : 최하위층, 죄인이나 포로 · 채무 불이행자 등, 매매 가능

(3) 풍속 ★ 빈출개념

① 백의를 숭상 : 흰 옷을 입는 풍속(백의민족의 유래), 금 · 은의 장식
② 형사취수제(兄死娶嫂制) : 부여 · 고구려에서 존재한 풍습으로 노동력 확보를 목적으로 한 근친혼제
③ 순장 · 후장 : 왕이 죽으면 사람들을 함께 묻는 순장과, 껴묻거리를 함께 묻는 후장의 풍습이 존재
④ 우제점법(우제점복) : 점성술이 발달, 소를 죽여 그 굽으로 길흉을 점치는 우제점법이 존재
⑤ 영고(迎鼓) : 수렵 사회의 전통을 보여 주는 제천 행사로, 매년 음력 12월에 개최

4. 고구려

(1) 성립 및 발전

① 건국과 천도 : 주몽이 부여 지배 계급 내의 분열 · 대립 과정에서 박해를 피해 남하하여 고구려 건국(〈삼국사기〉에 기록)
② 성장 및 발전
  ㉠ 건국 초기부터 주변의 소국들을 정복 · 평야 지대로 진출하고자 함, 국내성(통구)으로 이동 후 한족 · 선비족과 투쟁하면서 5부족 연맹을 토대로 AD 1세기경 고대 국가로 성장
  ㉡ 활발한 정복 전쟁으로 한의 군현을 공략하여 요동 지방으로 진출

(2) 정치

5부족 연맹체로는 계루부, 소노부, 절노부, 순노부, 관노부, 왕 아래 상가, 대로, 패자, 고추가 등의 대가(大加)들이 존재

(3) 경제·사회

① 경제생활 : 농업을 주로 함, 큰 산과 계곡으로 된 산악 지역에 위치, 토지 척박, 농토 부족, 생산 미미, 약탈 경제 체제와 절약적 경제생활
  ㉠ 특산물 : 소수맥에서 생산한 맥궁(활)
② 계급에 따른 생활의 구분
  ㉠ 대가들과 지배층인 형(兄)은 농사를 짓지 않는 좌식 계층, 저마다 창고인 부경(桴京)을 둠
  ㉡ 생산 계급인 하호들은 생산 담당, 물고기와 소금[魚鹽]을 가져와 좌식 계층에

SEMI-NOTE

제천 행사
제천 행사는 하늘을 숭배하고 제사하는 의식. 대부분 농사의 풍요와 성공적인 수렵 활동을 기원함

초기 국가의 제천 행사
· 부여 : 12월의 영고
· 고구려 : 10월의 동맹
· 동예 : 10월의 무천
· 삼한 : 5월의 수릿날, 10월의 계절제

고구려 성립의 역사적 의의
중국 문화를 수용하여 한반도와 일본에 전해준 문화 중개자, 중국의 침략으로부터 한반도를 보호한 민족의 방파제 역할

고구려의 법률
· 도둑질한 자는 부여와 같이 12배를 배상케 함(1책 12법)
· 뇌옥은 따로 두지 않고 제가 회의에서 직접 처벌, 중대한 범죄자는 사형에 처하고 그 가족을 노비로 삼음

고구려의 가옥
· 본채는 초가지붕과 온돌 설치, 대옥(제사를 지내는 사당)과 소옥(사위가 거처하는 서실)이라는 별채를 둠
· 좌식 계층인 지배층의 집에는 부경이라는 창고를 두어 약탈물 · 공물 저장

공급

(4) 풍속

① 혼인 풍속
  ㉠ 서옥제(데릴사위제) : 혼인을 정한 뒤 신랑이 신부 집의 뒤꼍에 조그만 집(서옥)을 짓고 거기서 자식을 낳아 기름, 자식이 장성하면 가족이 함께 신랑 집으로 돌아가는 제도
  ㉡ 형사취수제 : 친족 공동체의 유대·노동력 확보의 필요성 반영, 중기 이후 점차 사라짐

② 장례 풍속
  ㉠ 결혼 후 수의를 장만하였고, 부모나 남편의 상은 3년상으로 함
  ㉡ 후장제(厚葬制)가 유행, 부장품을 함께 묻음, 장례 시 북을 치고 노래를 부르며 송별의 의식을 행함

③ 제천 행사 등
  ㉠ 10월에 추수 감사제인 동맹(東盟)을 국동대혈에서 성대하게 거행
  ㉡ 건국 시조인 주몽(국조신)과 그의 어머니 유화 부인(지신·수신)을 조상신으로 섬겨 제사를 지냄

5. 옥저와 동예

(1) 성립 및 소멸

① 성립 지역 : 옥저는 함흥 평야 일대, 동예는 강원도 북부의 동해안에 위치
② 쇠퇴·소멸 : 변방에 치우쳐 선진 문화의 수용이 늦음, 고구려의 압력으로 크게 성장하지 못함, 연맹 왕국으로 발전하지 못함, 군장 국가 단계에서 고구려에 흡수

(2) 옥저와 동예의 모습

구분	옥저	동예
정치	• 왕이 없고 각 읍락에는 읍군(邑君)·삼로(三老)라는 군장이 있어서 자기 부족을 통치, 큰 정치 세력을 형성하지는 못함 • 고구려의 압박과 변방에 위치한 탓에 연맹 왕국으로 발전 못함, 고구려에 흡수	• 왕이 없고, 후·읍군·삼로 등의 군장이 하호를 통치 • 불내예후국이 중심 세력이었으나, 연맹체를 형성하지 못하고 고구려에 병합
경제	• 소금과 어물 등 해산물이 풍부, 이를 고구려에 공납으로 바침 • 토지가 비옥하여 농사가 잘되어 오곡이 풍부	• 토지가 비옥하고 해산물이 풍부하여 농경·어로 등 경제생활이 윤택 • 명주와 베를 짜는 등 방직 기술 발달 • 특산물 : 단궁(短弓, 나무 활), 과하마(果下馬, 키 작은 말), 반어피(班魚皮, 바다표범의 가죽)

SEMI-NOTE

고구려 혼인 풍속의 변화

여자 집에 서옥이라는 작은 집을 짓고 사위가 돈과 패물을 가지고 와 여자와의 동숙을 청하면, 부모가 이를 허락하여 결혼 생활을 하였다. 이후 남자는 자녀가 성장한 후에야 처자를 본가로 데리고 갔다.
— 〈삼국지 위지 동이전〉 —
혼인은 남녀가 서로 좋아함에 따라 이루어진다. 남자 집에서 돼지고기와 술을 보낼 뿐 다른 예물은 주지 않았다. 만약 신부 집에서 재물을 받을 경우 딸을 팔았다고 여겨 부끄럽게 여겼다.
— 〈주서〉, 〈수서〉 —
위의 기록들을 통해 고구려 혼인 풍습에서 혼수 예물이 점차 사라졌음을 알 수 있음

국동대혈

국동대혈
고구려 국내성(집안현 소재) 인근의 산 중턱에 자리 잡고 있는 암석 동굴로, 이 굴에서 서쪽으로 대략 100m 거리에 통천동이라는 곳이 있는데, 고구려 왕과 군신들은 매년 10월 이곳에서 제천 행사(동맹)를 성대하게 거행하였음

부여와 고구려의 공통점
• 부여 계통(부여, 고구려, 옥저, 동예, 백제)
• 5부족 연맹체
• 대가(大加)의 존재
• 하호가 생산을 담당
• 절도죄에 대한 1책 12법
• 형사취수제의 존재
• 제천 행사의 존재(영고, 동맹)

SEMI-NOTE

동예의 철자형·여자형 집터
- 철자형 집터 : 강원도 춘천시 율문리와 동해시, 강릉시를 중심으로 발굴된 철(凸)자 모양의 집터
- 여자형 집터 : 강원도 강릉시 병산동, 횡성군 둔내 등지에서 발굴된 여(呂)자 모양의 집터

철자형 집터

여자형 집터

마한 목지국
마한의 54개 소국 중 영도 세력이었던 목지국은 처음에 성환·직산·천안 지역을 중심으로 발달, 백제의 성장과 지배 영역의 확대에 따라 남쪽으로 옮겨 익산 지역을 거쳐 마지막에 나주 부근에 자리 잡았을 것으로 추정, 왕을 칭하던 국가 단계(연맹왕국)의 목지국이 언제 망했는지는 알 수 없으나 근초고왕이 마한을 병합하는 4세기 후반까지는 존속, 그 이후에는 백제의 정치 세력하에 있는 토착 세력으로 자리 잡았을 것으로 보임

소도의 의의
철기 문화의 전래에 따른 신·구 문화 간 충돌을 완충하고 사회의 갈등을 완화하는 역할을 수행하는 신성불가침 지역으로서, 당시 삼한 사회의 제정 분리를 반영함

| 풍속 | • 고구려와 같은 부여족 계통, 주거·의복·예절 등에 있어 고구려와 유사
• 민며느리제(예부제, 매매혼의 일종)
• 가족의 시체를 가매장하였다가 나중에 그 뼈를 추려 가족 공동묘에 안치(세골장제, 두벌 묻기)
• 가족 공동묘의 목곽 입구에는 죽은 자의 양식으로 쌀을 담은 항아리를 매달아 놓음 | • 엄격한 족외혼으로 동성불혼 유지(씨족사회의 유습)
• 책화 : 각 부족의 영역을 엄격히 구분, 다른 부족의 생활권을 침범 시 노비와 소·말로 변상
• 별자리를 관찰해 농사의 풍흉 예측(점성술 발달)
• 제천 행사 : 10월의 무천(舞天)
• 농경과 수렵의 수호신을 숭배하여 제사를 지내는 풍습이 존재(호랑이 토템 존재) |

6. 삼한

(1) 성립 및 발전

① 성립 : BC 2세기 무렵 고조선 사회의 변동으로 인해 유이민이 대거 남하함에 따라 새로운 문화(철기 문화)가 토착 문화와 융합되면서 진은 마한·변한·진한 등의 연맹체로 분화·발전
② 삼한의 발전
　㉠ 마한 : 삼한 중 세력이 가장 컸던 마한은 천안·익산·나주를 중심으로 한 경기·충청·전라도 지방에서 성립, 후에 마한 54국의 하나인 목지국(백제국)이 마한을 통합하여 백제로 발전
　㉡ 진한 : 대구·경주 지역을 중심으로 성립, 후에 진한 12국의 하나인 사로국이 성장하여 신라로 발전
　㉢ 변한 : 낙동강 유역(김해, 마산)을 중심으로 발전, 후에 변한 12국의 하나인 구야국이 6가야 연맹체의 중심 세력으로 성장

(2) 정치

① 주도 세력 : 삼한의 지배자 중 세력이 큰 대군장은 신지·견지 등, 세력이 작은 소군장은 부례·읍차 등으로 불림
② 제정의 분리
　㉠ 제사장인 천군(天君)이 따로 존재
　㉡ 국읍의 천군은 제천의식, 별읍의 천군은 농경과 종교적 의례 주관
　㉢ 별읍의 신성 지역인 소도(蘇塗)는 천군이 의례를 주관하고 제사를 지내는 곳, 제정 분리에 따라 군장(법률)의 세력이 미치지 못하며 죄인이 이곳으로 도망을 하여도 잡아가지 못함(신성 지역은 솟대를 세워 표시함)

(3) 경제·사회

① 농업의 발달
　㉠ 철기 문화를 바탕으로 하는 농경 사회, 농업 발달, 벼농사를 지음
　㉡ 벽골제(김제), 의림지(제천), 수산제(밀양), 공검지(상주), 대제지(의성) 등의

저수지를 축조하여 관개 농업을 시작(수전 농업이 발달)
ⓒ 두레 조직(작업 공동체)을 통해 공동 노동, 밭갈이에 가축의 힘을 이용
ⓔ 벼농사를 지음, 누에를 쳐 비단과 베를 생산(방직업)
② 철의 생산 : 변한 지역(마산 성산동과 진해의 야철지)에서는 철이 많이 생산되어 낙랑·왜(倭) 등에 수출, 철은 교역에서 화폐처럼 사용되기도 함

(4) 예술 및 풍속
① 예술
  ㉠ 토우, 암각화
  ㉡ 가야금의 원형으로 보이는 우리나라 최고(最古)의 현악기를 남김
② 문신의 풍습이 존재 : 마한·변한 지역에서 문신을 행했다는 기록 존재
③ 장례 및 무덤 : 장례 시 큰 새의 날개를 사용, 후장, 돌덧널 무덤, 독 무덤, 나무널 무덤, 주구묘 등
④ 제천 행사 등
  ㉠ 5월의 수릿날과 10월에 계절제를 열어 하늘에 제사
  ㉡ 지신(地神)에 대한 제사 의식의 일종, 여러 사람이 함께 땅을 밟아 땅의 생육을 높이고 풍요를 기원, 산신제, 농악 등의 풍습도 존재

실력UP 초기 국가의 형성 비교

구분	부여	고구려	옥저	동예	삼한
위치	만주 송화강 유역의 평야 지대	졸본 → 국내성	함경도 함흥평야	강원도 북부	한강 남쪽
정치	5부족 연맹, 마가·우가·저가·구가 → 사출도	5부족 연맹체, 제가 회의	왕이 없어 군장이 다스림(후, 읍군, 삼로)		제정 분리, 목지국의 영도
경제	반농반목, 말, 주옥, 모피	산악 지대, 토지 척박 → 약탈 경제	어물, 소금이 풍부	단궁, 과하마, 반어피	농경 발달, 철 생산(변한)
풍속	순장, 1책 12법, 우제점법	서옥제, 1책 12법	민며느리제, 가족공동묘	책화	두레 (공동 노동)
제천 행사	12월 영고	10월 동맹		10월 무천	5월 수릿날, 10월 계절제
변화	고구려에 복속	중앙 집권 국가로 성장	고구려에 복속		마한 → 백제 변한 → 가야 진한 → 신라

SEMI-NOTE

중국 화폐의 출토
사천 늑도에서 반량전, 의창 다호리에서 오수전, 김해 패총에서 왕망전이 출토되었음. 이를 통해 삼한과 중국 간에 활발한 교류가 있었음을 알 수 있음

삼한의 계층별 생활상
- 지배층 : 토성이나 목책으로 둘러싼 읍에 거주, 세형동검과 잔무늬 거울 등을 가지고 다니며 권위를 자랑, 사후 돌덧널 무덤(돌곽 무덤), 나무널 무덤(목관묘) 등에 매장됨
- 피지배층 : 소국(小國)의 일반 백성들은 읍락에 살면서 농업과 수공업의 생산을 담당, 초가 지붕의 반움집이나 귀틀집(후기)에서 거주

독 무덤, 주구묘
- 독 무덤(옹관묘) : 주로 아이들이 죽은 경우 사용된 무덤 양식으로, 성인의 경우 뼈만 추려 매장함
- 주구묘 : 전라남도 지역에서 주로 발굴되는 마한의 무덤으로, 중앙에 널 무덤이 있고 주변에 도랑과 같은 시설인 주구(周溝)가 있어 주구묘라 불림

삼한의 5월제, 10월제
삼한에서는 5월에 파종하고 난 후 귀신에게 제사를 지내는데, 이때 많은 사람들이 모여 노래하고 춤추고 술을 마시며 밤낮 쉬지 않고 놀았다. 10월에 농사일이 끝난 후에도 그와 같이 제사를 지내고 즐겼다. 토지가 비옥하여 오곡과 벼를 재배하기에 좋았으며, 누에를 칠 줄 알아 비단과 베를 만들었다. 나라(변한)에 철이 나는데, 한과 예(濊)와 왜가 모두 여기서 가져갔다. 시장에서 물건을 사고파는 데에도 철을 사용하여 중국에서 돈을 사용함과 같았다.
― 〈삼국지 위지 동이전〉 ―

9급공무원
한국사

나두공

02장 고대의 성립과 발전

01절 고대의 통치 구조와 정치 활동

02절 고대의 경제 구조와 경제 생활

03절 고대의 사회 구조와 사회 생활

04절 고대 문화의 발달

02장 고대의 성립과 발전

SEMI-NOTE

군장 국가, 연맹 왕국, 고대 국가
- 군장 국가 : 옥저, 동예
- 연맹 왕국 : 고조선, 부여, 고구려, 삼한, 가야
- 고대 국가 : 고구려, 백제, 신라

고대 국가의 기틀 형성
- 연맹왕국의 왕은 집단 내부의 지배력을 강화, 주변 지역을 정복, 영역을 확대, 이 과정에서 성장한 경제력과 군사력을 바탕으로 왕권을 확대
- 왕권이 강화되고 통치체제가 정비되면서 중앙집권적인 고대 국가의 기틀을 형성

신라의 왕호
- 거서간(居西干) : 박혁거세, 정치적 군장, 지배자
- 차차웅(次次雄) : 남해, 제사장, 무당 → 정치적 군장과 제사장의 기능 분리
- 이사금(尼師今) : 유리왕, 연맹장, 연장자·계승자 → 박·석·김의 3성 교립제
- 마립간(麻立干) : 내물왕, 대수장 또는 우두머리 → 김씨의 왕위 독점 및 왕권 강화
- 왕(王) : 지증왕, 중국식 왕명 → 부자 상속제 확립, 중앙 집권화
- 불교식 왕명 : 법흥왕, 불교식 왕명 시대(23대~28대) → 중고기(中古期)(〈삼국유사〉의 분류)
- 시호제(諡號制) 시행 : 태종 무열왕, 중국식 조(祖)·종(宗)의 명칭 → 중대(中代)(〈삼국사기〉의 분류)

01절 고대의 통치 구조와 정치 활동

1. 고대 국가의 성립

(1) 연맹 왕국의 성립

① 연맹 왕국의 형성 : 우세한 집단의 족장을 왕으로 하는 연맹 왕국을 형성, 고조선·부여·삼한·고구려·가야 등이 연맹 왕국으로 발전

② 한계 : 족장 세력이 종래 자기가 다스리던 지역에 대한 영향력을 유지할 수 있어 중앙 집권 국가로 가는 데 한계

(2) 고대 국가의 특성

왕권 강화, 율령 반포, 관등 체제, 불교 수용, 왕토 사상, 신분제 확립, 활발한 정복 전쟁

2. 삼국의 성립

(1) 고구려

부여에서 내려온 유이민과 압록강 유역의 토착민 집단이 결합하여 성립(BC 37), 결속력을 강화하면서 정복 국가 체제로 전환

(2) 백제

한강 유역의 토착 세력과 고구려 계통의 유이민 세력이 결합하여 성립(BC 18), 우수한 철기 문화를 보유한 유이민 집단이 지배층을 형성

> **실력UP 백제의 건국 세력**
>
> - 백제 건국의 주도 세력은 고구려에서 남하했다는 것이 정설. 결국 부여족의 한 갈래, 백제 건국의 주도 세력이 고구려(부여)계라는 근거로는 다음과 같음
>   - 백제 왕족의 성씨가 부여씨(夫餘氏)이며, 부여의 시조신과 동명성왕을 숭배
>   - 국호를 남부여 칭함(6세기 성왕)
>   - 백제 건국 설화인 비류·온조 설화에서 비류와 온조를 주몽의 아들이라 언급함(〈삼국사기〉에 기록)
>   - 백제 개로왕이 북위에 보낸 국서에 백제가 고구려와 함께 부여에서 기원했음이 언급됨
>   - 백제 초기 무덤 양식이 고구려의 계단식 돌무지 무덤 양식과 같음

(3) 신라

진한의 소국 중 하나인 사로국에서 출발, 경주의 토착민 집단과 유이민 집단의 결합으로 건국(BC 57), 박·석·김의 3성이 왕위를 교대로 차지, 유력 집단의 우두머리는 이사금(왕)으로 추대됨

3. 중앙 집권 국가로의 발전

(1) 고구려

① 태조왕(6대, 53~146) : 삼국 중 가장 먼저 국가의 집권 체제 정비
  ㉠ 대외적 발전 : 함경도 지방의 옥저·동예를 복속(56), 만주 지방으로 세력을 확대시켜 부여 공격, 요동의 현도·요동군 공략, 낙랑군을 자주 공략하고 압력 행사, 서북으로 요동(遼東) 정벌, 남으로 살수(薩水)에 진출
  ㉡ 대내적 발전 : 정복 활동 과정에서 강화·정비된 군사력과 경제력을 토대로 왕권이 안정, 왕위의 독점적 세습(형제 상속) 이루어짐, 통합된 여러 집단들은 5부 체제로 발전(중앙 집권의 기반 마련)

② 고국천왕(9대, 179~197) : 형제 상속에서 부자 상속으로 전환, 연나부(절노부)와 결탁하여 왕권에 대한 대항 세력 억제, 5부의 개편을 통한 족장의 중앙 귀족화(관료화), 5부(部)의 개편, 진대법(賑貸法)의 실시

👓 한눈에 쏙~

(2) 백제와 신라

① 백제 고이왕(8대, 234~286) : 낙랑·대방을 공격(246)하여 영토 확장, 한강 유역 장악, 관등제 정비(6좌평, 16관등제), 관복제 도입, 율령을 반포(262), 남당 설치, 왕위의 세습(형제 세습)

② 신라 내물왕(17대, 356~402) : 진한 지역의 대부분을 차지, 김씨에 의한 왕위 계승권을 확립, 왕의 칭호를 마립간으로 변경

4. 백제의 전성기(4세기)

(1) 백제

① 근초고왕(13대, 346~375) : 백제 최대 영토 확보, 활발한 대외 활동, 동진과 수교(372), 가야에 선진 문물 전파, 왜와 교류(칠지도 하사), 부자 상속에 의한 왕위 계승이 시작됨, 고흥으로 하여금 《서기(書記)》를 편찬하게 함(부전)

② 침류왕(15대, 384~385) : 불교를 수용(384)

(2) 고구려의 발전 ★ 빈출개념

① 고국원왕(16대, 331~371) : 백제 근초고왕의 침략으로 평양성에서 전사한 후 국가적 위기 봉착

② 소수림왕(17대, 371~384) : 국가 체제를 개혁하고 새로운 발전 토대를 마련해 고대 국가 완성, 불교 수용(372), 태학 설립(372), 율령 반포(373)

SEMI-NOTE

고구려 5부
〈삼국지〉와 〈삼국사기〉에 서로 다르게 전하는 고구려 5부는 왕실을 구성한 계루부를 제외하면, 소노부와 비류부, 절노부와 연나부, 관노부와 관나부, 순노부와 환나부 등으로 대응하는 동일한 실체. 이들 나부는 압록강 유역에 존재했던 여러 나국이 상호 통합과정을 거쳐 5개의 정치체를 이루고, 다시 이들이 고구려 연맹체를 구성한 뒤 계루부 왕권에 의해 부로 편제됨

진대법
고구려 고국천왕 때 을파소의 건의로 실시된 빈민 구제 제도, 곡곡을 대여하는 제도이며 일반 백성들이 채무 노비로 전락하는 것을 막고자 함. 고려 시대의 흑창(태조)과 의창(성종), 조선 시대의 의창과 사창 등으로 계승·발전

동천왕과 미천왕
- 동천왕(11대, 227~248) : 위·촉·오의 대립관계를 이용하여 오와 교류하고, 위를 견제하면서 서안평을 공격함. 위의 관구검의 침략으로 한때 수도 환도성(丸都城)이 함락(동천왕 18)되었으나 밀우(密友)·유유(紐由)의 결사 항쟁으로 극복
- 미천왕(15대, 300~331) : 중국 5호 16국 시대의 혼란을 틈타 활발하게 대외 팽창, 현도군을 공략(302)하고 서안평을 점령(311), 낙랑군(313)·대방군을 축출(314)

태학
소수림왕 2년에 설치된 국립교육기관으로 우리나라 최초의 학교, 귀족자제의 교육기관으로 유교경전과 문학무예 등 교육

5. 고구려의 전성기(5세기)

(1) 고구려

① 광개토대왕(19대, 391~412)
  ㉠ 소수림왕 때의 내정 개혁을 바탕으로 북으로 숙신(여진)·비려(거란)를 정복하는 등 만주에 대한 대규모의 정복 사업 단행으로 지배권 확대
  ㉡ 남쪽으로 백제의 위례성을 공격하여 임진강·한강선까지 진출(64성 1,400촌 점령)
  ㉢ 서쪽으로 선비족의 후연(모용씨)을 격파하여 요동 지역 확보(요동을 포함한 만주 지역 지배권 확보)
  ㉣ 신라에 침입한 왜를 낙동강 유역에서 토벌(400)함으로써 한반도 남부에까지 영향력 행사(백제·왜·가야 연합군을 격파한 내용이 광개토대왕릉비에 기록)
  ㉤ 우리나라 최초로 '영락(永樂)'이라는 독자적 연호 사용하여 중국과 대등함을 과시

> **실력 up 5세기경 신라와 고구려의 역학 관계**
>
> - 신라와 고구려의 당시 역학 관계를 입증하는 자료로는 경주 호우총의 호우명 그릇과 중원 고구려비가 있음. 호우총에서 발굴된 호우명 그릇의 밑바닥에는 "을묘년국강상광개토지호태왕(乙卯年國岡上廣開土地好太王)"이라는 글씨가 새겨져 있는데, 이것이 광개토대왕을 기리는 내용이라는 점에서 당시 신라가 고구려의 간섭을 받았고 고구려를 통하여 간접적으로 중국의 문물을 받아들이면서 성장해 나갔다는 것을 짐작함. 또한 당시 고구려군이 신라에 주둔했으며 신라 왕자가 고구려에 인질로 보내지기도 함
> - 한편 중원 고구려비에도 신라를 동이, 신라 왕을 매금이라 칭하고(고구려를 천하의 중심으로 인식), 한강상류와 죽령 이북 지역이 고구려 영토임을 확인하는 내용과 함께 고구려 왕이 신라 왕을 만나 의복을 하사하였다는 내용, 고려대왕(고구려 왕)이라는 단어를 비롯하여 고구려 관직명 등이 나타나 있으므로 이를 통해 당시 양국의 역학 관계를 짐작

② 장수왕(20대, 413~491) ★ 빈출개념
  ㉠ 중국 남북조와 교류하며, 대립하던 두 세력을 조종·이용하는 외교정책 전개
  ㉡ 수도를 통구(국내성)에서 평양으로 천도(427)하여 안으로 귀족 세력을 억제하여 왕권을 강화하고 밖으로 백제와 신라를 압박, 백제의 수도 한성을 함락
  ㉢ 유연(柔燕)과 연합하여 함께 지두우(地豆于)를 분할 점령(479)하여 대흥안령(大興安嶺)일대의 초원 지대를 장악
  ㉣ 지방 청소년의 무예·한학 교육을 위해 경당 설치(우리나라 최초의 사학(私學))

③ 문자(명)왕(21대, 491~519) : 부여를 완전 복속하여 고구려 최대의 판도를 형성(494)

(2) 백제

① 비유왕(20대, 427~455) : 송과 통교, 장수왕의 남하 정책에 대항해 신라 눌지왕과 나·제 동맹을 체결(433)
② 개로왕(21대, 455~475) : 고구려의 압박에 북위에 국서를 보내 군사 원조를 요

SEMI-NOTE

광개토대왕의 영토 확장
- 만주의 비려(거란) 정복(395)
- 남쪽으로 백제의 위례성(한성)을 침공하여 아신왕 굴복, 조공을 받는 속국으로 삼음(396)
- 고구려 동북쪽의 숙신(여진)을 정복(398)
- 신라에 침입한 왜를 낙동강 유역에서 토벌, 신라에 고구려 군대를 주둔시키고 속국으로 삼음(400)
- 임진강 등 한강 이북 장악(404)
- 서쪽으로 후연을 격파하여 요동 지역 확보(407)
- 두만강 하류 지역의 동부여 정복, 동예의 영토 흡수(410)

장수왕의 남하 정책이 미친 영향
- 신라와 백제의 나·제 동맹 체결(433~553)
- 백제의 개로왕이 북위(후위)에 군사 원조를 요청(472)
- 백제가 수도를 한성에서 웅진(공주)으로 천도(475)
- 충북 중원 고구려비의 건립

동성왕(24대, 479~501)
- 신라와 동맹을 강화(결혼 동맹, 493)하여 고구려에 대항, 내적으로 외척 세력을 배제하고 웅진 및 금강 유역권의 신진세력을 등용하여 귀족 간의 견제와 균형을 도모함으로써 사회 안정과 왕권 강화, 국력 회복을 모색
- 탐라(제주도)를 복속(498), 남조 국가인 제(齊)와 통교
- 궁성을 중건하고 나성을 축조하여 수도의 면모를 갖추고, 주변에 산성을 축조

청, 원조가 거절되고 개로왕은 고구려 장수왕에 붙잡혀 사망
③ 문주왕(22대, 475~477) : 고구려의 남하 정책에 밀려 웅진으로 천도, 진씨·해씨 등 왕비족과 귀족 세력이 국정을 주도하면서 왕권이 약화

(3) 신라

① 실성왕(18대, 402~417) : 왜와의 화친을 위해 내물 마립간의 아들 미사흔(未斯欣)을 볼모로 보냄(402), 내물 마립간의 둘째 아들인 복호(卜好)를 고구려에 볼모로 보냄
② 눌지왕(19대, 417~458) : 왕위의 부자 상속제 확립, 나·제 동맹을 체결(433)
③ 소지왕(21대, 479~500) : 6촌을 6부의 행정 구역으로 개편, 백제 동성왕과 결혼 동맹을 체결(493), 수도 경주에 시장을 개설(490), 나을(奈乙)에 신궁 설치

6. 신라의 전성기(6세기)

(1) 신라

① **지증왕**(22대, 500~514) : 국호를 사로국에서 신라로, 왕의 칭호를 마립간에서 왕으로 고침(503), 중국식 군현제를 도입, 우경을 시작, 동시전 설치(509), 우산국(울릉도)을 복속(512), 순장을 금지
② **법흥왕**(23대, 514~540) : 중앙 집권 국가 체제의 완비 ★ 빈출개념
  ㉠ **제도 정비** : 병부 설치(517), 상대등 제도 마련, 율령 반포, 공복 제정(520) 등을 통하여 통치 질서를 확립, 17관등제 완비
  ㉡ **불교 공인** : 불교식 왕명 사용, 골품제를 정비하고 불교를 공인(527)하여 새롭게 성장하는 세력들을 포섭
  ㉢ **연호 사용** : 건원(建元)이라는 연호를 사용함
  ㉣ **영토 확장** : 대가야와 결혼 동맹을 체결(522), 금관 가야를 정복하여 낙동강까지 영토 확장(532), 백제를 통해 남조의 양과 교류
③ **진흥왕**(24대, 540~576)
  ㉠ **영토 확장 및 삼국 항쟁의 주도**
    • 남한강 상류 지역인 단양 적성을 점령하여 단양 적성비를 설치(551)
      → 백제 성왕과 연합하여 고구려가 점유하던 한강 상류 지역을 차지(551)
      → 백제가 점유하던 한강 하류 지역 차지(553) → 관산성 전투 승리(554)
      → 북한산비 설치(561)
    • 고령의 대가야를 정복하는 등 낙동강 유역을 확보(창녕비, 561)
    • 원산만과 함흥 평야 등을 점령하여 함경남도 진출(황초령비·마운령비, 568)
  ㉡ 화랑도를 공인(제도화)하고, 거칠부로 하여금 〈국사(國史)〉를 편찬하게 함(부전)
  ㉢ 황룡사·흥륜사를 건립하여 불교를 부흥
  ㉣ 최고 정무기관으로 품주(稟主)를 설치하여 국가기무와 재정을 담당하게 함
  ㉤ **연호 사용** : '개국', '대창', '홍제'

SEMI-NOTE

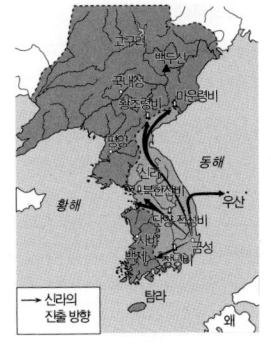

신라의 전성기(6세기)

진흥왕 순수비(眞興王巡狩碑)
진흥왕이 새로 넓힌 영토를 직접 돌아보고 세운 비석(척경비), 현재 창녕비·북한산비·황초령비·마운령비 등 4기가 남아있음. '순수'란 천자가 제후의 봉지(封地)를 직접 순회하면서 현지의 통치 상황을 보고받는 의례로 순행(巡行)이라고도 함. 순수비란 순수를 기념하여 세운 비석을 말하는데, 진흥왕 순수비의 비문 속에 나타나는 '순수관경(巡狩管境)'이란 구절에서 비롯됨. 진흥왕 순수비는 당시의 삼국 관계와 신라의 정치상·사회상을 알려 주는 귀중한 자료

단양 적성비

| SEMI-NOTE |

신라 금석문에 나타난 6부
6세기 초에 건립된 신라의 영일 냉수리비와 울진 봉평 신라비에는 신라 6부에 대한 내용과 함께 왕도 소속부의 명칭을 띠고 있었다는 것이 기록되어 있는데, 이는 왕이 6부의 실력자와 합의하여 국정의 주요 내용을 결정하였다는 것을 보여 줌. 6부는 6세기에 접어들면서 점차 유명무실해지는데, 이것은 이 시기를 전후하여 국왕을 중심으로 하는 새로운 형태의 정치체제가 마련되었다는 것으로 이해됨

삼국의 국가별 발전 순서
- 고대 국가의 기틀 마련(중앙 집권적 토대 구축) : 고구려(태조왕) → 백제(고이왕) → 신라(내물왕)
- 율령의 반포 : 백제(고이왕) → 고구려(소수림왕) → 신라(법흥왕)
- 고대 국가의 완성(중앙 집권 체제의 완성) : 백제(근초고왕) → 고구려(소수림왕) → 신라(법흥왕)
- 한강 유역의 쟁경 : 백제(고이왕) → 고구려(장수왕) → 신라(진흥왕)

담로
백제가 방·군·성의 지방 제도를 마련하기 이전에 설치한 제도, 지방 통제 강화 목적, 왕자나 왕족을 지방의 요지에 보내 다스리게 함

실력up 신라의 금석문

- **포항 중성리비(지증왕, 501)** : 현존 최고의 신라비로, 재산 분쟁에 관한 판결을 담음
- **영일 냉수리비(지증왕, 503)** : 지증왕을 비롯한 신라 6부의 대표자들이 재산권 및 상속 문제에 관하여 논의·결정한 내용을 담음
- **울진 봉평 신라비(법흥왕, 524)** : 울진 지역의 중요 사건의 처리 및 책임자 처벌에 관한 내용을 담음. 장형·노인법 등을 규정한 율령이 성문법으로 실재했음을 보여주며 신라 육부의 독자성과 지방 지배의 방식, 신라 관등제의 발전 과정 등이 드러남
- **영천 청제비(법흥왕, 536)** : 영천 지역의 청제(청못)를 축조할 때 세운 것으로, 축조 공사에 관한 기록과 이후의 보수 공사(798)에 관한 내용이 비문 양면에 각각 새겨져 있음
- **단양 적성비(진흥왕, 551)** : 신라가 한강 상류(남한강 상류) 지역을 점령하고 죽령 지역을 확보했음을 보여 줌. 관직명과 율령 관계, 전공자에 대한 포상 등의 내용이 기록
- **진흥왕 순수비** : 북한산비(555), 창녕비(561), 황초령비·마운령비(568)
- **남산 신성비(진평왕, 591)** : 경주 남산에 축조한 새 성[新城]에 관한 비, 신라 시대의 지방 통치 제도 및 사회 제도 등을 보여 주고 있어 삼국 시대 금석문으로서 매우 귀중한 자료
- **임신서기석(진평왕, 612)** : 두 화랑이 유교 경전을 공부하고 인격 도야에 전념하며 국가에 충성할 것을 맹세한 내용을 기록한 비. 당시 유학이 발달하였음을 보여줌

실력up 진평왕(26대, 579~632), 선덕 여왕(27대, 632~647), 진덕 여왕(28대, 647~654)

- **진평왕** : '건복'이라는 연호 사용, 중앙 관서로 위화부·예부·조부·승부·영객부 설치, 불교를 장려하여 법명을 백정이라 하고 왕비를 마야 부인이라 칭함, 수와 친교(원광의 걸사표), 수 멸망 이후 당과 외교, 세속 5계를 통해 국가 사회 지도 윤리 제시, 남산 신성비 축조(591)
- **선덕 여왕(27대, 632~647)** : '인평(仁平)'이라는 연호 사용, '덕만(德曼)'이라 함, 친당 외교 추진, 대야성 함락과 당항성 위기, 황룡사 9층탑 건축, 분황사 석탑(모전 석탑) 건립, 첨성대 축조, 영묘사 건립(635), 비담·염종 등의 반란
- **진덕 여왕(28대, 647~654)** : 품주를 개편하여 집사부(군국 기밀 사무)·창부(재정 관장)로 분리, (좌)이방부 설치(형률에 관한 사무 관장), 독자적 연호 폐지, 나당 연합 결성(648, 당 고종의 연호 사용), 〈오언태평송(五言太平頌)〉을 지어 당에 보냄

(2) 백제

① **무령왕(25대, 501~523)** : 백제 중흥의 전기를 마련
  ㉠ 지방의 주요 지점에 22담로를 설치
  ㉡ 6세기 초 중국 남조의 양과 통교(난징 박물관의 백제 사신도), 왜와도 교류
  ㉢ 가야 지역으로 진출(512)

② **성왕(26대, 523~554)**
  ㉠ 사비(부여)로 도읍을 옮기고(538), 국호를 남부여로 고치면서 중흥을 꾀함
  ㉡ 중앙 관청을 22부로 확대, 행정 조직을 5부(수도) 5방(지방)으로 정비
  ㉢ 겸익을 등용하여 불교 진흥, 노리사치계를 통해 일본에 불교(불경·불상·경론 등) 전파(552)
  ㉣ 중국의 남조와 활발하게 교류하고 문물을 수입
  ㉤ 신라 진흥왕과 연합하여 한강 유역을 부분적으로 수복하였지만 곧 신라에 빼

앗김(나·제 동맹 결렬, 553), 성왕 자신도 신라를 공격하다가 관산성(옥천)에서 전사(554)

> **실력up** 무왕(30대, 600~614), 의자왕(31대, 641~660)
> - 무왕 : 왕흥사(부여)와 미륵사(익산)를 건립, 익산으로의 천도를 추진하였으나 실패
> - 의자왕 : '해동증자'라는 칭송을 들음, 반당 친고구려 정책과 신라의 적대 노선 추진, 신라의 대야성 함락(642)

(3) 고구려

영양왕(26대, 590~618)의 재위 기간 동안 요서 지방을 공략(598), 살수 대첩(612), 국력 소모로 수 멸망(618), 이문진으로 하여금 〈유기〉 100권을 요약하여 〈신집〉 5권을 편찬하게 함(600), 담징을 일본으로 보내(608) 종이·먹을 전함

7. 가야의 성립과 발전

(1) 성립

① 12개 소국의 형성 : 삼국이 국가 조직을 형성해 가던 시기에 낙동강 하류 유역의 변한 지역에서 철기 문화를 토대로 사회 통합을 이루며 2세기 경 여러 정치 집단들이 등장(변한 12국)
② 초기의 성격 : 주로 해변을 통해 들어온 유이민 세력과 토착세력이 융합(토착세력이 유이민을 흡수)
③ 연맹 왕국의 형성 : 2~3세기 경 금관가야가 중심이 되어 연맹 왕국으로 발전(전기 가야 연맹의 형성)

(2) 가야의 발전(가야 연맹의 주도권 변동)

① 4세기 말부터 5세기 초에 신라를 후원하는 고구려군의 공격으로 중심세력이 해체, 낙동강 서안으로 세력 축소
② 5세기 이후 김해·창원을 중심으로 한 동남부 세력 쇠퇴, 고령 지방을 중심으로 하는 대가야가 주도권을 행사하며 후기 가야 연맹 형성

(3) 가야의 쇠퇴와 멸망

① 국제적 고립을 탈피하기 위해 신라(법흥왕)와 결혼 동맹(522)을 맺음
② 금관가야가 신라 법흥왕 때 복속(532), 대가야가 신라 진흥왕 때 병합(562)되어 가야 연맹은 완전히 해체

8. 고구려의 대외 항쟁

(1) 6세기 말 이후의 삼국 정세

① 고구려와 백제는 신라가 한강 유역을 독점한 것에 자극받아 여·제 동맹을 맺고

SEMI-NOTE

관산성 전투(554)
백제 성왕은 신라 진흥왕과 함께 551년에 고구려에게 빼앗겼던 한강 하류의 6개 군을 탈환하는 데 성공, 그러나 신라 진흥왕이 배신하여 이 지역을 점령하자 양국 간의 동맹 관계는 깨졌고 성왕은 신라를 공격하였으나 관산성 전투에서 전사

영류왕(27대, 618~642), 보장왕(28대, 642~668)
- **영류왕** : 수나라가 멸망한 이후 이연의 당나라가 중국 통일(618), 당 태종이 고구려 압박, 당의 침입을 대비하여 천리장성 건립
- **보장왕** : 당 태종이 영류왕을 죽인 연개소문의 정변을 구실로 침범(645), 당 태종은 30만 대군을 이끌고 요하를 건너 여러 성을 점령한 후 안시성을 60여 일이나 공격하였으나 실패

가야의 경제 ★ 빈출개념
일찍부터 벼농사를 짓는 등 농경문화 발달, 풍부한 철 생산, 철기 문화 발달, 해상 교통을 이용한 낙랑·왜의 규슈 지방과 중계무역 번성, 해안 지방으로부터 토기의 제작 기술이 보급, 수공업 번성

가야 연맹

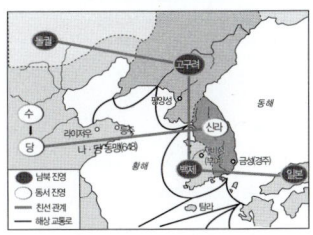

6세기 말 이후 삼국의 대외 관계

당항성을 공격, 이에 신라는 중국과 통교
② 고구려는 수(隋)가 중국 남북조를 통일(589)한 것에 위협을 느껴 돌궐과 연결하고 백제는 왜와 친교
③ 십자형 외교를 전개하였음

(2) 고구려의 대외 항쟁

① 여·수 전쟁
  ㉠ 원인 : 수의 압박으로 돌궐이 약화, 신라가 친수 정책을 취하자 이에 위기의식을 느낀 고구려가 먼저 중국의 요서 지방을 공격

제1차 침입(영양왕, 598)	수 문제의 30만 대군이 침입했으나 장마와 전염병으로 실패
제2차 침입(영양왕, 612)	수 양제의 113만 대군이 침입했으나 을지문덕이 이끄는 고구려군 에게 살수에서 대패(살수 대첩)
제3·4차 침입(영양왕, 613·614)	수 양제가 침입했으나 모두 실패

  ㉡ 결과 : 수가 멸망(618)하는 원인

② 여·당 전쟁
  ㉠ 대외 정세
   • 당(唐)은 건국(618) 후 대외 팽창 정책을 보이며 고구려에 대한 정복 야욕
   • 당은 고구려 자극
   • 연개소문은 대당 강경책을 추진, 당의 침입에 대비해 천리장성(부여성~비사성)을 쌓아 방어 체제를 강화(647)
   • 백제와 대립하던 신라는 친당 정책 전개
  ㉡ 당 태종의 침략
   • 제1차 침략(보장왕, 645) : 양만춘이 이끄는 고구려 군과 군민이 안시성에서 60여 일간 완강하게 저항하며 당의 군대를 격퇴(안시성 싸움)
   • 제2·3차 침략 : 고구려는 당의 침략을 물리쳐 동북아시아 지배 야욕을 좌절시킴

9. 정세의 변동과 고구려·백제의 멸망

(1) 삼국 정세의 변화

① 신라의 성장 : 고구려가 대외 침략을 막는 동안 신라는 김춘추·김유신이 제휴하여 권력을 장악, 고구려와 백제에 대항하면서 삼국 간의 항쟁 주도
② 나·당 연합군의 결성(648) : 신라는 당과 군사 동맹을 맺어 한반도의 통일 기도

(2) 백제와 고구려의 멸망

① 백제의 멸망(660) : 사치와 정치적 혼란, 거듭된 전란 등으로 국력 약화, 나·당 연합군의 공격, 사비성 함락
② 고구려의 멸망(668)

SEMI-NOTE

수·당과의 전쟁에서 고구려가 거둔 승리의 원동력
• 잘 훈련된 군대
• 성곽을 이용한 견고한 방어 체제
• 탁월한 전투 능력
• 요동 지방의 철광 지대 확보
• 굳센 정신력

고구려와 당의 관계
• 당 건국 초기
  - 고구려와 화친 관계
  - 수와의 전쟁에서 잡혀간 포로들을 교환
• 당 태종
  - 주변 나라들을 침략하며 고구려에 압력 → 고구려는 랴오허 강 주위에 천리장성 축조
  - 연개소문의 정변을 구실로 고구려 침략

연개소문의 정변(642)
연개소문은 고구려 말기의 장군이자 재상. 그는 천리장성을 축조하면서 세력을 키웠는데, 그에 두려움을 느낀 사람들이 영류왕과 상의하여 그를 죽이려 함. 그것을 안 연개소문은 거짓으로 열병식을 꾸며 대신들을 초대한 뒤 모두 죽임. 또한 영류왕을 죽이고 그 동생인 장(보장왕)을 옹립

고구려의 대외 항쟁이 갖는 의의
• 민족의 방파제 : 자국의 수호뿐만 아니라 중국의 한반도 침략 야욕을 저지
• 거듭된 전쟁으로 고구려는 쇠약해졌고, 나·당의 결속은 더욱 공고

㉠ 국내 정세
  • 거듭된 전쟁으로 국력의 소모가 심하였고, 요동 지방의 국경 방어선도 약해짐
  • 연개소문이 죽은 뒤 지배층의 권력 쟁탈전으로 국론이 분열
㉡ 당의 이세적과 신라의 김인문이 이끄는 나·당 연합군의 협공으로 멸망(668)

10. 신라의 삼국 통일

(1) 나·당 전쟁과 통일의 달성
① 당의 한반도 지배 야욕 : 신라와 연합, 백제의 옛 땅에 웅진 도독부를, 고구려의 옛 땅에 안동 도호부를 둠, 신라의 경주에도 계림 도독부를 두고 문무왕을 계림 도독으로 칭함, 신라 귀족의 분열을 획책
② 경과 : 금강 하구의 기벌포에서 당의 수군을 섬멸(676), 안동 도호부를 요동성으로 밀어내는 데 성공하여 삼국 통일을 달성(676)

(2) 통일의 의의와 한계
① 의의 : 민족 최초의 통일, 당을 힘으로 몰아낸 자주적 통일, 고구려·백제 문화를 수용, 경제력을 확충, 민족 문화 발전의 토대 마련
② 한계 : 외세를 이용, 이로 인해 영토가 대동강에서 원산만 이남으로 축소됨

한눈에 쏙~

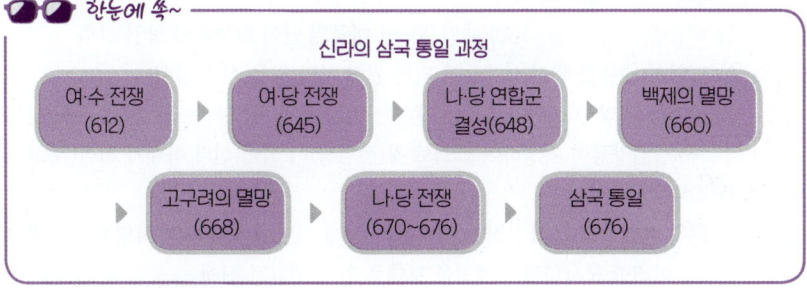

신라의 삼국 통일 과정

여·수 전쟁(612) ▶ 여·당 전쟁(645) ▶ 나·당 연합군 결성(648) ▶ 백제의 멸망(660) ▶ 고구려의 멸망(668) ▶ 나·당 전쟁(670~676) ▶ 삼국 통일(676)

11. 통일 신라의 발전과 동요

(1) 왕권의 전제화(중대)
① 태종 무열왕(29대, 654~661) : 신라 중대의 시작
  ㉠ 최초의 진골 출신 왕, 통일 전쟁을 치르는 과정에서 왕권 강화
  ㉡ 이후 태종 무열왕의 직계 자손이 왕위 세습(태종 무열왕~혜공왕)
  ㉢ 사정부를 설치, 중국식 시호(태종) 사용, 갈문왕제 폐지
  ㉣ 상대등 세력을 억제, 집사부 시중의 기능 강화
② 문무왕(30대, 661~681) : 통일의 완수
  ㉠ 안승을 보덕국왕으로 봉하고, 당을 축출하여 통일을 완수
  ㉡ 우이방부를 설치, 외사정을 처음으로 지방에 파견, 상수리 제도 시행
③ 신문왕(31대, 681~692) : 전제 왕권의 강화 ★빈출개념

SEMI-NOTE

백제의 부흥 운동(660~663)
복신과 도침이 왕자 풍을 왕으로 추대하여 주류성(한산)에서 백제 부흥 운동을 전개, 흑치상지와 지수신은 임존성(대흥)에서 전개, 지배층의 내분과 나·당 연합군의 공격으로 실패

고구려의 부흥 운동
신라의 지원을 받은 검모잠이 보장왕의 서자 안승을 왕으로 하여 한성(재령)에서 2년간 부흥 운동을 전개(669)하였으나 내분으로 실패, 고연무·고연수가 오골성 등을 근거로 부흥 운동을 전개(670)했으나 내분으로 실패

나·당 전쟁

통일 이후 신라의 정세
• 영역의 확대와 함께 인구 증가, 대외 관계가 안정되어 경제적 생산력 증대
• 전쟁 과정에서 왕실의 권위 상승, 군 사력이 더욱 강해지면서 정치 안정
• 통일을 전후한 왕권의 강화, 경제적 생산력 증대, 왕권의 전제화가 두드러짐

SEMI-NOTE

김흠돌의 난과 전제 왕권의 강화
신문왕 1년(681) 소판(蘇判) 김흠돌이 파진찬 흥원(興元), 대아찬 진공(眞功) 등과 함께 모반을 꾀하다가 발각되어 처형된 사건

관료전과 녹읍
관료전은 관리들이 관직에 복무하는 대가로 받은 토지, 조세만을 받을 수 있으며 농민을 지배할 권한은 없고 관직에서 물러나면 국가에 반납, 반면 귀족들이 받았던 녹봉의 일종인 녹읍을 통해서는 농민을 지배

정치 세력의 변동
왕권이 전제화되면서 상대적으로 진골 귀족 세력은 약화, 6두품 세력이 왕권과 결탁하여 상대적으로 부각(학문적 식견을 바탕으로 왕의 정치적 조언자로 활동하거나 행정 실무를 담당)

대공의 난(96각간의 난)
혜공왕 4년(768) 각간 대공이 일으킨 난. 이 난을 계기로 전국이 혼란에 휩싸였는데 96각간이 서로 싸우고 3개월 만에야 진정. 그러나 귀족들 내부의 알력은 진정되지 않아 연이어 반란이 일어남. 결국 혜공왕은 즉위 16년 만에 상대등 김양상 등의 군사에 의해 살해

김헌창의 난과 범문의 난, 장보고의 난
- **김헌창의 난과 범문의 난** : 김헌창의 아버지인 김주원(무열왕계)은 선덕왕을 이어 왕위를 계승할 예정이었으나 내물왕계인 김경신(원성왕)에게 축출됨. 이에 김헌창은 웅천주 도독으로 있을 당시 기회를 엿봐 헌덕왕 14년(822) 웅천에서 거사를 일으키고 국호를 장안·연호를 경운이라 함. 이 난이 진압된 뒤 김헌창의 아들 범문도 헌덕왕 17년(825) 부친의 뜻을 이어받아 난을 일으켰으나 역시 실패. 이 두 난을 계기로 무열왕의 직계들은 6두품으로 강등
- **장보고의 난** : 자신의 딸을 문성왕의 왕비로 들이려 하다가 실패하자 반란을 일으킴(문성왕 8, 846). 장보고가 부하 염장에게 피살됨으로써 난은 실패하고 청해진은 폐지(851)

㉠ 김흠돌의 난을 계기로 귀족 세력을 숙청, 전제 왕권 강화
㉡ 중앙 정치 기구 정비(6전 제도 완성, 예작부 설치)하고 군사 조직(9서당 10정)과 지방 행정 조직(9주 5소경)을 완비
㉢ 관리에게 관료전 지급(687), 귀족의 경제 기반이었던 녹읍 폐지(689)
㉣ 유학 교육을 위하여 국학(國學) 설립, 유교 이념 확립
④ 성덕왕(33대, 702~737) : 신라 시대의 전성기 형성(성덕왕~경덕왕)
㉠ 당과의 문화 교류 및 사신 왕래가 활발, 발해와는 대립
㉡ 백성들에게 정전을 지급(722)하여 농민에 대한 국가의 토지 지배력 강화
⑤ 경덕왕(35대, 742~765)
㉠ 집사부의 중시를 시중으로 격상
㉡ 국학을 태학감으로 바꾸고 박사·교수를 두어 유교 교육을 강화
㉢ 석굴암·불국사 창건(751), 석가탑에 무구정광 대다라니경 보관
㉣ 귀족의 반발로 녹읍이 부활(757), 사원의 면세전이 증가(전제 왕권의 동요)

(2) 신라 하대의 정치적 변동

① 전제 왕권의 동요
㉠ 진골 귀족 세력의 반발로 8세기 중엽 경덕왕 때부터 전제 왕권이 흔들리기 시작
㉡ 녹읍이 부활되고 사원의 면세전이 늘어나면서 국가 재정 압박
② 귀족의 반란과 하대의 시작
㉠ 혜공왕(36대, 765~780) 때인 768년 대공의 난이 발생하여 왕권 실추
㉡ 김양상(내물왕계)이 상대등이 되어 권력 장악(왕은 실권 상실)
㉢ 상대등 김양상과 이찬 김경신이 김지정의 난을 진압하는 과정에서 혜공왕이 죽자, 김양상이 거병하여 스스로 왕(선덕왕)이 되어 신라 하대가 시작(780)
③ 권력 투쟁의 격화
㉠ 왕위 쟁탈전의 전개 : 진골 귀족들은 경제 기반을 확대하여 사병을 거느렸으며, 이러한 군사력과 경제력을 토대로 왕위 쟁탈전 전개
㉡ 왕권의 약화 : 왕권이 약화되고 귀족 연합적인 정치가 운영, 상대등의 권력이 다시 강대해짐(상대등 중심의 족당 정치 전개)
㉢ 지방 통제력의 약화 : 김헌창의 난(822)은 중앙 정부의 지방 통제력이 더욱 약화되는 계기로 작용
④ 새로운 세력의 성장
㉠ 6두품 세력 : 사회를 비판하며 점차 반신라 세력으로 성장, 골품제 비판, 능력 중심의 과거 제도와 유교 정치 이념 제시
㉡ 호족 세력 : 6두품 세력보다 적극적으로 사회 변동을 추구
  - 성장 : 신라 말 중앙 통제가 약화되자 농민 봉기를 배경으로 반독립적 세력으로 성장
  - 출신 유형 : 몰락하여 낙향한 중앙 귀족, 해상 세력, 군진 세력, 군웅 세력(농민 초적 세력), 토호 세력(촌주 세력), 사원 세력(선종 세력) 등

(3) 후삼국의 성립

① 후백제 건국(900) ★ 빈출개념
  ㉠ 건국 : 전라도 지방의 군사력과 호족 세력을 중심으로 완산주(전주)에서 견훤이 건국, 차령 이남의 충청도와 전라도 지역을 차지하여 우수한 경제력과 군사적 우위를 확보
  ㉡ 한계
    • 확실한 세력 기반이 없었고 신라의 군사 조직을 흡수하지 못하였으며, 당시의 상황 변화에 적응하지 못함
    • 신라에 적대적, 농민에 대한 지나친 조세 수취, 호족 포섭에 실패
② 후고구려 건국(901)
  ㉠ 건국 : 권력 투쟁에서 밀려난 신라 왕족 출신의 궁예가 초적·도적 세력을 기반으로 반신라 감정을 자극하면서 세력을 확대
  ㉡ 한강 유역을 차지한 후 조령(鳥嶺)을 넘어 상주·영주 일대를 차지하는 등 옛 신라 땅의 절반 이상을 확보
  ㉢ 관제·신분제 개편
    • 국호를 마진(摩震)으로 고치고(904) 철원으로 천도(905), 다시 국호를 태봉(泰封)으로 변경(911), 골품제도 대신할 새로운 신분 제도 모색, 9관등제를 실시
  ㉣ 한계
    • 전쟁으로 인한 지나친 수취로 조세 부담이 가중됨, 가혹한 수탈을 자행
    • 무고한 관료와 장군을 살해하였고 미륵 신앙을 이용하여 전제 정치 도모
    • 백성과 신하들의 신망을 잃게 되어 신하들에 의하여 축출

12. 발해의 건국과 발전

(1) 발해의 건국

① 고구려 장군 대조영을 중심으로 한 고구려 유민과 말갈 집단들은 길림성의 돈화시 동모산 기슭에서 발해를 건국(698)
② 국가 구성상의 특징 : 고구려 유민(지배층)과 다수의 말갈족(피지배층)으로 구성, 고구려 계승, 왕족인 대씨(大氏)를 비롯하여 고·장·양씨 등의 고구려인이 지배층을 형성
③ 발해의 고구려 계승 근거 ★ 빈출개념
  ㉠ 일본과의 외교 문서에서 고려 및 고려국왕이라는 명칭 사용
  ㉡ 고구려 문화의 계승 : 발해 성터, 수도 5경, 궁전의 온돌 장치, 천장의 모줄임 구조, 사원의 불상 양식, 와당의 연화문, 이불병좌상(법화 신앙), 정혜공주 무덤 양식 등

(2) 발해의 발전

① 무왕(대무예, 2대, 719~737) : 북만주 일대를 장악, 일본과 외교 관계를 맺어 신라를 견제하고, 돌궐과 연결하여 당을 견제, 요서 지역에서 당과 격돌(732), 당은 신라로 하여금 발해를 공격(733), 연호를 인안으로 하고, 부자 상속제로 왕권을 강화

SEMI-NOTE

호족
호족은 신라 말 고려 초의 사회변동을 주도적으로 이끈 지방세력에 대한 칭호로 이들은 대토지를 소유, 개인 사병을 보유, 문화의 독점적 향유를 누리고 있었음. 반신라 세력으로 고려 성립에 영향을 미쳤으며 이후 고려의 관료로 진출

〈삼국사기〉에 따른 신라의 시대 구분 및 시대별 특징
• 상대(박혁거세~진덕여왕) : BC 57~AD 654년, 성골 왕, 상대등이 수상, 고대 국가 완성기
• 중대(태종 무열왕~혜공왕) : 654~780년, 진골 왕, 집사부 시중이 수상, 왕권의 전성기(상대등 권한 약화)
• 하대(선덕왕~경순왕) : 780~935년, 왕위 쟁탈전 가열, 상대등 권한 강화(왕권 약화), 호족의 발호

발해에 대한 기록
• 〈구당서〉 : 대조영을 고구려인으로 봄
• 〈신당서〉, 〈통전(通典)〉 : 대조영을 말갈인으로 보았음
• 일연의 〈삼국유사〉 : 대조영은 고구려인으로 보았으나, 발해를 말갈족에서 다루어 말갈 국가로 봄
• 김부식의 〈삼국사기〉 : 발해를 언급하지 않는 것으로 보아 우리 역사로 보지 않음
• 이승휴의 〈제왕운기〉 : 발해를 우리 역사로 본 최초의 사서
• 유득공의 〈발해고〉 : 발해를 우리 역사로서 보고, 처음으로 본격적으로 연구
※ 발해에 대한 본격적 연구 : 유득공의 〈발해고〉, 이종휘의 〈동사〉, 정약용의 〈아방강역고〉, 한치윤의 〈해동 역사〉, 서상우의 〈발해강역고〉, 홍석주의 〈발해세가〉 등

발해가 일본에 보낸 국서의 내용
"우리는 고구려의 옛 땅을 수복하고, 부여의 전통을 이어받았다."

발해의 당 문화적 요소
3성 6부의 중앙 정치 조직, 15부 62주의 지방 조직, 10위의 군사 제도, 상경의 주작대로, 동경성, 감자는 미녀상, 정효공주 무덤 양식

SEMI-NOTE

전성기 발해의 영토
- 북쪽 : 헤이룽 강
- 동쪽 : 연해주
- 서쪽 : 요동
- 남쪽 : 영흥 지방

발해와 신라의 대립 배경
신라 지배층의 보수적 태도, 발해의 건국 주체가 고구려 유민이었다는 점, 당의 분열 정책 등

발해와 신라의 외교 관계
- 〈신당서〉: 대립 관계
  - 무왕 14년(732), 왕은 장군 장문휴를 보내 당의 등주를 공격하게 함. 이에 당 현종은 태복 원외랑 김사란을 신라에 보내 군사를 출동하여 발해의 남경을 공격하게 함. 신라는 군사를 내어 발해의 남쪽 국경선 부근으로 진격, 이에 발해가 군사를 등주에서 철수
- 〈삼국사기〉: 친선 관계
  - 원성왕 6년(790) 3월에 일길찬 백어를 북국에 사신으로 보냄
  - 헌덕왕 4년(812) 9월에 급찬 숭정을 북국에 사신으로 보냄

② 문왕(대흠무, 3대, 737~793) : 당과 친선 관계를 맺고 독립 국가로 인정받음, 주작대로를 건설, 유학생 파견, 신라와 상설 교통로(신라도)를 개설, 수도를 상경 용천부로 천도, 주자감(국립 대학) 설립, 3성 6부(중앙 조직)를 조직
③ 선왕(대인수, 10대, 818~830) : 대부분의 말갈족을 복속시키고 요동 지역을 지배, 남쪽으로는 신라와 국경을 접하여 발해 최대의 영토 형성, 5경 15부 62주의 지방 제도 정비.

(3) 발해의 대외 관계

① 당(唐)과의 관계 : 초기(무왕)에는 적대적이었다가 문왕 이후 친선 관계로 전환
② 신라와의 관계 : 대체로 대립하였으나 친선 관계를 형성하기도 함
  ㉠ 대립 관계 : 당의 요청으로 신라가 발해 남쪽을 공격(732), 사신 간의 서열다툼인 쟁장 사건(897)과 빈공과 합격 순위로 다툰 등재 서열 사건, 발해 멸망 시 신라군이 거란군의 용병으로 참전한 점
  ㉡ 친선 관계 : 신라도(상설적 교류를 반영), 사신 왕래, 무역, 거란 침략 시 발해의 결원 요청을 신라가 수용한 점 등
③ 일본과의 관계 : 당과 연결된 신라를 견제하고자 친선 관계를 유지, 동경 용원부를 통해 교류(일본도(日本道))
④ 돌궐과의 관계 : 당의 군사적 침략을 견제하고자 친선 관계를 유지

(4) 발해의 멸망

① 10세기 초 거란의 세력 확대와 내부 귀족들의 권력 투쟁 격화로 국력이 크게 쇠퇴한 후 거란의 침략을 받아 멸망(926)
② 만주를 마지막으로 지배한 우리 민족사의 한 국가이며, 발해의 멸망으로 우리 민족 활동 무대의 일부였던 만주에 대한 지배력이 급격히 약화

13. 삼국의 통치 체제

(1) 중앙 관제

삼국 통치 체제의 기본적 특성
- 중앙 집권적 성격 : 중앙 집권적 성격을 토대로 중국 관제를 모방하거나 독자적 기구 설치
- 합의체 귀족 정치의 존속 : 고구려의 제가 회의, 백제의 정사암 회의, 신라의 화백 회의 등
- 지방에 대한 중앙의 우월성 : 중앙인은 지방에 대하여 우월적 지위 보유(지방 족장 세력이 중앙 귀족으로 편입)
- 전국의 군사적 행정 조직화 : 지방 행정 조직과 군사 조직이 융합된 성격을 지님, 지방관이 곧 군대의 지휘관(백성에 대한 통치는 군사적 통치의 성격이 강함)

① 중앙 관제의 비교

신라	백제	발해	고려	조선	담당업무
위화부	내신좌평	충부	이부	이조	문관의 인사, 내무, 왕실 사무
창부, 조부	내두좌평	인부	호부	호조	재정 · 조세 · 회계, 호구 · 조운 · 어염 · 광산
예부	내법좌평	의부	예부	예조	외교 · 교육 · 과거 · 제사 · 의식
병부	병관좌평, 위사좌평	지부	병부	병조	무관의 인사, 국방 · 군사 · 우역 · 봉수
좌이방부	조정좌평	예부	형부	형조	형률 · 소송 · 노비

공장부, 예작부		신부	공부	공조	산림·토목·영선·파발·도량형
사정부		중정대	어사대	사헌부	감찰

② 운영 형태 : 왕 아래에 여러 관청을 두어 운영
  ㉠ 고구려 : 고유의 전통성이 강함
  ㉡ 백제 : 삼국 중 가장 먼저 조직을 정비
  ㉢ 신라 : 전통성을 토대로 하여 중국적 요소를 가미

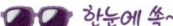한눈에 쏙~

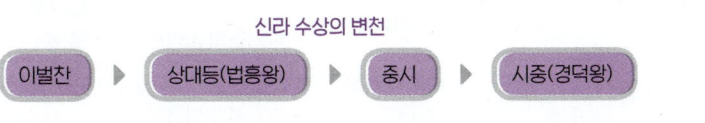

SEMI-NOTE

신라의 중앙 관제 설치
- 법흥왕 : 병부(517), 상대등(531)
- 진흥왕 : 품주(565, 기밀 및 재정)
- 진평왕 : 위화부, 조부(공부 관장), 예부, 영객부(외교), 승부(교통)
- 진덕여왕 : 집사부(기밀 사무), 창부(재정), 좌이방부

③ 귀족 회의체 : 국가의 중요 결정은 각 부의 귀족들로 구성된 회의체에서 행함
  ㉠ **고구려의 제가 회의** : 수상인 대대로는 임기 3년으로, 귀족의 제가 회의에서 선출
  ㉡ **백제의 정사암 회의** : 수상인 상좌평을 3년마다 정사암 회의에서 선출
  ㉢ **신라의 화백 회의** : 수상인 상대등을 3년마다 화백 회의에서 선출(화백 회의는 4영지에서 개최되며, 각 집단의 부정 방지 및 단결 강화를 위해 만장일치제를 채택)

(2) 관등 조직(관등제)

① 삼국의 관등제
  ㉠ 고구려 : 4세기경에 각 부의 관료 조직을 흡수하여 대대로·태대형·대사자·선인 등 14관등을 둠
  ㉡ 백제 : 고이왕 때(한성 시대) 6좌평제와 16관등제의 기본 틀 마련, 웅진 시대에는 6좌평 중 내신좌평이 상좌평으로서 수상을 담당
  ㉢ 신라 : 필요한 때에 각 부의 하급 관료 조직을 흡수하며 17관등제를 완비

② 운영상의 특징
  ㉠ 신분에 따른 규제 : 삼국의 관등제와 관직 체계의 운영은 신분에 따라 제약을 받음
  ㉡ 골품제 : 신라는 관등제를 골품제와 결합하여 운영(승진할 수 있는 관등의 상한을 골품에 따라 정하고, 관직을 맡을 수 있는 관등의 범위를 한정)

백제의 6좌평과 16관등, 22부
- 6좌평 : 내신좌평(왕명 출납), 내두좌평(재정 담당), 내법좌평(의례 담당), 위사좌평(숙위 담당), 조정좌평(형벌 담당), 병관좌평(국방 담당)
- 16관등 : 1품 좌평, 2품 달솔, 3품 은솔, 4품 덕솔, 5품 간솔, 6품 내솔, 7품 장덕, 8품 시덕, 9품 고덕, 10품 계덕, 11품 대덕, 12품 문독, 13품 무독, 14품 좌군, 15품 진무, 16품 극우
- 22부의 중앙 관서 : 6좌평 이외에 왕실 사무를 맡는 내관 12부와 중앙 정무를 맡는 외관 10부를 말하며, 각 관청의 장도 3년마다 선출

(3) 지방 통치

① 지방의 통치 체제

구분	수도	지방(장관)	특수 행정 구역
고구려	5부	5부(부·성제) : 부에는 욕살, 성에는 처려근지·도사를 둠	3경(평양성·국내성·한성) : 정치·문화의 중심지, 지방에 대한 감시·견제의 기능

통일 신라와 발해의 지방 통치 체제
- 통일 신라
  – 수도 : 6부
  – 지방 : 9주(장 : 총관)
  – 특수 행정 구역 : 5소경(장 : 사신)
- 발해
  – 수도 : 5경
  – 지방 : 15부(장 : 도독), 62주(장 : 자사)

SEMI-NOTE

| 백제 | 5부 | 5방(방·군제): 방에는 방령, 군에는 군장, 성에는 도사를 둠 | 22담로(무령왕): 국왕의 자제 및 왕족을 파견 |
| 신라 | 5부 | 5주(주·군제): 주에는 군주, 군에는 당주, 성에는 도사를 둠 | 2소경(중원경·동원경): 정치·문화적 중심지 |

통일 전후 신라의 군사 조직 변화
신라는 통일 전 1서당 6정에서 통일 후 9서당 10정으로 확대 개편되었음

(4) 군사 조직

구분	중앙군	지방군
고구려	• 수도 5부군: 관군 • 대모달·말객 등의 지휘관이 존재	각 지방의 성(城)이 군사적 요지로, 개별적 방위망을 형성(욕살·처려근지 등의 지방관이 병권을 행사)
백제	수도 5부군: 각 부에 500명의 군인이 주둔	지방의 각 방에서 700~1,200의 군사를 방령이 지휘
신라	• 수도 6부군: 대당으로 개편 • 서당(誓幢)이라는 군대가 존재(직업 군인)	주 단위로 설치한 부대인 정(停)을 군주가 지휘

14. 남북국의 통치 체제

(1) 통일 신라

① **중앙 집권 체제의 강화**: 집사부 기능 강화, 14개 관청의 정비, 중국식 명칭의 사용, 9주 5소경 체제로 정비
② **중앙 관제(14관청)**

집사부
• 집사부는 신라의 최고 행정관서로 진덕여왕(651년) 때 설치
• 장관은 중시가 맡았으며, 흥덕왕(829년) 때 집사성으로 개칭되어 신라가 멸망할 때까지 존속

5소경의 의의
신라의 수도인 금성(경주)은 한반도 남동쪽에 치우쳐 있으므로 중앙 정부의 지배력이 수도에서 멀리 떨어진 곳까지 미치기 어려웠다. 5소경은 이러한 지리적 단점을 보완하기 위한 것

관부	담당 업무	설치	장관	비고
집사부	국가 기밀 사무	진덕여왕	중시(시중)	품주가 집사부와 창부로 분화
병부	군사·국방	법흥왕	령(令)	
조부	공부(貢賦) 수납	진평왕	령	
예부	의례	진평왕	령	의부 → 예부 → 예조
승부	마정(馬政)	진평왕	령	
영객부	외교·외빈 접대	진평왕	령	
위화부	관리 인사, 관등	진평왕	령	
창부	재정 담당	진덕여왕	령	
공장부	공장(工匠) 사무	진덕여왕	령	
좌우이방부	형사·법률, 노비	진덕여왕	령	
사정부	감찰	무열왕	령	중정대(발해), 어사대(고려), 사헌부(조선), 감사원(현재)
선부	선박·교통	문무왕	령	
사록부(관)	녹봉 사무	문무왕	령	

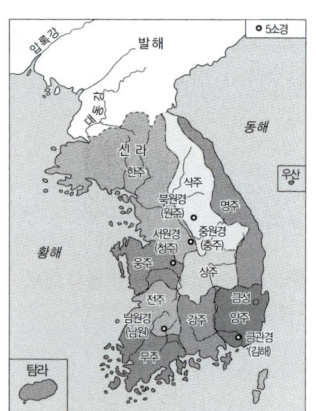

통일 신라의 9주 5소경

| 예작부 | 토목·건축 | 신문왕 | 령 | |

※ 장관은 령(令), 차관은 시랑(侍郞)·경(卿)

③ 지방 행정 조직

9주	• 장관을 총관(문무왕)에서 도독(원성왕)으로 고침 • 군사적 기능이 약화되고 행정 기능이 강화됨
5소경	• 수도의 편재성 완화와 지방의 균형 발전, 복속민의 회유·통제를 통한 지방 세력 견제 등의 목적으로 군사·행정상의 요지에 설치, 장관은 사신 • 통일 전 2소경은 중원경(충주)과 동원경(강릉)이며, 통일 후 5소경은 중원경과 금관경(김해), 북원경(원주), 서원경(청주), 남원경(남원)

㉠ 말단 행정 단위인 촌은 토착 세력인 촌주가 지방관의 통제를 받으며 다스림
㉡ 향(鄕)·부곡(部曲)의 특수 행정 구역 존재
㉢ 지방관의 감찰을 위하여 주·군에 감찰 기관인 외사정(감찰관)을 파견
㉣ 지방 세력을 견제하기 위하여 상수리 제도를 실시

④ 군사 조직
㉠ **중앙군** : 시위군과 9서당을 둠
㉡ **지방군** : 10정(9주에 1정씩을 배치, 국경 지대인 한주에는 2정)
㉢ **특수군** : 5주서, 3변수당, 만보당 등
㉣ **군진 설치** : 국토 방위를 위해 해상 교통의 요충지 및 군사적 요지에 설치

(2) 발해
① 중앙 관제
㉠ **3성 6부** : 왕(가독부) 아래 최고 권력 기구이자 귀족 합의 기구인 정당성을 둠
㉡ **독자성** : 당의 제도를 수용하였지만, 6부의 유교적 명칭과 이원적 운영은 발해의 독자성 반영

한눈에 쏙~

발해 중앙 관제

왕 ─ 정당성(상서성) ─ 좌사정 ─ 충부(이부)
                              ├ 인부(호부)
                              └ 의부(예부)
     ├ 선조성(문하성)
     ├ 중대성(중서성) ─ 우사정 ─ 지부(병부)
     │   ├ 예부(형부)
     │   └ 신부(공부)
     ├ 중정대(감찰 기관)
     ├ 문적원(도서관)
     └ 주자감(국립 대학)

※ ( ) 안은 당의 관제

② **지방 지배 체제** : 5경(상경·중경·남경·동경·서경) 15부 62주로 조직, 지방 행정의 말단인 촌락은 주로 말갈인으로 구성, 영주도·조공도(당), 신라도(발해에서 신라로 가던 대외 교통로), 일본도, 거란도의 5도를 둠

SEMI-NOTE

촌주
- 신라는 말단 행정 단위인 촌의 지방 유력자에게 촌주라는 벼슬을 주어 행정 실무를 담당하게 함
- 지방 유력자를 신라의 지방 통치 체제 안에 포섭하고자 하는 조치
- 촌의 주민을 대상으로 징세와 부역 동원 등을 수행하였으며, 경제적 기반으로 촌주위답이 주어짐, 신라 하대 중앙 정부의 지방통제력 약화로 촌주 중 일부는 호족으로 성장

상수리 제도
지방 세력을 견제·통제하고 중앙 집권을 강화하기 위해 각 주 향리의 자제를 일정 기간 금성(경주)에서 볼모로 거주하게 하던 것

9서당

자금서당	자녹색	
비금서당	적색	신라인
녹금서당	녹자색	
청금서당	청백색	백제인
백금서당	백청색	
황금서당	황적색	고구려인
벽금서당	벽황색	보덕국(고구려인)
적금서당	적흑색	보덕국(고구려인)
흑금서당	흑적색	말갈인

특별 기관
- **중정대** : 관리들의 비위(非違)를 감찰하는 감찰 기관
- **문적원** : 서적의 관리 담당(도서관)
- **주자감** : 중앙의 최고 교육 기관
- **7시** : 전중시, 종속시, 태상시, 사빈시, 대농시, 사장시, 사선시
- **항백국** : 왕실 후궁에 대한 호위, 일상생활의 시중 등을 담당

발해의 군사조직
- **중앙군** : 10위(衛)를 두고, 각 위마다 대장군과 장군을 두어 통솔
- **지방군** : 지배 조직에 따라 편성하여 지방관이 지휘했으며, 국경 요충지에 독립 부대를 두어 방어

SEMI-NOTE

02절 고대의 경제 구조와 경제 생활

1. 삼국의 수취 제도와 토지 제도

(1) 수취 제도

① 삼국의 수취 체제

구분	조세	공납	용(庸) – 노동력
고구려	• 조(租) : 호를 상·중·하호의 3등급으로 구분해 각각 1섬, 7말, 5말을 수취 • 세(稅) : 인두세로, 1년에 포 5필과 곡식 5섬을 수취	지역 특산물	부역, 군역(광개토대왕릉비와 평양성 성벽석각에 농민의 부역 동원 기록이 있음)
백제	• 조는 쌀로 수취 • 세는 쌀이나 명주·베로 수취하되 풍흉에 따라 차등 수취	지역 특산물	부역, 군역(15세 이상의 정남을 대상으로, 주로 농한기에 징발)
신라	합리적 수취 체제로 고려·조선으로 계승	지역 특산물	부역, 군역(영천 청제비와 남산 신성비에 기록)

② 군역의 가중
  ㉠ 삼국 시대 초기 : 군사력 동원은 중앙의 지배층이 중심이며, 지방 농민들은 전쟁 물자 조달이나 잡역에 동원됨
  ㉡ 삼국 시대 후기 : 삼국 간의 전쟁이 치열해지면서 농민은 전쟁 물자의 부담뿐만 아니라 군사로 동원됨(부담이 가중됨)

(2) 토지 제도

① 왕토 사상 : 조상 대대로 민전을 소유하며 1/10세의 수조권으로 운영됨(매매·상속·증여 가능)
② 식읍·녹읍의 지급 : 수조권과 노동력 징발권을 부여하여 귀족의 경제적, 군사적 기반이 됨(귀족의 권한 확대를 반영)

2. 통일 신라의 수취 제도와 토지 제도

(1) 수취 제도

① 조세(전세) : 생산량의 10분의 1 정도를 수취하여 통일 이전보다 완화
② 공물 : 촌락(자연촌)을 단위로 그 지역의 특산물을 수취(삼베, 명주실, 과실류 등)
③ 역 : 원칙적으로 군역과 요역은 16세에서 60세까지의 남자를 대상으로 함

(2) 토지 제도

① 신문왕 : 관료전을 지급(687)하고 녹읍을 폐지(689)하였으며, 식읍도 제한
② 성덕왕 : 정전을 지급(722)(국가의 농민(토지)에 대한 지배력과 역역(力役) 파악

삼국의 수취제도의 특징
• 중앙 집권 체제의 정비에 따라 합리적 방식으로 조세·공납·요역을 부과
• 조세는 재산 정도에 따라 곡물과 포를 거두었으며, 공납은 지역 특산물로 수취
• 주로 왕궁·성·저수지 등을 만들기 위하여 15세 이상의 남자를 역으로 동원

정전
당의 균전제를 모방하여 16세 이상 60세 이하의 정남에게 일정한 역의 대가로 지급하는 것, 국가의 농민(토지)에 대한 지배를 강화하기 위한 의도가 담김, 신라 민정문서의 연수유답전과 성격이 같음

삼국의 토지 관련 제도

구분	토지 측량 단위	토지 제도
고구려	경무법 : 밭이랑 기준	식읍, 전사법(佃舍法)
백제	두락제 : 파종량 기준	식읍, 구분전
신라	결부제 : 생산량 단위	식읍, 녹읍, 전사법

수취 체제
당(唐)의 현물세를 원칙으로 운영하였다.

조(租)	전조(田租)는 지주가 부담하는 전세, 지대(地代)는 소작인이 부담하는 소작료, 전세(조세)는 생산량의 1/10을 수취함
용(庸)	역(役)의 의무로 군역과 요역으로 이루어짐. 16~60세까지의 남자를 대상. 요역은 정녀(丁女)라 하여 여자에게도 부과
조(調)	공물은 촌락 단위로 그 지역의 특산물 거둠. 상공(常貢)은 정기적으로 납부하는 공납, 별공(別貢)은 비정기적으로 징수하는 공납

을 강화함)
③ 경덕왕 : 귀족들의 반발로 녹읍을 부활(757)(귀족 세력의 강화와 왕권 약화를 의미함)

(3) 민정문서(신라장적)
① 발견 시기 및 장소 : 1933년 일본 나라현 동대사(東大寺) 정창원(正倉院)에서 발견
② 조사 및 작성 : 경덕왕 14년(755)부터 매년 자연촌을 단위로 변동 사항을 조사, 촌주가 3년마다 다시 작성
③ 작성 목적 : 농민에 대한 요역(徭役)과 세원(稅源)의 확보 및 기준 마련
④ 대상 지역 : 서원경(西原京, 청주) 일대의 4개 촌락
⑤ 조사 내용 : 촌락의 토지 면적 및 종류, 인구 수, 호구, 가축(소·말), 토산물, 유실수(뽕·잣·대추) 등을 파악 기록
　㉠ 연수유답 : 정남(농민)에게 지급·상속되는 토지이며, 가장 많은 분포
　㉡ 관모전답 : 관청 경비 조달을 위한 토지
　㉢ 내시령답 : 관리에게 지급된 토지
　㉣ 촌주위답 : 촌주에게 지급된 토지
　㉤ 마전(麻田) : 공동 경작지로 지급된 삼밭을 말하며, 정남이 경작
⑥ 의의 : 자원과 노동력을 철저히 편제하여 조세수취와 노동력 징발의 기준을 정하기 위한 것으로, 율령 정치(律令政治)의 발달을 엿볼 수 있음

3. 삼국 시대의 경제 생활

(1) 귀족층의 경제 생활
① 경제적 기반
　㉠ 국가에서 식읍·녹읍을 하사받고 많은 토지와 노비를 소유
　㉡ 농민보다 유리한 생산 조건을 보유(비옥한 토지, 철제농기구, 많은 소를 보유)
② 경제 기반의 확대
　㉠ 전쟁에 참여하여 더 많은 토지·노비 소유가 가능하였고, 고리대를 이용하여 농민의 토지를 빼앗거나 노비로 만들어 재산을 늘림
　㉡ 노비와 농민을 동원하여 자기 소유의 토지를 경작하고 수확물의 대부분을 가져가며, 토지와 노비를 통해 곡물이나 베 등 필요한 물품을 취득
　㉢ 왕권이 강화되고 국가체제가 안정되면서 귀족들의 과도한 수취는 점차 억제됨
③ 생활 모습 : 풍족하고 화려한 생활을 영위
　㉠ 기와집, 창고, 마구간, 우물, 높은 담을 갖춘 집에서 생활
　㉡ 중국에서 수입한 비단으로 옷을 해 입고, 금·은 등의 보석으로 치장

(2) 농민의 경제 생활
① 농민의 구성 : 자영농민은 자기 소유의 토지를 경작하였고, 전호들은 부유한 자의 토지를 빌려 경작
② 농민의 현실

SEMI-NOTE

민정문서의 내용

구분		사해점촌	살하지촌
호등	중하	4	1
	하상	2	2
	하중	-	5
	하하	5	6
	수좌	-	1
인구	남	64	47
	여	78	78
	노비	9	7

구분		사해점촌		살하지촌	
		답	전	답	전
연수유전답		94결 2부 4속		62결 10부	
기타재산	우	22		12	
	마	25		18	
	상목	1,004		1,280	
	백자목	120		?	

삼국시대의 농업
- 철제 농기구의 보급 : 5세기를 전후해 철제 농기구가 점차 보급되었고, 6세기에 이르러 널리 사용됨
- 우경의 보급 및 장려, 저수지 축조, 개간 장려, 휴경 농법

삼국시대의 수공업과 상업
- 수공업 : 노비들 중 기술이 뛰어난 자가 무기나 장신구 등을 생산, 국가체제 정비 후에는 수공업 제품을 생산하는 관청을 두고 수공업자를 배정하여 물품을 생산, 국가 필요품과 왕실·귀족이 사용할 물품을 생산, 금·은 세공품, 비단류, 그릇, 가구, 철물 등
- 상업 : 농업 생산력이 낮아 도시에서만 시장이 형성됨. 동시와 동시전

삼국의 주요 산업
- 고구려 : 전통적인 수렵·어로·농경 외에 직물업, 철 산업이 성장
- 백제 : 농업(벼농사 발달), 비단이나 삼베 생산
- 신라 : 우경을 이용한 벼농사, 금속공예 발달

SEMI-NOTE

통일 전후 신라의 수출품 변화
- 삼국 통일 전 : 토산 원료품
- 삼국 통일 후 : 금·은 세공품, 인삼

통일 신라의 농업
수전 농업과 목축이 발달, 벼, 보리, 콩, 조, 인삼(삼국시대부터 재배), 과실 및 채소류가 재배, 9세기 흥덕왕 때 김대렴이 당에서 차 종자를 가져와 본격적으로 보급·재배

통일 신라의 수공업과 상업
- 관청 수공업 : 장인과 노비들이 왕실과 귀족의 물품을 생산
- 민간 수공업 : 주로 농민의 수요품을 생산
- 사원 수공업 : 사원 수공업이 번창하여 자체 수요 물품을 생산
- 상업
  - 상품 생산의 증가 : 통일 후 농업 생산력의 성장을 토대로 인구가 증가, 상품 생산도 증가
  - 교환 수단 : 물물교환이 존속, 포와 미곡이 교환 수단으로 이용되기도 함
  - 시장의 설치 : 동시(東市)만으로 상품 수요를 충족하지 못하여 서시(西市)와 남시(南市)를 추가로 설치, 주의 읍치나 소경 등 지방 중심지나 교통 요지에 시장 발생

하류층의 경제 생활
- 향(鄕)·부곡민(部曲民) : 농민과 대체로 비슷한 경제생활을 하였으나 더 많은 공물 부담을 졌으므로 생활이 더 곤궁
- 노비의 생활
  - 왕실·관청·귀족·절 등에 종속
  - 음식·옷 등 각종 필수품을 만들고 일용 잡무 담당
  - 주인을 대신하여 농장을 관리하거나 주인의 땅을 경작

㉠ 농민들의 토지는 대체로 척박한 토지가 많아 매년 계속 농사짓기가 곤란
㉡ 국가와 귀족에게 곡물이나 삼베, 과실 등을 내야 했고, 부역이나 농사에 동원
㉢ 국가와 귀족의 과도한 수취와 부역 동원으로 농민부담은 가중되고 생활이 곤궁

③ 농민의 자구책과 한계
㉠ 농민은 스스로 농사 기술을 개발하고 계곡 옆이나 산비탈 등을 경작지로 개간하여 농업 생산력 향상에 힘씀
㉡ 생산력 향상이 곤란하거나 자연재해, 고리대의 피해가 발생하면 노비가 되거나 유랑민·도적이 되기도 함

(3) 대외 무역 ★빈출개념

① 공무역의 발달 : 삼국의 무역은 주로 왕실과 귀족의 필요에 따른 공무역 형태로서, 중계무역을 독점하던 낙랑군이 멸망한 후인 4세기 이후 크게 발달
② 삼국의 무역
㉠ **고구려** : 남북조 및 유목민인 북방 민족과 무역
㉡ **백제** : 동진 이후로 남중국과 주로 교류, 왜와도 활발한 무역 전개
㉢ **신라**
- 한강 진출 이전 : 4세기에는 고구려를 통해 북중국과, 5세기에는 백제를 통해 남중국과 교역
- 6세기 한강 진출 이후 : 당항성(黨項城)을 통하여 직접 중국과 교역

4. 통일 신라의 경제 생활

(1) 귀족층의 경제 생활

① 경제적 기반
㉠ 통일 전 : 식읍과 녹읍
㉡ 통일 후 : 녹읍 폐지로 경제적 특권을 제약받았으나, 국가에서 나눠준 토지·곡물 이외에 물려받은 토지·노비·목장·섬 등을 경영
② 풍족한 경제 생활의 영위 : 통일 이후 풍족한 경제 기반, 귀족들의 수입 사치품 사용, 당의 유행에 따른 의복과 호화별장 등을 소유

(2) 농민의 경제 생활

① 곤궁한 경제 생활의 영위 : 농업기술이 발달하지 못해 매년 경작이 곤란
② 과도한 수취 제도 : 귀족·촌주 등에 의한 수탈, 무리한 국역
③ 농민의 몰락 : 8세기 후반 귀족이나 지방 유력자의 토지 소유가 늘면서 소작농이나 유랑민으로 전락하는 농민이 증가

(3) 대외 무역

① 대당 무역의 발달 : 통일 후 당과의 관계가 긴밀해지면서 공무역·사무역이 발달
㉠ 대당 수출품 : 인삼, 베, 해표피, 금·은 세공품, 수입품은 비단·서적·귀족 사치품

ⓒ 대당 무역로 : 남로(전남 영암 ⇒ 상하이 방면)와 북로(경기도 남양만 ⇒ 산동 반도)
ⓒ 무역항 : 남양만(당항성), 울산항(최대의 교역항) 등이 유명
② 대당 교류 기구 : 산동 반도와 양쯔강 하류 일대의 신라방과 신라소 · 신라관 · 신라원 등

5. 발해의 경제

(1) 경제 생활

① 농업 : 철제 농기구가 널리 사용되고 수리 시설이 확충되면서 일부 지역에서 벼농사를 지음
② 목축업과 어업 : 고기잡이 도구가 개량되었고 다양한 어종을 잡음
③ 수공업 : 금속 가공업, 직물업, 도자기업 등 다양한 수공업이 발달
④ 상업 : 수도인 상경 용천부 등 도시와 교통 요충지에서 상업이 발달

03절 고대의 사회 구조와 사회 생활

1. 초기 국가 시대

(1) 사회 계층의 구분

① 지배층 : 가, 대가, 호민
 ㉠ 가(加) · 대가(大加) : 부여 및 초기 고구려의 권력자
 ㉡ 호민(豪民) : 경제적으로 부유한 읍락의 지배층
② 피지배층 : 하호(농업에 종사하는 양인), 노비(읍락의 최하층민)

2. 삼국 시대

(1) 삼국의 신분제

① 엄격한 신분 제도의 운영 : 지배층 내부에서 엄격한 신분 제도가 운영되어, 출신 가문과 등급에 따라 승진과 권리, 경제적 혜택에 차등을 둠
② 신분 제도의 특징 : 신분제적 질서, 신라 골품제, 율령제정 등

(2) 신분의 구성

① 귀족 : 왕족을 비롯한 부족장 세력이 귀족으로 재편성
② 평민 : 대부분 농민, 자유민, 조세를 납부하고 노동력을 징발 · 제공
③ 천민
 ㉠ 향 · 부곡민 : 촌락을 단위로 한 집단 예속민으로, 평민보다 무거운 부담을 짐
 ㉡ 노비 : 왕실이나 관청, 귀족 등에 예속되어 신분이 자유롭지 못함

SEMI-NOTE

통일 신라의 교역
• 일본과의 교역
 – 초기(통일 직후) : 상호 경계하여 경제적 교류가 전처럼 자유롭지 못함
 – 후기 : 7세기 후반에서 8세기 초에 이르러 정치가 안정되면서 교역이 다시 활발해짐
 – 통일신라의 문물이 일본에 전래되어 하쿠호 문화나 율령 정치에 큰 영향을 미침, 대마도, 규슈에 신라 역어소를 설치하고 통역관을 양성. 일본의 견당사가 신라를 경유하였고 신라에 유학생과 승려 파견
• 이슬람과의 교역 : 국제무역이 발달하면서 이슬람 상인이 울산까지 왕래
• 해상 세력의 등장 : 8세기 이후 장보고는 완도에 청해진을 설치하여 해상 무역권을 장악

시대별 대표적 무역항
• 삼국 시대 : 당항성
• 통일 신라 : 당항성, 영암, 울산항
• 고려 시대 : 벽란도(국제 무역항), 금주(김해)
• 조선 초기 : 3포(부산포 · 염포 · 제포)
• 조선 후기 : 부산포

발해 귀족의 경제 생활
대토지를 소유하고 당의 비단 · 서적 등을 수입하여 화려한 생활을 영위함

고대 사회의 성격
• 엄격한 계급 사회(신분 사회)
• 정치 기구 · 제도의 정비와 엄격한 율령의 제정
• 행정과 군사의 일치
• 친족 공동체 사회
• 합의제 정치의 발전

삼국의 율령 반포
• 백제 : 3세기, 고이왕
• 고구려 : 4세기, 소수림왕
• 신라 : 6세기, 법흥왕

SEMI-NOTE

고구려의 최고 지배층
- 왕 : 고씨, 계루부 출신
- 왕비 : 절노부 출신
- 5부족 : 계루부, 절노부, 소노부, 관노부, 순노부

골품제의 규정
골품제를 통해 관등 상한선, 정치 및 사회 활동 범위, 가옥 규모, 복식 등이 규정되었으나 관직은 규정되지 않음

골품제에 따른 관등

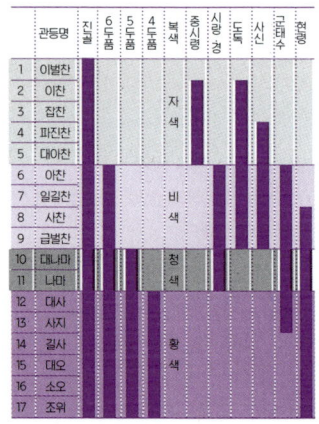

성골 · 진골 가설
- 진흥왕의 직계(성골) 및 방계(진골)를 구별하기 위한 표현임
- 성골은 왕족 내부의 혼인으로 태어난 집단이고, 진골은 왕족과 다른 귀족의 혼인으로 태어난 집단임
- 같은 왕족이면서도 성골과 진골로 구별되는 것은 모계에 의한 것인 듯 함
- 정치적인 면에서 구분하여 왕실 직계의 왕위 계승자 및 왕위 계승을 보유할 수 있는 제한된 근친자를 포함하여 성골이라 칭하고, 그 외 왕위 계승에서 소외된 왕족을 진골이라 하였다고 하는 견해도 있음

3. 고구려 사회의 모습

(1) 사회 기풍과 형률
① 사회 기풍 : 활발한 정복 활동으로 상무적 기풍이 강함
② 엄격한 형률 : 1책 12법(도둑질한 자는 12배를 물게함), 형법이 매우 엄격

(2) 사회 계층
① 지배층 : 왕족인 고씨를 비롯, 5부족 출신의 귀족
② 피지배층 : 백성(대부분 자영농), 천민 · 노비(몰락한 평민, 채무자)

(3) 혼인 풍습
① 지배층 : 형사취수제(兄死娶嫂制)와 서옥제(데릴사위제)
② 피지배층 : 자유로운 교제를 통해 결혼했으며 지참금이 없음

4. 백제 사회의 모습

(1) 사회 기풍
① 사회 기풍 : 상무적 기풍을 지녀 말 타기와 활쏘기를 즐김
② 언어 · 풍속 · 의복 : 고구려와 비슷, 백제 사람은 키가 크고 의복이 깔끔하다는 중국 문헌의 기록이 있음
③ 엄격한 형률 : 고구려와 비슷

(2) 지배층의 생활
① 지배층의 구성 : 왕족인 부여씨와 왕비족인 진씨 · 해씨, 8대 성(남천 이후 완성)의 귀족
② 생활 모습 : 중국 고전과 사서를 즐겨 읽고 한문에 능숙하며, 관청의 실무에도 밝음

5. 신라 사회의 특징

(1) 골품제(骨品制)
① 성립 : 부족 연맹체에서 고대 국가(중앙 집권 국가)로 발전하는 과정에서 각 지방의 족장을 지배 계층으로 흡수 · 편제하면서 그들의 신분 보장을 위해 마련
② 성격 : 폐쇄적 신분 제도, 개인의 사회 활동 제한
③ 구성 및 내용
  ㉠ 성골 : 김씨 왕족 중 부모가 모두 왕족인 최고의 신분
  ㉡ 진골 : 집사부 장관인 시중(중시) 및 1관등에서 5관등까지 임명되는 각 부 장관[令]을 독점
  ㉢ 6두품(득난) : 진골 아래 있는 두품 중 최고 상급층
  ㉣ 5두품 : 최고 10관등 대나마까지 진출, 가옥은 18자로 제한

ⓗ 4두품 : 최고 12관등 대사까지 진출, 가옥은 15자로 제한
ⓘ 기타 : 통일 후 6·5·4두품은 귀족화되었고, 3·2·1두품은 구분이 없어져 일반 평민으로 편입(성씨가 있다는 점에서는 일반 농민과 차이가 있음)

(2) 화백 회의(和白會議)

① 의미 : 귀족의 단결을 강화하고 국왕과 귀족 간의 권력을 조절
② 조직 : 상대등이 회의를 주재(귀족 연합적 정치를 의미)
③ 회의 장소 : 남당(南堂), 경주 부근의 4영지(청송산·우지산·금강산·피전)
④ 특징 : 만장일치제, 왕권의 견제, 집단의 단결 강화
⑤ 기능의 변천
  ㉠ 행정 관부 설치 이전 : 화백 회의를 통해 국가 기본 사항을 결정·집행
  ㉡ 행정 관부 설치 이후 : 화백 회의에 참여해 결정하는 층과 결정 사항을 집행하는 층으로 구분

(3) 화랑도(花郞徒)

① 기원 및 발전 : 씨족 공동체 전통을 가진 원화(源花)가 발전한 원시 청소년 집단
② 구성 : 화랑(단장), 낭도(왕경 6부민), 승려
③ 목적 및 기능 : 제천 의식의 거행, 단결 정신 고취, 심신의 연마
④ 특성 : 일체감을 형성, 계층 간 대립과 갈등의 조절·완화
⑤ 화랑 정신
  ㉠ 최치원의 난랑비문 : 유·불·선 3교의 현묘한 도를 일컬어 화랑도라 함
  ㉡ 원광의 세속 5계 : 공동체 사회 이념을 바탕으로 한 실천 윤리 사상
  ㉢ 임신서기석(壬申誓記石) : 두 화랑이 학문(유교 경전의 학습)과 인격 도야, 국가에 대한 충성 등을 맹세한 비문

6. 통일 신라의 사회 모습

(1) 신라의 사회 정책 및 계층

① 민족 통합 정책 : 백제와 고구려의 유민들을 9서당에 편성함으로써 민족 통합에 노력
② 왕권의 전제화 및 사회의 안정 : 귀족에 대한 견제·숙청을 통해 통일 후 중대 사회의 안정을 이룸
③ 사회 계층
  ㉠ 진골 귀족 : 최고 신분층으로 중앙 관청의 장관직을 독점
  ㉡ 6두품 : 신분적 제약으로 인해 중앙 관청의 우두머리나 지방의 장관은 불가

(2) 신라 사회의 모습

① 금성과 5소경
  ㉠ 금성(경주) : 수도이자 정치·문화의 중심지로서 대도시로 번성
  ㉡ 5소경 : 귀족들이 거주하는 지방의 문화 중심지

SEMI-NOTE

중위제
- 의미 : 출신별 진급 제한에 대한 보완책·유인책으로 준 일종의 내부 승진제, 6두품 이하의 신분을 대상으로 함
- 내용 : 아찬은 4중 아찬까지, 대나마는 9중 대나마까지, 나마는 7중 나마까지
- 대상 : 공훈 및 능력자
- 의의 : 높은 귀족에게만 허용된 관등의 영역을 침범하지 못하게 한 것

삼국의 귀족 회의와 수상
- 고구려 : 제가 회의, 대대로
- 백제 : 정사암 회의, 상좌평
- 신라 : 화백 회의(만장일치제), 상대등(왕권 강화 후 중시(시중)가 행정 총괄)

세속 5계
- 사군이충(事君以忠)
- 사친이효(事親以孝)
- 교우이신(交友以信)
- 임전무퇴(臨戰無退)
- 살생유택(殺生有擇)

소경(小京)의 기능
지방의 정치·문화적 중심지, 지방 세력의 견제, 피정복민의 회유, 경주의 편재성 보완 등

SEMI-NOTE

신라 말 사회 모순
- 귀족들의 대토지 소유 확대로 자작농의 조세 부담 증가
- 자작농 몰락 : 소작농, 유랑민, 화전민, 노비로 전락

신라 말의 조세 납부 거부
9세기 말 진성여왕 때에는 중앙정부의 기강이 극도로 문란해졌으며, 지방의 조세 납부 거부로 국가재정이 바닥이 드러났음. 그리하여 한층 더 강압적으로 조세를 징수하자 상주의 원종과 애노의 난을 시작으로 농민의 항쟁이 전국적으로 확산되었음

발해의 멸망
발해는 소수의 고구려계 유민이 지배층으로서 다수의 말갈족을 다스리는 봉건적 사회 구조를 취하고 있었음. 간혹 극소수의 말갈계가 지배층에 편입되기도 하였으나 유력한 귀족 가문은 모두 고구려계였음. 지배층과 피지배층 간 민족 구성의 차이는 발해 멸망의 주요 요소로 지적되고 있음

빈공과
당(唐)에서 외국인을 대상으로 실시한 과거 시험으로서, 발해는 10여 인이 유학하여 6명 정도가 합격하였음

삼국 문화의 동질적 요소
- 언어와 풍습 등이 대체로 비슷(삼국의 이두문)
- 도사와 같은 독특한 관직을 공통적으로 운용
- 온돌, 막새 기와, 미륵 반가 사유상, 사찰의 구조, 음악(거문고·가야금), 미륵 사상 등

통일 신라 문화의 기본적 성격
- 문화적 차원과 폭의 확대 : 삼국 문화가 종합되면서 문화적 차원과 폭이 확대되고 보다 세련된 문화로 발전하였으며, 이러한 기반 위에서 다시 당 문화의 영향을 강하게 받음
- 민족 문화의 토대 확립 : 다양한 문화적 수용을 바탕으로 고대 문화를 완성하고 이를 통해 민족문화의 토대를 확립함

---

② 귀족의 생활 : 금입택(金入宅)이라 불린 저택에 거주, 고급 장식품 사용, 불교 후원 등
③ 평민의 생활 : 토지를 경작, 채무로 노비가 되는 경우도 많았음

(3) 신라 말 사회의 혼란
① 신라 말의 사회상 : 지방의 신흥 세력이 성장, 호족이 등장, 백성의 곤궁, 농민의 몰락 등으로 민심이 크게 동요
② 정부의 대책과 실패 : 민생 안정책을 강구하였지만 실패, 소작농으로 전락 등
③ 모순의 심화 : 국가 재정 악화, 원종과 애노의 난 발발

> **합격 up** 신라 말기의 반란
>
> 진성 여왕 3년(889) 나라 안의 여러 주·군에서 공부(貢賦)를 바치지 않으니 창고가 비어 버리고 나라의 쓰임이 궁핍해졌다. 왕이 사신을 보내어 독촉하였지만, 이로 말미암아 곳곳에서 도적이 벌떼 같이 일어났다. 이에 원종·애노 등이 사벌주(상주)에 의거하여 반란을 일으키니 왕이 나마 벼슬의 영기에게 명하여 잡게 하였다. 영기가 적진을 쳐다보고는 두려워하여 나아가지 못하였다.
> – 〈삼국사기〉 –

7. 발해 사회의 모습

(1) 사회 구성
① 지배층 : 왕족인 대씨와 귀족인 고씨 등의 고구려계 사람들이 대부분
② 피지배층 : 주로 말갈인으로 구성

(2) 생활 모습
① 상층 사회 : 당의 제도와 문화를 수용하였으며, 지식인들은 당에 유학하여 빈공과에 합격하기도 함
② 하층 사회 : 촌락민들은 촌장(수령)을 통해 국가의 지배를 받았음

04절 고대 문화의 발달

1. 삼국 문화의 특성

(1) 삼국 문화의 의의 및 성격
① 삼국 문화의 의의 : 각각의 개성을 유지하는 가운데서도 서로 영향을 주고받으며 민족 문화의 기반을 형성
② 삼국 문화의 기본 성격 : 2원적 성격, 불교문화의 영향, 문화적 동질성

(2) 삼국 문화의 특징

① 고구려 : 패기와 정열이 넘치는 문화적 특성
② 백제 : 평야 지대에 위치하여 외래문화와 교류가 활발, 우아하고 세련된 문화적 특징
③ 신라 : 6세기에 한강 유역을 확보한 이후 조화미가 강조되며 발전

2. 한문학과 유학, 향가의 발달

(1) 한자의 보급

① 한자 문화권의 형성 : 철기 시대부터 한자를 사용, 삼국 시대의 지배층은 한자를 널리 사용
② 이두(吏讀)와 향찰(鄕札)의 사용 : 한문의 토착화가 이루어지고 한문학이 널리 보급됨

(2) 한문학

① 삼국 시대의 한문학 ★ 빈출개념
  ㉠ 한시 : 유리왕의 황조가, 을지문덕의 오언시(여수장우중문시) 등
  ㉡ 노래 : 백제의 정읍사, 신라의 회소곡, 가야의 구지가 등
② 신라의 한문학 : 한학(유학)의 보급과 발달에 따라 발달(강수, 설총, 김대문, 최치원 등)
③ 발해의 한문학 : 4·6 변려체로 쓰인 정혜공주와 정효공주의 묘지(墓誌)를 통해서 높은 수준을 짐작할 수 있으며, 시인으로는 양태사·왕효렴이 유명

(3) 유학의 보급

① 삼국 시대 : 유학이 본격적으로 수용, 율령, 유교 경전 등을 통해 한문학을 이해
  ㉠ 고구려 : 종묘 건립, 3년상 등 생활 속에서 유교적 예제(禮制)가 행해짐
  ㉡ 백제 : 6좌평과 16관등, 공복제 등의 정치 제도는 유학 사상의 영향을 받음
  ㉢ 신라 : 법흥왕 때의 유교식 연호, 진흥왕 순수비, 화랑도 등은 유학 사상의 영향을 받음
② 통일 신라 유학의 성격 : 원시 유학과 한·당의 유학이 합쳐진 유학, 전제 왕권과 중앙 집권 체제를 뒷받침

(4) 대표적 유학자

① 통일기 신라의 유학자 : 6두품 출신의 유학자가 많음, 도덕적 합리주의를 강조
  ㉠ 강수(6두품)
    • 〈청방인문서〉, 〈답설인귀서〉 등 외교 문서를 잘 지은 문장가
    • 불교를 세외교라 하여 비판하고, 도덕을 사회적 출세보다 중시함
    • 일부다처나 골품제에 의한 신분 제도 등을 비판하고 유교의 도덕적 합리주의를 강조

SEMI-NOTE

남북국 시대 문화의 특성
• **통일 신라 문화의 특징**: 귀족 중심의 문화가 발전하면서 민간 문화의 수준도 향상됨. 중앙의 문화가 전파되면서 지방 문화 수준도 전반적으로 향상됨. 조형 미술을 중심으로 조화미·정제미를 창조(불교와 고분 문화 등을 통해 다양하게 표현됨), 당·서역과의 국제적 교류로 세련된 문화 발전
• **발해 문화의 특징**: 고구려 문화의 바탕 위에 당 문화 혼합, 웅장하며 건실함

이두와 향찰
• **이두** : 한자의 음과 훈을 빌려 우리말을 적는 표기법으로, 한문을 주로 하는 문장 속에서 토씨 부분에 사용됨
• **향찰** : 한자의 음과 훈을 빌려 우리말을 표기하는 방식인 차재(借字) 표기로, 이두와는 달리 문장 전체를 표현

설화 문학
• 서민들 사이에서 구전된 문학
• 에밀레종 설화, 효녀 지은 이야기, 설씨녀 이야기 등

민중의 노래
• 구지가와 같은 무속 신앙과 관련된 노래나 회소곡(會蘇曲) 등의 노동요가 유행
• 민중들은 어려운 생활 속에서 그들의 소망을 노래로 표현(백제의 정읍사)

SEMI-NOTE

최치원
- 6두품 출신으로 당에 유학하여 빈공과에 급제하고 관직에 오르는 한편 문장가로 이름을 떨침
- 귀국하여 진성여왕에게 개혁을 건의하고 국정을 비판하였으나, 개혁이 이루어지지 않자 혼란한 세상에 뜻을 잃고 전국 각지를 유람하다가 해인사에서 일생을 마침
- 유학자인 동시에 불교와 도교에도 조예가 깊은 사상가였으며, 고려건국에 큰 영향을 끼침

도당 유학생 파견
- 당의 문화 정책인 국학의 문호 개방책, 신라의 문화적 욕구, 삼국 항쟁기에 당의 힘을 빌리려는 외교적 목적의 합치로 인해 도당 유학생의 파견이 시작
- 통일 후 숙위 학생이라고 불린 이들은 관비 유학생으로 파견과 귀국을 국가에서 주관하였으며, 의식주는 당에서 지원하였고 도서 구입 비용은 신라에서 지원
- 초기 도당 유학생은 대부분 진골이었으나 하대로 갈수록 6두품을 중심으로 파견, 이들 중 상당수는 귀국하지 않고 당에 머물렀으며, 귀국한 유학생들도 개혁을 주장하다가 은거하거나 반신라 세력으로서 호족과 결탁하는 등의 행보를 보임

찬기파랑가
열치매/나타난 달이/흰 구름 좇아 떠가는 것 아닌가/새파란 시냇가에/기랑의 얼굴이 있구나/이로부터 시냇가 조약돌에/낭이 지니시던/마음의 가를 좇고 싶어라/아! 잣가지 높아/서리 모를 화판이여

ⓒ 설총(6두품)
- 원효의 아들로, 이두를 집대성
- 풍왕서(화왕계)를 지어 국왕의 유교적 도덕 정치를 강조

② 통일 이후의 유학자 : 당과 교류가 활발해지면서 도당 유학생이 증가

ⓐ 김대문(진골)
- 성덕왕 때 주로 활약한 통일 신라의 대표적 문장가
- 〈악본〉, 〈화랑세기〉, 〈고승전〉, 〈한산기〉, 〈계림잡전〉 등이 유명(모두부전)

ⓑ 최치원(6두품)
- 당의 빈공과(賓貢科)에 급제하고 귀국 후 진성여왕에게 개혁안 10여조를 건의(수용되지 않음)
- 골품제의 한계를 자각하고 과거 제도를 주장하였으며, 반신라적 사상을 견지
- 〈계원필경〉(현존 최고의 문집), 〈제왕연대력〉, 〈법장화상전〉 등을 저술
- 4산 비명 : 숭복사비, 쌍계사 진감선사비, 성주사 낭혜화상탑비, 봉암사 지증대사비

실력UP 도당 유학생

- **유학의 배경** : 전제 왕권 확립을 위한 유교 정치 이념의 필요성 인식, 방계 귀족에 대한 견제
- **기능** : 유학생이자 외교관의 기능을 겸하며, 정치적 인질의 성격을 지니기도 함
- **대표적 유학생** : 최치원, 최승우, 최언위 등
- **특징**
  - 대부분 6두품 출신으로, 다수가 빈공과에 합격(신라인 80명, 발해인 10명가량)
  - 실력 위주의 풍토를 정착시킴으로써 과거 제도가 마련되는 배경으로 작용
  - 귀국 후 신분적 한계로 정치 참여가 제한되었으며 주로 왕의 고문 역할을 수행, 왕권 강화 · 과거제 실시 · 국사 편찬 등의 필요성을 제시
  - 골품제와 신라 사회의 모순을 비판하며 새로운 사회로의 방향을 제시

(5) 향가의 발달

① 편찬 : 한자를 빌어 표기, 주로 불교 수용 후 화랑과 승려가 지음
② 내용 : 화랑에 대한 사모의 심정, 형제간의 우애, 동료 간의 의리, 공덕이나 불교에 대한 신앙심, 부처님의 찬양, 지배층의 횡포에 대한 비판 등
③ 대표작 : 원왕생가, 모죽지랑가, 헌화가, 도솔가, 제망매가, 찬기파랑가, 안민가, 처용가 등

3. 교육 및 역사

(1) 삼국의 교육

① 교육의 특징 : 문무 일치 · 귀족 중심 · 수도 중심의 교육
② 교육 기관 및 유학의 교육 : 한자의 보급과 함께 교육 기관이 설립됨
  ⓐ 고구려 : 수도에 태학(유교 경전과 역사 교육), 지방에 경당 설치
  ⓑ 백제 : 5경 박사와 의박사 · 역박사 등이 유교 경전과 기술학 교육

ⓒ 신라 : 임신서기석(유교 경전을 공부했음을 알 수 있음), 화랑도(세속 5계), 한자 및 이두 사용

(2) 남북국의 교육

① 통일 신라

㉠ 국학
- 신문왕 때 설립(682)한 유학 교육 기관으로, 충효 사상 등 유교 정치 이념을 통해 전제 왕권 강화에 기여
- 경덕왕 때 태학이라 고치고 박사와 조교를 두어 〈논어〉와 〈효경〉 등의 유교 경전을 교육, 혜공왕 때 국학으로 환원
- 입학 자격은 15~30세의 귀족 자제로 제한되며, 졸업 시 대나마·나마의 관위를 부여
- 〈논어〉와 〈효경〉을 필수 과목으로 하며, 〈주역〉·〈상서〉·〈모시〉·〈예기〉·〈좌씨전〉 등을 수학

㉡ 독서삼품과
- 원성왕 때(788) 시행한 관리 등용 제도로, 유교 경전의 이해 수준에 따라 3등급으로 구분해 관리를 등용(상품·중품·하품)
- 골품이나 무예를 통해 관리를 등용하던 방식에서 벗어나, 유교 교양을 시험하여 관리를 등용함으로써 충효일치를 통한 전제 왕권 강화에 기여

② 발해

㉠ 학문 발달을 장려 : 당에 유학생을 보내고 서적을 수입

㉡ 한학 교육을 장려
- 주자감을 설립하여 귀족 자제들에게 유교 경전을 교육
- 6부의 명칭이 유교식이며, 정혜공주·정효공주 묘비문은 4·6 변려체의 한문으로 작성됨, 5경과 〈맹자〉, 〈논어〉, 3사(〈사기〉·〈한서〉·〈후한서〉), 〈진서〉, 〈열녀전〉 등을 인용
- 외교 사신(양태사, 왕효렴 등)과 승려(인정, 인소 등) 중 많은 사람이 한시에 능통

(3) 역사서의 편찬

① 삼국의 사서 편찬

㉠ 고구려 : 영양왕 때 이문진이 국초의 〈유기(留記)〉를 간추려 〈신집(新集)〉 5권을 편찬

㉡ 백제 : 근초고왕 때 고흥이 〈서기(書記)〉를 편찬

㉢ 신라 : 진흥왕 때 거칠부가 〈국사(國史)〉를 편찬

② 통일 신라의 사서 편찬

㉠ 김대문 : 통일 신라의 대표적 문장가
- 대표적 저서 : 〈악본〉, 〈고승전〉, 〈한산기〉, 〈계림잡전〉, 〈화랑세기〉 등

㉡ 최치원 : 〈제왕연대력〉을 저술

SEMI-NOTE

임신서기석
1934년 경주에서 발견된 것으로 신라의 두 젊은이 사이에 맺은 약속이 새겨져 있는데, 국가에 대한 충성과 3년 내에 시·〈상서〉·〈예기〉 등을 습득할 것을 맹세한다고 기록되어 있음

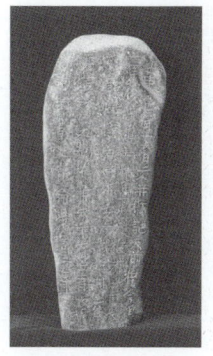

임신서기석

독서삼품과의 등급 구분
- 삼품(三品)
  - 상품 : 〈좌씨전〉·〈예기〉·〈문선〉에 능하고, 〈논어〉·〈효경〉을 이해하는 자
  - 중품 : 〈곡례〉·〈논어〉·〈효경〉을 읽은 자
  - 하품 : 〈곡례〉·〈효경〉을 읽은 자
- 특품(特品) : 5경·3사·제자백가에 능통한 자로, 특품 합격자는 서열에 관계없이 특채

고대 역사서의 한계
종교적·설화적 성격으로 인해 합리성이 부족하며, 역사 서술의 주체를 국왕에게 집중함

SEMI-NOTE

삼국 불교의 성격
- 호국적 사상(〈인왕경〉이 널리 읽힘)
- 왕실·귀족 중심의 불교(왕실이 앞장서서 수용)
- 토착 신앙의 흡수(샤머니즘적 성격)
- 현세 구복적

정토 신앙(아미타 신앙·미륵 신앙)과 관음 신앙
- 아미타 신앙 : 내세에 극락정토를 확신하는 신앙
- 미륵 신앙 : 미륵이 중생을 구제한다는 신앙
- 관음 신앙 : 현세의 고난 구제를 확신하는 신앙

교종의 창시자 및 사찰

종파	창시자	사찰
열반종	보덕(고구려) : 중생은 모두 부처가 될 수 있는 불성을 지님	경복사 (전주)
계율종	자장(신라)	통도사 (양산)
법성종	원효 : 5교의 통합을 주장	분황사 (경주)
화엄종	의상	부석사 (영주)
법상종	진표 : 미륵 신앙 (이상 사회, 업설) 원측 : 유식 불교	금산사 (김제)

4. 삼국 시대의 불교

(1) 불교의 수용
① 삼국 시대의 불교 전래
  ㉠ 고구려 : 중국 전진(前秦)의 순도를 통하여 소수림왕 때 전래(372)
  ㉡ 백제 : 동진(東晉)의 마라난타를 통해 침류왕 때 전래(384)
  ㉢ 신라 : 고구려 묵호자를 통해 전래, 6세기 법흥왕 때 국가적으로 공인(527)
② 삼국 시대 불교의 성격 : 왕실과 귀족을 중심으로 수용·공인, 호국적 성격, 대승 불교가 주류를 이룸

(2) 삼국의 불교
① 고구려 : 북위 불교의 영향을 받음
② 백제 : 중국 남조 불교의 영향을 받음, 후기의 불교는 호국적 성격
③ 신라 : 삼국 중 불교 수용이 가장 늦음, 불교를 국가 발전에 가장 효율적으로 이용

(3) 신라의 명승 ★ 빈출개념
① 원광(圓光)
  ㉠ 대승 불교 정착에 공헌 : 자신의 사상을 일반 대중에게 쉽고 평범한 말로 전파
  ㉡ 걸사표(乞師表) : 진평왕 31년(608)에 고구려가 신라 변경을 침범했을 때 왕의 요청으로 수나라에 군사적 도움을 청하는 걸사표를 지음
  ㉢ 세속오계 : 화랑의 기본 계율이자 불교의 도덕률로서 기능
② 자장(慈藏)
  ㉠ 636년 당에서 귀국한 후 대국통을 맡아 승려의 규범과 승통의 일체를 주관
  ㉡ 황룡사 9층탑 창건을 건의하고 통도사와 금강계단을 건립

5. 남북국 시대의 불교

(1) 통일 신라
① 불교의 정립 : 삼국 불교 유산을 토대로 하여 다양하고 폭넓은 불교 사상 수용의 기반을 마련
② 불교의 특징 : 불교 대중화 운동의 전개(원효의 아미타신앙), 밀교 신앙의 성행
③ 교종의 5교
  ㉠ 성립 : 통일 전에 열반종·계율종이, 통일 후 법성종·화엄종·법상종이 성립
  ㉡ 특성 : 중대 전제 왕권 강화에 기여, 화엄종과 법상종이 가장 유행
④ 명승
  ㉠ 원효(元曉, 617~686)
    - 〈대승기신론소〉, 〈금강삼매경론〉, 〈십문화쟁론〉 등을 저술
    - '모든 것이 한마음에서 나온다'는 일심 사상(一心思想)을 바탕으로 종파들 간의 사상적 대립을 조화시키고, 여러 종파의 사상을 융합하는 화쟁 사상을 주창

- 불교 대중화의 길을 엶(고려 시대 의천과 지눌에 영향을 미침)
- 경주 분황사에서 법성종(法性宗)을 개창

ⓒ 의상(義湘, 625~702)
- 화엄종을 연구
- 〈화엄일승법계도〉를 저술하여 화엄 사상을 정립
- 화엄의 근본 도량이 된 부석사(浮石寺)를 창건(676)하고, 화엄 사상을 바탕으로 교단을 형성하여 제자를 양성하고 불교 문화의 폭을 확대
- 모든 사상을 보다 높은 차원에서 하나로 조화시키는 원융 사상(일즉다 다즉일(一卽多 多卽一)의 원융 조화 사상)을 설파
- 아미타 신앙과 함께 현세에서 고난을 구제받고자 하는 관음 신앙을 설파

ⓒ 진표(眞表, ?~?)
- 김제 금산사를 중심으로 법상종을 개척
- 미륵 신앙(이상 사회, 업설)이 일반 백성에 널리 유포되는 데 기여)

ⓒ 원측(圓測, 613~696)
- 당의 현장에게서 유식 불교(唯識佛敎)를 수학(유식 불교의 대가)
- 현장의 사상을 계승한 규기(窺基)와 논쟁하여 우위를 보임

ⓒ 혜초(慧超, 704~787)
- 인도에 가서 불교를 공부하고 〈왕오천축국전〉을 남김
- 인도 순례 후 카슈미르, 아프가니스탄, 중앙아시아 일대까지 답사

(2) 선종(禪宗)의 발달

① 특징
ⓐ 기존의 사상 체계에 의존하지 않고 스스로 사색하여 진리를 깨닫는 것을 중시
ⓑ 개인적 정신 세계를 찾는 경향이 강하여 좌선을 중시
ⓒ 교종에 반대하고 반체제적 입장에서 지방의 독자적 세력을 구축하려는 호족의 성향에 부합

② 역사적 의의
ⓐ 경주 중심의 문화를 극복하고 지방 문화의 역량을 증대(지방을 근거로 성장)
ⓑ 중국 문화에 대한 이해와 인식의 폭을 확대(한문학 발달에 영향)
ⓒ 새로운 시대의 이념과 사상을 제공
ⓓ 불교 의식과 권위를 배격, 종파 불교가 본격적으로 전개됨
ⓔ 승탑과 탑비의 유행 : 쌍봉사 철감선사 승탑, 4산비명 등

③ 9산의 성립 : 선종 승려 중에는 지방의 호족 출신이 많아 주로 지방에 근거지를 두었는데, 그 중 대표적인 9개의 선종 사원을 9산 선문이라고 함

④ 교종과의 비교

구분	교종(敎宗)	선종(禪宗)
전래	상대(눌지왕 때 최초 전래)	상대(선덕여왕 때 법랑이 전래)
융성기	중대(귀족 및 왕실 계층)	하대(호족 불교로 발전)

SEMI-NOTE

왕오천축국전(往五天竺國傳)
혜초가 인도를 여행하고 쓴 기행문으로, 프랑스 학자 펠리오(Pelliot)가 간쑤성(甘肅省) 둔황(敦煌)의 석굴에서 발견, 현재 프랑스 국립 도서관에 소장

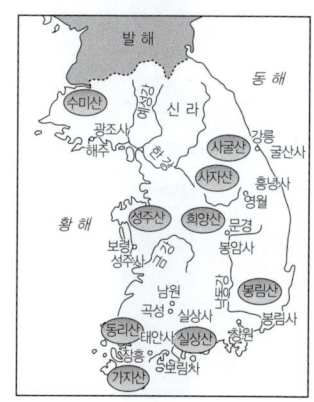

선종 9산

SEMI-NOTE

종파	• 열반종 : 보덕 • 계율종 : 자장 • 법성종 : 원효 • 화엄종 : 의상 • 법상종 : 진표	• 가지산문 : 도의 • 동리산문 : 혜철 • 사자산문 : 도윤 • 성주산문 : 무염 • 수미산문 : 이엄	• 실상산문 : 홍척 • 봉림산문 : 현욱 • 사굴산문 : 범일 • 희양산문 : 도헌
성격	• 교리 연구 · 경전 해석 치중 • 불교 의식 및 행사 중시 • 염불과 독경 중시	• 개인의 정신 수양 강조 • 좌선(坐禪) 중시 • 불립문자(不立文字) • 견성오도(見性悟道)	
영향	• 조형 미술의 발달 • 왕권 전제화에 공헌	• 조형 미술의 쇠퇴 • 중국 문화에 대한 이해의 폭 확대 • 후삼국 및 고려 건립의 정신적 지주	

(3) 발해의 불교

① 고구려 불교의 영향
  ㉠ 수도 상경의 절터 유적과 불상, 석등, 연화 무늬 기와, 이불병좌상 등
  ㉡ 왕실과 귀족 중심의 불교로, 절터 등의 유적은 주로 5경에 집중되어 있음
② 종파 : 관음 신앙과 법화 신앙(이불병좌상)
③ 석인정, 석정소 등은 발해의 대표적 명승으로, 불법을 널리 전파

6. 도교와 풍수 지리설

(1) 도교

① 전래 시기 : 고구려 영류왕(624) 때 전래
② 신봉 계층 : 진골에 반발하던 6두품 계층이 신봉하여 반신라적 성격을 지님
③ 내용 : 노장 사상, 즉 무위자연을 이상으로 여기는 일종의 허무주의 사상
④ 도교 사상의 반영
  ㉠ 고구려 : 강서고분의 사신도(四神圖)와 비선(飛仙), 보장왕 때 연개소문의 요청으로 불교 세력을 누르기 위해 도교를 장려
  ㉡ 백제
    • 산수 무늬 벽돌(산수문전) : 삼신산, 도관, 도사의 문양
    • 백제 금동대향로 : 주작, 봉황, 용
    • 사택지적비 : 노장 사상의 허무주의적 내용이 담겨 있음
    • 무령왕릉 지석의 매지권
  ㉢ 신라 : 도교적 요소가 삼국 중 가장 뚜렷
  ㉣ 통일 신라 : 12지신상, 4영지, 안압지, 4산 비명 등
  ㉤ 발해 : 정혜공주와 정효공주 묘지의 4·6 변려체, 정효공주 묘의 불로장생 사상

(2) 풍수지리설(風水地理說)

① 전래 : 신라 말 도선 등의 선종 승려들이 중국에서 유행한 풍수지리설을 전래
② 내용 : 산세와 수세를 살펴 도읍·주택·묘지 등을 선정하는 인문지리적 학설로,

발해의 불교
문왕은 불교적 성왕을 자칭, 상경에서는 10여 개의 절터와 불상이 발굴

현무도(강서대묘)

산수 무늬 벽돌

백제 금동대향로

사택지적비

국토의 효율적인 이용과 관련됨
③ **영향** : 다른 지방의 중요성을 자각하는 계기, 선종과 함께 나말 신라 정부의 권위를 약화시키는 구실

7. 천문학과 수학

(1) 천문학의 발달
① **천체 관측** : 삼국은 천문 기상을 담당하는 관리로 일관, 일자 등을 둠
  ㉠ 고구려 : 천문도(天文圖), 고분 벽화에도 해와 달의 그림이 남아 있음
  ㉡ 백제 : 역박사를 두었고, 천문을 관장하는 일관부가 존재
  ㉢ 신라 : 7세기 선덕여왕 때에 현존하는 세계 최고(最古)의 천문대인 첨성대(瞻星臺)를 세워 천체를 관측
② **천체 관측의 목적**
  ㉠ 농업면 : 농경과 밀접한 관련이 있었으므로 중시
  ㉡ 정치면 : 왕의 권위를 하늘과 연결시키려고 함

(2) 수학의 발달
① 여러 조형물을 통해 수학이 높은 수준에 이르렀음을 짐작할 수 있음
② **수학적 조형물**
  ㉠ 삼국 시대 : 고구려 고분의 석실이나 천장의 구조, 백제의 정림사지 5층 석탑, 신라의 황룡사 9층 목탑 등
  ㉡ 통일 신라 : 국학에서 산학을 학습(석굴암, 불국사 3층 석탑, 다보탑 등)

8. 목판 인쇄술과 제지술

(1) 발달 배경 및 의의
불교 문화의 발달에 따라 불경 등의 인쇄를 위한 목판 인쇄술과 제지술 발달, 통일 신라의 기록 문화 발전에 크게 기여

(2) 목판 인쇄술(무구정광 대다라니경)
무구정광 대다라니경은 8세기 초엽에 만들어진 불경으로, 현존하는 세계 최고(最古)의 목판 인쇄물, 1966년 불국사 3층 석탑(석가탑)에서 발견됨

(3) 제지술
무구정광 대다라니경에 사용된 종이는 닥나무로 만들어진 것으로 지금까지 보존될 수 있을 만큼 품질이 우수함, 구례 화엄사 석탑에서 발견된 두루마리 불경에 쓰인 종이도 통일 신라 시대에 만들어진 것이며, 얇고 질기며 아름다운 백색을 간직하고 있음

9. 금속 제련술의 발달

SEMI-NOTE

도선(道詵)
도선은 전 국토의 자연환경을 유기적으로 파악하는 인문 지리적인 지식에 경주 중앙 귀족들의 부패와 무능, 지방 호족 세력의 대두, 안정된 사회를 바라는 일반 백성들의 염원 등 당시 사회상에 대한 인식을 종합하여 풍수지리설로 체계화

천문학자 김암
- 김유신의 손자로 당에서 음양학을 배워 〈둔갑입성법〉을 저술, 귀국 후 사천대 박사로 임명
- 병학에 능해 패강진 두상으로 재직 시 6진 병법을 가르치기도 함

석굴암
정밀한 기하학 기법을 응용한 배치로 조화미를 추구

무구정광 대다라니경
- 국보 제126호로, 목판으로 인쇄된 불경, 불국사 3층 석탑(석가탑)의 해체·복원 공사가 진행되던 1966년 탑신부 제2층에 안치된 사리함 속에서 다른 유물들과 함께 발견
- 출간 연대의 상한과 하한은 700년대 초~751년인데, 이는 이전까지 가장 오래된 인경으로 알려진 일본의 백만탑 다라니경(770년에 인쇄)보다 앞선 것

SEMI-NOTE

칠지도

백제 금동대향로

사신도(四神圖)
- 각각 동·서·남·북의 방위를 지키는 사방위신(四方位神)인 청룡·백호·주작·현무를 그린 고분벽화
- 무덤의 사방을 수호하는 영물(靈物)을 그린 것으로, 도교의 영향 받아 죽은 자의 사후세계를 지켜준다는 믿음을 담고 있음

수렵도

(1) 고구려

① 철광석이 풍부하여 제철 기술이 발달함(철 생산이 국가의 중요 산업)
② 고구려 지역에서 출토된 철제 무기와 도구 등은 그 품질이 우수함

(2) 백제

① 칠지도(七支刀) : 강철로 만든 우수한 제품, 4세기 후반에 근초고왕이 왜왕에게 하사한 것
② 백제 금동대향로 : 백제의 금속 공예 기술이 중국을 능가할 정도로 매우 뛰어났음을 보여 주는 걸작품, 불교와 도교의 요소 반영

10. 고분과 벽화

(1) 고구려

① 고분 : 초기에는 주로 돌무지 무덤을 만들었으나 점차 굴식 돌방 무덤으로 바뀌어 감
　㉠ 돌무지 무덤(석총) : 돌을 정밀하게 쌓아 올린 고분 형태로, 벽화가 없는 것이 특징
　㉡ 굴식 돌방 무덤(횡혈식 석실, 토총)
　　• 돌로 널방을 짜고 그 위에 흙으로 덮어 봉분을 만든 것으로, 널방의 벽과 천장에는 벽화를 그리기도 함, 모줄임 천장, 도굴이 쉬움
② 고분 벽화 : 당시 고구려 사람들의 생활·문화·종교 등을 파악할 수 있는 귀중한 자료

고분	벽화	특징
삼실총	무사·역사의 벽화	원형으로 된 봉분 안에 세 개의 널방(현실)이 ㄱ자형으로 위치
각저총	씨름도	만주 통거우에 있는 토총, 귀족 생활, 별자리 그림
무용총	무용도, 수렵도	14명이 춤추는 무용도, 수렵·전쟁을 묘사한 수렵도, 거문고 연주도
쌍영총	기사도, 우거도(牛車圖), 여인도	서역 계통의 영향, 전실과 후실 사이의 팔각쌍주와 두 팔천정은 당대의 높은 건축술과 예술미를 반영
강서대묘	사신도(四神圖)	사신도와 선인상, 사신도는 도교의 영향을 받은 것으로 색의 조화가 뛰어나며 정열과 패기를 지닌 고구려 벽화의 걸작
덕흥리 고분	견우직녀도	5세기 초의 고분으로, 견우직녀도와 수렵도, 하례도(賀禮圖), 기마행렬도, 베 짜는 모습, 마구간, 외양간 등이 그려져 있음
장천 1호분	예불도, 기린도	장천 1호분의 기린상과 천마총의 천마상은 고구려와 신라의 문화적 연계성을 보여줌

| 안악 3호분 | 대행렬도, 수박도(手搏圖) | 고구려 지배층의 행사를 그린 대행렬도와 수박도 등이 발견됨 |

SEMI-NOTE

(2) 백제

① 고분 ★ 빈출개념
  ㉠ **한성 시대** : 초기 한성 시기에는 같은 계통인 고구려의 영향을 받아 계단식 돌무지 무덤(→ 석촌동 고분 등)이 중심
  ㉡ **웅진 시대** : 굴식 돌방 무덤과 널방을 벽돌로 쌓은 벽돌 무덤(공주 송산리 고분군의 무령왕릉, 6세기경 중국 남조의 영향을 받음)이 유행
  ㉢ **사비 시대** : 규모가 작지만 세련된 굴식 돌방 무덤이 유행(부여 능산리 고분)
② **고분 벽화** : 사신도(四神圖), 무령왕릉은 중국 남조의 영향을 받음

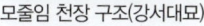
무령왕릉

(3) 신라

① **통일 전 신라** : 거대한 돌무지 덧널 무덤(적석목곽분)
② **통일 신라** : 불교의 영향으로 화장이 유행, 무덤의 봉토 주위를 둘레돌(호석)로 두르고, 12지신상을 조각하는 독특한 양식 등장

돌무지 덧널 무덤(천마총)

(4) 발해의 고분 ★ 빈출개념

① **정혜공주 묘(육정산 고분군)** : 굴식 돌방 무덤으로, 모줄임 천장 구조가 고구려 고분과 유사
② **정효공주 묘(용두산 고분군)** : 묘지(墓誌)와 벽화가 발굴되었고, 유물은 높은 문화 수준을 입증

모줄임 천장 구조(강서대묘)

돌무지 덧널 무덤(적석목곽분)
- 신라에서 주로 만든 무덤, 지상이나 지하에 시신과 껴묻거리를 넣은 나무 덧널을 설치하고 그 위에 댓돌을 쌓은 다음 흙으로 덮음, 공간이 부족해 벽이 따로 없으며, 벽화도 없는 것이 특징
- 도굴이 어려워 대부분 껴묻거리(부장품)가 남아 있음

11. 건축과 탑

(1) 삼국 시대

① **건축** : 궁전·사원·무덤·가옥에 그 특색이 잘 반영
② **탑**
  ㉠ **고구려** : 주로 목탑을 건립
  ㉡ **백제**
    • **익산 미륵사지 석탑** : 목탑 양식을 모방한 석탑으로 현재 우리나라에서 가장 오래된 탑(7세기 초에 건립되었으며, 현재 6층까지 남아 있음)
    • **부여 정림사지 5층 석탑** : 미륵사지 석탑을 계승한 백제의 대표적인 석탑
  ㉢ **신라**
    • **황룡사 9층 목탑** : 일본·중국·말갈 등 9개국의 침략을 막고 삼국을 통일하자는 호국 사상을 반영(몽고 침입 때 소실)
    • **분황사 석탑** : 선덕여왕 때 만든 모전탑(석재를 벽돌 모양으로 만들어 쌓은 탑)으로 지금은 3층까지만 남아 있으며, 인왕상과 사자상이 조각되어 있음
③ **성곽 축조** : 방어 목적의 성곽을 다수 축조

미륵사지 석탑

정림사지 5층 석탑

SEMI-NOTE

감은사지 3층 석탑

진전사지 3층 석탑

쌍봉사 철감선사 승탑

(2) 통일 신라

① 건축
- ㉠ 통일 신라의 궁궐과 가옥은 남아 있는 것이 거의 없음
- ㉡ 불교가 융성함에 따라 사원을 많이 축조했는데, 8세기 중엽에 세운 불국사와 석굴암이 대표적
- ㉢ 안압지 : 통일 신라의 뛰어난 조경술(造景術)을 잘 드러냄

② 탑(塔)
- ㉠ 중대
  - 감은사지 3층 석탑 : 통일 신라 초기의 대표적인 석탑으로, 장중하고 웅대
  - 불국사 3층 석탑(석가탑) : 통일 이후 축조해 온 통일 신라 석탑의 전형으로, 날씬한 상승감 및 넓이와 높이의 아름다운 비례로 유명
  - 화엄사 4사자 3층 석탑 : 구례 화엄사에 있는 통일 신라 시대의 3층 석탑
- ㉡ 하대 : 진전사지 3층석탑(탑신에 부조로 불상을 새김), 쌍봉사 철감선사 승탑

(3) 발해

① 상경(上京) : 당의 수도인 장안을 본떠 건설하여 외성을 쌓고 남북으로 넓은 주작대로를 내어 그 안에 궁궐과 사원을 세움
② 사원터 : 동경성 등에서 발견되는 사원지에는 높은 단 위에 금당(金堂)을 짓고 내부 불단을 높이 마련하였으며, 금당 좌우에 건물을 배치

12. 불상과 공예(工藝)

(1) 불상

① 삼국 시대
- ㉠ 특징 : 불상 조각에서 두드러진 것은 미륵보살 반가상(彌勒菩薩半跏像)을 많이 제작한 것이며 이 중에서도 관을 쓰고 있는 금동 미륵보살 반가상은 날씬한 몸매와 그윽한 미소로 유명함
- ㉡ 고구려 : 연가 7년명 금동 여래 입상은 두꺼운 의상과 긴 얼굴 모습에서 북조 양식을 따르고 있음
- ㉢ 백제 : 서산 마애 삼존 석불은 석불로서 부드러운 자태와 온화한 미소가 특징
- ㉣ 신라 : 배리 석불 입상은 푸근한 자태와 부드럽고 은은한 미소가 특징

② 통일 신라 : 석굴암의 본존불과 보살상
③ 발해 : 불교가 장려됨에 따라 불상이 많이 제작됨
- ㉠ 고구려 양식 : 상경과 동경의 절터에서 발굴된 불상
- ㉡ 이불병좌상(二佛竝坐象) : 흙을 구워 만든 것으로, 두 부처가 나란히 앉아있는 모습을 나타냄

(2) 공예

① 통일 신라

㉠ **석조물** : 무열왕릉비의 이수, 귀부의 조각, 성덕대왕릉 둘레의 조각돌, 불국사 석등, 법주사 쌍사자 석등
　　㉡ **범종(梵鐘)**
　　　• 오대산 상원사 동종(성덕왕 24, 725) : 현존 최고(最古)의 종
　　　• 성덕대왕 신종(혜공왕 7, 771) : 봉덕사 종 또는 에밀레 종이라 하며, 맑고 장중한 소리와 천상의 세계를 나타내 보이는 듯함
② **발해**
　　㉠ **조각** : 기와 · 벽돌 등의 문양이 소박하고 직선적
　　㉡ **자기(磁器)** : 가볍고 광택이 있으며 종류나 크기 · 모양 · 색깔 등이 매우 다양하여 당나라로 수출

13. 글씨와 그림, 음악

(1) 서예
① **고구려** : 광개토대왕릉비의 비문은 웅건한 서체가 돋보임
② **통일 신라**
　　㉠ **김생(金生)** : 왕희지체로 유명한 통일 신라의 문필가, 신품사현의 한 사람
　　㉡ **김인문(金仁問)** : 무열왕릉 비문 · 화엄사의 화엄경 석경 등이 전해짐
　　㉢ **요극일(姚克一)** : 왕희지체 및 구양순체 모두에 능함

(2) 그림
① **천마도(天馬圖)** : 경주 천마총에서 출토, 신라의 힘찬 화풍을 보여줌
② **솔거(率去)** : 황룡사 벽화, 분황사 관음보살상, 단속사의 유마상 등

(3) 음악과 무용
① **고구려** : 영양왕 때 왕산악은 진(晉)의 칠현금을 개량하여 거문고를 만들고 많은 노래를 지음
② **백제** : 무등산가 · 선운산가 등이 유명
③ **신라** : 백결 선생(방아타령), 3죽(대 · 중 · 소 피리)과 3현(가야금 · 거문고 · 비파)
④ **가야** : 우륵은 가야금을 만들고 12악곡을 지었으며, 신라에 가야금을 전파
⑤ **발해** : 음악과 무용이 발달, 발해악(渤海樂)이 일본으로 전해짐

SEMI-NOTE

금동 미륵보살 반가 사유상

연가 7년명 금동 여래 입상

서산 마애 삼존 석불

이불병좌상

신품사현
명필가로 꼽히는 4사람을 지칭하는 것으로, 통일 신라의 김생과 고려의 최우 · 유신 · 탄연을 말함

천마도

9급공무원
한국사

03장 중세의 성립과 발전

01절 중세의 통치 구조와 정치 활동

02절 중세의 경제 구조와 경제 생활

03절 중세의 사회 구조와 사회 생활

04절 중세 문화의 발달

중세의 성립과 발전

01절 중세의 통치 구조와 정치 활동

1. 후삼국의 성립과 소멸

(1) 후삼국의 성립

① 후백제의 성립과 발전
  ㉠ 건국(900) : 견훤이 완산주를 근거로 건국
  ㉡ 발전 : 신라 효공왕 4년(900)에 정식으로 후백제 왕을 칭하며 관직을 설치하고 국가 체제를 완비, 신라를 자주 침공

② 후고구려의 성립과 발전
  ㉠ 건국(901) : 궁예가 초적 세력을 기반으로 송악에서 건국
  ㉡ 발전 : 국호를 후고구려에서 마진(연호는 무태·성책)으로 고쳤다가, 수도를 철원으로 옮긴 후 국호를 다시 태봉(연호는 수덕만세·정개)으로 고침(911)
  ㉢ 통치 체제

태봉의 기관	역할 및 기능	고려의 해당 기관
광평성	• 태봉의 국정 최고 기관 • 수상 : 광치내	중서문하성
대룡부	인구와 조세	호부
수춘부·봉빈부	교육, 외교	예부
병부	군사	병부
납화부·조위부	재정	호부, 삼사
장선부	수리, 영선	공부
의형대	형벌	형부

※ 이외에도 기타 물장성(토목·건축), 원봉성(서적 관리), 비룡부(왕명·교서)등이 존재

(2) 고려의 건국 및 통일 정책

① 왕건의 기반 : 확고한 호족적 기반을 갖추고 새로운 사회 건설을 위한 이념과 철학을 지님
② 고려의 건국(918) : 왕건은 궁예를 몰아내고 왕위에 추대되면서 국호를 고려라 하고, 송악으로 천도(919)
③ 왕건의 통일 정책 : 지방 세력의 흡수·통, 적극적인 우호 정책

(3) 후삼국의 통일

① 신라의 병합(935) : 경순왕이 고려에 항복
② 후백제의 정벌(936) : 선산에서 신검군을 섬멸(후백제인을 상대적으로 냉대)

SEMI-NOTE

궁예의 탄생

궁예는 신라 사람으로 성은 김씨이다. 아버지는 헌안왕, 또는 경문왕이라고 한다. 그는 단옷날 외가에서 태어났는데, 그가 탄생하던 때 하얀 무지개가 집 위에서 하늘위로 뻗쳐 나갔다. 이를 보고 점을 치는 이가 말하기를, 나라에 이롭지 못한 징조라 기르지 않는 것이 좋겠다고 하였다. 왕은 신하를 시켜 그 집에 가 아이를 죽이라고 명령했다. 신하는 강보에 싸인 궁예를 다락 아래로 던졌는데, 이때 유모가 아이를 받다가 손가락으로 아이의 눈을 찔러 궁예는 한쪽 눈이 멀었다고 한다. 유모는 그 아이와 함께 멀리 도망하여 살았다.
— 〈삼국사기〉 —

견훤과 궁예의 공통 한계
- 국가 운영의 경륜 부족, 개국 이념 및 개혁 주도 세력의 부재
- 포악한 성격, 가혹한 수탈, 수취 체제 개선 실패(민심 수습 실패)

후고구려의 멸망(918)(고려의 건국)
- 지나친 미신적 불교(미륵 신앙)를 이용한 전제 정치와 폭정
- 전쟁 수행을 위한 과도한 조세 수취로 민심 이반
- 호족의 토착 기반이 부재(송악 지방의 호족 출신인 왕건에 의해 멸망)

③ 민족의 재통일
  ㉠ 발해가 거란에 멸망(926)당했을 때 고구려계 유민을 비롯해 많은 관리·학자·승려 등이 고려로 망명
  ㉡ 발해의 왕자 대광현을 우대하여 동족 의식을 분명히 함

2. 태조(1대, 918~943)의 정책

(1) 민족 융합 정책(중앙 집권 강화 정책)
① 호족 세력의 포섭·통합
  ㉠ 유력 호족을 통혼 정책(정략적 결혼), 사성(賜姓) 정책(성씨의 하사)
  ㉡ 지방 중소 호족의 향촌 자치를 부분적으로 허용
  ㉢ 지방 호족 세력의 회유·견제(사심관 제도와 기인 제도를 활용)

> **실력up 사심관 제도와 기인 제도**
> - 사심관 제도 : 중앙의 고관을 출신지의 사심관으로 임명하고 그 지방의 부호장 이하 관리의 임명권을 지니도록 하여 향리 감독, 풍속 교정, 부역 조달 등의 임무와 지방의 치안·행정에 책임을 지도록 한 것(그 지방의 호족과 함께 연대책임을 짐). 왕권의 유지를 위한 호족 세력의 회유책의 일환으로 신라의 마지막 왕인 경순왕을 경주의 사심관에 임명한 것이 시초, 후에 조선 시대 유향소와 경재소로 분화됨
> - 기인 제도 : 지방 호족에게 일정 관직(호장·부호장)을 주어 지방 자치의 책임을 맡기는 동시에 지방 호족과 향리의 자제를 인질로 뽑아 중앙에 머무르게 한 것, 지방 세력을 견제하고 왕권을 강화하기 위한 제도, 신라의 상수리 제도를 계승

② 왕권의 안정과 통치 규범의 정립
  ㉠ 지배 체제 강화 : 공로나 충성도, 인품 등을 기준으로 개국 공신이나 관리 등에게 역분전을 지급하고, 이를 매개로 지배 체제로 편입
  ㉡ 제도 정비 : 지방 지명 개정, 교육제도 정비
  ㉢ 훈요 10조 : 후대 왕들이 지켜야 할 정책 방향을 제시

(2) 민생 안정책(애민 정책)
① 취민유도 정책 : 호족의 가혹한 수취를 금함, 조세 경감(세율을 1/10로 인하)
② 민심 수습책 : 흑창(黑倉), 노비 해방, 황폐해진 농지를 개간

(3) 숭불 정책
① 불교의 중시 : 불교를 통해 민심을 수습하고 왕실의 안전을 도모, 연등회·팔관회 거행
② 사찰의 건립 등 : 3,000여 개의 비보 사찰을 설치, 승록사(僧錄司)를 설치

(4) 북진 정책
① 고구려 계승 및 발해 유민 포용 : 발해 유민을 적극 포용
② 서경의 중시 : 서경을 북진 정책의 전진 기지로 적극 개발(분사 제도)

SEMI-NOTE

민족 재통일의 의의
- 민족 화합 유도(후삼국의 통합 및 발해 유민 등을 포섭)
- 국통은 고구려를, 정통은 신라를 계승
- 영토의 확장(신라 시대 대동강 선에서 청천강~영흥만 선으로 확장)
- 골품제의 극복과 수취 체제의 개혁
- 호족이 문벌 귀족화되어 역사의 주역으로 등장
- 고대 사회에서 중세 사회로의 새로운 사회 건설 방향을 제시

역분전
고려 전기의 토지 제도 중 하나. 태조가 후삼국 통일에 공을 세운 신하·군사들의 인품·공로·충성도를 기준으로 하여 지급한 수조지를 말함

태조의 4대 정책
민족 융합 정책(중앙 집권 강화 정책), 북진 정책, 숭불 정책, 애민 정책

훈요 10조
- 대업은 제불 호위(諸佛護衛)에 의하여야 하므로, 사원을 보호·감독할 것
- 사원은 도선의 설에 따라 함부로 짓지 말 것
- 왕위 계승은 적자·적손을 원칙으로 하되 마땅하지 아니할 때에는 형제 상속으로 할 것
- 거란과 같은 야만국의 풍속을 본받지 말 것
- 서경은 수덕(水德)이 순조로워 중요한 곳이 되니 철마다 가서 100일이 넘게 머무를 것
- 연등(燃燈)과 팔관(八關)은 주신(主神)을 함부로 가감하지 말 것
- 간언(諫言)을 받아들이고 참언(讒言)을 물리칠 것이며, 부역을 고르게 하여 민심을 얻을 것
- 차현(車峴, 차령) 이남의 인물은 조정에 등용하지 말 것
- 관리의 녹은 그 직무에 따라 제정하되 함부로 증감하지 말 것
- 경사(經史)를 널리 읽어 옛일을 거울로 삼을 것

③ 거란 및 여진에 대한 강경책 : 국교 단절, 만부교 사건(942), 여진족 축출

3. 광종의 개혁 정치와 왕권 강화

(1) 초기 왕권의 불안정
① 혜종(2대, 943~945) : 통일 과정의 혼인 정책의 부작용으로 왕자들과 외척 간의 왕위 계승 다툼이 발생(왕규의 난 등)
② 정종(3대, 945~949) : 왕규의 난 진압(945), 서경 천도 계획, 광군의 육성(947)

(2) 광종(4대, 949~975)의 왕권 강화 ★ 빈출개념
① 왕권 강화 정책 : 왕권의 안정과 중앙 집권 체제 확립을 위해 혁신적 정책을 추진
  ㉠ 개혁 주도 세력 강화 : 개국 공신 계열의 훈신 등을 숙청하고 군소 호족과 신진 관료 중용
  ㉡ 군사 기반 마련 : 내군을 장위부로 개편하여 시위군을 강화
  ㉢ 칭제 건원 : 국왕을 황제라 칭하고 광덕·준풍 등 독자적 연호를 사용
  ㉣ 노비안검법 실시(광종 7, 956) : 양인이었다가 불법으로 노비가 된 자를 조사하여 해방시켜 줌으로써, 호족·공신 세력을 약화시키고 국가 재정 수입 기반을 확대
  ㉤ 과거 제도의 실시(광종 9, 958) : 유학을 익힌 신진 인사를 등용해 호족 세력을 누르고 신구 세력의 교체를 도모
  ㉥ 백관의 공복 제정(광종 11, 960) : 지배층의 위계 질서 확립을 목적으로 제정
  ㉦ 주현공부법(州縣貢賦法) : 국가 수입 증대와 지방 호족 통제를 위해 주현단위로 공물과 부역의 양을 정함
  ㉧ 불교의 장려
    • 왕사·국사 제도 제정(968) : 혜거를 최초의 국사로, 탄문을 왕사로 임명
    • 불교 통합 정책 : 균여로 하여금 귀법사를 창건하여 화엄종을 통합케 하고, 법안종(선종)과 천태학(교종)을 통한 교선 통합을 모색
② 구휼 정책의 시행 및 외교 관계의 수립 : 제위보 설치, 송과 외교 관계 수립(962)

4. 성종(6대, 981~997)의 유교 정치

(1) 중앙 집권 체제의 확립
① 중앙 정치 기구의 개편
  ㉠ 2성 6부의 중앙 관제 마련 : 당의 3성 6부 제도를 기반
  ㉡ 중추원과 삼사(三司) 설치 : 송의 관제를 모방하여 설치
  ㉢ 도병마사와 식목도감 : 고려의 실정에 맞는 독자적 기구로 설치
  ㉣ 6위의 군사 제도 정비 : 목종 때 2군을 정비하여 2군 6위의 군사 제도 완비
② 지방 제도 정비 : 12목 설치, 향직 개편
③ 분사 제도(分司制度) : 태조 때 착수하여 예종 때 완비
  ㉠ 서경을 중시하기 위해 서경에 분사(分司)를 두고 부도읍지로서 우대

SEMI-NOTE

만부교 사건
발해를 멸망시킨 거란이 고려와 교류하기 위해 사신을 보내자, 태조는 사신을 귀양 보내고 선물로 보낸 낙타를 만부교에 묶어 두어 아사하도록 함

왕규의 난
• 정종 초기, 왕규가 외손자인 광주 원군을 왕으로 세우고자 일으킨 반란
• 왕규는 두 딸을 태조의 15번째·16번째 비로 들여보냈는데, 이후 태조의 맏아들 혜종이 즉위하자 몇 번이고 암살 시도를 하였으나 모두 실패
• 이후 혜종이 죽고 그 동생인 정종이 즉위하자 왕규는 난을 일으켰으나, 이전부터 그를 주시하고 있던 정종의 대처와 왕식렴의 개입으로 실패

경종(5대, 975~981)의 전시과 시행과 반동 정치
• 시정 전시과 시행 : 전국적 규모로 전·현직의 모든 관리에게 등급에 따라 토지를 차등 지급하였는데, 관품 이외에 인품도 고려한 점에서 역분전의 성격이 잔존
• 반동 정치 : 광종 때 개혁 정치의 주역들이 제거되고 공신 계열의 반동 정치가 행해짐

최승로의 노비환천법 건의안
천예들이 때나 만나 윗사람을 능욕하고 저마다 거짓말을 꾸며 본주인을 모함하는 자가 이루 헤아릴 수 없습니다. …… 바라건대, 전하께서는 옛일을 심각한 교훈으로 삼아 천인이 윗사람을 능멸하지 못하게 하고, 종과 주인 사이의 명분을 공정하게 처리하십시오. …… 전에 판결한 것을 캐고 따져서 분쟁이 일어나지 않도록 해야 하겠습니다.

ⓒ 묘청의 서경 천도 운동을 계기로 한때 폐지
④ 사회 시설의 완비 ★ 빈출개념
  ㉠ 흑창을 확대한 빈민 구제 기관인 의창을 설치
  ㉡ 개경과 서경, 12목에 물가 조절 기관인 상평창(常平倉) 설치
⑤ 권농 정책 : 호족의 무기를 몰수하여 농구를 만들고 기곡(祈穀)·적전(籍田)의 예를 실시하여 농사를 권장
⑥ 노비환천법의 실시 : 해방된 노비가 원주인을 모독하거나 불손한 때 다시 천민으로 만드는 법(노비안검법과는 달리 왕권 강화와는 무관한 제도), 최승로의 건의로 채택
⑦ 건원중보 주조 : 우리나라 최초의 화폐, 거의 쓰이지 못함

(2) 성종의 국정 쇄신
① 국정의 쇄신과 유교 정치의 실현
  ㉠ 신라 6두품 출신의 유학자들이 국정을 주도하면서 유교 정치 실현
  ㉡ 5품 이상의 관리로 하여금 정치에 대한 비판과 정책을 건의하는 글을 올리게 함
② 최승로의 시무 28조 채택 : 유교 정치 이념의 확립
  ㉠ 주요 내용
    • 유교 정치 이념을 토대로 하는 중앙 집권적 귀족 정치 지향
    • 유교적 덕치, 왕도주의와 도덕적 책임 의식
    • 지방관 파견과 12목 설치, 군제 개편, 대간 제도 시행
    • 신하 예우 및 법치 실현, 왕실의 시위군·노비·가마의 수 감축
    • 호족 세력의 억압과 향리 제도 정비(향직 개편, 호족의 무기 몰수)
    • 집권층·권력층의 수탈 방지 및 민생 안정 추구
    • 유교적 신분 질서의 확립
    • 유교적 합리주의를 강조하여 불교의 폐단을 지적·비판
    • 대외 관계에서 민족의 자주성 강조
    • 개국 공신의 후손 등용 등
  ㉡ 유·불의 분리(정치와 종교 분리) : 유교 정치 이념의 확립, 세계관이나 일상생활은 불교 원리가 지배

실력up 외관(外官) 설치 및 지방관 파견

왕이 백성을 다스리는 데 집집마다 찾아가 매일같이 돌보는 것은 아니므로 수령을 나누어 보내 백성들의 이해를 살피게 하는 것입니다. 그러므로 우리 성조(聖祖)께서도 통합한 뒤에 외관을 두고자 하였으나, 대개 초창기였으므로 일이 번거로워 겨를이 없었습니다. 지금 가만히 보건대 향호(鄕豪)가 매양 공무를 빙자하고 백성을 침포(侵暴)하니 그들이 견뎌 내지 못합니다. 청컨대, 외관을 두소서. 비록 일시에 다 보내지 못한다 하더라도 먼저 여러 주현을 아울러 한 사람의 관원을 두고, 그 관원에 각기 2~3원을 설치하여 애민하는 일을 맡기소서.
- 시무 28조 -

SEMI-NOTE

성종의 유학 교육의 진흥
- 개경에 국립대학인 국자감을 개설하고 도서관으로 비서원(개경)과 수서원(서경) 설치
- 지방에 경학 박사와 의학 박사를 파견하여 지방 호족 자제를 교육
- 유학 진흥을 위해 문신월과법(文臣月課法)을 실시(문신의 자질을 향상시키기 위해 매월 문신들에게 시부를 지어 바치게 한 제도)
- 과거 제도를 정비하고 교육 장려 교서를 내림

시무 28조
불교는 수신(修身)의 본이요, 유교는 이국(理國)의 본인데 현실을 무시하고 어찌 불교 행사를 일삼을 수 있겠습니까.

성종 이후 왕들의 업적
- 현종(8대, 1009~1031): 도병마사 설치, 5도 양계 확립, 주현공거법 시행(향리 자제 과거응시자격 부여), 면군급고법 제정, 연등회팔관회 부활
- 덕종(9대, 1031~1034): 천리장성 축조 시작, 이씨 등 보수 세력 집권
- 정종(10대, 1034~1046): 천리장성 완성, 거란의 연호 사용, 천자수모법(노비 상호간의 혼인으로 생긴 소생의 소유권을 비의 소유주(婢主)에게 귀속시킨다는 법규) 시행
- 문종(11대, 1046~1083): 삼심제(사형수) 제도화, 남경 설치(한양을 남경으로 지정), 12사학 형성, 국자감 재생, 공음법 제정, 흥왕사 창건
- 선종(13대, 1083~1094): 송과 일본과의 활발한 교류
- 숙종(15대, 1095~1105): 서적포 설치, 여진에 패배, 별무반 구성, 화폐 주조(주전도감 설치), 천태종 후원
- 예종(16대, 1105~1122): 여진 정벌, 동북 9성 축조
- 인종(17대, 1122~1146): 이자겸의 난(1126), 묘청의 서경 운동(1135)

| SEMI-NOTE |

2성 6부
당의 3성 6부제의 영향을 받음

재신과 낭사
- 재신(2품 이상) : 국가를 관장하며 국가 정책을 심의·결정
- 낭사(간관, 3품 이하) : 간쟁·봉박을 통해 정치를 비판·견제

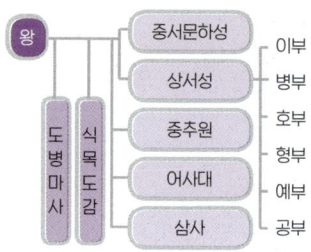
중앙 정치 조직

중추원과 삼사
송의 제도를 모방

조선 시대의 삼사(三司)
- 사헌부·사간원·홍문관
- 언론과 감찰·간쟁을 담당

감찰·탄핵 기구
- 통일 신라 : 사정부
- 발해 : 중정대
- 고려 : 어사대
- 조선 : 사헌부

고려 통치 체제의 귀족적 성격
- 음서제의 발달과 음서 출신자의 우대 (귀족 출신은 음서에 의해 다수가 고위직까지 승진)
- 문신 귀족들의 인사권 장악
- 재추 회의의 만장일치 채택
- 문무 산계의 운영(중앙과 지방의 것으로 이원화·서열화)
- 한품제·한직제(왕족·공신·문무관·과거에 등과된 향리의 자제와 달리 향리는 그 직임으로 인해 5품에 한정됨)
- 산직인 훈직 제도 마련(검교직, 동정직 등)

한눈에 쏙~

광종, 노비안검법 실시(956) ▶ 광종, 과거제 실시(958) ▶ 경종, 시정 전시과 실시(976)

5. 중앙 정치 조직

(1) 2성 6부
① **중서문하성(재부)** : 최고 정무 기관, 재신과 낭사로 구성, 중서문하성(재부)과 중추원(추부)을 합쳐 재추를 구성
② **상서성** : 실제 정무를 나누어 담당하는 육부를 두고 정책의 집행을 담당
③ **육부** : 형식상 상서성 소속이나 직접 국왕과 연결됨, 각 부의 장관은 상서, 차관은 시랑

(2) 중추원(中樞院)과 삼사(三司)
① **중추원(추부, 추밀원)** : 2품 이상의 추신(또는 추밀, 군사 기밀 담당)과 3품 이하의 승선(왕명 출납을 담당하는 비서)으로 구성, 장은 판원사
② **삼사** : 전곡(화폐와 곡식)의 출납에 대한 회계와 녹봉 관리를 담당, 장은 판사

(3) 도병마사와 식목도감 ★ 빈출개념
① **도병마사(都兵馬使)**
  ㉠ 국방 문제를 담당하는 임시 기구로, 성종 때 처음 시행
  ㉡ 고려 후기의 원 간섭기(충렬왕)에 도평의사사(도당)로 개편되면서 구성원이 확대(중서문하성의 재신과 간관, 중추원의 추신과 승선, 삼사 등)되고 국정 전반의 중요 사항을 합의·집행하는 최고 상설 정무 기구로 발전(조선 정종 때 혁파)
② **식목도감(式目都監)** : 법의 제정이나 각종 시행 규정을 다루고 국가 중요 의식을 관장, 장은 판사

(4) 기타 기관
① **어사대(御史臺)**
  ㉠ 기능 : 정치의 잘잘못을 논하고 관리들의 비리를 감찰, 장은 판사
  ㉡ **대간(臺諫)** : 어사대의 관원(대관)은 중서문하성의 낭사(간관)와 함께 대간(대성)을 구성하여, 간쟁·봉박권·서경권을 가짐(견제를 통한 균형유지)
② **한림원** : 국왕의 교서와 외교 문서를 관장, 장은 판원사
③ **춘추관** : 사관(史館)으로 역사 편찬을 관장, 장은 감수국사
④ **통문관** : 거란·여진·왜어·몽고어 등의 통역관을 양성하는 곳
⑤ **보문각** : 경연(經筵)과 장서(藏書)를 관장, 장은 대제학
⑥ **사천대** : 천문 관측을 담당, 장은 판사

6. 지방 행정 조직

(1) 지방 행정 조직의 정비
① 성종(981~997)
　㉠ 3경(三京) : 풍수지리설에 따라 개경(개성)·서경(평양)·동경(경주)을 설치
　㉡ 전국에 12목을 설치하고 지방관 파견
② 현종(1009~1031) : 전국의 5도 양계와 4도호부, 8목을 완성(→ 지방 제도의 완비), 도에는 지방관으로 안찰사를 파견, 양계(兩界)(북방 국경 지대의 군사 중심지인 동계·북계)
③ 4도호부 : 군사적 방비의 중심지, 안북(안주)·안남(전주)·안동(경주)·안변(등주)
④ 8목 : 지방 행정의 실질적 중심부이며 공납(향공선상)의 기능을 담당, 광주(廣州)·청주·충주·전주·나주·황주·진주·상주 등

(2) 기타 지방 행정 구역
① 주현(主縣)과 속현(屬縣)
　㉠ 주현은 중앙으로부터 지방관이 파견된 곳을, 속현은 지방관이 파견되지 않는 곳을 말함
　㉡ 주현보다 속현이 더 많아 지방관이 파견되는 인근의 주현을 통하여 간접적으로 통제(실제는 향리가 다스림)
② 향·소·부곡 : 특수 행정 구역
　㉠ 향과 부곡 : 농민들이 주로 거주
　㉡ 소(所) : 공납품을 만들어 바치는 공장(工匠)들의 집단 거주지
③ 촌
　㉠ 말단 행정 조직으로, 주·군·현에는 각각 몇 개의 촌이 있으나 향·소·부곡에는 1촌인 경우가 대부분
　㉡ 주로 지방 유력자인 촌장 등이 자치를 하였는데, 촌장이 있는 촌은 몇 개의 자연촌이 합해진 하나의 행정촌을 구성
　㉢ 1촌 1성(姓) 원칙으로 성관(姓貫)이 지방 사회의 지배층을 형성

(3) 향리(鄕吏) ★빈출개념
① 임무 : 조세나 공물의 징수와 노역 징발 등 실제적인 행정 사무 담당
② 영향력 : 토착 세력으로서 향촌 사회의 지배층이므로 중앙에서 일시 파견되는 지방관보다 영향력이 컸음

7. 군사 제도

(1) 중앙군
① 구성 : 2군 6위로 구성되며, 지휘관은 상장군과 대장군(부지휘관), 45령으로 구성
② 2군(목종) : 응양군·용호군(국왕의 친위대, 근장이라고도 불림)
③ 6위(성종)

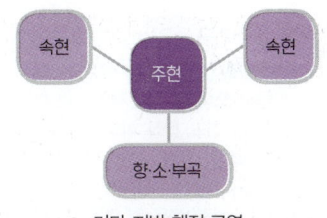

기타 지방 행정 구역

고려 시대 지방 행정의 특징
- 중앙의 지방 지배력이 미약하여 주군·주현보다 지방관을 파견하지 않은 속군·속현이 더 많았고, 행정 기구가 계층적·누층적으로 구성됨
- 권력 집중과 토착 세력 방지를 위해 상피제가 적용됨
- 불완전한 민정·군정 중심의 이원적 조직(안찰사와 병마사의 주요 기능의 분리)
- 안찰사의 권한이 약하고(6개월의 임시직이며 수령보다 낮은 관품을 받음), 토호적 성격이 강한 지방 향리가 실권을 행사
- 후기의 무신집권기와 대몽 항쟁기에는 군현 단위의 승격과 강등이 나타남(공주 명학소가 충순현으로, 충주 다인철소가 익안현으로 승격)

SEMI-NOTE

군인전
- 2군 6위의 직업군에게 군역의 대가로 주는 토지
- 고려 시대 직업 군인에 대한 토지 지급은 역분전에서 시작되는데, 역분전은 인품·공로·충성도를 기준으로 각각 다르게 지급됨
- 경종 1년(976) 전시과가 시행되면서 군인들은 15결씩을 받게 되며, 이후 군인층의 분화에 맞추어 군인전 지급 면적도 세분화
- 군역이 자손에게 세습됨에 따라 군인전 역시 세습

무신 합좌 기구
- 중방(重房) : 2군 6위의 상장군·대장군 등이 모여 군사 문제를 의논하는 무신들의 최고 합좌 회의 기구로, 상장군·대장군으로 구성(무신정변 후 군정기구의 중심이 됨)
- 장군방 : 45령(1령은 천 명)의 각 부대 장인 장군으로 구성

고려 시대의 역(役)
- 의의 : 노동력을 무상으로 동원하는 제도
- 대상 : 16~60세의 정남
- 종류
  - 군역 : 신분에 따라 부과, 양인개병제에 의한 국방의 의무 성격
  - 요역 : 신분에 관계없이 인정의 수에 따라 부과, 토목 공사 등을 위한 노동력 징발

연호군, 잡색군, 속오군의 비교
- 연호군 : 고려, 농민 + 노비, 지방군(양천 혼성군)
- 잡색군 : 조선 전기, 양반 + 노비, 특수군(농민은 불포함)
- 속오군 : 조선 후기, 양반 + 농민 + 노비, 지방군(양천 혼성군)

무학재(武學齋)
- 고려 시대 국자감에 두었던 7재(7개의 전공) 중 하나
- 예종 4년(1109)에 설치되었으며, 무신의 양성이 목적, 인종 11년(1133) 폐지

㉠ 좌우위·신호위·흥위위 : 핵심 주력 군단으로, 수도(개경)와 국경의 방비를 담당
㉡ 금오위는 경찰, 천우위는 의장(儀仗), 감문위는 궁궐·성문 수비를 담당

(2) 지방군
① 조직 : 군적에 오르지 못한 일반 농민으로 16세 이상의 장정들
② 종류 : 5도의 일반 군현에 주둔하는 주현군과 국경 지방인 양계에 주둔하는 주진군

(3) 특수군
① 광군(光軍) : 정종 때 거란에 대비해 청천강에 배치한 상비군(30만)으로, 귀족의 사병을 징발(뒤에 지방군(주현군·주진군)으로 편입), 관장 기관은 광군사
② 별무반
  ㉠ 숙종 때 여진 정벌을 위해 윤관의 건의로 조직(윤관은 여진 정벌 후 9성 설치)
  ㉡ 백정(농민)이 주력인 전투 부대로, 신기군(기병)·신보군(보병)·항마군(승병)으로 편성
③ 도방 : 무신 정권의 사적 무력 기반
④ 삼별초
  ㉠ 수도의 치안 유지를 담당하던 야별초(좌·우별초)에 신의군(귀환 포로)을 합쳐 편성(실제로는 최씨 정권의 사병 집단의 성격이 강했음)
  ㉡ 대몽 항쟁의 주력 부대(몽고 침입 시 강화에서 반란, 진도·제주에서 대몽 항전을 전개)
⑤ 연호군 : 농한기 농민과 노비로 구성된 지방 방위군(양천 혼성군)으로, 여말 왜구 침입에 대비해 설치

8. 관리 등용 제도

(1) 과거 제도
① 시행 및 목적
  ㉠ 시행 : 광종 9년(958) 후주인 쌍기(雙冀)의 건의로 실시
  ㉡ 목적 : 호족 세력 억압, 유교적 문치·관료주의의 제도화, 신·구 세력 교체를 통한 왕권 강화
② 종류 : 제술과(제술업, 진사과), 명경과(명경업, 생원과), 잡과(잡업), 승과, 무과
③ 응시 자격 등
  ㉠ 법제적으로 승려와 천민(부곡민, 노비)을 제외한 양인 이상은 응시 가능
  ㉡ 문과(제술과·명경과)에는 주로 귀족과 향리의 자제가 응시, 농민은 주로 잡과에 응시
④ 실시 및 절차
  ㉠ 시험의 실시 : 예부에서 관장, 3년에 한 번씩 보는 식년시가 원칙이나 격년시가 유행
  ㉡ 실시 절차

1차 시험(향시)	개경의 상공(上貢), 지방의 향공(鄕貢), 외국인 대상의 빈공
2차 시험(국자감시)	진사시라고도 함, 1차 합격자인 공사(貢士)가 응시
3차 시험(동당감시)	예부시라고도 함, 2차 합격자·국자감 3년 이상 수료자·관료 등이 응시

(2) 특채 제도

① 음서 제도(성종)
  ㉠ 공신과 종실 및 5품 이상 관료의 자손, 즉 아들·손자·사위·동생·조카에게 과거를 거치지 않고도 관료가 될 수 있도록 부여한 특혜
  ㉡ 혜택은 1인이 원칙이나, 실제로는 여러 사람에게 부여
  ㉢ 고려 관료 체제의 귀족적 특성을 보여주는데, 조선 시대에는 그 비중이 떨어짐
② 천거 : 고급 관료의 추천으로 가문이 어려운 인재를 중용하는 제도(천거자의 연대 책임이 수반됨)

실력up 고려 관리 선발 제도의 특성

- 신분에 치중하던 고대 사회와 달리 능력이 중시되는 사회임을 반영
- 문벌 귀족 사회의 성격을 반영(교육과 과거가 연결되어 문벌 귀족 출신의 합격자가 많음, 좌주와 문생의 관계)
- 관직 진출 후 대부분 산관만을 받고 대기하다가 하위의 실직으로 진출

9. 문벌 귀족 사회의 성립

(1) 새로운 지배층의 형성

① 형성 : 왕실이나 유력 가문과의 혼인을 통해 문벌을 형성
② 문벌 귀족의 특권
  ㉠ 과거와 음서를 통하여 관직을 독점하고 중서문하성·중추원의 재상이 되어 정국 주도
  ㉡ 관직에 따라 과전·공음전 등 경제적 혜택 독점
  ㉢ 폐쇄적 혼인 관계 유지, 특히 왕실과 혼인 관계를 맺어 외척으로 성장

(2) 사회의 모순과 갈등의 대두

① 측근 세력과의 대립 : 과거를 통해 진출한 지방 출신의 관리 중 일부가 왕의 측근 세력이 되어 문벌 귀족과 대립
② 문벌 귀족 사회의 내분 : 이자겸의 난과 묘청의 서경 천도 운동을 통해 정치 세력 간의 대립과 갈등이 표면화됨

10. 이자겸의 난과 묘청의 서경 천도 운동

(1) 이자겸의 난(인종 4, 1126) ★빈출개념

SEMI-NOTE

염전중시
고려 시대에 동당감시에서 선발된 사람 가운데 임금이 다시 시(詩)와 부(賦), 논(論)을 과목으로 직접 보이던 시험

과전과 공음전
- 과전 : 일반적으로 전시과 규정에 의해 문무 현직 관리에게 지급되는 토지를 말하는데, 반납이 원칙이나 직역 승계에 따라 세습이 가능
- 공음전 : 관리에게 보수로 주던 과전과 달리 5품 이상의 관료에게 지급된 세습 가능한 토지로, 음서제와 함께 문벌 귀족의 지위를 유지해 나갈 수 있는 기반이 됨

문벌 귀족 시대의 외척
- 안산 김씨 가문 : 김은부, 현종~문종의 4대 50년간 권력 행사
- 경원(인주) 이씨 : 이자겸, 대표적 문벌 귀족, 예종·인종 2대 80년간 권력 행사
- 기타 해주 최씨(최충), 파평 윤씨(윤관), 경주 김씨(김부식) 등

이자겸의 난이 미친 영향
- 왕실의 권위 하락
- 특정 가문의 정치 독점에 대한 반성
- 이자겸의 주도로 맺은 금과의 사대 관계에 대한 불만 상승

SEMI-NOTE

묘청 서경 천도 운동

고려 중기의 숭문천무 현상
- 무과를 두지 않고 무학재를 폐지(인종)
- 군의 최고 지휘관을 문관으로 함
- 군인전의 폐단과 토지 지급에서의 차별
- 문관의 호위병 역할로 전락

반무신정변
- 김보당의 난(계사의 난, 1173) : 동북면 병마사 김보당이 주도하여 의종 복위를 꾀한 문신 세력의 난(최초의 반무신정변)
- 서경 유수 조위총의 난(1174) : 서북 지방민의 불만을 이용하여 무신정변의 주동자를 제거하고 나라를 바로잡는다는 명분으로 거병, 많은 농민이 가담, 문신의 난이자 농민의 난의 성격을 지님(최대의 난)
- 교종 계통 승려들의 반란(개경 승도의 난) : 귀법사, 중광사 등의 승려가 중심이 되어 무신의 토지 겸병 등에 반발

무신정변의 영향
- 정치적 : 왕권의 약화를 초래, 중방의 기능 강화, 문벌 귀족 사회가 붕괴되면서 관료 사회로의 전환이 촉진됨
- 경제적 : 전시과가 붕괴되어 사전(私田)과 농장이 확대
- 사회적 : 신분제 동요(향·소·부곡이 감소하고 천민의 신분 해방이 이루어짐), 농민 봉기의 배경
- 사상적 : 선종의 일종인 조계종 발달, 천태종의 침체
- 문학적 : 유학이 쇠퇴하고 패관 문학 발달, 시조 문학 발생, 낭만적 성향의 문학 활동 전개
- 군사적 : 사병의 확대, 권력 다툼의 격화

① 배경 : 문벌 귀족 사회의 모순, 외척 세력으로서 문벌 귀족의 권력 강화 등을 원인으로 문벌 귀족과 지방 향리 출신 신진 관료 간의 대립 격화
② 경과
  ㉠ 대내적으로 문벌 중심의 질서를 유지, 대외적으로 금과 타협하는 정치적 성향
  ㉡ 이자겸은 반대파를 제거하고 척준경과 함께 난을 일으켜 권력 장악(1126)
  ㉢ 인종은 척준경을 이용해 이자겸을 숙청(1126)한 후, 정지상 등을 통해 척준경도 축출(1127)
③ 결과 : 왕실 권위 하락, 지배층 분열, 문벌 귀족 사회의 붕괴를 촉진하는 계기

(2) 묘청의 서경 천도 운동(인종 13, 1135)

① 배경 : 이자겸의 난 이후 인종은 왕권 회복과 민생 안정을 위한 정치 개혁을 추진했는데, 이 과정에서 칭제건원·금국 정벌·서경 천도 등을 두고 보수와 개혁 세력 간 대립 발생
② 개경파와 서경파의 대립

구분	개경(開京) 중심 세력	서경(西京) 중심 세력
대표자	김부식·김인존 등	묘청·정지상 등
특징 및 주장	• 왕권 견제, 신라 계승, 보수적·사대적·합리주의적 유교 사상 • 정권 유지를 위해 금과의 사대 관계 주장 • 문벌 귀족 신분	• 왕권의 위상 강화, 고구려 계승, 풍수지리설에 근거한 자주적·진취적 전통 사상 • 서경 천도론과 길지론(吉地論), 금국 정벌론 주장 • 개경의 문벌 귀족을 붕괴시키고 새로운 혁신 정치를 도모

③ 경과
  ㉠ 서경 천도를 추진하여 서경에 대화궁을 건축, 칭제건원과 금국 정벌 주장
  ㉡ 김부식이 이끈 관군의 공격으로 약 1년 만에 진압됨
④ 결과
  ㉠ 자주적 국수주의의 서경파가 사대적 유학자의 세력에게 도태당한 것으로, 서경파의 몰락과 개경파의 세력 확장
  ㉡ 서경의 분사 제도 및 삼경제 폐지
  ㉢ 무신 멸시 풍조, 귀족 사회의 보수화 등 문벌 귀족 사회의 모순 심화
⑤ 의의 : 문벌 귀족 사회의 분열과 지역 세력 간의 대립, 풍수지리설이 결부된 자주적 전통 사상과 사대적 유교 정치 사상의 충돌, 고구려 계승 이념에 대한 이견·갈등 등이 얽혀 발생(귀족 사회 내부의 모순을 드러낸 사건)

11. 무신 정권의 성립 ★빈출개념

(1) 무신정변의 배경

① 근본적 배경 : 문벌 귀족 지배 체제의 모순 심화, 지배층의 정치적 분열과 권력 투쟁 격화
② 직접적 배경 : 무신 차별, 하급 군인들의 불만 고조

(2) 무신정변의 전개

① 무신정변의 발발(의종 24, 1170)
  ㉠ 주도 : 정중부·이고·이의방 등이 다수의 문신을 살해, 의종을 폐하고 명종을 옹립
  ㉡ 권력 투쟁 : 중방을 중심으로 권력을 행사하면서 주요 관직을 독차지
② 무신 간의 권력 쟁탈전
  ㉠ 이의방(1171~1174) : 중방 강화
  ㉡ 정중부(1174~1179) : 이의방을 제거하고 중방을 중심으로 정권을 독점
  ㉢ 경대승(1179~1183) : 정중부를 제거, 신변 보호를 위해 사병 집단인 도방을 설치
  ㉣ 이의민(1183~1196) : 경대승의 병사 후 정권을 잡았으나 최씨 형제(최충헌·최충수)에게 피살
  ㉤ 최충헌(1196~1219) : 이의민을 제거하고 무신 간의 권력 쟁탈전을 수습하여 강력한 독재 정권을 이룩(1196년부터 1258년까지 4대 60여 년간 최씨 무단 독재 정치)

무신정변 이후의 변화

- 무신정변 이후 사회적인 신분의 위치는 여전히 강조되었으나 낮은 신분층의 신분 상승이 고려 전기보다 더욱 증가
- 신분과 문벌이 모든 권력과 특권을 결정하던 기존 사회 체제와 비교하여 실력과 능력이 특권의 요건으로 대두되었으며, 무신정변 이전에는 오로지 문반만이 재상지종이 되었는데 무신정변 이후에는 무반도 재상지종이 되기도 함
- 기존의 행정 조직은 유지되었으나 문신 중심의 정치 조직은 기능을 상실해 갔고, 무인 집권 기구가 강화됨, 과거 제도는 그대로 유지

(3) 최씨 무신 정권 시대

① 최충헌의 집권(1196~1219)
  ㉠ 정권 획득 : 조위총의 난을 진압하고 실력으로 집권, 2왕을 폐하고 4왕을 옹립
  ㉡ 사회 개혁책 제시 : 봉사 10조
  ㉢ 권력 기반의 마련 : 교정도감을 설치(중방을 억제), 흥령부를 사저에 설치, 재추 회의를 소집
  ㉣ 대규모 농장과 노비를 차지, 진주 지방을 식읍으로 받고 진강후로 봉작됨
  ㉤ 도방 확대 : 많은 사병을 양성하고, 사병 기관인 도방을 부활
  ㉥ 선종 계통의 조계종 후원(교종 탄압), 신분 해방 운동 진압
② 최우의 집권(1219~1249) : 교정도감을 통하여 정치 권력 행사, 진양후로 봉작됨, 정방 설치(1225), 서방 설치(1227), 삼별초 조직
③ 최씨 무신 정권의 성격
  ㉠ 정치·경제·사회적 독재 정권 : 교정도감, 도방, 정방, 서방 등 독자적 권력 기구를 운영하여 장기 독재를 유지
  ㉡ 권력 유지에 집착 : 국왕의 권위를 정권 유지에 이용하기도 했으며, 권력유지

SEMI-NOTE

무신 집권기 농민의 봉기
김사미·효심의 난(1193)

무신 집권기 하층민의 봉기
- 망이·망소이의 난(공주 명학소 봉기, 1176)
- 전주 관노의 난(전주의 관노비 봉기, 1182)
- 만적의 난(만적의 신분 해방 운동, 1198)

최충헌의 봉사 10조
- 새 궁궐로 옮길 것
- 관원의 수를 줄일 것
- 농민으로부터 빼앗은 토지를 돌려 줄 것
- 선량한 관리를 임명할 것
- 지방관의 공물 진상을 금할 것
- 승려의 고리대업을 금할 것
- 탐관오리를 징벌할 것
- 관리의 사치를 금할 것
- 함부로 사찰을 건립하는 것을 금할 것
- 신하의 간언을 용납할 것

교정도감(敎定都監)
최충헌 이래 무신 정권의 최고 정치 기관. 희종 5년(1209) 최충헌과 최우 부자를 살해하려는 시도가 있었는데, 최충헌이 이에 관련된 자를 색출하기 위해 설치한 것이 시작이었음. 이후에도 계속 존재하여 인재 천거, 조세 징수, 감찰, 재판 등 국정 전반에 걸친 정치 기관이 되었는데, 최씨 정권이 막을 내린 후에도 사라지지 않고 무신 정권이 끝날 때까지 존속하였음. 〈고려사〉는 교정도감에 대하여 "최충헌이 정권을 독차지하며, 모든 일이 교정도감으로부터 나왔다."라고 기술하고 있음

정방(政房)
고종 12년(1225) 최우는 자신의 집에 정방을 설치하였는데, 이는 교정도감에서 인사 행정 기능을 분리한 것임. 최우의 사후에도 무신 정권의 집권자들을 통해 계승되었음

SEMI-NOTE

최씨 집권의 결과
- 문벌 귀족 정치에서 관료 정치로의 전환점, 실권을 가진 권문세족의 형성
- 정치적으로는 안정되었지만 국가 통치 질서는 오히려 약화
- 국민에 대한 회유책으로 많은 향·소·부곡이 현으로 승격

원 간섭기에 격하된 관제 및 왕실 용어
- 왕의 호칭에 조(祖)와 종(宗)을 사용하지 못하고 왕(王)을 사용
- 원으로부터 충성을 강요받으면서 왕의 호칭에 충(忠)이 사용됨
- 짐 → 고, 폐하 → 전하, 태자 → 세자
- 중서문하성 + 상서성 → 첨의부, 육부 → 사사, 중추원 → 밀직사

만권당
고려 말 충선왕이 원의 연경에 세운 독서당을 말함. 정치 개혁에 실패한 충선왕은 아들 충숙왕에게 왕위를 선양하고 충숙왕 1년(1314) 만권당을 세웠음. 그곳에서 충선왕은 귀한 서책을 수집한 후 고려에서 이제현 등을 불러들이고 당대 중국의 이름난 학자인 조맹부, 염복 등과 교류하면서 중국의 고전 및 성리학을 연구하였음

원 간섭기(고려 말) 고려의 정세
- **권문세족의 집권**: 중앙 지배층이 권문세족으로 재편(→ 문벌귀족 가문, 무신정권기에 새로 등장한 가문, 원과의 관계를 통하여 성장한 가문 등이 권문세족을 형성)
- **사회 모순의 격화**: 권문세족이 농장을 확대하고 양민을 억압
- **시정개혁의 노력**: 관료의 인사와 농장 문제 같은 폐단을 시정하기 위한 노력은 충선왕 때부터 시도되었으나, 원의 간섭으로 철저한 개혁 추진이 곤란

에 집착하여 민생과 통치 질서는 악화됨
ⓒ 문무 합작적 정권 : 문신을 우대하고 회유

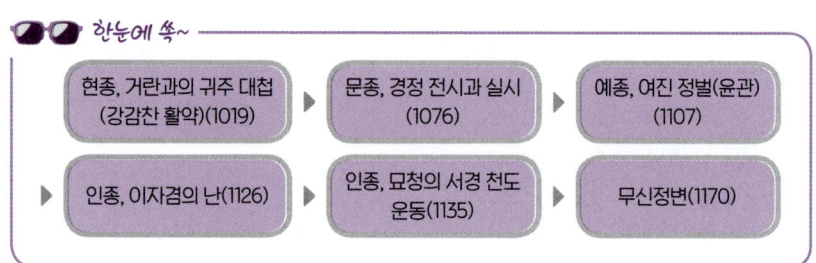

12. 원의 내정 간섭

(1) 몽골의 일본 원정 추진
몽골은 국호를 원(元)으로 바꾼 후 두 차례에 걸친 일본 원정을 단행하면서 고려로부터 선박·식량·무기 등의 전쟁 물자와 인적 자원을 징발

(2) 영토의 상실 ★빈출개념
① **쌍성총관부 설치(1258)** : 고종 말년에 쌍성총관부를 설치하여 철령 이북의 땅을 직속령으로 편입(공민왕 5년(1356)에 유인우가 무력으로 탈환)
② **동녕부 설치(1270)** : 원종 때 자비령 이북의 땅을 차지하여 서경에 동녕부를 설치
③ **탐라총관부 설치(1273)** : 제주도에 설치하고 목마장을 경영

(3) 고려의 격하
① **부마국으로 전락** : 원의 부마국으로 전락하여 왕이 원의 공주와 결혼
② **왕실 및 관제의 격하** : 부마국에 맞게 바뀌고, 관제와 격도 낮아짐
  ㉠ 2성 → 첨의부, 6부 → 4사
  ㉡ 중추원 → 밀직사, 어사대 → 감찰사

(4) 내정 간섭과 경제적 수탈
① 내정 간섭의 강화와 분열책
  ㉠ 일본 원정을 위해 설치한 정동행성을 계속 유지하여 내정 간섭 기구로 삼음
  ㉡ 순군만호부 등 5개의 만호부를 설치하여 고려의 군사 조직에 영향력을 행사
  ㉢ 다루가치라는 민정 감찰관을 파견하여 내정을 간섭
  ㉣ 독로화, 심양왕 제도, 입성책동
② 경제·사회적 수탈
  ㉠ 공녀와 과부, 환관 등을 뽑아 가는 등 인적 수탈을 자행
  ㉡ 응방(鷹坊) : 매(해동청)를 징발하기 위한 특수 기관

(5) 고려 사회에 끼친 영향
① **정치적 영향** : 고려의 자주성에 심각한 손상을 입었고, 원의 압력과 친원파의 책

동으로 정치는 비정상적으로 운영
② **사회적 영향** : 친원 세력이 권문세족으로 성장했으며, 향리·환관·역관 등 원과의 관계를 통해 출세하는 사람이 증가
③ **풍속의 교류** : 몽골풍, 고려양
④ **문물의 교류**
  ㉠ 이암이 〈농상집요〉를 소개했으며, 이앙법·목면(1363)이 전래됨
  ㉡ 라마 불교, 임제종, 주자 성리학 전래
  ㉢ 서양 문물의 전래(천문·수학·의학·역법·건축술), 화약의 전래, 조맹부체 등

> **실력 UP 원 간섭기(공민왕 이전)의 개혁정치**
>
> - **충렬왕**
>   – 전민변정도감(田民辨正都監)을 재설치하여 개혁 정치 추구(전민변정도감은 원종 때 최초 설치, 공민왕 때 실질적 역할)
>   – 둔전경략사 폐지, 동녕부와 탐라총관부를 반환받음
>   – 홍자번이 편민 18사(개혁 운동의 효시)를 건의하여 각 부분의 폐단을 지적
> - **충선왕** : 폐단 시정을 위한 대대적 개혁을 시작
>   – 반원·반귀족 정치를 꾀하여 우선 정방의 폐지, 몽고 간섭 배제 등에 기여
>   – 개혁 정치 기구로 사림원(詞林院)을 두고 충렬왕의 측근 세력을 제거하고 관제 개편을 단행, 신흥사대부 등 인재 등용의 길을 열고 공민왕의 반원 정책의 터전을 마련
>   – 재정 개혁의 일환으로 의염창을 설치하여 소금과 철의 전매 사업 실시, 전농사를 설치하여 농무사를 파견하고 권세가의 농장과 노비를 감찰(국가 재정 확보)
>   – 학문 연구소인 만권당(萬卷堂)을 연경에 설치하여 학술을 토론하고 학문을 연구, 많은 문화가 전래됨(조맹부의 송설체가 전래되어 고려 말 서체에 큰 영향을 줌)
>   – 개혁 추진 세력이 미약하고 권문세족과 원의 방해로 개혁이 좌절됨
> - **충숙왕** : 찰리변위도감을 설치하여 토지(농장)와 노비에 대한 개혁 시도
> - **충목왕** : 폐정의 시정과 국가 재정수입 기반 마련을 목적으로 정치도감을 설치하여 부원 세력을 제거하고 권세가의 토지·농장을 본 주인에게 반환, 각 도에서 양전 사업을 실시

(6) 공민왕(1351~1374)의 개혁 정치

① **개혁의 배경 및 방향** : 14세기 중반의 원·명 교체기와 신진 사대부의 성장을 토대로 하여 대외적으로는 반원 자주를, 대내적으로는 왕권 강화를 추구
② **반원 자주 정책**
  ㉠ 원의 연호를 폐지하고 기철 등 친원파 숙청
  ㉡ 내정을 간섭하던 정동행성이문소 폐지, 원의 관제를 폐지하고 2성 6부의 관제를 복구
  ㉢ 무력으로 쌍성총관부를 공격하여 철령 이북의 땅을 수복(유인우)
  ㉣ 원(나하추)의 침입을 이성계 등이 격퇴
  ㉤ 친명 정책의 전개, 몽골풍의 폐지
③ **대내적 개혁**
  ㉠ **목적** : 왕권 강화와 민생 안정
  ㉡ **정방 폐지** : 문·무관 인사를 각각 이부와 병부로 복귀

공민왕의 영토 수복

SEMI-NOTE

전민변정도감
고려 후기 권세가에게 빼앗긴 토지를 원래 주인에게 되찾아 주고 노비로 전락한 양인을 바로잡기 위해 설치된 임시 개혁 기관. 궁극적인 목적은 국가 재정의 궁핍을 초래한 농장의 확대를 억제하고 부정과 폐단을 개혁하는 데 있었음

권문세족과 신진 사대부

구분	권문세족	신진 사대부
유형	• 전기 이래의 문벌 귀족 • 무신 집권기에 성장한 가문 • 친원파	• 지방 향리 출신 • 공로 포상자 (동정직·검교직) • 친명파
정치 성향	• 음서 출신 • 여말의 요직 장악 • 보수적·귀족적	• 과거 출신 • 행정적·관료 지향적 • 진취적·개혁적
경제 기반	• 부재 지주 • 토지의 점탈·겸병·매입 등	• 재향 중소 지주, 소규모 농장을 가진 자영 농민 • 토지의 개간·매입 등
사상	• 유학 사상 • 불교 신봉 • 민간 의식 → 상장·제례	• 성리학 수용 : 주문공가례 채택(→민간 의식 배격) • 실천주의·소학의 보급, 가묘 설치 의무화

위화도 회군의 결과와 의의
위화도 회군을 통해 정권을 장악한 이성계와 조민수는 우왕을 폐위시키고 그 아들 창왕을 왕에 옹겼음. 이후 이성계는 조민수를 축출하고 창왕을 신돈의 후손이라고 주장하여 폐위시킨 후 공양왕을 옹립하였음. 이렇게 이성계가 실권을 장악하면서 조선 왕조 창건의 기초가 마련되었음

ⓒ **신돈의 등용** : 신돈을 등용(1365)하여 개혁 정치를 추진
ⓔ **전민변정도감의 운영(1366)** : 권문세족들이 부당하게 빼앗은 토지와 노비를 본래의 소유주에게 돌려주거나 양민으로 해방
ⓜ **유학 교육 강화** : 국자감을 성균관으로 개칭(1362)하고 순수 유학 교육 기관으로 개편하여 유학 교육을 강화, 과거 제도 정비(신진 사대부 등 개혁 세력 양성)

④ **개혁의 중단(실패)**
㉠ 권문세족들의 강력한 반발로 신돈이 제거되고 공민왕까지 시해되면서 중단
㉡ 홍건적·왜구의 침입 등으로 국내외 정세 불안
㉢ 권문세족의 강력한 반발로 실패

13. 신진 사대부의 성장과 한계

(1) 신진 사대부의 성장

① **등장**
㉠ 무신 집권기 이래 지방 향리의 자제들을 중심으로 과거를 통하여 중앙의 관리로 진출
㉡ 대부분은 공민왕 때의 개혁 정치에 힘입어 지배 세력으로 성장

② **특징**
㉠ 진취적 성향으로 권문세족을 비판·대립하였고, 신흥 무인 세력과 제휴
㉡ 성리학의 수용, 불교 폐단의 시정에 노력

(2) 한계

권문세족이 인사권을 쥐고 있어 관직으로의 진출이 제한되었고, 과전과 녹봉도 제대로 받지 못함. 왕권과 연결하여 각종 개혁 정치에 참여하였으나, 아직은 힘이 부족

14. 고려의 멸망

(1) 배경

① **사회 모순의 심화** : 공민왕의 개혁이 실패한 후, 권문세족들이 정치 권력을 독점하고 대토지 소유를 확대해 나가면서 고려 사회의 모순은 더욱 심화
② **외적의 침입** : 홍건적과 왜구의 침입이 빈발하여 대외적 혼란 가중

(2) 위화도 회군과 과전법의 시행

① **위화도 회군(1388)**
㉠ 최영과 이성계 등은 개혁의 방향을 둘러싸고 갈등
㉡ 우왕의 친원 정책에 명이 쌍성총관부가 있던 철령 이북의 땅에 철령위 설치를 통보
㉢ 요동 정벌을 둘러싸고 최영(즉각적 출병을 주장) 측과 이성계(4불가론을 내세워 출병 반대) 측이 대립

② **과전법(科田法)의 마련** : 이성계를 중심으로 모인 급진 개혁파(혁명파) 세력은 우

왕과 창왕을 폐하고 공양왕을 세운 후 전제 개혁을 단행

15. 고려 초기

(1) 고려 초기의 대외 관계(송, 거란과의 관계)
① 대외 정책 : 친송 정책, 중립 정책
　㉠ 송의 건국(960) 직후 외교 관계를 맺고(962) 우호 관계를 유지
　㉡ 송이 거란을 공격하기 위해 고려에 원병을 요청했을 때 실제로 출병하지 않음
　㉢ 송(남송)이 고려와 연결하여 금을 제거하려 할 때(연려제금책)도 개입하지 않고 중립을 지킴
② 대송 관계의 성격 : 고려는 경제·문화적 목적에서, 송은 정치·군사적 목적에서 교류

(2) 거란과의 항쟁
① 제1차 침입(성종 12, 993)
　㉠ 원인 : 고려의 거란에 대한 강경책과 송과의 친교, 정안국의 존재
　㉡ 경과 : 소손녕이 80만의 대군으로 침입, 서희가 거란과 협상
　㉢ 결과 : 고려는 거란으로부터 고구려의 후계자임을 인정받고 청천강 이북의 강동 6주를 확보(압록강 하류까지 영토 확대)했으며, 송과 교류를 끊고 거란과 교류할 것을 약속
② 제2차 침입(현종 1, 1010)
　㉠ 원인 : 송과 단교하지 않고 친선 관계 유지, 거란과의 교류 회피
　㉡ 경과 : 강조의 정변을 구실로 강동 6주를 넘겨줄 것을 요구하며 40만 대군으로 침입, 개경이 함락되어 현종은 나주로 피난
　㉢ 결과: 강조가 통주에서 패했으나 양규가 귀주 전투에서 승리
③ 제3차 침입(현종 9, 1018)
　㉠ 원인 : 거란이 요구한 현종의 입조 및 강동 6주의 반환을 고려가 거절
　㉡ 경과 : 소배압이 10만의 대군으로 침입, 개경 부근까지 진격해 온 뒤 고려군의 저항을 받고 퇴각하던 중 귀주에서 강감찬이 지휘하는 고려군에게 섬멸됨(귀주 대첩, 1019)
　㉢ 결과 : 거란과의 강화와 송과의 단절을 약속, 강동 6주는 고려의 영토로 인정

16. 고려 중기(문벌 귀족기) - 여진 정벌과 동북9성

(1) 여진과의 관계
① 여진의 상태
　㉠ 발해의 옛 땅에서 반독립적 상태로 세력을 유지
　㉡ 고려는 경제적으로 도와주는 회유·동화 정책으로 여진을 포섭
② 여진의 성장 및 충돌 : 12세기 초 완옌부의 추장이 여진족을 통합하고 정주까지 남하하여 고려와 충돌

SEMI-NOTE

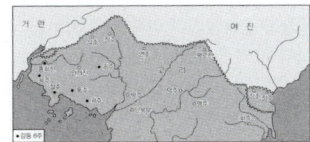

강동 6주와 천리장성

강조의 정변 ★ 빈출개념

성종이 죽고 목종이 즉위한 후 그 생모 천추태후가 섭정하였는데, 천추태후는 외척인 김치양과 사통하여 낳은 사생아를 목종의 후사로 삼고자 음모를 꾸몄음. 이에 목종은 대량군 순(詢)을 후사로 삼고자 서북면 도순검사 강조에게 개경 호위를 명했음. 그러나 강조는 입경하여 김치양·천추태후 일당을 제거한 후 목종까지 폐하고 대량군(현종)을 즉위시켰는데, 이 변란을 '강조의 난'이라고 함

거란의 제2차 침략

요의 성종이 친정한 거란의 제2차 침략에서 요는 먼저 흥화진을 공격했으나 양규의 항전으로 함락하지 못하자 통주로 진군하여 강조를 살해하였음. 이후 진군한 요의 군대가 개경까지 함락시키자 현종은 나주로 피신하였음. 한편 요는 개경함락에 서두르느라 흥화진, 구주, 통주, 서경 등을 함락시키지 못하였으므로 보급선이 차단되었음. 이에 고려가 화친을 청하자 받아들인 요의 성종은 돌아가는 길에 구주 등에서 양규와 김숙흥 등의 공격을 받아 많은 피해를 입었음

SEMI-NOTE

금(金)의 건국과 사대 외교
- 9성 환부 후 더욱 강성해진 여진은 만주 일대를 장악하고 금을 건국(1115), 거란을 멸망시키고(1125) 송의 수도를 공격한 후 고려에 군신 관계를 요구
- 사대 외교 : 금의 사대 요구를 둘러싸고 분쟁을 겪기도 했지만, 문신 귀족들은 자신들의 권력 유지와 무력 충돌의 부담을 고려하여 금의 사대 요구를 수용(1126)
- 결과 : 금과 군사적 충돌은 없었으나, 북진 정책은 사실상 좌절됨. 귀족 사회의 모순 격화

강동의 역(役)
몽골군에게 쫓긴 거란족이 고려를 침입하자, 고려군은 강동성에서 몽골의 군대와 연합하여 거란족을 토벌(1219)하였음. 이것이 몽골과의 첫 접촉인데, 이 과정에서 체결한 여·몽 협약(형제 관계의 맹약)을 강동의 역이라고 함. 이후 몽골은 스스로를 거란 축출의 은인이라 하면서 고려에 대해 과도하게 공물을 요구해 왔음

최씨 정권의 몰락
최씨 정권은 백성을 외면하고 사치를 누렸으며, 정권 유지를 위해 조세를 증가함으로써 민심을 잃었음. 1258년에 최의가 피살됨으로써 최씨 정권은 몰락하였음

삼별초(三別抄)
고려 무신 정권 때의 특수 군대. 고종 6년(1219) 최우가 도적 등을 단속하기 위해 설치한 야별초(夜別抄)에서 비롯되었음. 야별초에 소속한 군대가 증가하자 이후 좌별초와 우별초로 나누고, 여기에 몽골군에게 포로가 되었다가 탈출한 병사들로 이루어진 신의군을 합하여 삼별초를 조직하였음. 대몽 항전의 선두에서 유격 전술로 몽골군을 괴롭혔으며, 몽골과의 강화가 성립되고 고려 정부가 개경으로 환도하자 여·몽 연합군에 대항하여 항쟁하였음

(2) 여진 정벌과 동북 9성 축조

① 별무반(숙종) : 윤관의 건의로 조직된 특수 부대로, 기병인 신기군, 보병인 신보군, 승병인 항마군으로 편성
② 동북 9성
　㉠ 예종 2년(1107) 윤관은 별무반을 이끌고 동북 지방 일대에 9성 축조
　㉡ 여진족의 계속된 침입과 조공 약속, 방비의 곤란 등으로 9성을 환부(1109)

17. 무신집권기 - 대몽 전쟁

(1) 몽골과의 접촉

강동의 역으로 처음 접촉한 후 몽골과 여·몽 협약(형제 관계)을 체결, 몽골은 이를 구실로 지나치게 공물을 요구

(2) 몽골의 침입과 대몽 항전 ★빈출개념

① 1차 침입(고종 18, 1231)
　㉠ 몽골 사신(저고여) 일행이 귀국하던 길에 피살되자 이를 구실로 침입
　㉡ 의주를 점령한 몽골군은 귀주성에서 박서가 이끄는 고려군의 저항에 부딪히자 길을 돌려 개경을 포위
　㉢ 고려가 몽골의 요구를 수용한 후 몽고군은 퇴각(서경 주위에 다루가치 설치)
② 2차 침입(1232)
　㉠ 몽골의 무리한 조공 요구와 내정 간섭에 반발한 최우는 다루가치를 사살하고 강화도로 천도(1232)하여 방비를 강화
　㉡ 처인성 전투에서 살리타가 김윤후가 이끄는 민병과 승병에 의해 사살되자 퇴각
　㉢ 대구 부인사의 초조 대장경이 소실됨
③ 3차 침입(1235~1239) : 최우 정권에 대한 출륙 항복을 요구, 안성의 죽주산성에서 민병이 승리, 속장경과 황룡사 9층탑 소실, 팔만대장경 조판 착수
④ 4차 침입(1247~1248) : 침입 후 원 황제의 사망으로 철수
⑤ 5차 침입(1253~1254) : 충주성에서 김윤후가 이끄는 민병과 관노의 승리
⑥ 6차 침입(1254~1259) : 6년간의 전투로 20여만 명이 포로가 되는 등 최대의 피해가 발생
⑦ 고려의 항전
　㉠ 고려 정부는 항전과 외교를 병행하면서 저항하였으며, 백성을 산성과 섬으로 피난시키며 저항을 지속
　㉡ 지배층들은 부처의 힘으로 외적을 방어한다는 호국 불교 사상으로 팔만대장경을 조판하기도 했으며, 한편으로는 호화 생활을 유지하며 농민을 수탈
　㉢ 끈질긴 저항의 주체(원동력)는 일반 민중(농민·노비·부곡민 등)

(3) 몽골과의 강화

① 강화의 성립과 개경 환도

㉠ 몽골이 강화를 맺고 고려의 주권과 풍속을 인정한 것은 고려를 직속령으로 완전 정복하려던 계획을 포기한 것이며, 이는 고려의 끈질긴 항전의 결과
㉡ 무신 정권이 무너지자 고려는 몽골과 강화하고 원종 때 개경으로 환도

(4) 삼별초의 항쟁(원종 11, 1270~1273)

① 원인 : 개경 환도는 몽골에 대한 굴복을 의미하므로 삼별초는 배중손의 지휘아래 저항
② 경과
  ㉠ 강화도 : 배중손이 왕족 승화후(承化侯) 온(溫)을 추대하여 반몽 정권 수립
  ㉡ 진도 : 장기 항전을 계획하고 진도로 옮겨 용장성을 쌓고 저항했으나 여·몽 연합군의 공격으로 함락(1271)
  ㉢ 제주도 : 김통정의 지휘 아래 계속 항쟁하였으나 여·몽 연합군에 진압(1273)
③ 결과 : 진압 후 고려는 몽골에 예속되었고, 몽골은 제주도에 탐라총관부를 두어 목마장(牧馬場)을 만듦

02절 중세의 경제 구조와 경제 생활

1. 수취 제도

(1) 조세(租稅)

① 부과 단위 : 토지를 논과 밭으로 구분한 후 비옥한 정도에 따라 3등급으로 나누어 부과
② 세율(稅率)
  ㉠ 원칙 : 민전(民田)의 경우 생산량의 1/10이 원칙(밭은 논의 1/2)
  ㉡ 지대(地代) : 민전을 소유하지 못한 영세 농민은 국가와 왕실의 소유지(공전)나 귀족들의 사전을 빌려 경작하고 지대를 지급
③ 조세의 운반과 보관
  ㉠ 조세는 조창(漕倉)까지 옮긴 다음 조운을 통해서 개경의 좌·우창으로 운반하여 보관
  ㉡ 육상 교통수단이 용이하지 못해 경기도(육상 수단 이용) 외에는 모두 조운을 통해 운반

(2) 공물(貢物)

① 내용 : 농민에게는 조세보다도 더 큰 부담이 됨(주로 포의 형태로 징수)
② 공물 부과 : 중앙 관청에서 필요한 공물의 종류와 액수를 나누어 주현에 부과하면, 주현은 속현과 향·부곡·소에 이를 할당하고, 각 고을에서는 향리들이 집집마다 부과·징수(이때 남자 장정 수를 기분으로 9등급으로 구분)
③ 종류 : 상공(常貢), 별공(別貢)

SEMI-NOTE

홍건적의 침입
- 1차 침입(공민왕 8, 1359) : 홍건적 4만이 서경을 점령, 이방실·이승경 등이 격퇴
- 2차 침입(공민왕 10, 1361) : 홍건적 10만이 침입하여 개경이 함락되자 공민왕은 복주(안동)으로 피난, 정세운·최영·이방실·안우·이성계 등이 격퇴

왜구의 침입
- 발발 : 13세기 고종 때부터 쓰시마 섬과 규슈 서북부를 근거지로 하여 침략 시작, 무신 집권기인 고종 때부터 거의 매년 침략(400여 년 동안 500여 회 침입), 14세기 중반 본격화되어, 공민왕·우왕 때 그 폐해가 가장 극심
- 대응책 : 외교와 병행하여 적극적 토벌 정책을 추진, 홍산 싸움(1376, 최영), 진포 싸움(1380, 최무선, 화통도감 설치), 황산 싸움(1380, 이성계), 관음포 싸움(1383, 정지), 쓰시마 섬 정벌(1389, 박위) 등
- 영향
  - 피해의 가중 : 연안 지방의 황폐화와 농민의 피난
  - 조운의 곤란 : 조세 감소로 경제적 어려움이 가중되자 대안으로 육운이 발달
  - 천도론의 대두 : 수도 개경 부근까지 침입해온 왜구로 인해 대두
  - 국방력 강화 : 수군 창설(공민왕), 사수서(해안 경비대) 설치, 화통도감(1377) 설치(최무선, 화약 무기 제조)
  - 신흥 무인 세력의 성장 : 홍건적과 왜구의 침입을 격퇴하는 과정에서 성장

별공
지방 특산물 중 상공으로 충당하기 부족한 부분을 부정기적으로 징수한 것을 말함. 매년 종류와 수량이 일정하게 책정되었던 상공과는 달리 국가의 필요에 따라 얼마든지 부과할 수 있었으므로 농민에게 큰 부담이 되었음

(3) 역(役)

① 내용 및 대상 : 노동력을 무상으로 동원하는 제도로, 16~60세의 정남(丁男)이 대상
② 종류 : 군역(軍役), 요역(徭役)

2. 전시과 제도와 토지 소유

(1) 역분전(役分田)(태조 23, 940)

① 후삼국 통일 과정에서 공을 세운 사람들에게 인품(공로)에 따라 지급한 토지
② 무신을 우대하였으며, 경기도에 한하여 지급

(2) 전시과 제도

① 전지(田地)와 시지(柴地)의 차등 지급 : 관리를 18등급으로 나누어 곡물을 수취할 수 있는 일반 농지인 전지와 땔감을 얻을 수 있는 척박한 토지인 시지를 차등적으로 지급
② 수조권만을 지급 : 지급된 토지는 소유권을 인정하지 않고 수조권만을 지급
③ 수조권 분급, 농민으로부터 직접 수취하는 것은 불가, 받은 자가 죽거나 관직에서 물러날 때는 토지를 국가에 반납(단, 직역 승계에 따라 세습 가능)

(3) 토지의 종류

① 과전 : 전시과 규정에 의해 문·무 현직 관리에게 지급되는 토지
② 공음전
    ㉠ 5품 이상의 관료에게 지급된 세습 가능한 토지
    ㉡ 공신전 : 공양왕 때 공신전으로 바뀌고 조선의 공신전·별사전으로 이어짐
③ 한인전 : 6품 이하 하급 관료의 자제로서 관직에 오르지 못한 자에게 지급
④ 군인전
    ㉠ 군역의 대가로 2군 6위의 직업 군인에게 주는 토지로, 군역이 세습됨에 따라 자손에게 세습됨
    ㉡ 둔전(군둔전, 관둔전) : 군대의 경비 충당을 위해 지급된 토지
⑤ 구분전 : 6품 이하 하급 관료와 군인의 유가족에게 생계를 위해 지급
⑥ 내장전(장처전·장택전) : 왕실의 경비 충당을 위해 지급(고려 왕실의 직할 토지)
⑦ 공해전 : 각 관청의 경비 충당을 위해 지급
⑧ 사원전 : 사원에 지급
⑨ 외역전 : 향리에게 지급

(4) 전시과 제도의 붕괴와 농장의 확대

① 전시과 제도의 붕괴 : 귀족들의 토지 독점과 세습 경향으로 원칙대로 운영되지 못하였고, 조세를 거둘 수 있는 토지가 점차 감소되며 붕괴
② 농장의 확대 : 귀족들의 토지 겸병과 농장의 확대는 원 간섭기를 거치며 전국적으로 확산

SEMI-NOTE

역분전
전시과의 선구로서 수조지로 지급 되었으며, 전시과 제도가 마련될 때까지 존속하였음

전시과 제도의 변화

시정(始定) 전시과 (경종 1, 976)	• 모든 전현직 관리를 대상으로 관품과 인품·세력을 반영하여 토지(전지와 시지)를 지급 (공복 제도와 역분전 제도를 토대로 만듦) • 역분전의 성격을 벗어나지 못함
개정(改定) 전시과 (목종 1, 998)	• 관직만을 고려하여 18품 관등에 따라 170~17결을 차등 지급 (토지 분급에 따른 관료 체제 확립) • 전현직 관리(직·산관) 모두에게 지급하나 현직자를 우대 • 문·무관에게 모두 지급하나 문관을 우대 • 군인층도 토지 수급 대상으로 편성하여 군인전 지급
경정(更定) 전시과 (문종 30, 1076)	• 토지가 부족하게 되어 현직 관료에게만 지급 (170~15결) • 전시과의 완성 형태로, 5품 이상에게 공음전을 지급하였으므로 공음전시과라고도 함 • 문·무관의 차별을 완화(무인 지위 향상)

영업전(수조권이 세습되는 토지)
공음전·공신전, 군인전, 외역전 등이 세습되며, 과전과 사원전도 세습적 성격이 강하였음

(5) 정부의 대책

① 녹과전의 지급(1271) : 전시과 제도가 완전히 붕괴되어 토지를 지급할 수 없게 되자 일시적으로 관리의 생계를 위해 일시적으로 지급
② 국가 재정의 파탄 : 녹과전 지급이 실패하고 고려 말 국가 재정은 파탄

> **실력up 녹과전**
> - 전시과 제도의 붕괴로 토지 지급이 어려워지자, 주로 경기 8현의 개간지를 이용해 새로 분급지를 마련하여 관리의 생계 보장을 위해 지급한 토지
> - 원종 이후 간헐적으로 시행되어 왔지만 권세가들의 반발로 큰 실효를 거두지 못하다가, 충목왕 때 하급 관리 및 국역 부담자들에게 녹과전(祿科田)으로 지급하는 조처가 내려짐. 이를 시행하기 위해 정치도감(整治都監)을 설치하고 친원 세력을 척결하면서 권세가들이 빼앗은 토지와 노비를 본주인에게 돌려주고 경기도에 권세가들이 가진 소위 사급전(賜給田)을 혁파하기도 함

3. 귀족의 경제 생활

(1) 경제 기반

① 과전, 공음전 · 공신전
  ㉠ 과전 : 관료의 사망 · 퇴직 시 반납하는 것이 원칙이나, 유족의 생계 유지를 명목으로 일부를 물려받을 수 있음
  ㉡ 공음전 · 공신전 : 세습 가능
  ㉢ 생산량을 기준으로 과전에서는 1/10을, 공음전 · 공신전에서는 대체로 1/2을 조세로 받음
② 녹봉 : 현직 관리들은 쌀 · 보리 등의 곡식을 주로 받았으나, 때로는 베나 비단을 받기도 하였음
③ 소유지 : 지대 수취(생산량의 1/2)와 신공으로 상당한 수입을 거둠
④ 농장(대토지) : 권력이나 고리대를 이용해 토지를 점탈하거나 헐값에 매입

(2) 귀족의 사치 생활

큰 누각을 짓고 별장을 소유, 수입한 차(茶)를 즐김, 비단으로 만든 옷을 입었음

4. 농업 활동

(1) 농업 기술의 발달

① 수리 시설 발달 : 후기에 농수로와 해안 방조제, 제언 등 수리 시설 관련 기술이 발달하여 간척 사업이 시작됨(저수지 개축, 해안 저습지의 간척 사업 등)
② 농기구와 종자의 개량 : 호미와 보습 등의 농기구의 개량 및 종자(種子)의 개량
③ 심경법 일반화 : 우경에 의한 심경법(깊이갈이) 확대 · 일반화
④ 시비법 : 시비법의 도입으로 휴경지가 줄고 연작 가능한 토지 증가, 제초법 발달

SEMI-NOTE

공음전
고려시대 5품 이상 고위 관리에게 지급한 토지로서 자손에게 상속이 가능한 영업전으로 문종(1049) 때 완비되었지만, 경종(977)때 기원을 찾을 수 있음. 국가 분급지지만, 개인 소유지와 비슷한 성격을 가지고 있음

농장 확대의 결과
- 백성의 토지 점탈로 농장 확대, 가난한 백성을 노비로 만들어 농장을 경작시킴
- 결과 : 조세를 부담할 백성의 감소, 면세 · 면역의 대상인 농장의 증가(→ 국가의 조세 수입 감소, 국가 재정 궁핍)

농민의 생계유지와 생활 개선책
민전을 경작하거나 국 · 공유지나 다른 사람의 소유지를 경작(소작), 삼베 · 모시 · 비단 짜기, 품팔이 등으로 생계를 유지, 진전(陳田)이나 황무지를 개간하고(이 경우 지대 · 조세 감면), 농업 기술을 배움, 12세기 이후에는 연해안의 저습지와 간척지를 개간하여 경작지를 확대

권농 정책
- 농민 생활 안정과 국가 재정 확보를 위해 실시
- 시책
  – 광종 : 황무지 개간 규정을 마련해 토지 개간을 장려
  – 성종 : 각 지방의 무기를 거두어 농기구로 만들어 보급

SEMI-NOTE

목화씨 전래
공민왕 때 문익점이 원에서 목화씨를 들여와 목화 재배를 시작하면서 의생활이 크게 변화

귀족들의 경제 생활
- **경제적 기반** : 과전, 녹봉, 상속받은 토지, 노비의 신공 등
- **경제 기반의 확대** : 고리대와 권력을 이용하여 농민 토지 약탈, 매입, 개간 → 농장 경영

농서의 소개 · 보급
충정왕 때 이암이 원의 〈농상집요〉를 소개 · 보급

공장안
국가에서 필요로 하는 무기, 기구 등의 물품 생산에 동원할 수 있는 기술자들을 조사하여 기록한 장부

고려 시대의 시전과 경시서
태조 2년(919), 개성에 시전을 설치하고, 보호 · 감독 기관으로 경시서를 설치하였음. 경시서에서는 물가를 조절하고 상품 종류를 통제하였는데, 허가된 상품 이외의 것을 판매한 경우에는 엄벌에 처하도록 하였음

⑤ **윤작법 보급** : 2년 3작의 윤작법이 점차 보급 · 발달, 밭작물 품종 다양화
⑥ **이앙법(모내기법) 도입** : 고려 말 이앙법이 남부 지방 일부에 보급
⑦ 약용 작물 재배, 접목 기술의 발달로 과일 생산력 증가

(2) 농민의 몰락

① **배경** : 권문세족들이 농민들의 토지를 빼앗아 거대한 규모의 농장을 만들고 지나치게 과세
② **결과** : 몰락한 농민은 권문세족의 토지를 경작하거나 노비로 전락

5. 수공업 활동

(1) 고려의 수공업

① **종류** : 관청 수공업, 소(所) 수공업, 사원 수공업, 민간 수공업
② **시기별 수공업 발달** : 전기에는 관청 수공업 · 소(所) 수공업이, 후기에는 사원 수공업 · 민간(농촌) 수공업이 발달(후기에도 여전히 관청 수공업 중심)

(2) 민간 수요의 증가

① 고려 후기에는 유통 경제가 발전하면서 민간에서 수공업품의 수요가 증가
② 관청 수공업에서 생산하던 제품뿐만 아니라 다양한 물품을 민간에서 제조

6. 상업 활동

(1) 도시 중심의 상업 활동

① **상업 활동의 성격** : 주로 도시를 중심으로 하여 물물 교환의 형태로 이루어졌으며, 촌락의 상업 활동은 부진
② **시전 설치** : 개경에 시전(관허 상설 상점)을 설치(관수품 조달, 국고 잉여품 처분), 경시서에서 관리 · 감독
③ **관영 상점** : 개경 · 서경 · 동경 등의 대도시에 주로 설치
④ **비정기적 시장** : 대도시에 형성되어 도시 거주민의 일용품을 매매
⑤ **경시서(京市署) 설치** : 매점매석과 같은 상행위를 감독(조선의 평시서)
⑥ **상평창 설치** : 개경과 서경, 12목에 설치된 물가 조절 기관

(2) 지방의 상업 활동

① 시장을 통해 쌀 · 베 등 일용품 등을 교환
② 행상들은 지방 관아 근처나 마을을 돌아다니며 베나 곡식을 받고 소금 · 일용품 등을 판매
③ 사원은 생산한 곡물이나 수공업품을 민간에 판매

(3) 후기 상업의 발달

① **개경** : 인구 증가에 따른 민간의 상품 수요 증가, 시전 규모 확대, 업종별 전문화

② 상업 활동의 변화
  ㉠ 소금 전매제 : 고려 후기, 국가가 재정 수입 증가를 위해 실시
  ㉡ 농민들을 강제로 판매·구입이나 유통 경제에 참여시키기도 함
  ㉢ 일부 상인과 수공업자는 부를 축적하여 관리가 되기도 함
  ㉣ 농민들은 가혹한 수취와 농업 생산력의 한계로 적극적인 상업 활동이 곤란

7. 화폐 경제 생활과 고리대의 성행

(1) 화폐의 주조
① 전기
  ㉠ 성종 : 철전(鐵錢)인 건원중보(996)를 만들었으나 유통에는 실패
  ㉡ 숙종 : 삼한통보·해동통보·해동중보·동국통보 등의 동전과 고가의 활구(은병)를 만들어 강제 유통, 주전도감 설치
② 후기 : 쇄은(충렬왕), 소은병(충혜왕), 저화(공양왕) 유통

(2) 고리대의 성행과 금융 제도
① 고리대의 성행
  ㉠ 왕실·귀족·사원은 고리대로 재산을 늘렸고, 생활이 빈곤했던 농민들은 돈을 갚지 못해 토지를 빼앗기거나 노비로 전락하기도 함
  ㉡ 고리대를 해결하기 위한 보가 고리 습득에만 연연해 농민 생활에 오히려 피해를 끼침
② 보(寶)의 출현
  ㉠ 기원 : 신라 시대 점찰보(진평왕 35, 613), 공덕보
  ㉡ 의의 : 일정 기금을 만들어 그 이자를 공적인 사업의 경비로 충당하는 공익재단
  ㉢ 종류 : 학보(태조), 경보(정종), 광학보(정종), 제위보(광종), 금종보(현종), 팔관보(문종)
  ㉣ 결과(폐단) : 이자 획득에만 급급해 농민들의 생활에 막대한 피해를 끼침

8. 무역 활동

(1) 대외 무역의 활발
① 공무역 중심 : 사무역은 국가가 통제, 공무역이 발달
② 무역국(貿易國) : 송·요(거란)·여진 등과 교역
③ 무역항 : 예성강 어귀의 벽란도는 국제 무역항으로 번성

(2) 대송(對宋) 무역
① 교역품
  ㉠ 수출품 : 금·은·인삼·종이·붓·먹·부채·나전 칠기·화문석 등
  ㉡ 수입품 : 비단·약재·서적·악기 등 왕실과 귀족의 수요품
② 무역로

SEMI-NOTE

고려의 화폐 발행
화폐를 발행하면 그 이익금을 재정에 보탤 수 있고 경제 활동을 장악할 수 있으므로, 상업 활동이 활발해지는 것과 함께 화폐 발행이 논의되었다. 그리하여 성종 때 건원중보가 제작되었으나 널리 유통되지는 못했음. 이후 숙종 때 삼한통보, 해동통보, 해동중보 등의 동전과 활구(은병)가 제작되었으나 당시의 자급자족적 경제 상황에서는 불필요했으므로 주로 다점이나 주점에서 사용되었을 뿐이며, 일반적인 거래에 있어서는 곡식이나 베가 사용되었음

화폐 유통의 부진
자급자족의 경제 활동을 하였던 농민들은 화폐의 필요성을 거의 느끼지 못함. 귀족들은 국가의 화폐 발행 독점과 강제 유통에 불만이 있었고, 화폐를 재산 축적의 수단으로만 이용. 일반적인 거래에서는 여전히 곡식이나 베(포)가 사용됨

고려 시대의 대외 무역
고려 시대에는 대외 무역을 장려 하였으므로 벽란도를 통해 중국·일본·남양·아라비아 상인이 내왕하는 등 활발한 대외 무역이 이루어졌음

원 간섭기의 무역
공무역이 행해지는 한편 사무역이 다시 활발해짐. 사무역으로 금·은·소·말 등이 지나치게 유출되어 문제가 됨

SEMI-NOTE

㉠ 북송 때(북로) : 벽란도 → 옹진 → 산동 반도의 덩저우(등주)
㉡ 남송 때(남로) : 벽란도 → 죽도 → 흑산도 → 절강성의 밍저우(명주)

(3) 기타 국가와의 무역

① 거란 : 은·모피·말 등을 가지고 와서, 식량·농기구·문방구·구리·철 등을 수입해 감
② 여진 : 은·모피·말 등을 가지고 와서, 식량·농기구·포목 등을 수입해 감
③ 일본 : 11세기 후반부터 수은·유황 등을 가져와 식량·인삼·서적 등과 바꾸어 감
④ 아라비아(대식국)
  ㉠ 수은·물감·향료·산호·호박 등을 가져와 은·비단을 수입해 감
  ㉡ 주로 중국을 통해 무역을 했으며, 고려(Corea)를 서방에 전함

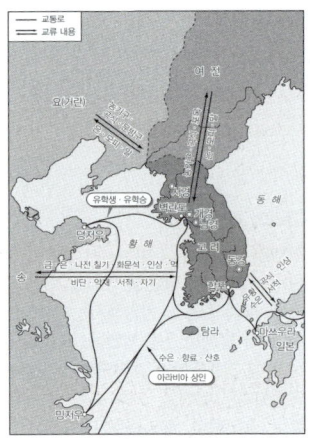

고려의 대외 무역

03절 중세의 사회 구조와 사회 생활

1. 고려 사회의 편제와 신분 구조

(1) 고려 사회의 새로운 편제

① 문벌 귀족 사회의 형성 : 가문과 문벌을 중시, 소수 문벌 귀족이 권력을 독점
② 본관제 마련 : 성과 본관을 토대로 하는 새로운 친족 공동체 사회를 형성
③ 가족제의 다양화 : 여러 세대의 가족이 한 호적에 기록되기도 함(대가족~소가족)
④ 직분제적 사회구조의 형성 : 문반과 무반, 군반에게 각각 문관직과 무반직, 군인직을 세습할 권리와 의무가 부과됨

고려 시대의 신분 변동
- 고대에 비해 개방적인 신분제
- 향리의 자제가 과거를 통해 관직에 진출
- 중앙 귀족이 낙향하여 향리로 전락
- 군인이 공을 세워 무반이 됨
- 향·소·부곡이 일반 군현으로 승격
- 외거노비가 재산을 모아 양인신분을 획득

(2) 신분 구조

① 특징
  ㉠ 신분 계층별로 호적을 따로 작성
  ㉡ 문반·무반·남반의 세 계층이 관인층을 구성하며, 세습이 원칙
  ㉢ 경제력을 기초로 정호와 백정호로 구분하여 신분제와 역제를 운영
② 지배층 : 귀족(특권 계층), 중간 계층
③ 피지배층 : 양인(농민, 상인, 수공업자 등), 노비(공노비, 사노비)

2. 귀족

(1) 귀족 계층

① 구성 : 왕족과 5품 이상의 문·무 관료로 구성, 음서나 공음전의 혜택을 받는 특권층
② 신분 변동 : 과거를 통해 향리에서 귀족으로 상승하기도 하며, 중앙 귀족에서 낙향하여 향리로 전락하는 경우도 존재(귀향은 일종의 형벌로 취급됨)

지배 세력의 변화
호족 → 문벌 귀족 → 무신 → 권문세족 → 신진 사대부

(2) 귀족층(지배층)의 특징

① 문벌 귀족
- ㉠ 출신 및 형성 : 개국 공신이나 호족, 6두품, 향리 출신으로서 중앙 관료로 진출한 이후 점차 보수화되면서 형성
- ㉡ 토지 소유 확대 : 과전과 공음전이 경제적 기반
- ㉢ 폐쇄적 혼인 : 유력한 가문과의 중첩된 혼인 관계(특히, 왕실의 외척을 선호)
- ㉣ 사상 : 보수적, 유교와 불교 수용

② 권문세족
- ㉠ 성립 : 고려 후기 원 간섭기에 주요 요직을 장악
- ㉡ 출신 배경 : 전기부터 그 세력을 이어 온 문벌 귀족 가문, 무신 정권기에 대두한 가문(무신 가문, 능문능리의 신관인 가문), 원의 세력을 배경으로 성장한 가문
- ㉢ 권력 행사 : 현실적 관직인 도평의사사와 정방을 장악하여 행사
- ㉣ 권력 유지 및 강화 : 고위 관직 독점, 도평의사사를 통해 권력을 장악, 음서를 통해 진출, 대규모의 농장을 소유
- ㉤ 성향 및 사상 : 수구적, 불교 수용

③ 신진 사대부
- ㉠ 출신 배경 : 과거를 통해 관계에 진출, 하급 관리나 향리 집안에서 주로 배출
- ㉡ 등장 및 성장 : 무신 정권이 붕괴된 후에 활발하게 중앙 정계로 진출
- ㉢ 권문세족과의 대립 : 사전의 폐단을 지적하고 사회 개혁을 주장하며 대립
- ㉣ 사상 등 : 성리학을 수용하고 개혁적 성향을 지님

3. 중류층

(1) 의의
① 광의(귀족과 양인의 중간층인 문무반 6품 이하의 관리, 남반, 군반, 서리, 향리 등), 협의(기술관)
② 성립 : 지배 체제의 정비 과정에서 통치 체제의 하부 구조를 맡아 중간 역할 담당

(2) 유형 및 특징
① 유형 : 잡류, 남반, 군반, 향리, 역리, 기술관
② 특징 : 세습직이며 그에 상응하는 토지를 국가로부터 지급받음
③ 호족 출신의 향리 : 지방의 호족 출신은 점차 향리로 편제되어 갔으나, 호장·부호장을 대대로 배출하는 지방의 실질적 지배층

4. 양민층(양인)

(1) 일반 농민
① 특징 : 일반 주·부·군·현에 거주하며, 농업이나 상공업에 종사

SEMI-NOTE

신진 사대부
성리학적 지식을 갖추고 과거를 통해 등용된 관리들, 충선왕과 충목왕의 개혁 정치에 동참했던 이들은 고려의 현실을 깨닫고 새로운 정치 질서와 사회 건설을 주장하였음

문벌 귀족, 권문세족, 신진 사대부

	문벌 귀족	권문세족	신진 사대부
시기	고려 중기	원 간섭기	고려 말기
출신	호족, 6두품, 공신	친원파	지방 향리
정치	• 왕실이나 유력 가문과 중첩된 혼인 관계 • 음서와 과거를 통해 관직 진출	• 원과 결탁 • 도평의사사 장악 • 음서를 통해 관직 진출	과거를 통해 관직 진출
경제	공음전	대농장 소유	중소 지주

정호
군인이나 향리, 기인 등과 같이 국가에 직역을 지는 중류층의 사람을 지칭함. 이들은 직역에 대한 반대급부로 군인전과 외역전 등을 지급받았음

호장
향리직의 우두머리로 부호장과 함께 호장층을 형성하였으며, 해당 고을의 모든 향리들이 수행하던 말단 실무 행정을 총괄하였음

② 농민층 : 양민의 주류로서, 백정(白丁)이라고도 함
③ 상인, 수공업자 : 양인으로서, 국가에 공역의 의무를 짐(농민보다 천시됨)

(2) 하층 양민

① 신분 : 양인의 최하층, 이주가 원칙적으로 금지됨
② 종사 부문
 ㉠ 향 · 부곡에 거주하는 사람들은 농업, 소에 거주하는 사람들은 수공업품 생산
 ㉡ 역(驛)과 진(津)의 주민(역인, 진척)은 각각 육로 교통과 수로 교통에 종사
 ㉢ 그 외 어간(어부), 염간(제염업), 목자간(목축업), 철간(광부), 봉화간 등이 있음

5. 천민

(1) 유형

① 공노비(公奴婢) : 입역 노비, 외거 노비
② 사노비(私奴婢) : 솔거 노비, 외거 노비

(2) 노비의 특징 및 관리

① 노비의 특징 : 국역 · 납세의 의무는 없으나 주인에게 예속되어 신공을 부담, 법적으로 재물(재산)이나 국민(인격적 존재)의 지위를 동시에 지님
② 노비의 관리
 ㉠ 재산으로 간주 : 엄격히 관리되었으며, 매매 · 증여 · 상속의 대상이 됨
 ㉡ 노비 세습의 원칙
  • 양천 결혼 시 일천즉천의 원칙 적용
  • 양천 결혼은 금지되나 귀족들은 재산 증식을 위해 이를 자행함
  • 노비 간 소생은 천자수모법에 따름

6. 사회 시책 및 제도

(1) 농민 보호책

① 농번기 잡역 동원을 금지
② 재해급고법 : 자연 재해 시 피해 정도에 따라 조세와 부역을 감면
③ 이자 제한법 : 법으로 이자율을 정해 그 이상의 고리대를 제한(이자 제한의 제도화)

(2) 권농 정책

① 광종 : 황무지 개간 장려(개간 시 국유지의 경우 소유권을 인정하고 조세를 감면하며, 사유지의 경우 일정 기간 소작료 감면)
② 성종 : 원구에서 기곡(祈穀)의 예를 행하며, 왕이 친히 적전을 갈아 농사의 모범을 보임, 사직을 세워 토지신과 오곡의 신에게 제사

(3) 농민의 공동 조직

SEMI-NOTE

고려와 조선의 백정
• 고려 시대
 - 특별한 직역을 부담하지 않고 농업을 주된 생활 수단으로 삼은 농민
 - 직역의 대가인 명전을 지급받지 못함
 - 대대로 물려받은 토지 혹은 개간을 통해 확보한 토지를 소유하거나, 양반전 · 군인전 · 사원전 등을 빌려 경작
• 조선 시대
 - 도살, 유랑 가무, 사형 집행 등을 생업으로 하는 천민
 - 읍 밖의 일정 지역이나 촌락의 외진 곳에 집단을 이루고 거주
 - 사회적으로 심한 차별을 받았으며, 복식 등 생활 양식에 제약이 있음

외거 노비
• 주인과 따로 사는 노비로, 주로 농업 등에 종사하고 일정량의 신공을 바침
• 독립된 가옥과 호적을 지니나 신분적으로 주인에게 예속되어 있어 소유주를 밝혀야 함
• 경제적으로는 양민 백정과 비슷하게 독립된 경제 생활 영위가 가능
• 신분 제약을 딛고 재산을 늘리거나 신분상의 지위를 높인 사람도 존재
• 후기에는 수가 크게 증가하였으며, 사회적 지위도 향상됨

① 공동 조직의 성격 : 일상 의례나 공동 노동을 통해 공동체 의식을 다짐
② 향도(香徒)
  ㉠ 매향(埋香)과 향도 : 매향은 불교 신앙의 하나, 이러한 매향 활동을 하는 무리들을 향도라 함
  ㉡ 기원 : 김유신이 화랑도를 용화 향도로 칭한 것이 기원
  ㉢ 성격의 변모 : 고려 후기에는 신앙적 향도에서 자신들의 이익을 위한 향도로 점차 성격이 변모하여, 대표적인 공동체 조직이 됨

(4) 여러 가지 사회 제도
① 의창 : 진대법(고구려) → 흑창(고려 태조) → 의창(성종) → 주창(현종)
  ㉠ 평시에 곡물을 비치하였다가 흉년에 빈민을 구제, 춘대추납
  ㉡ 유상(진대)과 무상(진급)의 두 종류가 있으며, 실제로는 농민을 대상으로 한 고리대로 전환되기 일쑤였음
② 상평창(성종) : 물가 조절을 위해 개경과 서경 및 각 12목에 설치

7. 법률과 풍속

(1) 법률
① 관습법
  ㉠ 백성을 다스리는 기본법으로 중국의 당률을 참작한 71개조의 법률이 시행
  ㉡ 대부분의 경우는 관습법을 따름(조선 시대에 이르러 성문법 국가로 발전)
② 형(刑)의 집행
  ㉠ 중죄 : 반역죄(국가), 모반죄(왕실), 강상죄(삼강·오상의 도덕)·불효죄 등
  ㉡ 상중(喪中) 휴가 : 귀양 중 부모상을 당하였을 때는 7일 간의 휴가를 주어 상을 치르게 함
  ㉢ 집행의 유예 : 70세 이상의 노부모를 봉양할 가족이 달리 없는 경우는 형의 집행을 보류
  ㉣ 형벌 종류 : 태·장·도·유·사의 5형
  ㉤ 3심제(문종) : 사형의 경우 3심제 도입(조선 시대 금부삼복법)

(2) 풍속
① 장례와 제사 : 대개 토착 신앙과 융합된 불교의 전통 의식과 도교 신앙의 풍속을 따름
② 명절 : 정월 초하루·삼짇날·단오·유두·추석, 단오 때 격구와 그네뛰기, 씨름 등을 즐김
③ 국가 2대 제전 : 불교 행사인 연등회, 토착 신앙과 불교가 융합된 팔관회 중시

구분	연등회	팔관회
유사점	• 군신이 가무와 음주를 즐기며, 부처나 천지신명에게 제사 • 국가와 왕실의 태평을 기원	

SEMI-NOTE

사천 흥사리 매향비

상평창
풍년이 들어 가격이 내린 곡식을 사들여 비축하였다가 값이 올랐을 때 시가보다 싼 가격으로 방출하는 방법을 통해 곡식의 가격을 조정한 농민 생활 안정책

국립 의료 기관, 재해 대비 기관, 제위보
- 대비원(정종) : 개경에 동·서 대비원을 설치하여 환자 진료 및 빈민 구휼을 담당
- 혜민국(예종) : 의약을 전담하기 위해 예종 때 설치, 빈민에게 약을 조제해 줌
- 재해 대비 기관 : 재해 발생 시 구제도감(예종)이나 구급도감을 임시 기관으로 설치
- 제위보 : 기금을 마련한 뒤 이자로 빈민을 구제

고려 시대 형벌의 종류
- 태 : 볼기를 치는 매질
- 장 : 곤장형
- 도 : 징역형
- 유 : 유배형
- 사 : 사형
- 귀향형 : 일정한 신분층 이상이 죄를 지었을 때 자신의 본관지로 돌아가게 한 형벌

SEMI-NOTE

혼인
- **혼인의 적령** : 대략 여자는 18세 전후, 남자는 20세 전후
- 근친혼의 성행, 왕실은 일부다처제, 일반 평민은 일부일처제(일부일처제가 일반적 형태)

호적
- **남귀여가혼(男歸女家婚)** : 종종 사위가 처가의 호적에 입적하여 처가에서 생활
- **혼인** : 재가(再嫁)의 자유가 존재, 재가녀(再嫁女) 소생자의 사회적 진출에 차별을 두지 않음
- **불양(不養) 원칙** : 아들이 없을 경우 양자를 들이지 않고 딸이 제사를 지내거나, 돌아가며 제사(윤행)

음서 및 포상
- **음서의 범위** : 사위와 외손자에게까지 음서의 혜택
- **포상의 범위** : 공을 세운 사람의 부모는 물론 장인과 장모도 함께 수상

고려 시대 여성의 지위
고려 시대에는 여성의 지위가 비교적 높았음. 여성의 사회 진출에는 제한이 있었지만, 가정 생활이나 경제 운영에 있어서 여성은 남성과 거의 대등한 위치에 있었음

무신정권에 대한 반발
- **김보당의 난(1173)** : 명종 때 병마사 김보당이 의종의 복위를 도모하고자 일으킴
- **조위총의 난(1174~1176)** : 서경 유수 조위총이 지방군과 농민을 이끌고 중앙의 무신들에게 항거
- 교종 계통 승려의 난(1174)

차이점	• 2월 15일 전국에서 개최 • 불교 행사 • 원래는 부처의 공덕에 대한 공양의 선덕을 쌓는 행사였다가 신에 대한 제사로 성격이 변화	• 개경(11월)과 서경(10월)에서 개최 • 토속 신앙(제천 행사)와 불교의 결합 • 송·여진·아라비아 상인들이 진상품을 바치고 국제 무역을 행함 (국제적 행사)

8. 혼인과 여성의 지위

(1) 혼인

① 혼인의 적령 : 대략 여자는 18세 전후, 남자는 20세 전후
② 근친혼의 성행 : 고려 초 왕실에서 성행, 중기 이후 금령에도 불구하고 근친혼 풍습이 사라지지 않아 사회 문제로 대두되기도 함
③ 혼인의 형태 : 왕실은 일부다처제, 일반 평민은 일부일처제(일부일처제가 일반적 형태)

9. 무신 집권기 하층민의 봉기

(1) 백성들의 봉기

① 초기
  ㉠ 봉기 발생 : 12세기에 대규모 봉기가 발생하기 시작
  ㉡ 관민의 합세 : 서경 유수 조위총이 반란(1174)을 일으켰을 때 많은 농민이 가세
② 1190년대
  ㉠ 형태 : 산발적이던 봉기가 1190년대에 들어와 광범위하게 전개
  ㉡ 성격 : 신라 부흥 운동과 같이 왕조 질서를 부정하는 등 다양한 성격의 봉기
③ 최충헌 집권 이후 : 만적 등 천민들의 신분 해방 운동이 다시 발생
④ 대표적 민란(봉기)

망이·망소이의 난 (공주 명학소의 난, 1176)	공주 명학소(鳴鶴所)의 망이·망소이가 주동이 되어 일으킨 반란으로, 이 결과 명학소는 충순현(忠順縣)으로 승격(이후 최씨 집권기에 국민에 대한 회유책으로 많은 향·소·부곡이 현으로 승격)
전주 관노의 난(1182)	경대승 집권기에 있었던 관노(官奴)들의 난으로, 전주를 점령
김사미·효심의 난(1193)	운문(청도)에서 김사미가, 초전(울산)에서 효심이 신분 해방 및 신라 부흥을 기치로 내걸고 일으킨 최대 규모의 농민 봉기, 최충헌 정권의 출현 배경이 됨
만적의 난(1198)	개경에서 최충헌의 사노 만적이 신분 해방을 외치며 반란
진주 노비의 난(1200)	진주 공·사노비의 반란군이 합주의 부곡 반란군과 연합

부흥 운동 성격의 난	• 신라 부흥 운동(이비·패좌의 난, 1202) : 동경(경주)에서 신라 부흥을 주장 • 고구려 부흥 운동(최광수의 난, 1217) : 서경에서 고구려 부흥을 주장 • 백제 부흥 운동(이연년의 난, 1237) : 담양에서 백제 부흥을 주장

만적의 난

"국가에는 경계(庚癸)의 난 이래로 귀족 고관들이 천한 노예들 가운데서 많이 나왔다. 장수와 재상들의 씨가 따로 있는 것이 아니다. 때가 오면 아무나 할 수 있는 것이다. 우리들은 어찌 힘 드는 일에 시달리고 채찍질 아래에서 고생만 하고 지내겠는가." 이에 노비들이 모두 찬성하고 다음과 같이 약속하였다. "우리들은 성 안에서 봉기하여 먼저 최충헌을 죽인 뒤 각각 상전들을 죽이고 천적(賤籍)을 불살라 버려 삼한에 천인을 없애자. 그러면 공경장상(公卿將相)을 우리 모두 할 수 있다."

10. 원 간섭기의 사회

(1) 백성의 생활
① 강화 천도 시기 : 장기 항전으로 생활이 곤궁하였고, 기아민이 속출
② 원(元)과의 강화 후 : 친원 세력의 횡포로 큰 피해를 입었으며, 전쟁 피해가 복구되지 않은 채 두 차례의 일본 원정에 동원되어 막대한 희생을 강요당함

(2) 원에 의한 사회 변화
① 신분 상승의 증가 : 역관·향리·평민·부곡민·노비·환관으로서 전공을 세운 자, 몽골 귀족과 혼인한 자, 몽골어에 능숙한 자 등, 친원 세력이 권문세족으로 성장
② 활발한 문물 교류 : 몽골풍의 유행, 고려양
③ 공녀(貢女)의 공출
  ㉠ 원의 공녀 요구는 심각한 사회 문제를 초래
  ㉡ 결혼도감을 설치해 공녀를 공출

결혼도감

원에서 만자매빙사 초욱을 보내왔다. 중서성첩에 이르기를, "남송 양양부의 생권 군인이 부인을 구하므로 위선사 초욱을 파견하는데, 관견 1,640단을 가지고 고려에 내려가게 하니, 유사로 하여금 관원을 파견하여 함께 취처하도록 시행하라." 하였다. 초욱이 남편 없는 부녀 140명을 뽑으라고 요구하였는데, 그 독촉이 급하므로 결혼도감을 두었다. 이로부터 가을에 이르기까지 독신 여자와 역적의 아내와 중의 딸을 샅샅이 뒤져 겨우 그 수를 채웠으나 원성이 크게 일어났다.
– 〈고려사〉 –

SEMI-NOTE

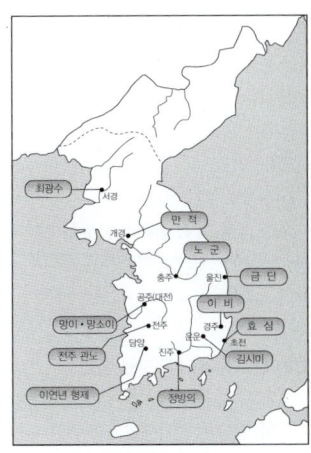

무신 집권기 하층민의 봉기

봉기의 특징
• 향·소·부곡민의 봉기 : 무거운 데다가 차별적이기까지 한 조세 부과가 원인
• 노비의 봉기 : 신분 해방 운동적 성격

몽골과의 항전으로 인한 기아민
고종 42년(1255) 3월 여러 도의 고을들이 난리를 겪어 황폐해지고 지쳐 조세·공납·요역 이외의 잡세를 면제하고, 산성과 섬에 들어갔던 자를 모두 나오게 하였다. 그때 산성에 들어갔던 백성 중에는 굶주려 죽은 자가 매우 많았으며, 노인과 어린이가 길가에서 죽었다. 심지어 아이를 나무에 붙잡아 매고 가는 자도 있었다. …… 4월, 길이 비로소 통하였다. 병란과 흉년이 든 이래 해골이 들을 덮었고, 포로로 잡혔다가 도망쳐 서울로 들어오는 백성이 줄을 이었다. 도병마사가 매일 쌀 한 되씩을 주어 구제하였으나 죽는 자를 헤아릴 수 없었다.
– 〈고려사절요〉 –

왜구의 피해
• 14세기 중반부터 침략 증가
• 부족한 식량을 고려에서 약탈하고자 자주 고려 해안에 침입
• 왜구의 침략 범위 및 빈도의 증가로 사회 불안이 극심
• 왜구를 격퇴하는 과정에서 신흥 무인 세력이 성장

SEMI-NOTE

고려실록(7대 실록)

태조, 혜종, 정종, 광종, 경종, 성종, 목종에 이르는 7대의 역사를 편년체로 기록한 역사서

고려 문화에서의 유교와 불교
- 유교는 정치와 관련한 치국의 도(道)이며, 불교는 신앙생활과 관련한 수신의 도
- 유교와 불교는 서로 보완하는 기능을 수행하며 함께 발전

삼국사기

이규보의 〈동국이상국집〉(1241)

이규보가 저술한 전 53권 13책의 시문집으로, 한문 서사시 〈동명왕편〉을 비롯하여 〈국선생전(麴先生傳)〉, 〈청강사자현부전(淸江使者玄夫傳)〉, 〈백운거사전(白雲居士傳)〉 등을 수록하고 있음. 이규보가 생전에 미처 완성하지 못한 것을, 1251년, 진주분사대장도감(晉州分司大藏都監)에서 고종의 칙명으로 다시 간행했음

〈해동고승전〉의 구성
- 1권
  - 머리말에서는 불교 발생의 유래와 불교가 삼국에 전래된 연원을 개설
  - 본문에서는 고구려·백제·신라·외국의 전래승(傳來僧) 11명(순도, 망명, 의연, 담시, 마라난타, 아도, 법공, 법운 등)의 기사를 수록
- 2권: 구법(求法)을 목적으로 중국 및 인도에 유학한 22명의 승려(각덕, 지명, 원광, 안함, 아라야발마, 혜업, 혜륜, 현각 등)의 행적을 수록
- 중요한 전기의 말미에는 '찬왈(贊曰)'이라 하여 전기의 주인공에 대한 예찬을 덧붙임

04절 중세 문화의 발달

1. 유학의 발달과 역사서의 편찬

(1) 초기

① 유학의 경향 : 자주적·주체적, 유교주의적 정치와 교육의 기틀 마련
② 유학의 진흥
  ㉠ 태조(918~943) : 박유·최언위·최응·최지몽 등 신라 6두품 계통의 유학자들이 활약
  ㉡ 광종(949~975) : 과거제 실시로 유학에 능숙한 관료 등용, 쌍기·서희 등
  ㉢ 성종(981~997) : 유교 정치 사상이 정립되고 유학 교육 기관이 정비됨, 최항·황주량·최승로(자주적·주체적 유학자로 시무 28조의 개혁안 건의) 등
③ 역사서
  ㉠ 왕조실록 : 건국 초기부터 편찬되었으나 거란의 침입으로 소실, 현종 때 황주량 등이 〈고려실록(7대 실록)〉을 편찬
  ㉡ 박인량의 〈고금록〉 등 편년체 사서가 편찬됨

(2) 중기

① 유학의 경향
  ㉠ 문벌 귀족 사회의 발달과 함께 유교 사상도 점차 보수화
  ㉡ 유교 경전에 대한 이해가 깊어져 독자적 이해 기준을 수립하는 단계에 이름
  ㉢ 북송의 성리학을 수용하여 경연에서 〈주역〉, 〈중용〉 등이 강론됨
② 대표 학자 : 최충(문종), 김부식(인종)
③ 역사서
  ㉠ 특성 : 유교적 합리주의 사관, 신라 계승 의식 반영
  ㉡ 삼국사기(인종 23, 1145) ★빈출개념
    - 시기 : 인종 때 김부식 등이 왕명을 받아 편찬
    - 의의 : 현존하는 우리나라 최고의 역사서(총 50권으로 구성)
    - 사관 : 유교적 합리주의 사관에 기초하여 신라를 중심으로 서술
    - 체제 : 본기·열전·지·연표 등으로 구분되어 서술된 기전체(紀傳體) 사서

(3) 무신 집권기

① 유학의 위축 : 무신정변 이후 문벌 귀족 세력이 몰락함에 따라 유학은 한동안 크게 위축됨
② 역사서 : 자주적 성격, 고구려 계승 의식(이규보의 〈동명왕편〉(1193), 각훈의 〈해동고승전〉(1215))

(4) 원 간섭기

① 성리학 ★빈출개념 : 한·당의 훈고학적 유학의 보수화를 비판하고 이를 한 단계

발전시킨 철학적 신유학, 5경보다 4서를 중시
② **성리학의 전래** : 충렬왕 때 안향이 처음 소개
  ㉠ 충선왕 때 이제현은 원의 만권당에서 성리학에 대한 이해를 심화하였고, 귀국 후 이색 등에게 영향을 주어 성리학 전파에 이바지
  ㉡ 이색 이후 정몽주·권근·김구용·박상충·이숭인·정도전 등에게 전수되어 연구가 심화·발전

실력UP 성리학의 성격

남송의 주희가 집대성한 성리학은 종래 자구의 해석에 힘쓰던 한·당의 훈고학이나 사장 중심의 유학과는 달리 인간의 심성과 우주의 원리 문제를 철학적으로 탐구하는 신유학의 성격을 지니고 있음

③ **역사서** : 자주 사관, 고조선 계승 의식(일연의 〈삼국유사〉(단군의 건국 이야기, 향가 등을 수록), 이승휴의 〈제왕운기〉(1287))

실력UP 삼국사기와 삼국유사

구분	삼국사기(三國史記)	삼국유사(三國遺事)
시기 및 저자	고려 중기 인종 23년(1145)에 김부식이 저술	원 간섭기인 충렬왕 7년(1281)에 일연이 저술
사관	유교적·도덕적·합리주의	불교적·자주적·신이적(神異的)
체제	기전체의 정사체, 총 50권	기사본말체, 총 9권
내용	• 고조선 및 삼한을 기록하지 않고, 삼국사(신라 중심)만의 단대사(單代史)를 편찬 • 삼국을 모두 대등하게 다루어 각각 본기로 구성하고 본기에서 각 국가를 我(우리)라고 칭함	• 단군~고려 말 충렬왕 때까지 기록, 신라 관계 기록이 다수 수록됨 • 단군 조선과 가야 등의 기록, 수많은 민간 전승과 불교 설화 및 향가 등 수록 • 단군을 민족 시조로 인식해 단군 신화를 소개했으나 이에 대한 체계화는 미흡

(5) 말기

① **고려 말 성리학의 성격** : 일상 생활과 관계되는 실천적 기능을 강조, 〈소학(小學)〉과 〈주자가례〉를 중시, 권문세족과 불교의 폐단을 비판
② **성리학적 유교사관** : 이제현의 〈사략(史略)〉(개혁을 단행하여 왕권을 중심으로 국가 질서를 회복하려는 의식 표출), 〈고려국사〉, 원부·허공·이인복의〈고금록(古今錄)〉, 정가신의 〈천추금경록〉, 민지의 〈본조편년강목〉 등

2. 교육 제도 및 기관

SEMI-NOTE

제왕운기(1287)
• 우리나라와 중국의 역사를 시로 적은 역사서로, 충렬왕 때 이승휴가 저술
• 상·하 2권으로 구성
 – 상권 : 중국의 반고(盤古)~금의 역대 사적을 246구(句)의 7언시로 읊음
 – 하권 : 한국의 역사를 다시 1·2부로 나누어 시로 읊고 주기(註記)를 붙임

〈제왕운기〉의 단군 기록

처음에 어느 누가 나라를 열고 바람과 구름을 이끌었는가? 석제(釋帝)의 손자로 이름은 단군(檀君)일세. 요임금과 같은 때 무진년에 나라를 세워 순임금 지나 하(夏)나라까지 왕위에 계셨도다. 은나라 무정 8년 을미년에 아사달산에 들어가서 신선이 되었으니 나라를 누린 것이 1천 28년인데 그 조화는 상제(上帝)이신 환인(桓因)이 전한 일 아니던가?

이제현의 〈사략〉
고려 말 성리학이 전래되면서 정통 의식과 대의명분을 중시하는 성리학적 유교 사관이 대두되었음. 〈사략〉은 이러한 성리학적 유교 사관에 입각하여 이제현이 저술한 역사서임

SEMI-NOTE

문신월과법
유학 교육 및 진흥을 위해 중앙의 문신은 매달 시 3편과 부 1편, 지방관은 매년 시 30편과 부 1편씩을 지어 바치도록 함

9재, 12도
- 9재(九齋) : 낙성(樂聖)·대중(大中)·성명(誠明)·경업(敬業)·조도(造道)·솔성(率性)·진덕(進德)·문화(文和)·대빙재(待聘齋) 등의 전문 강좌
- 12도(十二徒) : 문헌·홍문·광헌·문충·양신·정경·충평·정헌공도, 서시랑도, 구산도 등

사학의 발달
고려 시대에는 사학이 크게 발달하였는데, 최충의 9재 학당을 비롯하여 사학 12도가 융성하였음. 당시 귀족 자제들은 국자감보다 12도에서 공부하기를 선호하였으며, 그로 인해 학벌이라는 파벌이 만들어지게 되었음. 예종과 인종의 적극적인 관학 진흥책으로 이러한 추세는 둔화되었으며, 이후 무신 집권기에 이르러 사학은 크게 침체되었음

섬학전
고려 시대 국학생의 학비를 보조하기 위해 관리들이 품위(品位)에 따라 낸 돈을 말함. 충렬왕 30년(1304) 국학이 쇠퇴해 가는 것을 우려한 안향의 건의로 실시되었음. 학교 운영과 서적 구매 등에 사용되었음

관학 진흥책

숙종	서적포 설치
예종	7재(유학재 : 경덕재, 구인재, 대빙재, 복응재, 양정재, 여택재 / 무학재 : 강예재) 설치, 양현고 설치, 청연각·보문각 설치
인종	경사 6학 정비, 향교 보급·지방 교육 강화
충렬왕	섬학전 설치
공민왕	성균관을 부흥시켜 순수 유교 교육 기관으로 개편

(1) 초기의 교육 진흥

① 태조
  ㉠ 신라 6두품 계통의 학자를 중용하고, 개경·서경에 학교를 설립
  ㉡ 교육 장학 재단인 학보(學寶)를 설치·운영
② 정종 : 승려의 장학 재단인 광학보를 설치·운영(946)
③ 성종
  ㉠ 국자감 : 개경에 국립 대학인 국자감(국학)을 설치(992)

학부	경사 6학	입학 자격	수업 연한	교육 내용
유학부	국자학	3품 이상의 자제 입학	9년	경서·문예·시정에 관한 내용으로 시·서·〈역경〉·〈춘추〉·〈예기〉·〈효경〉·〈논어〉 등
	태학	5품 이상의 자제 입학		
	사문학	7품 이상의 자제 입학		
기술학부	율·서·산학	8품 이하 및 서민 자제	6년	기술 교육

  ㉡ 도서관 설치, 지방에 향교 설치, 박사의 파견, 교육조서 반포, 문신월과법 시행
④ 현종 : 신라 유교의 전통을 계승·발전시키고자 함, 홍유후(신라의 설총)·문창후(최치원)를 추봉하고 문묘에서 제사를 지냄

(2) 중기

① 사학의 융성과 관학의 위축 : 최초의 사학인 최충의 문헌공도(9재 학당)를 비롯한 사학 12도가 융성하여 국자감의 관학 교육은 위축
② 관학 진흥책
  ㉠ 숙종(1096~1105) : 목판 인쇄(출판) 기관으로 서적포 설치, 기자 사당의 설치
  ㉡ 예종(1105~1122) : 7재(七齋)를 설치, 교육 장학 재단인 양현고를 둠, 학문 연구소인 청연각·보문각을 두어 유학을 진흥
  ㉢ 인종(1122~1146) : 경사 6학(유학부와 기술학부) 정비, 문치주의와 문신 귀족주의를 부각, 향교를 널리 보급

(3) 후기

① 충렬왕(1274~1308) : 섬학전(贍學田)을 설치, 공자 사당인 문묘를 새로 건립
② 공민왕(1351~1374) : 성균관을 부흥시켜 순수 유교 교육 기관으로 개편

3. 불교의 발달

(1) 태조

태조는 불교를 적극 지원하는 한편, 유교 이념과 전통 문화도 함께 존중, 개경에 여러 사원을 건립(개태사·왕흥사·왕륜사 등), 훈요 10조에서 불교를 숭상하고 연등

회와 팔관회 등을 성대하게 개최할 것을 당부

(2) 광종
승과 제도 실시, 국사·왕사 제도, 귀법사를 창건하고 화엄종의 본찰로 삼아 분열된 종파를 수습, 의통은 중국 천태종의 16대 교조가 되었고, 제관은 천태종의 기본 교리를 정리한 〈천태사교의〉를 저술

(3) 성종, 현종, 문종
① 성종 : 유교 정치 사상이 강조되면서 연등회와 팔관회 등이 일시 폐지
② 현종 : 국가의 보호를 받아 계속 융성, 현화사와 흥왕사 등의 사찰 건립, 연등회와 팔관회 등이 부활, 초조대장경 조판에 착수
③ 문종 : 불교를 숭상하여 대각국사 의천과 승통 도생을 배출, 흥왕사를 완성하여 불교를 장려

4. 불교 통합 운동과 천태종

(1) 사회적 배경
① 초기 : 5교 양종
  ㉠ 교종 : 교종의 여러 종파는 화엄종을 중심으로 정비
  ㉡ 선종 : 선종의 여러 종파는 법안종을 수입하여 선종의 정리·통합을 시도
  ㉢ 종파의 분열 : 교종뿐만 아니라 선종에 대한 관심도 높아 사상적 대립이 지속됨
② 중기 : 11세기를 전후해 교·선의 대립이 더욱 격화(교종의 융성과 대립, 선종의 위축, 귀족 불교의 전개)

(2) 의천의 교단 통합 운동
① 흥왕사를 근거지로 삼아 화엄종을 중심으로 교종 통합을 추구
② 천태종을 창시(교종의 입장에서 선종을 통합)
③ 교관겸수(敎觀兼修)를 제창, 지관(止觀)을 강조
④ 관념적인 화엄학을 비판하고, 원효의 화쟁 사상을 중시
⑤ 불교의 폐단을 시정하는 대책이 뒤따르지 않아 의천 사후 교단은 다시 분열

5. 후기의 불교

(1) 무신 집권기의 불교
① 방향 : 교종 탄압(조계종 발달), 불교 결사 운동 전개
② 보조국사 지눌(1158~1210)
  ㉠ 선·교 일치 사상의 완성 : 조계종을 창시
    • 정혜쌍수(定慧雙修) : 선정과 지혜를 같이 닦아야 한다는 것으로, 선과 교학이 근본에 있어 둘이 아니라는 사상 체계를 말함(철저한 수행을 선도)
    • 돈오점수(頓悟漸修) : 인간의 마음이 곧 부처의 마음임을 깨닫고(돈오) 그

SEMI-NOTE

사원전
고려 시대 사찰에서 소유할 수 있었던 재산 중 가장 큰 비중을 차지하는 부분으로, 사찰 소유의 사유지와 국가에서 공적으로 지급한 수조지로 나뉨. 고려 말에 이르러 사찰의 광범위한 토지 탈점과 겸병으로 부패와 수탈의 온상이 되었으므로, 조선 건국과 함께 척결의 대상이 되었음

대각국사 의천
해동 천태종의 개조로 문종의 넷째 아들. 문종과 어머니 인예왕후의 반대를 무릅쓰고 몰래 송으로 건너가 불법을 공부한 뒤 귀국하여 흥왕사의 주지가 되었음. 그는 그곳에 교장도감을 두고 송·요·일본 등지에서 수집해 온 불경 등을 교정·간행하였음. 교선일치를 주장하면서, 교종과 선종으로 갈라져 대립하던 고려의 불교를 융합하고자 하였음

화엄종, 법상종
화엄종과 법상종은 교종이며 선종과 함께 고려 불교의 주축. 화엄종은 화엄 사상을 바탕으로 하는 종파, 법상종은 유식 사상을 중심으로 하는 종파

의천의 교관겸수
내가 몸을 잊고 도를 묻는 데 뜻을 두어 다행히 과거의 인연으로 선지식을 두루 참배하다가 진수(晉水) 대법사 밑에서 교관(敎觀)을 대강 배웠다. 법사는 일찍이 제자들을 훈시하여, "관(觀)을 배우지 않고 경(經)만 배우면 비록 오주(五周)의 인과(因果)를 들었더라도 삼중(三重)의 성덕(性德)에는 통하지 못하며 경을 배우지 않고 관만 배우면 비록 삼중의 성덕을 깨쳤으나 오주의 인과를 분별하지 못한다. 그러므로 관도 배우지 않을 수 없고 경도 배우지 않을 수 없다."고 하였다. 내가 교관에 마음을 쓰는 까닭은 다 이 말에 깊이 감복하였기 때문이다.

SEMI-NOTE

원 갑섭기의 불교
- **불교계의 부패** : 개혁 운동의 의지 퇴색, 귀족 세력과 연결
- 사원은 막대한 토지를 소유하고 상업에도 관여하여 부패가 심함
- 라마 불교의 전래, 인도 선종의 전래(인도 승려 지공을 통해 전래), 보우를 통해 임제종(중국 선종) 전래
- **신앙 결사 운동의 단절**
  - 수선사 : 몽고의 억압으로 위축
  - 백련사 : 고려 왕실과 원 황실의 본찰인 묘련사로 변질
- 성리학을 사상적 배경으로 하는 신진 사대부들의 비판을 받음

신앙 결사 운동
- **의의** : 고려 중기 이후 개경 중심의 귀족 불교의 타락에 반발하여 불교계를 비판하고 불자의 각성을 촉구하는 운동
- **방향**
  - 조계종 : 지눌의 수선사 중심(정혜결사문), 지방의 지식인층을 주된 대상으로 하여 상당수의 유학자 출신을 포함(→ 성리학 수용의 사상적 기반이 됨)
  - 천태종 : 요세의 백련사 중심, 기층 민중과 지방 호족(호장층)의 지지를 받음

우리나라의 유네스코 지정 세계 유산
- **세계 문화 유산** : 종묘, 해인사 장경판전, 불국사와 석굴암, 창덕궁, 수원 화성, 경주 역사 유적 지구, 고창·화순·강화 고인돌 유적, 조선 왕릉, 한국의 역사 마을(하회와 양동), 고구려 고분군(북한)
- **세계 기록 유산** : 훈민정음(해례본), 조선 왕조 실록, 직지심체요절(하권), 승정원 일기, 팔만대장경, 조선 왕조 의궤, 동의보감, 일성록, 5·18 민주화 운동 기록물
- **세계 무형 유산** : 종묘 제례 및 종묘 제례악, 판소리, 강릉 단오제, 강강술래, 남사당 놀이, 부산 영산재, 제주 칠머리당 영등굿, 처용무, 가곡, 대목장, 매 사냥

뒤에 깨달음을 꾸준히 실천하는 것(점수)를 말함
  - ⓒ **수선사 결사 운동** : 불교계의 타락상을 비판하고 승려 본연의 자세로 돌아가 독경과 선 수행 등에 고루 힘쓰자는 개혁 운동
③ 발전
  - ⓐ **진각국사 혜심** : 유불 일치설(儒佛一致說)을 주장하고 심성의 도야를 강조
  - ⓑ **원묘국사 요세** : 강진 만덕사(백련사)에서 실천 중심의 수행인들을 모아 <u>백련결사(白蓮結社)</u>를 조직하고 불교 정화 운동을 전개
  - ⓒ **각훈** : 화엄종의 대가, 〈해동고승전〉저술

6. 대장경 간행

(1) 편찬 배경과 의의
① **배경** : 불교 사상에 대한 이해 체계가 정비되면서 관련된 서적을 모아 체계화
② **의의** : 경·율·론의 삼장으로 구성된 대장경은 불교 경전을 집대성한 것

(2) 대장경의 간행
① **초조대장경(初彫大藏經, 1087)**
  - ⓐ 현종 때 거란의 침입을 받은 고려가 부처의 힘을 빌려 이를 물리치고자 대구 부인사에서 간행
  - ⓑ 경(經)·율(律)·논(論) 삼장으로 구성되었으며, 몽고 침입 때에 불타 버리고 인쇄본 일부가 남음
② **속장경(續藏經, 1073~1096)** : 거란의 침입에 대비, 숙종 때 의천이 고려는 물론 송과 요, 일본 등의 대장경에 대한 주석서인 장·소(章疏)를 수집해 편찬
  - ⓒ 흥왕사에 교장도감을 설치하여 10여 년에 걸쳐 4,700여 권의 전적을 간행
③ **팔만대장경(재조대장경, 1236~1251)**
  - ⓐ 몽고의 침입으로 초조대장경이 소실된 후 부처의 힘으로 이를 극복하고자 고종 때 강화도에 대장도감을 설치
  - ⓑ 조선 초 해인사로 이동한 후 현재까지 합천 해인사(장경판전)에 8만 매가 넘는 목판이 모두 보존
  - ⓒ 세계에서 가장 우수한 대장경으로 손꼽힘, 유네스코 지정 세계 기록 유산으로 등재됨

7. 도교와 풍수지리 사상

(1) 도교의 발달
① **특징** : 불로장생과 현세구복 추구, 은둔적
② **활동** : 궁중에서는 하늘에 제사를 지내는 초제가 성행, 예종 때 도교 사원(도관)이 처음 건립되어 도교 행사가 개최됨
③ **한계** : 불교적 요소와 도참 사상이 수용되어 일관된 체계를 보이지 못하였으며, 교단도 성립하지 못하여 민간 신앙으로 전개됨

(2) 풍수지리 사상의 발달

① **발달** : 신라 말에 큰 관심의 대상이 되었던 풍수지리설에 미래의 길흉화복을 예언하는 도참 사상이 더해져 고려 시대에 크게 유행(지덕 사상, 인문지리적 성격)
② **국가 신앙화**
　㉠ 태조가 훈요 10조에서 강조한 후 국가 신앙화
　㉡ 분사 제도(성종), 3소제, 잡과의 지리업
　㉢ 산천비보도감의 설치
　㉣ **해동비록** : 예종 때 풍수지리설을 집대성(부전)
③ **영향** : 서경 길지설(西京吉地說), 남경 길지설(南京吉地說)

8. 천문학과 역법, 의학의 발달

(1) 과학 기술의 발달 배경

중국과 이슬람의 과학 기술 수용, 국자감의 기술학 교육 실시(율학·서학·산학 등의 잡학을 교육), 과거에서 잡과 실시, 천문학·의학·인쇄술·상감 기술·화약 무기 제조술 등이 발달

(2) 천문학과 역법의 발달

① **천문 관측** : 사천대(서운관) 설치, 일식·혜성·태양 흑점 등에 관한 관측 기록이 존재
② **역법**
　㉠ **초기** : 신라 때부터 쓰던 당의 선명력을 그대로 사용
　㉡ **후기** : 충선왕 때 원의 수시력을 채용, 공민왕 때 명의 대통력 수용

(3) 의학의 발달

① **중앙** : 태의감(의료 업무, 의학 교육, 위생 교육 등을 담당)
② **지방** : 학교에 의박사 배치
③ **과거** : 의과 실시
④ **의서** : 제중집효방(김영석), 향약구급방, 삼화자향약방

9. 인쇄술의 발달

(1) 목판 인쇄술

① **발달** : 신라 때부터 발달하였으며, 송판본의 수입과 경전의 간행으로 고려 시대에 이르러 더욱 발달
② **한계**
　㉠ 한 종류의 책을 다량으로 인쇄하는 데는 적합하나 여러 책을 소량 인쇄하는 데는 활판 인쇄술보다 못함
　㉡ 이 때문에 활판 인쇄술의 개발에 힘을 기울여, 후기에는 금속 활자 인쇄술을

고려 첨성대(개경)

역법 발전 과정
- 통일 신라~고려 초기 : 당의 선명력
- 고려 후기 : 원의 수시력
- 고려 말기 : 명의 대통력
- 조선 초기 : 독자적인 칠정산(세종)
- 조선 중기 : 서양식 태음력(효종 이후)
- 을미개혁 : 서양의 태양력

고려 대장경

SEMI-NOTE

인쇄 기관
- 서적포 : 숙종 때의 목판 인쇄 기관
- 서적원 : 공양왕 때 설치(1392), 활자 주조와 인쇄 담당

제지술
- 종이 제조를 위해 전국적으로 닥나무 재배를 장려하고, 종이 제조의 전담 관서를 설치함
- 고려의 제지 기술은 더욱 발전하여 질기고 희면서 앞뒤가 반질반질한 종이를 제조, 중국에 수출하여 호평을 받음

농상집요
고려 때 이암이 원으로부터 수입한 농서(중국 최초의 관찬 농서)로서, 화북 농법(밭농사)를 소개하고 있음. 경간·파종·재상·과실·약초 등 10문(門)으로 구성되어 있으며, 특히 당시의 새로운 유용 작물인 목화의 재배를 장려한 내용을 포함하고 있음. 그러나 우리나라 실정에 맞지 않는다는 한계가 있었음

화약의 제조
- 배경 : 고려 말에 최무선은 왜구의 침입을 격퇴하기 위해 중국의 화약 제조 기술을 습득
- 화약 무기의 제조 : 정부는 화통도감을 설치하고 최무선을 중심으로 화약과 화포를 제작, 화포를 이용하여 진포(금강 하구) 싸움에서 왜구를 격퇴, 화약 무기의 제조는 급속도로 진전

조선술
송과의 해상 무역이 활발해져 대형 범선 제조, 조운 체계가 확립되면서 조운선 등장. 원의 일본 원정과 왜구 격퇴를 위해 다수의 전함을 건조하고 배에 화포를 설치

무신 집권기 문학의 경향
무신의 집권으로 좌절감에 빠진 문신들 사이에서는 낭만적이고 현실 도피적인 경향을 띤 수필 형식의 글이 유행하였음

발명

(2) 금속 활자 인쇄술

① **계기** : 목판 인쇄술의 발달과 금속 활자 인쇄술 발명, 청동 주조 기술의 발달, 인쇄에 적당한 먹과 종이의 제조 등

② **고금상정예문(1234)** : 강화도 피난 시 금속 활자로 인쇄(이규보의 〈동국이상국집〉에 기록)하여 시기상 서양보다 200여 년이나 앞섬(부전)

③ **직지심체요절(1377)** : 현존하는 세계 최고(最古)의 금속 활자본(세계 기록 유산)으로 청주 흥덕사에서 간행

10. 농업 기술의 발달

(1) 권농 정책

① **광종** : 황무지 개간 규정을 마련하여 토지 개간을 장려
② **성종** : 무기를 거두어 이를 농기구로 만들어 보급

(2) 농업 기술의 발달

① 개간과 간척
② **수리 시설의 개선** : 김제의 벽골제와 밀양의 수산제를 개축, 소규모 제언(저수지) 확충
③ **농업 기술의 보급 및 발달** : 직파법, 이앙법과 윤작법 보급, 심경법 보급, 시비법의 발달

11. 문학의 발달

(1) 전기

① 한문학의 발달
　㉠ **초기** : 광종 때 실시한 과거제, 성종 이후의 문치주의 성행에 따라 발달
　㉡ **중기** : 사회가 귀족화되면서 당의 시와 송의 산문을 숭상하는 풍조 대두
② **향가** : 보현십원가, 중기 이후 한시에 밀려 쇠퇴

(2) 무신 집권기

① 낭만적·현실 도피적 경향의 수필 등이 유행
② **새로운 경향** : 현실을 제대로 표현하는 데 관심

(3) 후기 문학의 새 경향

① **경기체가(景幾體歌)** : 신진 사대부가 주체, 한림별곡·관동별곡·죽계별곡 등, 주로 유교 정신과 자연의 아름다움 묘사
② 설화 문학, 패관 문학, 가전체 문학, 장가(속요), 한시

12. 서화와 음악의 발달

(1) 서예
① 전기 : 왕희지체와 구양순체가 주류, 유신, 탄연(인종 때의 승려) 등
② 후기 : 조맹부의 우아한 송설체가 유행, 이암(충선왕)

(2) 회화 ★ 빈출개념
① 발달 : 도화원에 소속된 전문 화원의 그림과 문인·승려의 문인화로 구분
② 전기 : 예성강도를 그린 이령과 그의 아들 이광필, 고유방 등
③ 후기 : 사군자 중심의 문인화와 불화, 사군자·묵죽의 유행, 천산대렵도
④ 불화 : 극락왕생을 기원하는 아미타불도와 지장보살도 및 관음보살도, 일본에 현전하는 혜허의 관음보살도(양류관음도와 수월관음도), 부석사 조사당 벽화의 사천왕상

이령의 예성강도

(3) 음악, 가면극
① 아악(雅樂) : 주로 제사에 사용됨, 고려와 조선시대의 문묘 제례악
② 향악(鄕樂) : 속악, 동동·한림별곡·대동강 등
③ 악기 : 거문고·비파·가야금·대금·장고 등
④ 나례 : 가면극으로 산대희라고도 하며, 나례도감에서 관장

봉정사 극락전

13. 건축, 조각

(1) 건축
① 전기의 건축 : 개성 만월대의 궁궐 터, 현화사, 흥왕사 등
② 후기의 건축
　㉠ 주심포식 건물(전기~후기)
　　• 주심포식 : 지붕 무게를 기둥에 전달하면서 건물을 치장하는 공포가 기둥 위에만 짜인 건축 양식(맞배 지붕)
　　• 안동 봉정사 극락전 : 가장 오래된 목조 건물
　　• 영주 부석사 무량수전(1376) : 주심포 양식과 엔타시스 기둥(배흘림 기둥)
　　• 예산 수덕사 대웅전(1308) : 모란이나 들국화를 그린 벽화가 유명
　㉡ 다포식 건물(후기) : 공포가 기둥 위뿐만 아니라 기둥 사이에도 짜인 건물(팔작 지붕)

부석사 무량수전

수석사 대웅전

(2) 석탑
① 특징 : 다각 다층탑, 석탑의 몸체를 받치는 받침이 보편화
② 대표적 석탑
　㉠ 고려 전기 : 불일사 5층 석탑(개성), 무량사 5층 석탑(부여), 오대산 월정사 8각 9층 석탑(송대 석탑의 영향을 받은 다각 다층 석탑으로 고구려 전통을 계승)
　㉡ 고려 후기 : 경천사 10층 석탑

월정사 8각 9층 석탑

경천사 10층 석탑

SEMI-NOTE

광주 춘궁리 철불

관촉사 석조 미륵보살 입상

부석사 소조 아미타여래 좌상

상감법
그릇 표면을 파낸 자리에 백토·흑토를 메워 무늬를 내는 방법

상감 청자

(3) 승탑(僧塔)

① 의의 : 승려들의 사리를 안치한 묘탑으로 부도라고도 함, 고려 조형 예술에서 중요한 위치를 차지
② 성격 : 선종이 유행함에 따라 장엄하고 수려한 승탑들이 다수 제작됨
③ 대표적 승탑 : 고달사지 승탑, 법천사 지광국사 현묘탑, 흥국법사 실상탑 등

(4) 불상

① 철불 : 고려 초기에는 광주 춘궁리 철불과 같은 대형 철불이 많이 조성됨
② 석불
　㉠ 논산의 관촉사 석조 미륵 보살 입상 : 고려 초기에 제작됨, 동양 최대, 지방 문화 반영, 균형과 비례가 맞지 않음
　㉡ 안동의 이천동 석불 등
③ 대표적 불상 : 신라 양식을 계승한 부석사 소조 아미타 여래 좌상(가장 우수한 불상으로 평가)

14. 청자와 공예

(1) 자기

① 발전 과정 : 신라와 발해의 전통과 기술을 토대로 송의 자기 기술을 받아들여 귀족 사회의 전성기인 11세기에 독자적인 경지를 개척
② 순수 청자, 상감 청자, 음각·양각 청자의 유행

(2) 금속 공예

① 발달 양상 : 불구(佛具)를 중심으로 발달
② 은입사 기술의 발달 : 청동 향로

(3) 나전 칠기(螺鈿漆器)

옻칠한 바탕에 자개를 붙여 무늬를 나타내는 나전 칠기 공예가 크게 발달, 통일 신라 시대에 당에서 수입되었으나 고려에서 크게 발달하였고, 조선 시대를 거쳐 현재까지 전함

04장 근세의 성립과 발전

01절 　근세의 통치 구조와 정치 활동

02절 　근세의 경제 구조와 경제 생활

03절 　근세의 사회 구조와 사회 생활

04절 　민족 문화의 발달

04장 근세의 성립과 발전

SEMI-NOTE

근세 사회로서의 조선의 모습
• 정치면
  – 왕권 중심의 권력 체제를 중앙집권 체제로 전환하여 관료 체제의 기틀 확립
  – 왕권과 신권(臣權)의 조화를 도모하여 모범적인 유교 정치 추구
• 경제면
  – 토지에 대한 사적 소유가 진전(과전법 체계 정비)
  – 자영농 수의 증가(농민의 경작권 보장)
• 사회면
  – 양반 관료 사회의 성립(귀족 → 양반), 양인의 수가 증가하고 권익 신장
  – 과거 제도가 정비되어 능력을 보다 더 중시
• 사상 · 문화면
  – 성리학이 정치적 · 학문적 · 사상적 지배 이념으로 정착되고, 일상 생활의 규범으로 기능
  – 이전 시대보다 교육 기회가 확대되고 과학 기술 등 기술 문화가 진작
  – 정신 문화와 기술 문화를 진작시켜 민족 문화의 튼튼한 기반 확립

폐가입진(廢假立眞)
• 가왕(假王)을 몰아내고 진왕(眞王)을 세운다는 의미
• 이성계 세력이 우왕과 창왕을 신돈의 자손이라 하여 폐하고 공양왕을 즉위(1389)시키기 위해 내세운 명분. 이로써 이성계는 정치적 실권을 사실상 장악하게 됨

과전법
공양왕 3년(1391)에 실시된 토지제도. 조선의 기본적인 토지제도가 됨

01절 근세의 통치 구조와 정치 활동

1. 조선의 건국

(1) 건국 배경

① 철령위 설치 통보(영토 분쟁) : 고려 우왕 때 명은 원의 쌍성총관부 관할 지역을 직속령으로 하기 위해 철령위 설치를 통보
② 위화도 회군 : 이성계는 4불가론을 들어 요동 정벌을 반대, 위화도에서 회군(1388)하여 최영을 제거하고 군사적 실권을 장악
③ 신진 사대부의 분열 : 개혁의 폭과 속도를 두고 우왕 때부터 분열

구분	온건 개혁파	급진 개혁파
주체 및 참여자	• 정몽주, 이색, 길재 • 대다수의 사대부가 참여	• 정도전, 권근, 조준 • 소수의 사대부가 참여
주장	역성 혁명 반대, 고려 왕조 유지(점진적 개혁)	역성 혁명 추진, 고려 왕조 부정(급진적 개혁)
유교적 소양	• 성리학 원리와 수신을 중시 • 왕도주의에 충실하여 정통적 대의명분을 중시 • 애민 의식이 약함	• 성리학 현상과 치국을 중시하고 왕조 개창의 정당성을 강조 • 왕도와 패도의 조화 추구 • 애민 의식이 강함
정치	신하와 군주 간의 명분을 중시	재상 중심, 이상군주론 중시
토지 개혁	전면적 개혁에 반대	전면적 개혁을 주장
불교	불교의 폐단만 시정(타협적)	철저히 배척(비판적)
군사력	군사 세력을 갖지 못해 혁명파를 제거하지 못함	신흥 무인 · 농민 군사 세력과 연결하여 조선 건국을 주도
영향	사학파 → 사림파	관학파 → 훈구파

(2) 조선의 건국

급진 개혁파는 이성계 세력(신흥 무인 세력)과 연결하여 혁명파를 이루고 정치적 실권 장악(폐가입진 주장), 전제 개혁(과전법, 1391)을 단행하여 자신들의 지지 기반(신진 사대부의 경제적 기반)을 확대하고 농민의 지지 확보, 온건 개혁파 제거

① 건국(1392)
  ㉠ 이성계가 군신의 추대와 공양왕의 선양의 형식으로 왕위를 물려받아 건국
  ㉡ 개혁으로 민심을 얻어 역성 혁명을 정당화, 도평의사사의 동의(형식적 절차)를 거침

2. 왕권 중심의 집권 체제 정비

(1) 태조(1대, 1392~1398)

① 국호 제정(1393)과 한양 천도(1394) : 국호를 조선으로 정함, 한양으로 천도
② 건국 이념(3대 정책) : 사대교린의 외교 정책, 숭유억불의 문화 정책, 농본민생의 경제 정책
③ 군제 개편 : 의흥삼군부를 개편·설치, 도평의사사의 군무기능 소멸
④ 관리 선발 제도 정비 : 능력 중심의 인재 등용 지향
⑤ 정도전의 활약 : 건국 초창기의 문물 제도 형성에 크게 공헌
  ㉠ 재상 중심의 정치를 강조하고 민본적 통치 규범을 마련
  ㉡ 〈불씨잡변(佛氏雜辨)〉을 통하여 불교를 비판하고 성리학을 통치 이념으로 확립
  ㉢ 제1차 왕자의 난(1398)으로 제거됨

(2) 태종(3대, 1400~1418)

① 국왕 중심의 통치 체제 정비(왕권 강화) : 의정부 권한의 약화, 육조 직계제(六曹直啓制) 채택, 사병 혁파, 언론 기관인 사간원을 독립시키고 대신들을 견제, 외척과 종친 견제
② 경제 기반의 안정 : 호패법 실시, 양전(量田) 사업 실시, 유향소를 폐지, 노비변정도감을 설치
③ 억불숭유 : 사원을 정리(5교양종 정리)하고 사원전을 몰수, 서얼 차대법, 삼가 금지법
④ 기타 업적 : 신문고 설치, 주자소 설치, 아악서 설치, 사섬서 설치, 5부 학당 설치

한눈에 쏙~

위화도 회군(이성계)(1388) → 태조, 조선 건국(1392) → 태조, 한양 천도(1394) → 제1차 왕자의 난(무인정사)(1398) → 태종, 신문고 설치(1401) → 태종, 호패법 실시(1413)

(3) 세종(4대, 1418~1450)

① 유교 정치의 실현
  ㉠ 의정부 서사제(議政府署事制) 부활 : 육조 직계제와 절충하여 운영(왕권과 신권의 조화)
  ㉡ 집현전 설치 : 당의 제도와 고려의 수문전·보문각을 참고하여 설치(궁중 내에 설치된 왕실의 학술 및 정책 연구 기관, 왕실 교육(경연·서연))
  ㉢ 유교 윤리 강조 : 국가 행사를 오례(五禮)에 따라 유교식으로 거행, 사대부의 경우 주자가례의 시행을 장려
  ㉣ 유교적 민본사상의 실현 : 광범위한 인재의 등용, 청백리 재상의 등용, 여론의 존중
② 사회정책과 제도 개혁

SEMI-NOTE

정종(2대, 1398~1400)
- 개경 천도(1399) : 왕자의 난과 자연 이변을 피하기 위함(태종 때 한양으로 다시 천도)
- 관제 개혁 : 도평의사사를 혁파하고 의정부를 설치, 중추원을 폐지하고 직무를 삼군부에 소속

왕자의 난
- 제1차 왕자의 난(무인정사·방원의 난·정도전의 난, 1398) : 태조가 방석을 세자로 책봉하고 정도전 등으로 보필하게 하자, 방원(태종)이 난을 일으켜 방석과 정도전을 제거(→왕위를 방과(정종)에게 양위)
- 제2차 왕자의 난(방간의 난·박포의 난, 1400) : 방간이 박포와 연합하여 방원에게 대항하였는데, 방원은 이를 제압하고 정종으로부터 왕위를 물려받아 즉위
- 성격 : 표면적으로는 왕위 계승 분쟁, 내면적으로는 공신 간의 갈등 표출과 개국 공신 세력의 제거 과정

세종의 문화 발전
- 활자 주조 : 경자자, 갑인자, 병진자, 경오자
- 서적 간행 : 〈용비어천가〉, 음운서인 〈동국정운〉, 불경 언해서인 〈석보상절〉, 불교 찬가인 〈월인천강지곡〉 간행, 〈고려사〉, 〈육전등록〉, 〈치평요람〉, 〈역대병요〉, 〈팔도지리지〉, 〈효행록〉, 〈삼강행실도〉, 〈농사직설〉, 〈칠정산 내외편〉, 〈사시찬요〉, 〈총통등록〉, 〈의방유취〉, 〈향약집성방〉, 〈향약채취월령〉, 〈태산요록〉 등 간행
- 관습도감 설치 : 박연으로 하여금 아악·당악·향악을 정리하게 함
- 불교 정책 : 5교 양종을 선교 양종으로 통합, 궁중에 내불당 건립
- 역법 개정 : 원의 수시력과 명의 대통력을 참고로 하여 칠정산 내편을 만들고 아라비아 회회력을 참조하여 칠정산 외편을 만듦(독자성)
- 과학 기구의 발명 : 측우기, 자격루(물시계), 앙부일구(해시계), 혼천의(천체 운행 측정기)

SEMI-NOTE

세종의 대외 정책
- 북방 개척 : 4군(최윤덕, 압록강 유역 확보), 6진(김종서, 두만강 유역 확보), 사민 정책
- 쓰시마 섬 정벌 : 이종무로 하여금 정벌(1419), 계해약조 체결(1443)
- 대명 자주 정책 : 금은공녀 진상을 폐지

이징옥의 난
함길도 도절제사 이징옥이 일으킨 반란. 이징옥은 김종서를 도와 6진을 개척한 인물로, 수양대군은 계유정난(1453)을 통해 김종서와 황보인을 제거하고 병권을 손에 넣은 후 이징옥을 파직하였음. 수양대군이 임명한 후임자 박호문에게 인계를 마친 이징옥은 한양으로 가던 중 계유정난의 소식을 듣고 박호문을 죽인 뒤 군사를 일으켜 자신을 대금황제라 칭하였음. 두만강을 건너기 위해 종성에 머물던 중 종성 판관 정종, 호군 이행검 등의 습격으로 살해되었음

이시애의 난
함경도의 호족으로 회령 부사를 지내다가 상을 당하여 관직에서 물러난 이시애는 유향소의 불만 및 백성들의 지역 감정을 틈타 세조 13년(1467. 5) 난을 일으켰음. 그는 먼저 함길도 절도사를 반역죄로 몰아 죽였음. 또한 그가 "남도의 군대가 함길도 군민을 죽이려 한다."고 선동한 결과 함길도의 군인과 백성이 유향소를 중심으로 일어나 비 함길도 출신 수령들을 살해하는 일이 벌어짐. 세조가 토벌군을 보내자 이시애는 여진을 끌어들여 대항하였으나 난을 일으킨 지 3개월만인 8월에 토벌됨

세조의 왕권 강화책 ★ 빈출개념
세조는 강력한 왕권을 행사하기 위해 통치 체제를 다시 6조 직계제로 고쳤음. 또한 공신이나 언관들의 활동을 견제하기 위하여 집현전을 없애고 경연도 열지 않았으며, 그동안 정치 참여가 제한되었던 종신들을 등용하기도 함

㉠ 토지와 세제의 개혁 : 전분 6등법, 연분 9등법 시행

㉡ 의창제 실시 : 빈민구제

㉢ 노비 지위 개선 : 재인·화척 등을 신백정이라 하여 양민화, 관비의 출산휴가 연장

㉣ 사법제도의 개선 : 금부 삼복법(禁府三復法), 태형 및 노비의 사형(私刑) 금지

(4) 문종(5대, 1450~1452), 단종(6대, 1452~1455)

① 왕권 약화 : 문종이 일찍 죽어 어린 단종이 즉위한 후 왕권이 크게 약화되어, 김종서·황보인 등의 재상이 정치적 실권을 장악

② 정치적 혼란과 민심의 동요 : 계유정난과 이징옥의 난 등이 발생

(5) 세조(7대, 1455~1468)

① 계유정난(1453) : 수양대군(세조)이 중신과 안평대군을 축출하고 정치적 실권을 장악

② 반란 진압 및 민심 수습 : 이징옥의 난(1453) 진압, 이시애의 난(세조 13, 1467) 진압

③ 왕권의 강화 : 육조 직계의 통치 체제로 환원, 집현전을 폐지, 보법(保法)을 실시, 직전법 실시, 〈경국대전〉 편찬에 착수, 유교를 억압

④ 국방의 강화 ★ 빈출개념
  ㉠ 중앙군으로 5위제 확립(5위도총부에서 관할)
  ㉡ 진관 체제(鎭管體制) : 변방 중심 방어 체제를 전국적인 지역 중심의 방어 체제로 전환
  ㉢ 보법 실시 : 군정(軍丁) 수를 1백만으로 늘림
  ㉣ 북방 개척 : 경진북정(1460, 신숙주), 정해서정(1467, 남이·강순)

(6) 성종(9대, 1469~1494)

① 사림(士林) 등용 : 김숙자·김종직 등의 사림을 등용하여 의정부의 대신들을 견제(훈구와 사림의 균형을 추구)

② 홍문관(옥당) 설치 : 학술·언론 기관(집현전 계승), 경서(經書) 및 사적(史籍)관리, 문한의 처리 및 왕의 정치적 고문 역할

③ 경연 중시 : 단순히 왕의 학문 연마를 위한 자리가 아니라 신하(정승, 관리)가 함께 모여 정책을 토론하고 심의

④ 독서당(호당) 운영 : 관료의 학문 재충전을 위해 운영한 제도, 성종 때 마포의 남호 독서당, 중종 때 두무포의 동호 독서당이 대표적

⑤ 관학의 진흥 : 성균관과 향교에 학전과 서적을 지급하고 관학을 진흥

⑥ 유향소의 부활(1488) : 유향소는 세조 때 이시애의 난으로 폐지되었으나 성종 때 사림 세력의 정치적 영향력 확대에 따라 부활됨

⑦ 〈경국대전〉 반포(1485) : 세조 때 착수해 성종 때 완성·반포

⑧ 토지 제도 : 직전법 하에서 관수관급제를 실시해 양반관료의 토지 겸병과 세습, 수탈 방지

⑨ **숭유억불책** : 도첩제 폐지(승려가 되는 길을 없앤 완전한 억불책)
⑩ **문물 정비와 편찬 사업** : 건국 이후 문물 제도의 정비를 마무리하고, 〈경국대전〉의 반포 및 시행. 〈삼국사절요〉, 〈악학궤범〉, 〈동국통감〉, 〈동국여지승람〉, 〈동문선〉, 〈국조오례의〉 등을 편찬
⑪ **사창제 폐지** : 폐단이 많았던 사창제를 폐지

👓 **한눈에 쏙~**

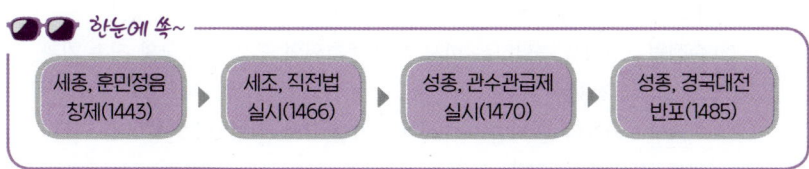

3. 중앙 정치 체제

(1) 특징
① **유교적 통치 이념 구현** : 중앙 집권과 왕권·신권의 조화를 추구
② **재상권의 발달** : 의정부 재상들이 합의를 통해 국왕에게 재가를 얻도록 함
③ **법치 국가** : 〈경국대전〉으로 정치 체제를 법제화
④ **언관 제도의 발달** : 왕권의 견제(삼사, 순문, 윤대, 상소·구언 제도, 격쟁상언, 유소·권당 등)
⑤ **학술 정치의 발달** : 홍문관과 사관(四館), 춘추관, 경연 제도, 서연 제도

(2) 관제
① **의정부와 육조**
  ㉠ **의정부** : 최고 관부
  ㉡ **육조(六曹)** : 왕의 명령을 집행하는 행정 기관(이·호·예·병·형·공조)으로 장관은 판서(정2품), 차관은 참판(종2품)이며, 육조 아래 여러 관청이 소속되어 업무 분담

구분	관장 업무	속사(관할 기관)
이조	내무, 문관 인사와 공훈, 공문	문선사, 고훈사, 고공사 등
호조	재정, 조세, 호구, 어염, 광산, 조운	판전사, 회계사, 경비사 등
예조	의례(제사, 의식), 외교, 학교, 교육(과거)	계제사, 전형사, 전객사 등
병조	무관의 인사, 국방, 우역, 통신, 봉수	무선사, 승여사, 무비사 등
형조	법률, 소송, 노비(장예원)	상복사, 장금사, 장예사 등
공조	토목·건축·개간, 수공업, 파발, 도량형	영조사, 공야사 등

② **삼사(三司)** ⭐ 빈출개념
  ㉠ **기능** : 정사를 비판하고 관리의 비리를 감찰하는 언론 기능
  ㉡ **특성** : 권력의 독점과 부정을 방지하기 위한 것으로, 삼사의 고관들은 왕이라도 함부로 막을 수 없음

SEMI-NOTE

도첩제
승려가 출가할 때 국가에서 허가증을 발급하도록 한 제도. 고려 말부터 시행되어 조선 초기에 강화되었음. 조선 태조 때에 승려가 되고자 하는 자는 양반의 경우 포 100필, 양인의 경우 150필, 천인의 경우 200필을 바쳐야 했음. 세조 때에는 교종과 선종 본산에서 시행되는 시험에 합격하고 포 30필을 바치는 사람만이 승려가 될 수 있었음. 이는 〈경국대전〉을 통해 법제화되었는데, 성종 때에는 도첩제 자체를 폐지하여 승려가 되는 길을 막아버림

고려와 조선의 법치 체계 차이
조선이 〈경국대전〉을 통해 정치체제를 법제화한 것에 비해, 고려는 관습법 중심의 국가였음

왕권 강화 및 견제 제도
• 왕권 강화 : 의금부, 승정원, 육조 직계제, 장용영(국왕 친위 부대, 정조), 과거제, 호패법 등
• 왕권 견제 : 의정부, 삼사, 권당, 상소, 구언, 윤대, 경연, 순문 등

경관직과 외관직
조선 시대 관직은 중앙 관직인 경관직과 지방 관직인 외관직으로 이루어져 있었음. 경관직은 국정을 총괄하는 의정부와 그 아래 집행 기관인 육조를 중심으로 편성됨

전랑
이조와 병조의 전랑(정랑과 좌랑)은 각각 문관과 무관 인사를 담당함

대간(臺諫)
• 사헌부의 대관(臺官)과 사간원의 간관(諫官)을 지칭함
• 대관은 관료들의 부정부패를 감시, 탄핵하였고 간관은 임금의 과실을 간쟁하는 것이 주요 임무

SEMI-NOTE

ⓒ 구성
- **사헌부** : 감찰 탄핵 기관, 사간원과 함께 대간(臺諫)을 구성하여 서경(署經)권 행사(정5품 당하관 이하의 임면 동의권), 장은 대사헌(종2품)
- **사간원** : 언관(言官)으로서 왕에 대한 간쟁, 장은 대사간(정3품)
- **홍문관** : 경연을 관장, 문필·학술 기관, 고문 역할, 장은 대제학(정2품)

③ 기타 기관
- ㉠ 승정원 : 왕명을 출납하는 비서 기관(중추원의 후신)으로 국왕 직속 기관, 장은 도승지(정3품)
- ㉡ 의금부 : 국가의 큰 죄인을 다스리는 기관(고려 순마소의 변형)으로 국왕 직속 기관, 장은 판사(종1품)
- ㉢ 한성부 : 수도의 행정과 치안을 담당, 장은 판윤(정2품)
- ㉣ 춘추관 : 역사서 편찬과 보관을 담당, 장은 지사(정2품)
- ㉤ 예문관 : 왕의 교서 제찬, 장은 대제학(정2품)
- ㉥ 교서관 : 서적 간행(궁중 인쇄소)
- ㉦ 성균관 : 최고 교육 기관(국립 대학)
- ㉧ 승문원 : 외교 문서 작성
- ㉨ 상서원 : 옥쇄·부절(符節) 관리
- ㉩ 경연청 : 임금에게 경서와 치도(治道)를 강론
- ㉪ 서연청 : 왕세자에게 경학을 강론
- ㉫ 포도청 : 상민의 범죄를 담당하는 경찰 기관(고려 순마소의 변형), 장은 포도대장(종2품)

삼관과 사관
- 삼관(三館) : 홍문관, 예문관, 교서관
- 사관(四館) : 예문관, 교서관, 성균관, 승문원

한품서용
기술관과 서얼은 정3품까지, 토관·향리는 정5품까지, 서리 등은 정7품까지만 승진 가능

지방 세력 통제를 위한 상피제와 임기제
- 상피제 : 자기 출신지로의 부임을 금하고(토착 세력화 방지), 부자지간이나 형제지간에 동일 관청에서 근무하지 못하게 하며 친족의 과거 응시 시 고시관 임용을 피하는 제도(권력 집중 및 부정 방지)
- 임기제 : 관찰사 임기는 1년(360일), 수령은 5년(1,800일)

👓 한눈에 쏙~

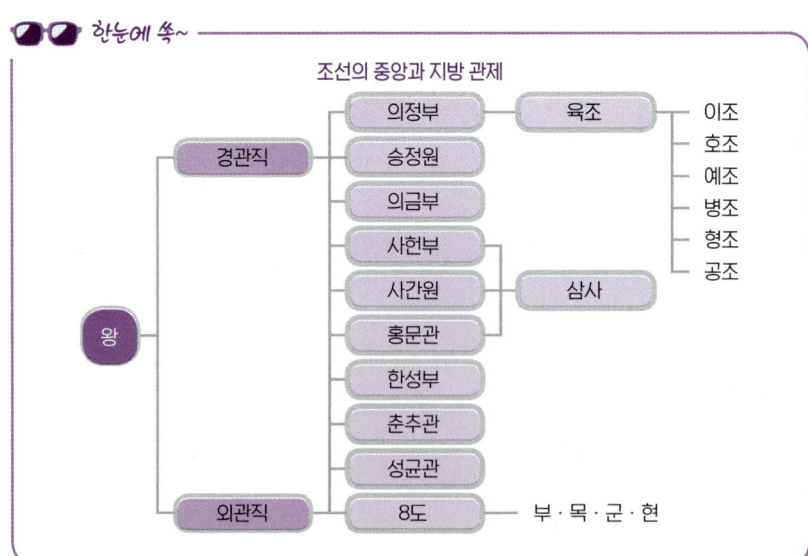

4. 지방 행정

(1) 조선 시대 지방 행정의 특성

① 지방과 백성에 대한 국가의 지배력 강화(중앙 집권 강화) : 모든 군현에 지방관 파견(속군·속현 소멸), 관찰사와 수령의 권한 강화(향리 지위 격하)
② 향, 소, 부곡의 소멸(군현으로 승격하여 지방민의 삶의 질 향상)

(2) 지방 행정 조직

① 8도 : 감영 소재지(전국을 8도로 나누고 크기에 따라 지방관의 등급을 조정, 관찰사(종2품, 외직의 장) 파견)
② 5부(부윤, 종2품)와 5대 도호부(부사, 정3품)
③ 목 : 전국 20목, 장은 목사(정3품)
④ 군(전국 82군)·현(전국 175현) : 속군·속현과 향·소·부곡을 일반 군현으로 승격하고, 모든 군현에 수령을 파견
⑤ 부·목·군·현의 수령 : 수령의 불법과 수탈을 견제·방지하기 위해 유향소를 설치
⑥ 면(面)·리(里)·통(統) : 전기에 정비, 후기에 완전 정착

실력UP 고려 시대와 조선 시대 비교

구분	고려 시대(권한 강함)	조선 시대(권한 약화)
차이점	• 속현 이하를 실제 관장하는 향촌의 지배세력, 농민을 사적으로 지배 • 외역전 지급(세습) • 조세·공물 징수와 요역 징발의 실무 관장 • 노동 부대 일품군의 지휘관을 겸임 • 과거 응시 및 국립 대학에의 입학권 부여 • 출세에 법적 제한이 없음(신분 상승 가능)	• 수령을 보좌하는 세습적 아전에 불과, 농민의 사적 지배 금지 • 외역전의 지급이 없음(무보수에 따른 폐단 발생) • 조세·공물 징수, 요역 징발은 수령이 관장함 • 지방군의 지휘권이 없음 • 문과 응시 불가 • 중앙 양반으로의 편입 불가함(신분 상승 제한)
공통점	지방의 행정 실무를 담당하는 중간 계층으로, 신분과 향직을 세습	

(3) 특수 지방 조직

① 유향소(향청) : 수령을 감시하고 향리의 비행 규찰, 좌수·별감 선출, 정령 시달, 풍속 교정과 백성 교화, 자율적 규약, 향회를 소집하여 여론 수렴 등
② 경재소
  ㉠ 성격 : 지방 관청의 출장소격으로 고려의 기인과 유사
  ㉡ 운영 : 서울에는 경재소를 두고 경주인 또는 경저리가 머물며 업무 수행
  ㉢ 서울과 지방(유향소) 간의 연락 및 유향소 통제, 공납과 연료의 조달 등

5. 군역 제도와 군사 조직

(1) 군역 제도

SEMI-NOTE

수령 7사
조선 시대 지방을 다스리던 수령의 7가지 의무 규정. 수령의 업무 수행을 국가가 잘 관리할 수 있도록 만들어진 것으로, 수령의 역할 강화를 도모함
1. 농사 및 양잠을 장려할 것
2. 호구를 증식할 것
3. 학교를 일으킬 것
4. 군사 업무를 바르게 할 것
5. 부역을 균등히 할 것
6. 재판을 바르게 할 것
7. 간사하고 교활한 자를 없앨 것

유향소
• 고려 말~조선 시대에 걸쳐 지방의 수령을 보좌하던 자문 기관. 고려 시대의 사심관에서 유래됨
• 조선 시대의 유향소는 자의적으로 만들어져 지방의 풍기를 단속하고 향리의 폐단을 막는 등 지방 자치의 면모를 보였는데, 태종 초에 지방 수령과 대립하여 중앙 집권을 저해하였으므로 태종 6년(1406) 폐지됨
• 그러나 좀처럼 없어지지 않아 유향소를 폐지할 수 없게 되자 세종 10년(1428) 재설치하면서, 이를 감독하기 위해 경재소를 강화함. 세조 13년(1467) 이시애의 난 당시 유향소의 일부가 가담했음이 드러나면서 다시 폐지되었지만 성종 19년(1488)에 부활함

경저리(京邸吏)·영저리(營邸吏)
경저리(경주인)는 경재소에 근무하며 중앙과 지방 간의 제반 연락 업무를 담당하는 향리를, 영저리는 각 감영에 머물면서 지방과의 연락을 담당하는 지방의 향리를 말함

SEMI-NOTE

조선 시대 양반 관료 체제의 특성
- 문무 양반제도 : 고려 시대 동반·서반·남반의 3반은 조선 시대의 양반으로 정립
- 관계주의
  - 정·종 각 9품이 있어 18품계로 구분되고, 다시 6품 이상은 상·하위로 구분하여 총 30단계로 나뉨
  - 관직과 관계의 결합 : 관직에는 그에 상응하는 관계가 정해져 있음
  - 당상관 : 정3품 이상으로 문반은 통정대부(通政大夫), 무반은 절충장군(折衝將軍)을 말함. 고위직을 독점하고 중요 결정에 참여, 관찰사로 임명이 가능
  - 당하관 : 정3품 이하 정5품 이상, 문반은 통훈대부(通訓大夫), 무반은 어모장군(禦侮將軍), 실무를 담당
  - 참상관 : 정5품 이하 종6품 이상, 목민관(수령)은 참상관 이상에서 임명 가능. 문과 장원 급제시 종6품 참상관에 제수
  - 참하관 : 정7품 이하
- 겸직제 발달
  - 재상과 당상관이 요직 겸직
  - 관찰사의 병마·수군절도사 겸직
- 지방관 견제 : 상피제와 임기제 실시

노비의 군역
노비에게는 권리가 없으므로 군역의 의무도 없었음. 그러나 필요에 따라 특수군으로 편제되는 경우는 있었음

잡색군(雜色軍)
전직 관료·서리·향리·교생·노비 등 각계 각층의 장정들로 편성된 정규군 외의 예비군으로, 평상시에는 본업에 종사하면서 일정 기간 동안 군사 훈련을 받아 유사시에 향토 방위를 담당

조운
- 지방에서 거둬들인 세곡을 한양으로 운송
- 수로 해로 이용
- 강창(영산강, 한강 등), 해창(서남해안)
- 평안도와 함경도 지방의 세곡은 한양으로 운송하지 않고 국방비, 사신 접대비로 현지에서 사용

---

① 양인개병제와 병농일치제 실시 : 16세 이상 60세 이하의 모든 양인 남자는 군역을 담당
② 정군(正軍)과 보인(保人)
  ㉠ 정군 : 서울·국경 요충지에 배속, 복무 기간에 따라 품계와 녹봉을 받기도 함
  ㉡ 보인 : 정남 2명을 1보로 함, 정군 가족의 재정적 지원자로서 1년에 포 2필 부담
③ 면제 대상 : 현직 관료와 학생은 군역이 면제됨, 권리가 없는 노비도 군역 의무가 없음, 상인·수공업자·어민도 제외
④ 종친과 외척·공신이나 고급 관료의 자제들은 특수군에 편입되어 군역을 부담

(2) 군사 조직 및 구성

① 중앙군
  ㉠ 국왕 친위대(내삼청) : 내금위, 우림위, 겸사복
  ㉡ 5위(5위도총부) : 의흥위(중위)·용양위(좌위)·호분위(우위)·충좌위(전위)·충무위(후위)
  ㉢ 훈련원 : 군사 훈련과 무관 시험 관장, 장은 지사
② 중앙군의 구성 : 정군을 중심으로 갑사나 특수병으로 구성
③ 지방군 : 도에 병영과 수영을 설치하고, 부·목·군·현에 진을 설치
  ㉠ 진수군 : 지방의 영진에 소속된 군인을 말하며, 영진군(정병)·수성군(노동부대)·선군(수군)으로 구별
  ㉡ 구성 및 복무 : 지방군은 육군과 수군으로 나뉘며, 건국 초기에는 주로 국방상 요지인 영(營)이나 진(鎭)에 소속되어 복무
  ㉢ 진관 체제(鎭管體制) : 세조 이후 실시된 지역(군·현) 단위의 방위 체제(요충지의 고을에 성을 쌓아 방어 체제를 강화)

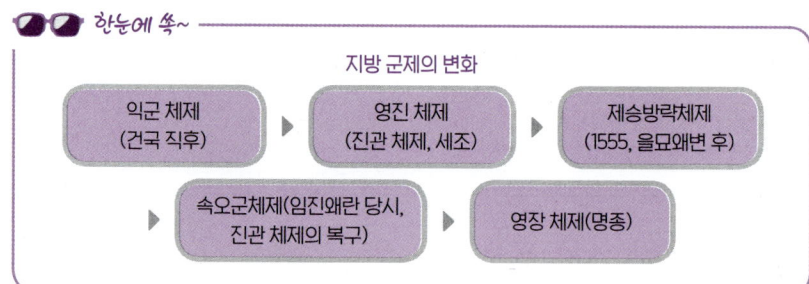

지방 군제의 변화

익군 체제 (건국 직후) ▶ 영진 체제 (진관 체제, 세조) ▶ 제승방략체제 (1555, 을묘왜변 후)
▶ 속오군체제(임진왜란 당시, 진관 체제의 복구) ▶ 영장 체제(명종)

(3) 교통·운수 및 통신 체계의 정비

① 목적 : 국방과 중앙 집권 체제의 효율적 운영 및 강화
② 교통 수단 : 우마가 끄는 수레, 판선(목선), 역참(驛站)
③ 교통·통신 체계
  ㉠ 육로 : 역원제(역과 원을 함께 설치·운영)
  ㉡ 수로·해로 : 조운제(하천과 해안 요지의 조창을 거쳐 중앙의 경창으로 운송)
  ㉢ 파발제 : 공문서 전달을 위한 통신 제도

ㄹ 봉수제 : 국가 비상시나 군사상 긴급 사태 발생 시 연기(낮)와 불빛(밤)으로 알리는 통신 제도

6. 관리의 등용과 인사 관리

(1) 과거 제도

① 시행
  - ㉠ 정기 시험 : 식년시, 3년마다 실시
  - ㉡ 부정기 시험 : 증광시(나라에 큰 경사가 있을 때), 별시(나라에 특별한 행사가 있을 때), 알성시(왕이 성균관의 문묘를 참배한 후), 백일장(시골 유학생의 학업 권장을 위한 임시 시험

② 종류 및 선발 인원
  - ㉠ 대과(문과)
    - 과정 : 식년시의 경우 초시(240인 선발, 지역 안배), 복시(33인 선발, 능력주의), 전시(국왕의 친림 아래 최종 시험, 장원 1인 · 갑과 2인 · 을과 7인 · 병과 23인으로 등급 결정)를 거침, 합격자에게 홍패를 지급
    - 응시 자격 : 성균관 유생이나 소과에 합격한 생원 · 진사
  - ㉡ 소과(생진과, 사미시)
    - 생원과(4서 5경으로 시험)와 진사과(문예로 시험)를 합한 시험, 초시(향시, 지방의 1차 시험)와 복시(회시, 중앙의 2차 시험)로 시험을 보는데, 초시에서는 진사시(초장)와 생원시(종장) 각각 700인을 선발하며 복시에서는 진사시와 생원시 각각 100인(총 200인)을 선발
    - 합격자에게 백패를 주며, 성균관 입학 또는 문과(대과) 응시 자격을 부여, 합격 후 하급 관리가 되기도 함
  - ㉢ 무과(武科)
    - 과정 : 문과와 같은 절차를 거치나 대과 · 소과의 구분은 없음, 초시(200명) · 복시(28명) · 전시(갑과 3인 · 을과 5인 · 병과 20인으로 등급 결정, 장원은 없음)를 거쳐 총 28명을 선발, 병조에서 관장하며 합격자에게 홍패 지급
    - 응시 자격 : 문과와 달리 천민이 아니면 누구든 응시
  - ㉣ 잡과(雜科)
    - 과정 : 분야별로 정원이 있으며 예조의 감독하에 해당 관청에서 관장, 합격자에게 백패를 지급하고 일단 해당 관청에 분속
    - 응시 : 주로 양반의 서자와 서리 등 중인 계급의 자제가 응시
    - 종류(4과) : 역과(사역원), 율과(형조), 의과(전의감), 음양과(관상감)
  - ㉤ 승과 : 선종시와 교종시가 있었고 30명을 선발, 합격자에게는 법계 및 대선의 칭호를 부여

7. 훈구와 사림

SEMI-NOTE

강창과 해창
- 세곡이나 군량미 등을 보관하던 창고
- 강가에 지어진 것을 강창, 해안가에 지어진 것을 해창이라고 함
- 강창이나 해창에서 일시 보관된 세곡은 선박을 통해 한양의 경창까지 운송됨

과거 제도의 특성
- 문과와 무과, 잡과가 있으며, 형식상 문 · 무과가 동등하나 실질적으로는 문과를 중시(무과에는 소과가 없으며, 고위 관원이 되기 위해서는 문과에 합격하는 것이 유리)
- 신분 이동을 촉진하는 제도로서 법적으로는, 양인 이상이면 누구나 응시가 가능(수공업자 · 상인, 무당, 노비, 서얼 제외)
- 교육의 기회가 양반에게 독점되어 과거 역시 양반들이 사실상 독점(일반 백성은 경제적 여건이나 사회적 처지로 과거에 합격하기가 어려웠음

교육과 과거 제도
- 조선 시대의 교육 제도는 과거 제도와 긴밀히 연결되어 있었음. 그 대표적인 예가 성균관인데, 초시인 생원시와 진사시에 합격한 유생에게는 성균관 입학 기회가 우선적으로 주어짐
- 기숙사생에게는 나라에서 학전(學田)과 외거 노비 등을 제공, 교육 경비로 쓰이는 전곡은 양현고에서 담당함. 의학 · 역학 · 산학 · 율학 · 천문학 · 지리학 등의 기술 교육은 해당 관청을 통해 실시됨

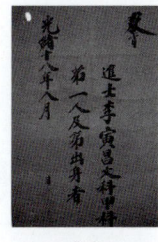

홍패

SEMI-NOTE

향사례와 향음주례
- 향사례(鄕射禮) : 편을 나누어 활쏘기를 겨루는 행사로, 윤리와 도의를 두텁게 하는 목적으로 실시됨
- 향음주례(鄕飮酒禮) : 고을 유생들이 모여 예법을 지키며 함께 술을 나누는 행사로, 연장자 및 덕이 있는 사람을 존경하고 예법을 일으키기 위한 목적으로 실시됨

동국통감
- 성종 16년(1485)에 서거정 등이 왕명을 받아 편찬한 편년체 사서
- 단군 조선~삼한의 내용은 책머리에 외기(外紀)로 다루었고, 삼국의 건국~신라 문무왕 9년(669)의 내용을 삼국기, 669년~고려 태조 18년(935)의 내용을 신라기, 935년~고려 말의 내용을 고려기로 구분함
- 고구려·백제·신라 중 어느 한 나라를 정통으로 내세우지 않고 대등한 시선에서 서술함

구분	훈구파(관학파)	사림파(사학파)
활약	• 15세기 집권 세력 • 선초 관학파의 학풍을 계승하여 문물·제도를 정비하고 중앙 집권 강화에 기여	• 성종 때 본격적으로 중앙 정계에 진출(주로 전랑과 3사의 언관직에 진출)하여 16세기 이후 학문과 정치를 주도 • 16세기 이후 붕당을 전개
학통	• 정도전·권근(여말 급진 개혁파) • 고려 왕조 부정(유교적 이상 국가 건설을 목표로 급진적 개혁 추구) • 왕조 개창의 정당성 강조, 애민 의식이 강함	• 정몽주·길재(여말 온건 개혁파) • 고려 왕조 유지(점진적 개혁) • 정통적 대의명분 강조, 애민 의식 약함
기반	• 실권 장악, 왕실과 혼인으로 성장 • 성균관·집현전 • 대토지 소유	• 영남 및 기호 지방을 중심으로 성장 • 서원 등 지방의 사학 기구 • 훈구 세력의 대토지 소유 비판
정치	• 성리학의 치국 중시 • 중앙 집권, 부국강병 • 민생 안정	• 성리학의 원칙에 철저 • 향촌 자치 주장 • 학술과 언론, 왕도 정치 강조 • 도덕·의리·명분 중시
학문	• 사장(詞章) 중시 • 성리학 외의 타 학문에 포용적 • 기술학·군사학 중시	• 경학(經學) 중시 • 성리학 외의 타 학문 배격(인간 심성과 우주 원리 문제를 철학적으로 탐구하는 성리학이 학문적 주류) • 기술학·군사학 천시
사상 및 종교	• 민간 의식 수용 • 격물치지(格物致知) 중시	• 민간 의식 배격, 주자가례 강조(예학과 보학 숭상) • 향사례·향음주례 중시
사관	• 단군 강조(자주 의식) • 〈동국통감〉	• 기자 중시(소중화 의식, 화이관) • 〈동국사략〉, 〈동사찬요〉
문학	표현 형식과 격식을 강조하고 질서와 조화를 내세움, 한문학 발달	흥취와 정신을 중시하여 개인적 감정과 심성을 강조, 한문학 저조
화풍	• 독자적 화풍 개발 • 진취적·사색적·낭만적 산수화와 인물화 유행 • 일본 미술에 영향	• 다양한 화풍 발달 • 자연의 아름다움을 표현 • 강한 필치의 산수화, 사군자 유행

8. 사림의 정치적 성장

(1) 중앙 정계 진출
① **시기** : 성종 때 김종직과 그 문인들의 중용을 계기로 대거 진출
② **활동** : 주로 전랑이나 삼사의 언관이 되어 언론·문한을 담당

(2) 사화(士禍)의 발생
① **사화의 배경** : 훈척 계열의 자기 분열, 사림에 대한 정치적 보복, 훈구 세력과 사림 세력의 대립, 양반 계층의 양극화 현상

사림의 계보

정몽주 → 길재 → 김숙자 → 김종직 → (정여창, 김굉필, 김일손) → (이언적, 서경덕, 조광조, 김안국) → (조식, 이황 [영남학파], 이이, 성혼 [기호학파])

② 무오사화(戊午士禍)·갑자사화(甲子士禍) : 영남 사림의 대부분이 몰락
  ㉠ 무오사화(연산군 4, 1498) : 김종직이 지은 〈조의제문〉을 김일손이 사초(史草)에 올린 일을 문제 삼아 유자광·윤필상 등의 훈구파가 김일손·김굉필 등의 사림파를 제거
  ㉡ 갑자사화(연산군 10, 1504) : 임사홍 등의 궁중 세력이 연산군의 생모인 윤비 폐출 사건을 들추어 정부 세력을 축출
③ 중종반정(中宗反正) : 폭압 정치와 재정 낭비를 일삼은 연산군을 축출(연산군 12, 1506)
④ 조광조의 개혁 정치 ★ 빈출개념
  ㉠ 개혁의 배경 : 중종은 유교 정치를 위해 조광조 등 사림을 중용
  ㉡ 개혁의 방향 : 사림파의 개혁으로 사림 세력을 강화하고 왕도 정치를 추구
  ㉢ 개혁의 내용
    • 현량과(천거과) 실시 : 천거제의 일종인 현량과를 통해 사림을 대거 등용
    • 위훈 삭제(僞勳削除) : 중종 반정의 공신 대다수가 거짓 공훈으로 공신에 올랐다 하여 그들의 관직을 박탈하려 함
    • 이조 전랑권 형성 : 이조·병조의 전랑에게 인사권과 후임자 추천권 부여
    • 도학 정치를 위한 성학군주론 주장, 공납제의 폐단을 지적하고 대공수미법 주장
    • 균전론을 내세워 토지소유의 조정(분배)과 1/10세를 제시, 향촌 자치를 위해 향약의 전국적 시행을 추진
    • 승과제도 및 소격서 폐지, 유향소 철폐를 주장
    • 〈주자가례〉를 장려하고 유교 윤리·의례의 보급을 추진, 〈소학〉의 교육과 보급운동을 전개
⑤ 기묘사화(중종 14, 1519) : 남곤·심정 등의 훈구파는 모반 음모(주초위왕의 모략)를 꾸며 조광조·김정·김식·정구·김안국 등 사림파 대부분을 제거
⑥ 을사사화(명종 1, 1545) : 명종을 옹립한 소윤파 윤원로·윤원형 형제가 인종의 외척 세력인 대윤파 윤임 등을 축출하면서 대윤파에 동조하던 사림파를 함께 숙청

9. 명(明)과의 관계

(1) 사대교린 정책(事大交隣政策)

① 조공 관계로 맺어진 중국 중심의 동아시아 기본적 외교 정책으로, 서로의 독립성을 인정된 위에서 맺어져 예속 관계로 보기는 어려움
② 건국 직후부터 명과 친선을 유지하여 정권과 국가의 안전을 보장받고, 중국 이외의 주변 민족과는 교린 정책을 취함

(2) 명과의 대외 관계

① 선초 명과의 관계 : 자주적 관계가 기본 바탕이며, 초기에 국토 확장과 실리추구를 두고 갈등과 불협화음이 존재했으나 태종 이후 외교적 긴밀성을 유지하며 활발히 교류

SEMI-NOTE

김종직의 〈조의제문〉
항우에게 왕위를 빼앗기고 죽은 초나라 의제를 기리는 내용을 통해 단종에게서 왕위를 빼앗은 세조를 비난한 글

전랑의 권한
• 자대권(自代權) : 전랑천대법 또는 전랑법이라고도 함, 전랑이 자신의 후임이 될 사람을 추천하는 권한을 말함
• 통청권(通淸權) : 전랑이 삼사의 청요직을 선발할 수 있는 권한을 말함
• 낭천권(郎薦權) : 전랑이 과거에 급제하지 않은 사람을 추천하여 벼슬에 오르도록 하는 권한을 말함

4대 사화
무오사화, 갑자사화, 기묘사화, 을사사화

정미사화(명종 2, 1547)
• 당시 외척으로서 정권을 잡고 있던 윤원형 세력이 반대파 인물들을 숙청한 사건
• 문정 왕후의 수렴청정을 비방한 벽서가 발견되어 송인수, 이약수 등을 숙청하고 이언적 등 20명을 유배(양재역벽서사건)

② 명과의 교역 ★ 빈출개념
  - ㉠ 사절의 교환 : 매년 정기적·부정기적으로 사절을 교환
  - ㉡ 성격 : 조선은 빈번한 교류를 통해 문화의 수입과 물품의 교역을 추구하는 자주적 문화 외교(자주적 실리 외교) 추구
  - ㉢ 교역 형태 : 사신을 통한 조공과 회사(回賜)의 공무역(관무역), 사행을 통한 사무역
  - ㉣ 교역품 : 말·인삼·모피·모시·종이·화문석을 주로 수출하고, 서적·도자기·약재·문방구·견직물 등을 수입

10. 여진과의 관계

(1) 외교 정책

① 적극적 외교 정책 전개 : 영토 확보와 국경 지방의 안정을 위해 추진
② 화전(和戰) 양면 외교 정책

회유책	• 여진족의 귀순을 장려하기 위해 관직이나 토지, 주택 제공 • 사절의 왕래를 통한 무역을 허용 • 국경 지방인 경성과 경원에 무역소를 두고 국경 무역을 허락
강경책	• 정벌 : 국경 침입 및 약탈 시 군대를 동원하여 정벌 • 국경 공략 및 영토 확장 : 4군 6진 개척 • 지역 방어 체제 구축 : 국경 지방에 진(鎭)·보(堡)를 설치

(2) 여진족 토벌과 이주 정책

① 태조 : 일찍부터 두만강 지역 개척
② 세종 : 4군 6진 개척으로 오늘날의 국경선 확정
③ 성종 : 신숙주·윤필상 등이 압록강과 두만강 이북의 여진족을 토벌
④ 이주 정책 : 사민 정책(徙民政策), 토관제(土官制)

11. 일본 및 동남아시아와의 관계

(1) 일본과의 관계

① 왜구의 침략과 격퇴 : 고려 말부터 조선 초기까지 계속, 대비책(수군 강화, 전함 건조, 화약·무기 개발)
② 강경책 : 이종무는 왜구의 소굴인 쓰시마 섬을 토벌해 왜구의 근절을 약속받음
③ 회유책 : 3포 개항, 계해약조(1443)를 체결하여 제한된 범위의 교역을 허락

실격up 일본과의 관계

1419(세종 1)	쓰시마 섬 정벌	이종무
1426(세종 8)	3포 개항	• 부산포(동래), 제포(진해), 염포(울산) • 개항장에 왜관 설치, 제한된 범위의 교역 허가

SEMI-NOTE

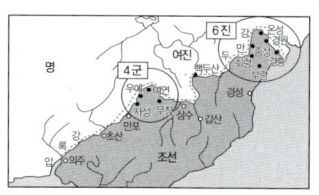

4군 6진의 개척

상피제와 토관제
조선 시대 관리 임명에 있어 원칙적으로는 상피제였으므로 그 지역 사람을 관리로 임명할 수 없었으나, 세종 때 임시로 토관제를 실시하여 토착민을 그 지역의 관리로 임명함

계해약조(계해조약)
• 1419년 이종무가 쓰시마 섬을 근거지로 한 왜구를 정벌한 뒤 한동안 조선과 일본 사이의 교류는 중단됨
• 이후 쓰시마 도주의 간청으로 3포를 개항한 후, 세종 25년(1443) 변효문 등을 파견하여 세견선 등의 구체적인 제약을 내용으로 하는 계해약조를 체결함

쓰시마 섬 정벌
박위(고려 창왕 1, 1389) → 김사형(조선 태조 5, 1396) → 이종무(세종 1, 1419)

1443(세종 25)	계해약조	제한된 조공 무역 허락(세견선 50척, 세사미두 200석, 거류인 60명)
1510(중종 5)	3포 왜란, 임시 관청으로 비변사 설치(1517)	임신약조(1512) 체결(제포만 개항, 계해약조와 비교했을 때 절반의 조건으로 무역 허락)
1544(중종 39)	사량진 왜변	무역 단절, 일본인 왕래 금지
1547(명종 2)	정미약조	세견선 25척, 인원 제한 위반 시 벌칙 규정의 강화
1555(명종 10)	을묘왜변	국교 단절, 제승방략 체제로 전환, 비변사의 상설 기구화
1592(선조 25)	임진왜란, 정유재란(1597)	비변사의 최고 기구화(왕권 약화 및 의정부·육조의 유명무실화 초래)
1607~1811	통신사 파견(12회)	국교 재개(1607), 조선의 선진 문화를 일본에 전파
1609(광해군 2)	기유약조	국교 회복, 부산포에 왜관 설치(세견선 20척, 세사미두 100석)

(2) 동남아시아 각국과의 관계

① 조선 초에는 류큐·시암·자바 등 동남아시아의 여러 나라와 교류
② 조공이나 진상의 형식으로 토산품을 가져와서 옷·옷감·문방구 등으로 교환함
③ 류큐에 불경·유교 경전·범종 등을 전달(문화 발전에 기여)

12. 왜군의 침략

(1) 조선의 정세

① 일본과의 대립 : 16세기에 이르러 대립 격화, 3포 왜란(중종 5, 1510), 을묘왜변(명종 10, 1555) 발발, 비변사를 설치, 일본에 사신을 보내 정세 파악
② 정부의 부적절한 대처 : 16세기 말 국방력은 더욱 약화, 일본 정세에 대한 통신사의 보고에 있어서도 붕당 간 차이를 보이는 등 국론 분열

(2) 임진왜란(선조 25, 1592)

① 발발 : 전국 시대의 혼란을 수습하고 철저한 준비 후 20만 대군으로 조선을 침략
② 초기의 수세
  ㉠ 부산 일대의 함락 : 부산진과 동래성에서 정발과 송상현이 분전하였으나 함락됨
  ㉡ 왜군은 평양과 함경도 지방까지 침입, 전쟁에 대비하지 못한 조정(선조)은 의주로 피난하여 명에 원군을 요청

13. 수군과 의병의 승리

(1) 수군의 승리

SEMI-NOTE

사량진 왜변
일본인의 행패가 계속 이어지고, 1544년 왜선 20여 척이 경상남도 통영시의 사량진에 침입하여 사람과 말을 약탈해 간 사량진 왜변이 발생하자 조선은 임신약조를 폐기하고 일본인이 조선에 왕래하는 것을 금지함

3포 왜란과 을묘왜변
- 3포 왜란 : 3포에서 거주하고 있는 왜인들이 대마도에 지원을 받아 무역 제한에 불만을 품고 일으킨 난
- 을묘왜변 : 조선 명종 때 왜구가 전라남도 영암·강진·진도 일대에 침입한 사건

김성일과 황윤길
- 1590년 조선은 황윤길을 정사로, 김성일을 부사로 하는 통신사 일행을 일본에 파견
- 이듬해 귀국한 이들은 일본의 정세를 묻는 선조에게 각기 다른 대답을 함
- 도요토미 히데요시가 조선을 침략할 것이라고 대답한 황윤길과는 달리 김성일은 일본이 침략하지 않을 것이라고 함
- 당시 조선 조정에서는 동인이 우세하였으므로 서인인 황윤길의 의견은 받아들여지지 않음

SEMI-NOTE

승병
- 승려들로 조직된 비정규 군대. 〈고려사〉에 따르면 고구려 때 당 태종의 침입에 맞서 승려 3만 명이 출전하였다고 함
- 고려 시대 처인성을 공격한 몽골군의 장수 살리타를 사살한 김윤후도 승려였음
- 조선의 승병 활동은 임진왜란을 계기로 활발해졌으며 대표적인 승병으로는 휴정, 유정, 영규, 처영 등이 있음

임진왜란의 3대첩
- 이순신의 한산도 대첩(1592) : 왜군의 수륙 병진 정책을 좌절시킨 싸움이며 지형적 특징과 학익진을 이용하여 왜군을 섬멸하였음
- 김시민의 진주성 혈전(1592) : 진주 목사인 김시민과 3,800명의 조선군이 약 2만에 달하는 왜군에 맞서 진주성을 지켜낸 싸움. 이 싸움에서의 승리로 조선은 경상도 지역을 보존할 수 있었고 왜군은 호남을 넘보지 못하게 됨
- 권율의 행주 대첩(1593) : 벽제관에서의 승리로 사기가 충천해 있던 왜군에 대항하여 행주산성을 지켜낸 싸움. 부녀자들까지 동원되어 돌을 날랐다는 이야기로 유명함

① 이순신의 활약
  ㉠ 대비 : 판옥선과 거북선 건조, 전함과 무기 정비, 수군 훈련, 군량미 비축
  ㉡ 왜군 격퇴 : 80여 척의 배를 거느리고 옥포(1592. 5)에서 첫 승리, 사천포 (1592. 5, 최초로 거북선 등장), 당포(1592. 6), 당항포 등지에서 대승
  ㉢ 한산도 대첩(1592. 7) : 총공격에 나선 적함을 한산도 앞바다로 유인하여 대파
② 성과 : 곡창 지대인 전라도 지방을 지키고 왜군의 침략 작전을 좌절시킴

(2) 의병의 항쟁

① 의병의 구성
  ㉠ 자발적 조직 : 전국 각지에서 자발적으로 조직(남부 지방이 가장 활발)
  ㉡ 의병의 신분 : 농민을 주축으로 전직 관리와 사림 유학자 및 승려들이 참여
② 의병장의 활약

지역	활약 내용
경상도	• 곽재우(최초의 의병) : 경상도 의령에서 거병, 진주성 혈전(1차)에 김시민과 참전, 왜란의 종전 후 관직 제의를 대부분 거절 • 정인홍(합천), 김면(고령), 권응수(영천) 등이 활약
전라도	• 고경명 : 전라도 장흥에서 거병하여 금산성 전투 활약하다 전사(아들 고종후는 진주대첩(2차) 때 전사) • 김천일 : 전라도 나주에서 최초로 거병하여 수원·강화에서 활약, 진주대첩(2차)에서 고종후와 함께 전사 • 김덕령 : 전라도 담양에서 거병하여 남원에서 활약, 수원 전투에 참전, 이몽학의 난 관련자로 몰려 무고하게 옥사 • 양대박(남원)
충청도	조헌 : 충청도 옥천에서 거병하여 7백 결사대를 결성, 승장 영규(승려 최초의 의병)와 함께 청주 수복, 금산에서 고경명·영규 등과 전사
경기도	홍언수·홍계남(안성) 등이 활약
강원도	사명대사(유정) : 금강산에서 거병하여 평양 탈환에서 활약, 전후 대일 강화를 위해 일본에 사신으로 가서 포로 송환에 기여
황해도	이정암 : 황해도 연안성에서 거병하여 왜군을 격퇴하고 요충지를 장악
평안도	서산대사(휴정) : 묘향산에서 거병(전국 승병 운동의 선구), 평양 수복에 참전하고 개성·한성 등지에서 활약
함경도	정문부 : 전직 관료 출신으로, 함경도 길주, 경성 등에서 활약(길주 전투에 참전해 수복)

③ 관군으로의 편입 : 전쟁이 장기화되면서 관군으로 편입하여 더욱 조직화되었고, 관군의 전투 능력도 한층 강화

14. 전란의 극복과 영향

(1) 전세의 전환

① 수군과 의병의 승전 : 처음 2개월간의 열세를 우세로 전환

② 명의 참전 : 일본의 정명가도에 대한 자위책으로 참전, 조 · 명 연합군이 평양성을 탈환
③ 행주 대첩(1953. 2) : 평양성을 뺏긴 후 한양으로 퇴각한 왜군을 권율이 이끄는 부대가 행주산성에서 대파
④ 조선의 전열 정비 : 훈련도감(중앙군) 설치, 진관 체제에 속오법(束伍法) 절충, 화포 개량, 조총 제작

(2) 정유재란(선조 30, 1597)
① 왜군의 재침입 : 휴전 회담의 결렬, 직산 전투(1597. 9)
② 명량 대첩(1597. 9) : 울돌목에서 13척으로 왜군의 배 133척을 격퇴
③ 노량 해전(1598. 11) : 도요토미 히데요시 사망 후 철수하는 왜군을 격파, 이순신 전사

(3) 왜란의 영향
① 대내적 영향
　㉠ 막대한 물적 · 인적 피해 : 전쟁과 약탈, 방화로 인구 격감, 농촌 황폐화, 학자와 기술자 피랍, 식량 및 재정 궁핍(토지 대장과 양안 소실), 경지 면적 감소
　㉡ 문화재 소실 : 경복궁, 불국사, 서적 · 실록, 전주 사고를 제외한 4대 사고(史庫) 소실
　㉢ 공명첩 발급과 납속책 실시, 이몽학의 난(1596) 등 농민 봉기 발생
　㉣ 비변사 강화와 군제 개편 : 훈련도감(삼수미세 징수) 설치, 속오군(양천혼성군) 창설
　㉤ 서적 편찬 : 이순신의 〈난중일기〉, 유성룡의 〈징비록〉, 허준의 〈동의보감〉 등
　㉥ 무기 발명 : 거북선, 비격진천뢰(이장손), 화차(변이중) 등
② 대외적 영향
　㉠ 일본 : 활자 · 그림 · 서적을 약탈하고 성리학자와 활자 인쇄공, 도공 등을 포로로 데려감, 도쿠가와 막부 성립의 계기
　㉡ 중국 : 명의 참전 중 북방 여진족이 급속히 성장, 명은 쇠퇴(명 · 청 교체의 계기)

15. 광해군의 중립 외교와 인조 반정

(1) 대륙의 정세 변화
① 후금의 건국(1616) : 임진왜란 중 명이 약화된 틈에 여진의 누르하치가 후금을 건국
② 후금의 세력 확장 : 후금이 명에 선전 포고(1618)(명은 조선에 지원군 요청)

(2) 광해군(1608~1623)의 정책
① 대내적 : 전후 수습책 실시, 북인(대북) 중심의 혁신 정치 도모
② 대외적 : 명과 후금 사이에서 국가 생존을 위해 실리적인 중립 외교 정책을 전개
　㉠ 성격 : 임진왜란 때 도운 명의 요구와 후금과의 관계를 모두 고려
　㉡ 경과 : 명의 원군 요청을 적절히 거절하며 후금과 친선을 꾀하는 중립 정책 고수

SEMI-NOTE

속오군
- 조선 후기에 속오법에 따라 훈련 · 편성한 지방군
- 양반에서 노비까지 모두 편제되었으나, 후기로 갈수록 양반의 회피가 증가함
- 훈련은 농한기에만 이루어지는데, 평상시에는 생업에 종사하고 유사시에 전투에 동원됨

임진왜란 순서
- **임진왜란 발발** : 부산 일대 함락, 정발 · 송상현 패배
- **충주 탄금대 전투** : 신립 패배
- **선조의 의주 피난** : 명에 원군 요청
- **한산도 대첩** : 한산도에서 학익진 전법으로 승리
- **진주 대첩** : 진주목사 김시민이 승리
- **행주 대첩** : 권율 승리
- **명의 휴전 협상**
- **정유재란** : 3년여에 걸친 명과 일본 간의 휴전 협상 결렬, 왜군의 재침입
- **명량 대첩** : 울돌목에서 13척으로 133척의 배를 격퇴
- **노량 해전** : 이순신 전사, 정유재란 종결

공명첩, 납속책
- **공명첩(空名帖)** : 나라의 재정을 보충하기 위하여 부유층에게 돈이나 곡식을 받고 팔았던 명예직 임명장
- **납속책(納粟策)** : 군량 및 재정의 부족을 보충하기 위해서 천한 신분을 면해 주거나 관직을 주는 것을 말하는데, 곡식의 많고 적음에 따라 면천납속(免賤納粟)과 수직납속(受職納粟)을 실시

(3) 인조 반정(1623)

① 배경 : 서인 등의 사림파는 광해군의 중립 외교 정책과 성리학자에 대한 비판, 여러 패륜 행위(임해군과 영창대군 살해, 인목대비 유폐) 등에 불만을 지님
② 경과 : 서인인 이귀, 김유, 이괄 등이 거병하여 인조 반정을 일으킴
③ 결과 : 인조 반정으로 집권한 서인은 존왕양이와 모화 사상 등을 기반으로 친명배금 정책을 실시하여 후금을 자극(호란의 원인으로 작용)

16. 호란의 발발과 전개

(1) 정묘호란(인조 5, 1627)

① 원인 : 서인은 광해군의 중립 외교 정책을 비판하며 친명배금 정책을 추진, 가도 사건, 이괄의 난(1624)으로 난의 주모자 한명련이 처형되자 그 아들이 후금으로 도망하여 인조 즉위의 부당성과 조선 정벌을 요청
② 경과 : 인조는 강화도로 피난, 철산 용골산성의 정봉수와 의주의 이립 등이 기병하여 관군과 합세
③ 결과
  ㉠ 강화 : 후금의 군대는 보급로가 끊어지자 강화를 제의
  ㉡ 정묘약조 체결 : 형제의 맹약, 군대 철수, 조공의 약속 등

(2) 병자호란(인조 14, 1636) ★ 빈출개념

① 원인
  ㉠ 청의 건국 : 후금은 세력을 계속 확장하여 국호를 청으로 바꾸고 심양을 수도로 건국
  ㉡ 청의 군신 관계 요구에 대해 주화론(외교적 교섭)과 주전론(척화론, 전쟁불사)이 대립
② 경과 : 인조는 남한산성으로 피난, 45일간 항전하다 주화파 최명길 등이 청과 강화(삼전도에서 굴욕적인 강화)
③ 결과 : 조선은 청과 군신 관계를 맺고 명과의 외교를 단절, 두 왕자와 강경 척화론자들이 인질로 잡혀감

(3) 호란의 영향

서북 지방의 황폐화, 굴욕적인 충격으로 인한 적개심, 소중화의식, 문화적인 우월감 등으로 북벌론이 제기됨

17. 북벌 운동의 전개

(1) 북벌론(北伐論)

① 의미 : 오랑캐에게 당한 수치를 씻고, 조선을 도운 명에 대한 의리를 지킴
② 형식적 외교 : 군신 관계를 맺은 후 청에 사대, 은밀하게 국방에 힘을 기울이면서

SEMI-NOTE

이괄의 난
- 이괄은 인조 반정에 참여하여 많은 공을 세웠으나, 반정 계획에 늦게 참가했다는 이유로 2등 공신에 올라 한성 부윤에 임명됨
- 이후 이괄은 평안 병사로 좌천되어 평안도 영변으로 부임. 불만을 품은 이괄은 반란을 꾀하다가 적발되었는데 그를 압송하기 위해 의금부 도사가 오고 있다는 연락을 받은 그는 인조 2년(1624) 반란을 일으킴
- 한때 한양을 점령하기까지 했던 반란군은 안령에서 대파되었으며, 이괄의 부하인 기익헌과 이수백 등이 주모자인 이괄·한명련 등을 살해하고 관군에 투항하면서 반란은 평정됨

주전론과 주화론
- 주전론(척화론) : 성리학의 명분론을 강조하여 청을 응징할 것을 주장. 김상헌·윤집·오달제, 홍익한
- 주화론 : 명분보다 실리를 강조하는 현실론을 바탕으로 청과 외교를 하고 내치를 강화할 것을 주장. 최명길·이귀 등 양명학자

청에 대한 북벌을 준비

③ **실질적 배경** : 왕권 강화(양병을 통해 왕권 확립)와 서인 정권 유지를 위한 수단 (명분)

④ **전개** : 효종은 청에 반대하는 송시열 · 송준길 · 이완 등을 중용하여 군대를 양성 (어영청 등)하고 성곽을 수리, 숙종 때 윤휴를 중심으로 북벌의 움직임이 제기됨

⑤ **경과** : 효종의 요절 등으로 북벌은 큰 성과를 거두지 못하고 쇠퇴하다 18세기 후반부터 청의 선진 문물을 배우자는 북학론이 대두

(2) 나선 정벌(羅禪征伐)

① **배경** : 러시아의 남하로 청과 러시아 간 국경 충돌이 발생하자 청이 원병을 요청
② **내용** : 제1차 나선 정벌(효종 5, 1654), 제2차 나선 정벌(효종 9, 1658)

02절 근세의 경제 구조와 경제 생활

1. 토지 제도

(1) 과전법(科田法)의 시행

① **과전의 의미** : 관리들에게 준 토지로, 소유권이 아니라 수조권을 지급
② 고려와 마찬가지로 관리의 경제 기반 보장과 국가 재정 유지
③ **목적** : 국가 재정 기반과 건국에 참여한 신진 사대부의 경제 기반을 확보, 농민 생활 향상

(2) 과전법의 특성

① **신진 사대부의 경제적 기반** : 관리가 직접 수조권 행사(사대부 우대 조항)
② **세습 불가의 원칙과 예외** : 1대(代)가 원칙이나, 수신전 · 휼량전 · 공신전 등은 세습(사대부 우대 조항)
③ 1/10세 규정, 농민의 경작권 보장, 현직 · 전직 관리(직 · 산관)에게 수조권 지급

(3) 과전법의 내용

① **대상** : 수조지를 경기 지방의 토지로 한정하여 전지만 지급
② **종류**
　㉠ **과전** : 관리(직 · 산관의 모든 관료)에게 나누어 준 일반적 토지
　㉡ **공신전** : 공신에게 지급, 세습 · 면세
　㉢ **별사전** : 준공신에게 지급되는 토지(3대에 한하여 세습, 경기도 외에도 지급)
　㉣ **내수사전(궁방전)** : 왕실 경비 충당을 위해 지급
　㉤ **공해전과 늠전(관둔전)**
　　• **공해전** : 중앙 관청의 경비 충당을 위해 지급
　　• **늠전 · 관둔전** : 지방 관청의 경비 충당을 위해 지급

SEMI-NOTE

나선 정벌
• 나선은 러시아를 지칭하는 말
• **제1차 나선 정벌** : 남하하는 러시아 세력과 충돌한 청은 총포로 무장한 러시아군에 연패함. 이에 청은 임진왜란 이후 조총을 사용하는 조선에 총수병의 파병을 요청하였고 조선은 이를 받아들임. 이후 청은 자국의 군대만으로 러시아군의 거점을 공격하였다가 패배하고 다시 조선에 파병을 요청하였는데, 조선이 이를 받아들이면서 제2차 나선 정벌로 이어짐

수조권에 따른 공전 · 사전
왕토 사상으로 인해 토지의 소유권은 원칙적으로 국가에 있는데, 과전법상의 토지는 수조권에 따라서는 공전(公田)과 사전(私田)으로 구분할 수 있으며, 이때 수조권이 국가에 있는 것은 공전, 개인 · 기관에 있는 것은 사전임. 공전은 고려 시대의 민전 등 대부분의 일반 농민이 소유하고 있던 것을 국가가 징세의 대상으로 파악한 것으로서, 국가는 농민들에게 경작권을 보장하는 대신 조(租)를 징수함

병작반수제
소작농이 땅 주인에게 수확량의 절반을 바치던 제도

SEMI-NOTE

토지제도와 공존제도

토지 제도	공존 제도
과전법(태조)	
↓	공법(세종)
직전법(세조)	
↓	관수관급제(성종)
녹봉제(명종)	
↓	영정법(인조)

전시과와 과전법

구분	전시과 (고려)	과전법 (조선)
차이점	• 전지와 시지를 지급 • 전국적 규모로 지급 • 관 수 관 급 제 (공유성) • 농민의 경작권이 불안정	• 전지만 지급 • 경기도에 한하여 지급 • 관리가 수조권 행사(자주성) • 농민의 경작권을 법적으로 보장(경자유전의 원칙)
공통점	• 원칙적으로 소유권은 국가에 있으며, 수조권을 지급 • 직·산관 모두에게 수조권만을 지급 • 관등에 따라 차등 지급, 세습 불가가 원칙(퇴직이나 사망 시 반납이 원칙) • 세율 : 1/10세	

직전법의 시행과 수탈

직전법은 관리가 퇴직하거나 죽은 후의 경제적 생활을 보장해 주지 않았으므로 관리들은 재직 중 농민들을 수탈함. 이에 성종은 관수관급제로 방식을 바꾸었으며, 16세기 중반에 이르러서는 직전법 자체가 폐지됨

ⓗ 역둔전 : 역의 경비 충당을 위해 지급
ⓢ 수신전 : 관료 사망 후 그의 처에게 세습되는 과전
ⓞ 휼양전 : 관료 사망 후 그의 자녀가 고아일 때 세습되는 과전
ⓩ 군전 : 전직 문·무관이나 한량(閑良)에게 지급
ⓒ 사원전 : 사원에 지급된 토지
ⓙ 학전 : 성균관·4학·향교에 소속된 토지
ⓣ 면세전 : 궁방전(궁실과 궁가에 지급), 궁장토(왕실 소유 토지), 관둔전, 역둔전
③ 폐단 : 수신전·휼양전 등이 세습되고 공신·관리가 증가함에 따라 새로 관직에 나간 관리에게 줄 토지가 부족해짐

(4) 직전법과 관수관급제

① 직전법(세조 12, 1466)
  ㉠ 내용 : 현직 관리에게만 수조권을 지급하여 국가의 수조권 지배를 강화
  ㉡ 목적 : 사전(私田)의 증가를 막아 과전의 부족을 해결함으로써 신진 관료의 경제 기반을 마련하고 국가 재정 수입을 증가
  ㉢ 1/10세 : 생산량을 조사하여 1/10을 농민에게 수취
  ㉣ 문제점 : 양반 관료들의 토지 소유 욕구를 자극하여 농민에 대한 수조권 수탈이 증가하고 과다한 수취를 유발
② 관수관급제(성종 1, 1470) : 직전법하에서 시행
  ㉠ 내용 : 관리의 수조권 행사를 금지, 국가(지방 관청)에서 생산량을 조사하여 수취하고 해당 관리에게 미·포로 지급
  ㉡ 목적 : 국가의 토지 지배 강화, 관리의 부정 방지
  ㉢ 결과 : 양반 관료의 토지 소유 욕구를 더욱 자극하여 농장이 더욱 확대, 수조권적 지배가 실질적으로 소멸되어 조와 세의 구분이 없어지고 전세로 통일
③ 녹봉제(명종 11, 1556)
  ㉠ 배경 : 과전 부족의 타개를 위해 실시한 직전법의 실패
  ㉡ 내용 : 직전법을 폐지(수조권 지급 제도 폐지)하고 국가가 관료에게 녹봉만 지급
  ㉢ 결과 : 수조권에 입각한 토지 지배(전주 전객제)가 소멸하고 소유권과 병작반수제에 의한 지주 전호제가 일반화되는 계기가 됨

2. 수취 체제의 확립

(1) 수취 제도의 구성

토지에 부과되는 조세, 가호 등에 부과되는 공납, 정남에게 부과되는 부역(군역·요역) 등

(2) 조세(租稅)

① 납세 의무 : 토지 소유자는 원칙적으로 국가에 조세를 납부
② 조세의 구분 : 조(租), 세(稅)
③ 세액 결정 방법

㉠ 손실답험법(損失踏驗法) : 태종 때의 세제(측량법), 1결의 최대 생산량을 300두로 정하고 수확량의 1/10을 내는데, 매년 토지 손실을 조사해 30두에서 공제하여 납부액을 결정

㉡ 공법(貢法) : 세종 때 확정(1444), 전분 6등법과 연분 9등법

④ 현물 납세 : 조세는 쌀(백미) · 콩(대두) 등으로 납부

(3) 공납(貢納)

① 부과 및 징수 : 중앙 관청에서 군현을 단위로 하여 지역 토산물을 조사하여 군현에 물품과 액수를 할당하면, 각 군현은 토지의 다소에 따라 가호에 다시 할당하여 거둠

② 품목 : 각종 수공업 제품과 토산물(광물 · 수산물 · 모피 · 과실 · 약재 등)

③ 종류 : 공물(상공 · 별공)과 진상

④ 폐단 : 농민에게 부담이 집중, 점퇴의 폐단, 방납의 폐단

⑤ 결과 : 국가 수입이 감소하고 농민 부담과 농민의 토지 이탈 증가(→ 개혁론이 대두됨)

(4) 군역과 요역

① 대상 : 16세 이상의 정남

② 군역(軍役)

㉠ 보법(保法) : 군사 복무를 위해 교대로 근무하여야 하는 정군(正軍)과 정군이 복무하는 데에 드는 비용(매년 포 2필)을 보조하는 보인(保人)이 있음

㉡ 면역(免役) : 양반 · 서리 · 향리 등은 관청에서 일하므로 군역 면제

③ 요역(搖役)

㉠ 내용 : 가호를 기준으로 정남의 수를 고려하여 뽑아서 공사에 동원

㉡ 종류 : 국가 차원의 동원(궁궐, 성곽 공사 등), 군현 차원의 동원(조세 운반 등)

㉢ 부과 기준 : 성종 때 토지 8결 당 1인, 1년 중 6일 이내로 동원하도록 제한

㉣ 문제점 : 과도한 징발, 운영 과정에서 지방관의 임의적 징발이 많아 농민들의 부담이 큼

㉤ 요역의 변화 : 요역 동원을 기피하여 피역 · 도망이 발생, 요역의 대립 및 물납화 · 전세화

(5) 기타 국가의 재정

① 수입 : 조세 · 공물 · 역 이외에 염전 · 광산 · 산림 · 어장 · 상인 · 수공업자 등이 내는 세금

② 지출 : 군량미나 구휼미로 비축하고 나머지는 왕실 경비 · 공공 행사비 · 관리의 녹봉 · 군량미 · 빈민 구제비 · 의료비 등으로 지출

③ 예산 제도 : 세조 때부터 세출표인 횡간을 먼저 작성하고 세입표인 공안을 작성

④ 양안(量案) : 양전 사업에 의해 작성된 토지 대장을 말하는데, 양전 사업은 20년마다 한 번씩 실시

SEMI-NOTE

연분 9등급

	上年	中年	下年
上	上 → 20두	上 → 14두	上 → 8두
中	中 → 18두	中 → 12두	中 → 6두
下	下 → 16두	下 → 10두	下 → 4두

상공, 별공, 진상
- 상공 : 매년 국가에서 미리 상정한 특산물 바침, 호 단위 부과
- 별공 : 상정 용도 이외에 국가에서 필요에 따라 현물 부과
- 진상 : 공물 이외의 현물을 공납, 주로 각 도의 관찰사나 수령이 국왕에 상납하는 것을 말하며 진상물로는 식료품이 대부분

대납
공물의 생산량이 점차 감소하거나 생산지의 변화로 그 토산물이 없을 때 아포로 상인이나 관리에게 대신 납부하는 것으로, 보통 방납이라고 함

횡간과 공안
- 횡간 : 조선 시대의 세출 예산표. 조선 시대 국가 재정의 대부분은 토지를 바탕으로 한 전세와 공물로 충당됨. 국가에서는 관청 · 관리 등에게 직접 토지의 수조권을 지급함으로써 비용을 충당하도록 하는 동시에, 일부는 현물 지급을 통해 보충함. 횡간은 1년간 국가에서 지급하는 현물을 기재한 것임
- 공안 : 조선 시대의 세입 예산표. 조선 시대에는 다음해 소요될 공물을 매년 말에 조사한 후 각 지방에 명하여 징수하게 하였는데, 이때 공물의 품목 · 수량을 기재한 것을 공안이라고 함

SEMI-NOTE

(6) 조운 제도
① 의의 : 조세와 공물을 각지의 조창을 거쳐 서울의 경창까지 운반하는 과정
② 관리 : 수령이 운반의 책임을 지며, 호조에서 이를 관리
③ 운반
  ㉠ 지방 군현의 조세와 공물은 육운·수운을 이용해 주요 강가나 바닷가에 설치된 조창으로 운반
  ㉡ 전라도·충청도·황해도는 바닷길로, 강원도는 한강, 경상도는 낙동강과 남한강 또는 바닷길을 통하여 운송
④ 잉류(仍留) 지역 : 평안도와 함경도, 제주도의 조세와 공물은 경창으로 이동하지 않고 군사비와 사신 접대비 등으로 현지에서 사용

3. 수취 제도의 문란과 농민 생활의 악화

(1) 공납의 폐단
① 방납의 폐단 발생
  ㉠ 관청의 서리들이 공물을 대신 내고 그 대가를 챙기는 방납이 증가해 농민 부담 가중
  ㉡ 농민이 도망 시 지역의 이웃이나 친척에게 대신 납부하게 함
② 개선의 시도 : 이이와 유성룡 등은 공물을 쌀로 걷는 수미법(收米法)을 주장

(2) 군역의 폐단
① 군역과 요역의 기피 현상과 도망이 증가
② 방군수포제와 대립제
  ㉠ <u>방군수포제(放軍收布制)</u> : 군역에 복무해야 할 사람에게 포(布)를 받고 군역을 면제
  ㉡ <u>대립제(代立制)</u> : 다른 사람을 사서 군역을 대신하게 하는 대립이 불법적으로 행해짐
③ 군적의 부실 : 군포 부담의 과중과 군역 기피 현상

(3) 환곡의 폐단
① 환곡제 : 곤궁한 농민에게 곡물을 빌려주고 1/10 정도의 이자를 거두는 것
② 지방 수령과 향리들이 정해진 이자보다 많이 거두어 유용하는 폐단이 나타남

👓 한눈에 쏙~

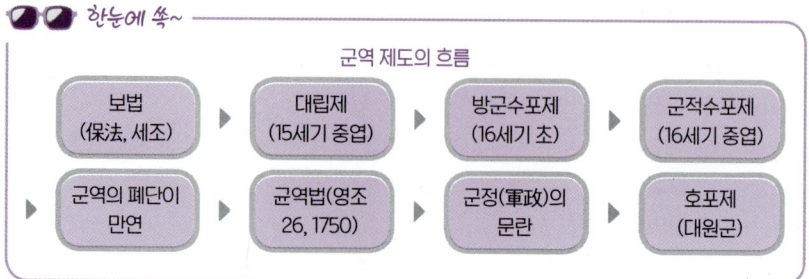

수미법
상품 화폐 경제가 발달하지 못했던 조선 전기의 한계에 따라 공물은 현물로 납부될 수밖에 없었음. 당시 화폐를 대신하여 사용되던 것으로는 쌀과 포가 있었는데, 공물을 현물 대신 쌀로 납부하게 되면 폐단을 줄이고 수송과 저장에 있어서도 수월해질 것이므로, 이이와 조광조 등은 공납의 개선책으로 수미법을 주장

실록을 통해 알아보는 16세기 농민들의 처지
- 백성으로 농지를 가진 자가 없고 농지를 가진 자는 오직 부유한 상인들과 사족(士族)들의 집뿐입니다.
  - 〈중종실록〉 -
- 근래 도적이 벌떼처럼 일어나 공공연하게 노략질을 하며 양민을 죽이고 방자한 행동을 거리낌 없이 하여도 주현에서 막지 못하고 병사(兵使)도 잡지 못하니 그 형세가 점점 커져서 여러 곳으로 퍼지고 있습니다. 심지어 서울에서도 떼로 일어나 빈집에 진을 치고 밤이면 모였다가 새벽이면 흩어지고 칼로 사람을 다치게 합니다.
  - 〈명종실록〉 -
- 지방에서 토산물을 공물로 바칠 때 (중앙 관청의 서리들이) 공납을 일체 막고 본래 값의 백 배가 되지 않으면 받지도 않습니다. 백성들이 견디지 못하여 세금을 못 내고 도망하는 자가 줄을 이었습니다.
  - 〈선조실록〉 -

4. 경제 생활

(1) 양반의 경제 생활

① **경제적 기반** : 과전과 녹봉, 토지, 노비 등이 일반적 경제 기반
② **토지의 소유와 경작** : 토지 규모가 큰 경우 병작반수 형태로 농민들이 소작(병작반수의 전호 경영), 농장은 15세기 후반에 이르러 더욱 증가
③ **재산으로서의 노비(奴婢) 소유**
  ㉠ 노비를 구매하기도 하나, 출산이나 혼인을 시켜 수를 늘림
  ㉡ 솔거 노비의 경우 주로 가사일이나 농경 등을 시킴
  ㉢ 외거 노비(다수의 노비)의 경우 신공(身貢)으로 포와 돈을 수취

(2) 농민 경제 생활의 변화

① **정부의 지원 및 장려** : 개간을 장려하고 저수지 등 수리 시설을 보수·확충, 〈농사직설〉·〈사시찬요〉·〈금양잡록〉 등 농서를 간행 보급
② 양반들도 간이 수리시설을 만들고 중국의 농업기술을 도입
③ 농민들도 농업 생산력을 향상시키려고 노력한 결과 농민 생활은 이전보다 개선

5. 농업

(1) 농업 기술의 발달

① **밭농사** : 조·보리·콩의 2년 3작이 널리 시행, 농종법(이랑에 파종)에서 견종법(고랑에 파종)으로 발전
② **논농사** : 남부 지방에 이앙법이 보급됨, 남부의 일부 지방에서 벼와 보리의 이모작이 가능해지면서 생산량 증가, 건사리[乾耕法]가 이용, 물사리[水耕法]도 행해짐
③ **시비법** : 밑거름과 뒷거름을 주는 각종 시비법이 발달하여 경작지를 묵히지 않고 매년 경작(연작)이 가능
④ 가을갈이의 농사법이 점차 보급됨
⑤ **농기구 개량** : 쟁기·낫·호미 등의 농기구가 더욱 개량되어 농업 생산량 증대에 기여
⑥ **의생활의 변화 및 개선**
  ㉠ 고려 말 시작된 목화 재배가 확대되어 무명옷이 보편화
  ㉡ 삼·모시풀의 재배 성행, 누에치기가 확산되면서 양잠(養蠶)에 관한 농서가 편찬됨

(2) 농민의 몰락과 정부의 대책

① **농민의 몰락**
  ㉠ **소작농의 증가** : 지주제의 확대로 인한 농민의 소작농화
  ㉡ **유망 농민의 증가** : 화전민이나 도적으로 전락
② **정부의 대책** : 〈구황촬요〉의 편찬, 호패법·오가 작통법 등을 강화, 향약 시행

SEMI-NOTE

노비의 신공
남자 노비(奴)는 면포 1필과 저화 20장, 여자 노비(婢)는 면포 1필과 저화 10장을 각각 신공으로 바침

이앙법 보급의 영향 ★ 빈출개념
• 생산성 증가 및 광작의 보급을 촉진
• 농민의 계층 분화 초래
• 농민의 토지 이탈 초래
• 특수 작물의 재배(구황 작물, 상업 작물)
• 경영형 부농의 발생 계기

오가 작통법
성종 16년(1485) 마련된 제도로, 다섯 집을 1통으로 묶은 호적의 보조 조직. 주로 호구를 밝히거나 범죄자 색출, 세금 징수, 부역 동원 등에 이용되었으며, 후기에는 유민을 막고 도적의 은닉을 방지하기 위해 활용됨. 헌종 때에는 통의 연대 책임을 강화하여 천주교도를 색출하기도 함

6. 수공업 생산 활동

(1) 관영 수공업
① 정비 : 고려보다 관영 수공업 체제를 잘 정비, 수공업의 중심
② 관장제(官匠制) : 장인(기술자)을 공장안에 등록시켜 관청에서 필요한 물품을 제작·공급, 사장(私匠)은 억제함
③ 생산 품목 : 화약, 무기, 의류, 활자 인쇄, 그릇, 문방구 등을 제조·납품

(2) 민영 수공업과 가내 수공업
① 민영 수공업 : 국역이 끝난 장인이나 공장안에 등록되지 않은 장인이 도시에서 장인세를 납부하며 생산·판매, 주로 농민의 농기구를 만들며 양반의 사치품도 생산
② 가내 수공업 : 농가에서 자급자족의 형태로 무명·명주·모시·베 등을 생산

7. 상업 활동

(1) 정부의 상업 통제
① 상공업 통제 : 유교적 농본억상 정책, 유교적 경제관으로 검약 강조, 소비 억제, 상인 천대
② 시전 중심의 상업
　㉠ 시전은 도성에 설치된 대표적 상설 기구
　㉡ 경시서(평시서)를 두어 시전을 감독하고 불법적 상행위를 통제
③ 시전 상인
　㉠ 관허 상인으로, 종로 거리에 상점가를 만들어 점포세와 상세를 거둠
　㉡ 금난전권 : 왕실이나 관청에 물품을 공급하는 대신에 특정 상품에 대한 독점 판매권을 부여받음
④ 육의전 : 명주, 종이, 어물, 모시와 베, 무명, 비단을 파는 점포

(2) 장시
① 장시의 발달 : 15세기 후반부터 등장, 16세기 중엽에 이르러 전국적으로 확대
② 정부의 억제 : 농업 위축을 염려해 장시의 발전을 억제하였으나 일부 장시는 정기 시장으로 정착
③ 활동 : 보부상들이 일용 잡화나 농·수산물, 수공업 제품, 약재 등을 장시를 통해 판매·유통(보부상은 생산자와 소비자를 이어 주는 관허 행상의 역할을 수행)

실력up 장시의 등장과 발달
- 농촌 시장인 장시가 처음 등장한 것은 15세기 말
- 15세기 말, 왜구의 침입으로 황폐해진 해안 지역의 농토 개간이 완료되고 농업 생산력이 현저히 발달하였음
- 넓은 나주 평야를 끼고 있으며 서해안에 인접한 나주와 무안 지역은 다양한 물품이 생산

SEMI-NOTE

관영 수공업의 쇠퇴
조선 초기 활발하게 이루어졌던 관영 수공업은 관기업의 특성이라고 할 수 있는 생리적 폐쇄성과 창의성의 결여로 생산품의 질적 저하를 초래함. 또한 낮은 대우를 받은 장인들이 갈수록 공장안에 등록되기를 기피하였으므로 등록된 장인의 수가 줄어들었으며, 조선의 재정 사정이 악화됨에 따라 관영 수공업을 유지하기 어려워 관영 수공업은 쇠퇴하게 됨

금난전권
시전 상인이 왕실이나 관청에 물품을 공급하는 대신 부여받은 독점 판매권. 금난전권의 '난전'은 전안(시전의 상행위자에 대해 등록한 대장으로 숙종 32년 실시)에 등록되지 않은 자의 상행위 또는 판매 허가를 받지 않은 상품을 성안에서 판매하는 행위를 말하는데, 난전으로 상권이 침해된 시전 상인들은 이의 금지를 정부에 요청함. 이에 정부가 시전 상인들에게 한양 도성 안과 도성 밑 10리 안에서의 금난전권을 부여함으로써 시전 상인들은 상권을 독점할 수 있게 됨. 육의전을 제외한 금난전권은 정조 15년(1791)에 신해통공으로 폐지

화폐
정부는 조선 초기에 저화(태종), 조선통보(세종), 팔방통보(세조) 등을 만들어 유통시키려 하였으나 상업의 부진에 따라 화폐의 유통도 부진, 농민들은 교역의 매개로 주로 쌀과 베를 이용

주변국과의 무역, 사무역
- 명 : 공무역과 사무역을 허용
- 여진 : 국경 지역에 설치한 무역소를 통하여 교역
- 일본 : 동래에 설치한 왜관을 중심으로 무역
- 사무역 : 국경 부근의 사무역은 엄격하게 감시, 주로 무명과 식량이 거래됨

되었으며, 생산자들이 이를 자유롭게 처분할 수 있는 여건도 마련됨
- 장시는 점차 삼남 전 지역과 경기도 등지로 확산, 출현할 당시 15일이나 10일 간격이던 개시일도 점차 5일 간격으로 조정, 장시 확산 추세는 18세기에 더욱 두드러져 18세기 중반 전국의 장시는 천 여 곳에 달하게 됨

03절 근세의 사회 구조와 사회 생활

1. 신분 제도

(1) 신분 제도의 변동
① 변동 방향 : 크게 양인 확대와 지배층의 분화(양반층과 중인층)로 변동
  ㉠ 양인 확대 정책 : 향·소·부곡 등 천민 집단의 소멸, 양인화, 노비 변정 사업 등
  ㉡ 지배층의 분화 : 향리의 양반 상승 제한, 서리와 기술관 제도의 도입, 지배 신분층은 양반과 중인으로 양분
② 신분 이동 : 조선 시대는 엄격한 신분제 사회였으나 신분 이동이 가능
  ㉠ 법적으로 양인이면 과거에 응시하여 관직에 진출 가능
  ㉡ 양반도 죄를 지으면 노비가 되거나, 경제적으로 몰락하여 중인이나 상민이 되기도 함
  ㉢ 여전히 지배층과 피지배층이 존재하는 신분 사회

(2) 양천(良賤) 제도
① 이분제의 법제화 : 사회 신분을 법제적으로 양인과 천민으로 양분
  ㉠ 양인(良人) : 과거 응시가 가능한 자유민으로 조세·국역 등의 의무를 짐
  ㉡ 천민(賤民) : 비자유민으로서 개인이나 국가에 소속되어 천역을 담당, 노비 등
② 결과 : 갑오개혁(1894) 이전까지 조선 사회를 지탱한 기본적·법제적 신분 규범

(3) 반상(班常) 제도
① 양반과 중인 신분이 정착되면서 지배층인 양반과 피지배층인 상민을 구별하는 반상 제도가 일반화됨(실질적 신분 구분)
② 양인이 분화되면서 점차 양반·중인·상민·천민의 신분 제도(4분제)가 정착
③ 16세기 이후 사회 전면에 부각됨

(4) 양반 제도의 특성
① 세습적 성격 : 음서제, 대가제
② 가문 중시 : 의정부·승정원·이조·삼사·예문관 등의 청요직(청직과 요직)의 등용에는 가문을 문제 삼음
③ 배타성 : 결혼에 있어 다른 신분과 구별, 서얼출신과 재가녀 자손 등의 관직진출

SEMI-NOTE

노비 변정 사업
태종 때 실시된 정책으로, 고려 말 억울하게 노비가 된 자를 양인으로 풀어줌. 국가 재정 확충과 국역 확보를 목적으로 함.

고려 시대와 조선 시대의 신분제 변화

귀족	양반
중류층	중인
양민	상민
천민	천민
고려시대	조선시대

음서제와 대가제
- 음서 : 공신이나 2품 이상의 고위관직의 자제가 대상
- 대가 : 정3품 이상의 자에게 별가된 품계를 대신 아들·동생·조카·사위에게 줄 수 있게 하는 제도

에 제약이 따름, 교육과 과거제도 등 여러 조치를 마련, 한품서용, 체아직 등

2. 양반(兩班)

(1) 의의

① 개념의 확대 : 양반 관료 체제가 정비되면서 문·무반직을 가진 사람뿐만 아니라 그 가족이나 가문까지도 양반으로 지칭
② 특권적 생활 : 각종 법률과 제도로써 양반의 신분적 특권을 제도화

(2) 양반 증가 억제책

① 한품서용제(限品敍用制) : 향리, 서리, 기술관, 군교, 역리 등 중인의 관직 진출 시 품계를 제한
② 서얼차대법(庶孼差待法) : 첩에서 난 소생들을 서얼이라고 하여 차별하고 관직 진출·과거 응시를 제한(서얼금고법)

3. 중인(中人)

(1) 의의

① 의미
　㉠ 넓은 의미 : 양반과 상민의 중간 신분 계층을 총칭하는 개념
　㉡ 좁은 의미 : 기술관을 지칭
② 성립 : 15세기부터 형성되어 16세기에 세습화되었고, 17세기 중엽 이후에 독립된 신분층으로 성립
③ 사회적 예우 : 전문 기술이나 행정 실무를 담당, 나름대로 지배층으로 행세

(2) 종류

① 서리·향리·기술관 : 직역을 세습, 같은 신분 안에서 혼인, 관청 근처에서 거주
② 서얼 : 중인과 같은 신분적 처우를 받았으므로 중서라고도 불림, 문과 응시 불가
③ 역관 : 사신을 수행하면서 무역에 관여
④ 향리 : 토착 세력으로서 수령을 보좌

4. 상민(常民)

(1) 의의 및 성격

① 평민·양인으로도 불리며, 농민·수공업자·상인 등으로 구성
② 농본억상 정책으로 공·상인은 농민보다 아래에 위치
③ 법적으로는 과거 응시가 가능하나, 실제 상민이 과거에 응시하는 것은 매우 어려웠음
④ 전쟁이나 비상시에 군공을 세우는 경우 외에는 신분 상승 기회가 적음

SEMI-NOTE

한품서용, 체아직
- **한품서용** : 중인과 서얼의 관직 진출 시 품계를 제한하는 것으로, 기술관과 서얼은 정3품까지, 토관·향리는 정5품까지, 서리 등은 정7품까지만 승진 가능
- **체아직** : 일정 기간 후 교체 근무를 하는 직으로, 잡직은 모두 체아직에 해당

중인층의 관직 진출
중인층의 경우 사회적 역할이 컸음에도 고위직으로의 진출은 제한됨. 법적상 중인층도 문·무과 응시가 가능했으나, 실제로는 서얼과 마찬가지로 천대받았으며 청요직 진출에도 제약이 따름

중인의 부 획득
- **역관** : 사신을 수행하면서 무역에 개입하여 이득 획득
- **향리** : 수령을 보좌하면서 비리를 통해 이득 획득

(2) 종류

① 농민 : 조세 · 공납 · 부역 등의 의무를 부담
② 수공업자 : 공장(工匠)으로 불리며 관영이나 민영 수공업에 종사, 공장세를 납부
③ 상인 : 시전 상인과 보부상 등, 상인세를 납부
④ 신량역천 : 법제적으로 양인이나 사회적으로 천민 취급을 받는 계층

5. 천민(賤民)

(1) 구성 및 사회적 대우

① 구성 : 노비가 대부분이며, 백정 · 무당 · 창기 · 광대 등도 천민으로 천대됨
② 사회적 대우
  ㉠ 권리 박탈 : 비자유민으로, 교육받거나 벼슬길에 나갈 수 없음
  ㉡ 재산으로 취급 : 매매 · 상속 · 증여의 대상이 됨
  ㉢ 일천즉천 원칙 : 부모 한쪽이 노비일 경우 자녀도 노비가 되는 것이 일반화
  ㉣ 천자수모법 적용 : 부모의 소유주가 다를 때 자녀는 어머니 측 소유주의 재산
  ㉤ 양천교혼(良賤交婚) : 원칙적으로 금지

(2) 공·사노비

① 공노비 : 입역 노비와 납공 노비(외거 노비)로 구분
② 사노비 : 입역 노비(솔거 노비)와 납공 노비(외거 노비)로 구분

6. 사회 정책과 시설

(1) 사회 정책의 배경 및 목표

① 배경 : 성리학적 명분론에 입각한 농본 정책의 추진
② 목표 : 양반 지배 체제의 강화를 위한 사회 · 신분 질서 유지, 농민 생활의 안정을 통한 국가의 안정과 재정 기반의 마련

(2) 사회 정책 및 제도

① 소극적 정책 : 농민의 토지 이탈 방지 정책(양반 지주들의 토지 겸병을 억제, 농민에 대한 조세 감면)
② 적극적 구휼 · 구호 정책
  ㉠ 의창, 상평창 : 국가에서 설치 · 운영
  ㉡ 환곡제 : 국가(관청)에서 춘궁기에 양식과 종자 · 곡물을 빌려준 뒤에 추수기에 회수
  ㉢ 사창제(세종)
    • 향촌사회에서 자치적으로 실시 · 운영한 것으로, 사창을 설치하고 일정 이자를 붙여 농민에게 대여
    • 양반 지주들이 농민 생활을 안정시켜 양반 중심의 향촌 질서를 유지하기 위

SEMI-NOTE

칠반천역

고된 일에 종사하는 일곱 부류를 지칭하는 말로, 수군, 봉수군, 역졸, 조졸, 조례(관청의 잡역 담당), 나장(형사 업무 담당), 일수(지방 고을의 잡역 담당)가 이에 해당

양천 결혼 시의 법제 변천

노비종부법(태종) → 일천즉천(세조) → 〈경국대전〉에서 일천즉천(일반법)과 노비종부법(특별법)을 규정 → 노비종모법(영조) → 노비 세습법제 폐지(고종)

신공(身貢)

조선 시대에 노비가 몸으로 치르는 노역 대신에 납부하는 공물을 말함

고려와 조선의 사회 및 의료 시설

• 고려
  – 사회 시설 : 의창, 상평창, 제위보
  – 의료 시설 : 동 · 서 대비원, 혜민국, 구제도감, 구급도감
• 조선
  – 사회 시설 : 환곡제(국가 주도), 사창제(민간 주도)
  – 의료 시설 : 동 · 서 대비원, 혜민국, 제생원, 동 · 서 활인원

한 것
③ 의료 시설
- ㉠ 혜민국, 동·서 대비원 : 약재 판매 및 서민 환자의 의료 구제를 담당
- ㉡ 제생원 : 행려의 구호 및 진료를 담당
- ㉢ 동·서 활인서 : 유랑자·빈민의 수용과 구료, 사망한 행려의 매장을 담당
- ㉣ 의녀 제도 : 질병의 치료와 간병, 산파 등의 역할을 수행

7. 법률 제도

(1) 법률 체제
① 형법
- ㉠ 대명률(大明律) : 〈경국대전〉의 형전 조항이 우선 적용되었으나, 그 내용이 소략하여 형벌 사항은 일반적으로 대명률을 적용
- ㉡ 연좌제 : 가장 무거운 범죄인 반역죄와 강상죄에는 연좌제가 적용

② 형벌 : 태·장·도·유·사형 5종이 기본으로 시행
- ㉠ 태(笞) : 주로 경범죄에 해당하는 처벌로 작은 곤장으로 때리며, 10대부터 50대까지 10대씩 5단계가 있음
- ㉡ 장(杖) : 대곤·중곤·소곤 등의 곤장으로 60대부터 100대까지 10대씩 5단계로 나눠 가하는 형벌
- ㉢ 도(徒) : 징역형의 일종, 1~3년 정도의 강제 노역에 처하며 보통 태장형을 수반
- ㉣ 유(流) : 귀양(→ 섬에 유배시키는 정도안치, 울타리를 쳐 거주지를 제한하는 위리안치, 가시덤불을 쌓는 가극안치, 고향에서만 살게 하는 본향안치 등)
- ㉤ 사(死) : 사형(→ 효시, 교시, 참시 등)

③ 민법 : 관습법 중심, 물권(物權) 개념의 발달, 재산 분쟁, 제사와 노비 상속을 중시

(2) 사법 기관 및 재판
① 중앙
- ㉠ 사헌부 : 백관의 규찰, 양반의 일반 재판
- ㉡ 형조 : 사법 행정에 대한 감독 및 일반 사건에 대한 재심을 담당
- ㉢ 의금부 : 국가대죄(국사범, 반역죄, 강상죄 등)를 다스리는 국왕 직속 기관
- ㉣ 포도청 : 상민의 범죄를 담당하는 경찰 기관
- ㉤ 한성부 : 수도의 치안 및 토지·가옥 소송을 담당
- ㉥ 장례원 : 노비 문서 및 노비 범죄를 관장

② 지방 : 관찰사와 수령이 각각 관할 구역 내의 사법권을 행사

8. 향촌 사회의 모습

(1) 향촌의 구성
① 향촌 : 중앙과 대칭되는 개념으로, 지방 행정 구역을 의미함
- ㉠ 향(鄕) : 행정 구역상 군현의 단위를 지칭

SEMI-NOTE

경국대전
〈경제육전〉이나 정도전의 〈조선경국전〉 등 이전까지의 법전이 미비하거나 현실과 모순된다는 판단을 내린 세조는 즉위하자마자 〈경국대전〉의 편찬을 시작함. 그리하여 세조 6년(1460)에 호구, 토지 제도, 조세, 기타 재정 경제 등을 다룬 〈호전〉이 먼저 완성됨. 성종 5년(1474)에 완성, 반포됨

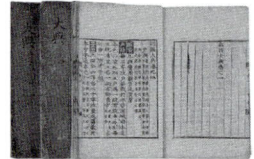

경국대전

사헌부와 의금부
사헌부와 의금부는 주로 정치적 사건을 관장

ⓒ 촌(村) : 촌락이나 마을 단위를 지칭
② 군현제의 정비
 ㉠ 전국을 8도로 나누고 그 아래 부·목·군·현을 두어 중앙에서 지방관 파견
 ㉡ 군·현 밑에는 면·리 등을 설치하였으나 관리가 파견되지는 않음

(2) 향촌 자치의 모습
① 유향소(留鄕所) : 지방 자치를 위하여 설치, 수령을 보좌하고 향리를 감찰하며 풍속을 바로잡기 위한 기구
② 경재소(京在所) : 현직 관료로 하여금 연고지의 유향소를 통제하게 하는 제도로서, 중앙과 지방 간의 연락 업무 담당
③ 향청·향안·향규
 ㉠ 향안(鄕案) : 향촌 사회의 지배층인 지방 사족이나 향회 구성원의 명단을 적은 장부
 ㉡ 향회(鄕會) : 향안에 오른 지방 사족의 총회, 결속을 다지고 지방민을 통제
 ㉢ 향규(鄕規) : 향안에 오른 사족(향원)들 간의 약속이자 향회의 운영 규칙, 유향소·향계(鄕契)의 업무 및 직임자의 선임에 관한 규약
④ 향약
 ㉠ 형성 : 사림의 성장에 따라 16세기 이후 전통적 향촌 규약과 조직체가 향약으로 대체, 지방 사족은 향촌 사회 운영 질서를 강구하고 면리제와 병행된 향약 조직을 형성
 ㉡ 확산 : 중종 때 조광조에 의하여 처음 보급, 16세기 이후에 전국적으로 확산
 ㉢ 기능 : 향촌 사회의 자치 규약

9. 촌락의 구성과 운영

(1) 촌락의 구성
① 자연촌 : 농민 생활과 향촌 구성의 기본 단위, 동·리로 편제된 조직
 ㉠ 면리제 : 조선 초기에 자연촌 단위의 몇 개의 리를 면으로 묶음
 ㉡ 오가작통제 : 서로 이웃하고 있는 다섯 집을 하나의 통으로 묶고 통수를 두어 관장
② 양반 거주의 반촌(班村)과 평민·천민 거주의 민촌(民村)이 나타나기도 함

(2) 촌락의 운영
① 동계(洞契)·동약(洞約)
 ㉠ 의미
  • 동계 : 마을의 일을 처리하기 위한 계
  • 동약 : 마을 단위의 자치 조직
 ㉡ 조직 목적 : 촌락민들에 대한 지배력 강화
 ㉢ 전환 : 양반 사족들만 참여하다가 임진왜란 이후 평민층도 참여
② 두레, 향도 : 촌락의 농민 조직

SEMI-NOTE

향약·향안·향규의 기능
지방 사족의 지배를 계속하기 위한 장치로 작용

향촌 지배 기반의 변모
조선 시대 양반들의 향촌 지배는 전기에는 유향소나 향약 등에 기반을 두고 있었지만, 후기에는 혈족적인 족계(族契)나 상하 합계 형태의 동계(洞契)를 발달시킴

조선 시대 농민 통제 정책
• 면리제 실시
• 호패법 실시
• 오가작통제 실시
• 농민의 자유로운 거주 이전 금지
• 3년마다 군현 단위로 호적 조사

공동체 조직의 참여자
동계나 동약과는 달리 두레, 향도, 향도계, 동린계는 모두 일반 백성들의 자생적 생활 문화 조직이며, 양반은 적극적으로 참여하지 않음

SEMI-NOTE

예학 및 보학의 발달
- 예학 : 왜란과 호란으로 흐트러진 유교 질서의 회복을 강조하는 과정에서 중시됨
- 보학 : 가문의 사회적 위상을 지키려는 양반들로 인해 성행

족보의 변화
- 전기 : 내외 자손을 모두 기록하는 자손보(→ 남녀 구별 없이 출생 순으로 기록)
- 후기 : 부계 친족만을 수록하는 씨족보(→ 선남후녀 순서로 기록하는 것이 보편화됨)

서원의 건립
주세붕이 서원을 창건할 적에 세상에서 의심하였으나 주세붕의 뜻은 더욱 독실해져, 무리의 비웃음을 무릅쓰고 비방을 극복하여 전래에 없던 장한 일을 단행하였으니 …… 앞으로 정몽주, 길재, 김종직 같은 이가 살던 곳에 모두 서원이 건립되게 될 것이며……
– 〈퇴계전서〉 –

사액(賜額)
임금이 서원 등에 이름을 지어서 현판을 내리는 일

향약의 4대 덕목
- 덕업상권(德業相勸) : 좋은 일은 서로 권함
- 과실상규(過失相規) : 잘못한 일은 서로 꾸짖음
- 예속상교(禮俗相交) : 서로 예의로써 사귐
- 환난상휼(患難相恤) : 재난과 어려움은 서로 도움

③ 향도계 · 동린계 : 농촌의 자생적 생활 문화 조직

10. 예학과 보학

(1) 예학(禮學)

① 성립 배경 : 성리학은 신분 질서 유지를 위해 상하 관계를 중시하는 명분론을 강조하는데, 이러한 성리학적 도덕 윤리를 강조하면서 신분 질서의 안정을 추구하고자 성립
② 발전 : 사림을 중심으로 발전, 삼강오륜을 기본 덕목으로 강조, 〈소학〉과 〈주자가례〉를 보급, 가묘(家廟)와 사당을 건립, 의례를 중요시함
③ 영향
　㉠ 공헌 : 상장 제례의 의식을 바로 잡고 유교주의적 가족 제도의 확립에 기여
　㉡ 폐단 : 형식화, 사림 간 정쟁의 구실이나 사대부의 신분적 우월성 강조에 이용
④ 예학자 : 김장생 〈가례집람〉, 정구 〈오선생예설분류〉

(2) 보학(譜學)

① 필요성 : 가족과 친족 공동체의 유대를 통한 문벌 형성, 신분적 우위 확보
② 기능
　㉠ 종족의 종적인 내력과 횡적인 종족 관계를 확인시켜 주는 기능
　㉡ 안으로는 종족 내부의 결속을 다지고 밖으로 신분적 우월의식을 가짐
　㉢ 결혼 상대자를 구하거나 붕당을 구별하는 데 있어서 중요한 자료로 활용
　㉣ 조선 후기에 더욱 활발해져 양반 문벌 제도를 강화(→ 17세기 무렵 족보 발행이 보편화됨)

11. 서원과 향약

(1) 서원

① 기원 : 중종 38년(1543)에 풍기 군수 주세붕이 안향의 봉사를 위해 설립한 백운동 서원
② 운영의 독자성 : 독자적인 규정을 통한 교육 및 연구
③ 사액 서원의 특권 : 면세 · 면역, 국가로부터 서적 · 토지 · 노비 등을 받음
④ 보급 : 교육 기관이므로 견제를 적게 받으며, 문중을 과시하는 효과도 있어 번창
⑤ 기능 : 선현의 추모, 학문의 심화 · 발전 및 양반 자제 교육, 향촌 사림을 결집, 양반의 지위 보장, 각종 국역 면제, 지방 문화 발전
⑥ 영향
　㉠ 공헌 : 학문 발달과 지방 문화 발전에 기여
　㉡ 폐단 : 사림들의 농민 수탈 기구로 전락, 붕당 결속의 온상지(→ 정쟁을 격화)

(2) 향약

① 의의

㉠ 조선 시대의 향촌 규약, 또는 그 규약에 근거한 조직체
㉡ 어려운 일을 당하였을 때 단결하여 서로 돕는 전통을 계승하면서 삼강오륜을 중심으로 한 유교 윤리를 가미
㉢ 서원과 함께 사림의 세력 기반이 됨
② 보급 : 사림 세력이 정계에 자리 잡은 16세기 후반부터 널리 보급
③ 구성 : 도약정(회장), 부약정(부회장), 약정(간부), 직월(간사)
④ 운영 : 향약의 윤리 규범은 사족과 농민 간에 차별적으로 적용되었으며, 규약 위배 시 일정 제재를 받음(동리에서 추방되기도 함)
⑤ 기능 : 조선 사회의 풍속 교화 기능, 향촌 자치적 기능 수행, 농민 통제 강화, 재지사족의 결속
⑥ 폐단 : 토호와 향반 등 지방 유력자들이 주민들을 위협·수탈할 수 있는 배경을 제공

04절 민족 문화의 발달

1. 민족 문화의 성립

(1) 성립 배경

① 15세기 문화를 주도한 관학파 관료와 학자들은 성리학 이외의 학문·사상이라도 중앙 집권 체제 강화나 민생 안정·부국 강병에 도움이 되는 것은 모두 수용
② 세종 때부터 성종 때까지 유교 이념에 토대를 두고 과학 기술과 실용적 학문을 발달시켜 민족 문화 발전의 토대 구축

(2) 민족 문화의 발전의 토대

① 집권층의 노력은 민족적·자주적인 성격의 민족 문화의 발전을 이끎
② 세종은 한글을 창제하여 민족 문화의 기반을 넓힘

2. 교육 제도

(1) 교육 제도의 발달

① 배경 : 유교를 정치 이념으로 채택, 유학을 생활 규범화
② 성격 : 과거 제도와 유기적으로 연계, 관리 양성을 위한 과거 시험 준비 과정, 사농일치의 교육이 원칙
③ 관학과 사학
  ㉠ 관학 : 국비로 운영, 조선 초기에는 관학이 우세
  ㉡ 사학 : 16세기 이후 사학이 교육을 주도

(2) 교육 기관

SEMI-NOTE

해주 향약 입약 범례문

무릇 뒤에 향약에 가입하기를 원하는 자에게는 반드시 먼저 규약문을 보여 몇 달 동안 실행할 수 있는가를 스스로 헤아려 본 뒤에 가입하기를 청하게 한다. 가입을 청하는 자는 반드시 단자에 참가하기를 원하는 뜻을 자세히 적어서 모임이 있을 때에 진술하고, 사람을 시켜 약정(約正)에게 바치면 약정은 여러 사람에게 물어서 좋다고 한 다음에야 글로 답하고 다음 모임에 참여하게 한다.
― 〈율곡전서〉 ―

성균관의 구성

- 명륜당(明倫堂) : 유학의 강의실
- 양재(兩齋) : 유생들의 기숙사
- 비천당(丕闡堂) : 알성시를 치르는 곳
- 존경각(尊經閣) : 국립 도서관
- 문묘(文廟) : 선현의 위패(位牌)를 모신 사당

기술 교육 기관
- 호조 : 산학
- 형조 : 율학
- 전의감 : 의학
- 관상감 : 천문·지리
- 장악원 : 악학
- 사역원 : 외국어
- 도화서 : 회화
- 소격서 : 도학

조선 시대 일반적 교육 단계(문과)

서당 → 중앙 : 4부 학당, 지방 : 향교 → 소 과(생진과) 응시 → 성균관 대학 또는 대과 응시

SEMI-NOTE

① 국립 교육 기관
- ㉠ 고등 교육 기관 : 국립 대학인 성균관을 두고, 입학 자격으로 생원 · 진사를 원칙으로 함
- ㉡ 중등 교육 기관 : 중앙의 4부 학당(4학)과 지방의 향교(鄕校)

② 사립 교육 기관
- ㉠ 서원 : 백운동 서원(중종 38, 1543)이 시초
- ㉡ 서당
  - 초등 교육을 담당한 사립 교육 기관
  - 주로 4학이나 향교에 입학하지 못한 선비와 평민의 자제가 입학, 〈천자문〉과 초보적인 유교 경전을 교육
- ㉢ 한계 : 계통적으로 연결되지 않고 각각 독립된 교육 기관

3. 한글 창제

(1) 배경
① 일찍부터 한자를 쓰고 이두나 향찰을 사용하였으나, 이로는 의사 소통이 불편
② 피지배층을 도덕적으로 교화시켜 양반 중심 사회를 유지하기 위해 문자의 대중화가 필요

(2) 한글의 창제와 보급
① 한글의 창제 : 세종은 집현전 학자들과 한글을 창제(1443)한 후 〈훈민정음〉을 반포(1446)
② 한글의 보급 : 〈용비어천가〉와 〈월인천강지곡〉 등을 지어 한글로 간행, 불경 · 농서 · 윤리서 · 병서 등을 한글로 번역하거나 편찬, 서리들의 채용에 훈민정음을 시험 과목으로 포함
③ 사용의 부진 : 언문이라 하여 천시됨

4. 역사서의 편찬

(1) 건국 초기
① 역사서 편찬
- ㉠ 목적 : 왕조의 정통성에 대한 명분을 밝히고 성리학적 통치 규범을 정착
- ㉡ 사관 : 성리학적 사관
- ㉢ 대표적 사서 : 태조 때 정도전의 〈고려국사〉, 태종 때 권근 · 하륜의 〈동국사략〉
② 실록의 편찬(〈조선왕조실록〉)
- ㉠ 의의 : 한 국왕이 죽으면 다음 국왕 때 춘추관을 중심으로 실록청을 설치하고 사관들이 기록한 사초, 각 관청의 문서들을 모아 만든 시정기 등을 중심으로 편년체로 편찬, 〈태조실록〉부터 〈철종실록〉까지 계속됨
- ㉡ 편찬의 자료 : 실록 편찬을 위한 자료인 사초는 국왕도 보지 못하게 하여 기록의 신뢰도를 높였으며, 이외에도 〈의정부 등록〉 · 〈승정원 일기〉 · 〈비변사

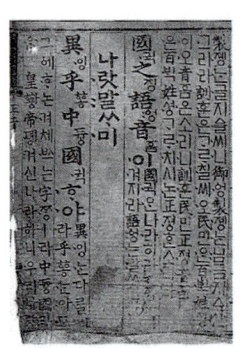

훈민정음 언해본

한글 서적
- 한글 서적 : 용비어천가(최초), 월인천강지곡, 동국정운, 석보상절, 월인석보, 불경언해, 훈몽자회
- 한글 번역본 : 삼강행실도, 두시언해, 칠서언해, 소학언해 등

등록〉·〈시정기〉·〈일성록〉 등을 이용
ⓒ 형식 : 연표 중심의 편년체로 기록

(2) 15세기 중엽

① 특징
  ㉠ 성리학적 대의 명분보다는 민족적 자각을 일깨우고자 함
  ㉡ 왕실과 국가의 위신을 높이며 문화를 향상시키는 방향에서 역사 편찬

② 대표적 사서
  ㉠ 고려사, 고려사절요 : 고려의 역사를 자주적 입장에서 재정리
    • 고려사 : 김종서·정인지 등이 세종의 명으로 편찬하여 문종 1년(1451)에 완성한 기전체 사서(139권)로, 조선 건국을 합리화하기 위하여 여말의 사실을 왜곡하고 있으나 고려의 정치·경제·사회 연구에 귀중한 문헌(→군주 중심의 역사 서술)
    • 고려사절요 : 김종서·정인지 등이 독자적으로 편찬하여 문종 2년(1452)에 완성한 편년체의 사서(35권)로, 〈고려사〉에서 빠진 부분을 보충·추가
  ㉡ 삼국사절요 : 서거정·노사신 등이 삼국 시대의 자주적 통사를 편찬하려는 입장에서 편찬한 편년체 사서
  ㉢ 동국통감 : 단군에서 여말까지를 기록한 최초의 통사

(3) 16세기

① 특징
  ㉠ 15세기 역사관을 비판하고 사림의 존화주의적·왕도주의적 의식을 반영
  ㉡ 존화 사상을 바탕으로 우리나라 역사를 소중화의 역사로 파악
  ㉢ 기자 조선을 강조하고 유교 문화와 대립되는 고유 문화는 음사(淫事)라 하여 이단시함

② 대표적 사서 ★빈출개념
  ㉠ 박상의 〈동국사략〉 : 사림의 통사로 15세기 〈동국통감〉을 비판, 엄정한 도덕적 기준으로 우리 역사를 재정리, 강목체를 철저히 적용
  ㉡ 박세무의 〈동몽선습〉 : 기자에서 시작되는 우리 역사의 도덕 사관 강조
  ㉢ 윤두서의 〈기자지〉 : 기자 조선 연구의 심화(5권 1책)
  ㉣ 이이의 〈기자실기〉 : 왕도 정치의 기원을 기자 조선에서 찾는 존화주의적 사서
  ㉤ 오운의 〈동사찬요〉 : 왜란 이후의 역사 의식을 기전체로 서술, 절의를 지킨 인물을 찬양하는 열전이 중심
  ㉥ 신숙주의 〈국조보감〉 : 〈조선왕조실록〉에서 모범이 될 만한 사실 발췌, 요약(세조~순종)

5. 지도와 지리서

(1) 편찬 목적

① 조선 전기 : 중앙 집권과 국방 강화라는 정치적·군사적 목적에서 편찬

SEMI-NOTE

사고(史庫)의 정비
- 4대 사고(세종) : 춘추관·성주·충주·전주 사고, 왜란 중 전주 사고만이 존속되었다가 광해군 때 5대 사고로 재정비
- 5대 사고(광해군) : 춘추관·오대산·태백산·마니산·묘향산 사고, 현재 태백산 사고본과 마니산(정족산) 사고본, 오대산 사고본(2006년 일본이 오대산 사고본 40여 권을 기증 형식으로 반환)만이 전하며, 묘향산(적상산) 사고본은 북한에서 보유

동국사략

SEMI-NOTE

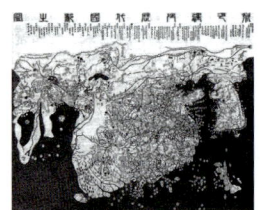

혼일강리역대국도지도

조선방역지도

삼강행실도

조선경국전

조선의 헌법이라고 할 수 있는 책으로, 태조 3년(1394) 정도전이 태조에게 올린 법전. 〈경국전〉이라고도 함. 인(仁)으로 왕위를 지켜나갈 것, 국호인 조선은 기자조선을 계승했다는 것 등을 서론에 담았음. 본론은 관리 선발과 그들의 역할 등을 다룬 치전(治典), 국가의 수입과 지출 등을 다룬 부전(賦典), 학교와 제례 등을 다룬 예전(禮典), 군사를 다룬 정전(政典), 법률과 형벌을 다룬 헌전(憲典), 건축과 공장(工匠) 등을 다룬 공전(工典)으로 구성되어 있음. 〈경제육전〉, 〈경국대전〉 등 여러 법전의 효시가 됨

② 조선 후기 : 주로 경제적·문화적 목적에서 편찬

(2) 지도

① 15세기 초
- ㉠ 혼일강리역대국도지도(1402) : 태종 때 권근·김사형·이회 등이 제작한 세계지도로, 현존하는 동양 최고(最古)의 세계 지도, 중화사상 반영
- ㉡ 팔도도 : 세종 때 제작된 전국지도(부전)
- ㉢ 동국지도 : 세조 때 양성지 등이 왕명에 따라 실지 답사를 통해 완성한 최초의 실측 지도, 두만강과 압록강 부분·하천과 산맥 및 인문 사항 자세히 기록

② 16세기 : 8도 주현의 진상품 파악을 위해 제작한 조선방역지도

6. 윤리서와 의례서, 법전의 편찬

(1) 윤리·의례서의 편찬

① 편찬 배경 : 유교 질서의 확립
② 15세기 윤리·의례서
- ㉠ 효행록 : 여말 권근의 책을 설순이 참고하여 개정
- ㉡ 삼강행실도(1431) : 세종 때 모범적인 충신·효자·열녀 등의 행적을 그림으로 그리고 설명
- ㉢ 국조오례의(國朝五禮儀) : 성종 때 신숙주·정척 등이 국가 왕실의 여러 행사에 필요한 의례를 정비·제정한 의례서

③ 16세기 윤리·의례서 : 사림이 〈소학〉과 〈주자가례〉의 보급에 노력(이륜행실도 (중종 13, 1518), 동몽수지(중종 12, 1517))

(2) 법전의 편찬

① 배경 : 유교적 통치 규범을 성문화
② 건국 초기 : 정도전은 〈조선경국전〉과 〈경제문감〉을, 조준은 〈경제육전〉을 편찬
③ 전기의 주요 법전

책명	시기	인물	내용
조선경국전	태조 3년(1394)	정도전	조선의 정책 지침
경제문감	태조 4년(1395)	정도전·권근	정치 문물 초안서
경제육전	태조 6년(1397)	조준·하륜	조선 최초의 공식 법전
속육전	태종 13년(1413)	하륜	〈경제육전〉의 증보
경국대전	성종 16년(1485)	최항·노사신	• 유교적 통치 질서와 문물 제도의 완비를 의미하는 기본 법전 • 이·호·예·병·형·공전의 6전으로 구성

7. 건국 초기의 성리학파

(1) 관학파(훈구파)

① 시기 : 15세기 정치를 주도하고 민족 문화 창달에 기여
  ㉠ 대내외적인 모순을 극복
  ㉡ 문물 제도 정비, 부국강병 추진
② 주도 인물 : 정도전, 권근 등
③ 성향 및 특징 : 부국강병과 중앙 집권화 추구, 사장을 중시(삼경 중시), 실용적, 격물치지(경험적 학풍), 성리학 이외에 한·당 유학, 불교·도교·풍수지리 사상·민간 신앙, 군사학·기술학 등을 포용, 자주 민족 의식(단군 숭배), 〈주례〉를 국가 통치 이념으로 중시, 막대한 토지 소유, 농장 매입, 성균관과 집현전 등을 통해 양성, 신숙주, 서거정, 정인지 등

(2) 사학파(사림파)

① 시기 및 주도 인물 : 정몽주·길재의 학통을 계승한 사림들이 성종 때 본격적으로 중앙 정계에 진출하여 16세기 이후 학문과 정치 주도
② 성향 및 특징 : 왕도 정치와 향촌 자치 추구(서원, 향약 중시), 경학을 중시(사서 중시), 이론적, 사변주의(관념적 학풍), 성리학 이념에 충실하며, 불교·도교 등을 배척, 기술학 천시, 중국 중심의 화이 사상(기자 중시), 형벌보다는 교화에 의한 통치를 강조, 공신·외척의 비리와 횡포를 성리학적 명분론에 입각하여 비판, 서원을 중심으로 향촌에서 기반을 잡고 중앙으로 진출 후 삼사 등에서 활동, 김종직, 김일손, 조광조 등

8. 성리학의 발달

(1) 철학의 조류

① 발달 배경 : 16세기 사림은 도덕성과 수신을 중시하고 인간 심성에 대하여 깊은 관심을 보임
② 이기론의 선구자 : 서경덕과 이언적
③ 이기론의 전개
  ㉠ 주리론 : 영남학파, 동인, 이언적(선구)·이황(대표)·조식·유성룡·김성일 등
  ㉡ 주기론 : 기호학파, 서인, 서경덕(선구)·이이(대표)·조헌·성혼·김장생 등

(2) 성리학의 정착

① 이황(李滉, 1501~1570)
  ㉠ 학문 성향
    • 도덕적 행위의 근거로서 인간의 심성을 중시, 근본적·이상주의적인 성격
    • 주리 철학을 확립, 16세기 정통 사림의 사상적 연원, 이기이원론
  ㉡ 저서 : 〈주자서절요〉·〈성학십도〉·〈전습록변〉 등
  ㉢ 학파 형성 : 김성일·유성룡 등의 제자에 의하여 영남학파 형성
② 이이(李珥, 1536~1584)

SEMI-NOTE

〈경제육전〉과 〈속육전〉
- **경제육전** : 태조 6년(1397) 영의정 조준의 책임 하에 편찬·반포된 법전으로, 1388~1397년에 시행된 법령 및 이후 시행될 법령을 내용으로 함. 오늘날 전해지지는 않음. 한자, 이두, 방언이 혼용됨. 조선 초기 태조의 법치주의 이념이 담겨 있으며, 〈경국대전〉이 편찬되기 전까지 법전의 초석이 됨
- **속육전** : 〈경제육전〉을 개정한 〈경제육전속집상절〉, 〈신속육전〉, 〈신찬경제속육전〉 등을 통칭하는 말. 오늘날 조문 일부가 〈조선왕조실록〉에 인용되어 전해짐

조식
출사를 거부하고 평생을 학문과 후진 양성에 힘쓰며 서리망국론을 제기하여 당시 서리의 폐단을 강력히 지적함

〈성학십도〉와 〈성학집요〉
- **성학십도** : 이황이 선조 1년(1568) 왕에게 올린 것으로 군왕의 도(道)에 관한 학문의 요체를 도식으로 설명하였는데, 군주 스스로가 성학을 따를 것을 제시함
- **성학집요** : 이이가 사서(四書)와 육경(六經)에 있는 도(道)의 개략을 뽑아 간략하게 정리하여 선조에게 바친 책으로, 현명한 신하가 성학을 군주에게 가르쳐 그 기질을 변화시켜야 한다고 주장함

SEMI-NOTE

대공수미법
공납제의 폐단을 시정하기 위해 이이·유성룡 등이 제안함. 황해도의 해주와 송화 등지에서는 이미 명종 때부터 토지 1결당 1두씩의 쌀을 걷어 공물을 마련하였는데, 이이는 이 방법의 전국적 시행을 선조에게 건의함. 그러나 당시 방납 등으로 이득을 취하던 자들의 방해로 실현되지 못함. 이후 임진왜란 때 유성룡이 건의하면서 전국적으로 실시되었으나 얼마 가지 못해 폐지됨. 대동법의 선구라고 할 수 있음

척화론과 의리명분론
- 주화(主和) 두 글자가 신의 일평생에 허물이 될 줄 압니다. 그러나 신은 아직도 오늘날 화친하려는 일이 그르다고 생각하지 않습니다. …… 자기의 힘을 헤아리지 아니하고 경망하게 큰 소리를 쳐서 오랑캐의 노여움을 사고 끝내 백성을 도탄에 빠뜨리며 종묘와 사직에 제사 지내지 못하게 된다면 그 허물이 이보다 클 수 있겠습니까?
— 〈지천집〉 —

- 화의가 나라를 망친 것은 어제 오늘의 일이 아닙니다. 옛날부터 그러하였으나 오늘날처럼 심각한 적은 없었습니다. 명은 우리나라에게는 부모의 나라입니다. 신하된 자로서 부모의 원수와 형제의 의를 맺고 부모의 은혜를 저버릴 수 있겠습니까?
— 〈인조실록〉 —

조선의 환국 정치
서인은 인조 반정으로 정권을 잡았는데, 정책을 수립하고 상대 붕당을 탄압하는 과정에서 노장 세력과 신진 세력 간에 갈등이 깊어지면서 노론과 소론으로 나뉨. 이후 노론과 소론은 남인과 정국의 주도권을 놓고 대립하였고, 남인이 정계에서 완전히 밀려난 뒤에는 노론과 소론 사이의 대립으로 정국의 반전이 거듭됨

㉠ 성향 : 개혁적·현실적 성격(기의 역할을 강조), 일원론적 이기이원론
㉡ 저서 : 〈동호문답〉·〈성학집요〉·〈경연일기〉·〈만언봉사〉 등
㉢ 변법경장론(變法更張論) : 경세가로서 현실 문제의 개혁 방안을 제시(대공수미법, 10만 양병설)
㉣ 학파 형성 : 조헌·김장생 등으로 이어져 기호학파를 형성

9. 학파의 형성과 대립

(1) 학파의 형성과 분화
① 학파의 형성 : 서경덕 학파·이황 학파·조식 학파가 동인을, 이이 학파·성혼 학파가 서인을 형성
② 동인은 정여립 모반 사건 등을 계기로 이황 학파의 남인과, 서경덕 학파·조식 학파의 북인으로 분화
③ 서인은 송시열·이이 등의 노론과, 윤증·성혼 등의 소론으로 분화

(2) 학파의 대립
① 북인의 집권과 서인의 집권
  ㉠ 북인의 집권 : 광해군 때에 북인은 적극적 사회·경제 정책을 펴고 중립 외교를 취했는데, 이것이 서인과 남인의 반발을 초래
  ㉡ 서인의 집권(남인 참여 허용) : 인조 말엽 이후 이이와 이황의 학문, 즉 주자 중심의 성리학만이 확고한 우위를 차지
② 척화론과 의리명분론 : 송시열 등의 서인에게 넘어가면서 척화론과 의리명분론이 대세, 서인과 남인은 명에 대한 의리명분론을 강화하여 병자호란 초래, 대동법과 호포법 등 사회·경제 정책을 둘러싸고 격렬한 논쟁

10. 예학의 발달

(1) 예학의 보급
① 16세기 중반 : 〈주자가례〉 중심의 생활 규범서가 출현, 학문적 연구가 이루어짐
② 16세기 후반 : 명분 중심의 윤리와 가례 등의 예의식 강조

(2) 예학의 발달
① 예와 예치의 강조 : 예가 사회를 이끌어 가는 하나의 방도로서 부각되었고, 예치가 강조됨
② 예학자 : 김장생, 정구 등
③ 영향 : 유교적 가족 제도 확립과 제례 의식 정립에는 기여하였으나, 지나친 형식주의는 예송 논쟁의 구실로 이용됨

11. 불교의 정비

(1) 초기

① 불교 정비책
  ㉠ 초기 : 사원이 소유한 막대한 토지와 노비를 회수
  ㉡ 태조 : 도첩제를 실시하여 승려로의 출가를 제한, 사원의 건립 억제
  ㉢ 태종 : 242개의 사원만 남기고 나머지는 폐지, 토지와 노비 몰수
  ㉣ 세종 : 교단을 정리하면서 선종과 교종 각 18사씩 모두 36개 절만 인정
  ㉤ 세조 : 원각사에 10층 석탑을 세우고, 간경도감을 설치하여 불교 경전을 번역·간행, 적극적 불교 진흥책으로 일시적인 불교 중흥
  ㉥ 성종 : 도첩제 폐지, 불교는 왕실에서 멀어져 산간 불교로 바뀜
② 불교의 위축 : 사원의 경제적 기반 축소와 우수한 인재의 출가 기피는 불교의 사회적 위상을 크게 약화시킴

(2) 중기

① 명종 : 일시적인 불교 회복 정책, 보우가 중용되고 승과가 부활
② 16세기 후반 : 서산대사와 같은 고승이 배출되어 교리 정비
③ 임진왜란 때 : 승병들이 크게 활약함으로써 불교계의 위상을 새롭게 정립

12. 도교와 민간 신앙

(1) 도교와 풍수지리설

① 선초 도교는 위축되어 사원이 정리되고 행사도 축소
② 국가적 제사를 주관하기 위해 소격서(昭格署) 설치, 참성단에서 초제 시행
③ 사림의 진출 이후 중종 때 소격서가 혁파되고 도교 행사가 사라지기도 함
④ 유교 정치의 정착 과정에서 전통적 관습·제도인 도교는 갈등을 빚었고, 임진왜란 이후 소격서는 완전히 폐지
⑤ 풍수지리설·도참 사상
  ㉠ 신라 말 전래된 이래 줄곧 도읍 등의 선택에 영향을 미침
  ㉡ 조선 초기 이래로 중요시되어 한양 천도에 반영되었으며, 사대부의 묘지 선정에도 작용하여 산송(山訟) 문제가 사회적인 문제로 대두되기도 함

(2) 기타의 민간 신앙

① 민간 신앙 : 무격 신앙·산신 신앙·삼신 숭배·촌락제 등이 백성들 사이에 자리 잡음
② 매장 방식의 변화 : 화장하던 풍습이 묘지를 쓰는 것으로 바뀌면서 명당 선호 경향이 두드러짐

13. 천문·역법·수학·의학서

(1) 각종 기구의 발명과 제작

SEMI-NOTE

보우
조선 시대 억불 정책에 맞서 불교를 부흥시켜 전성기를 누리게 한 승려. 명종의 어머니인 문정왕후의 신임을 얻어 봉은사의 주지가 되어 선종과 교종을 부활시키고 윤원형 등의 도움으로 300여 개 사찰을 국가 공인 정찰(淨刹)로 만들었으며, 도첩제에 따라 승려를 선발하도록 하고 승과를 부활시킴. 문정왕후 사후 불교 배척 상소와 유림의 성화에 밀려 승직을 박탈당하고 제주에 유배되었다가 제주목사에 의해 참형됨. 그의 사후 불교는 종전의 억불정책 시대로 돌아가 선·교 양종 제도와 승과가 폐지됨

① 천체 관측 기구 : 혼의 · 간의가 제작됨
② 측정 기구 : 측우기(1441), 자격루, 해시계, 앙부일구
③ 측량 기구(1446) : 세조 때 토지 측량 기구인 인지의와 규형을 제작
④ 천문도(天文圖) : 천상열차분야지도(천문도를 돌에 새긴 것) 제작

(2) 역법과 수학의 발달

① 칠정산(세종) : 중국의 수시력과 아라비아의 회회력을 참고로 한 역법서
② 수학의 발달
  ㉠ 천문 · 역법의 발달과 토지 조사, 조세 수입 계산 등의 필요에 의해 발달
  ㉡ 수학 교재 : 명의 안지제가 지은 〈상명산법〉, 원의 주세걸이 지은 〈산학계몽〉 등

(3) 의학서

① 향약제생집성방(1398) : 의학 · 본초학의 효시
② 향약채집월령(1431) : 약용 식물을 최초로 정리한 의서(한글)
③ 향약집성방(1433) : 우리 풍토에 알맞은 약재 개발과 1천여 종의 병명 및 치료 방법을 개발 · 정리, 조선 의학의 학문적 체계화
④ 태산요록(1434) : 산부인과 의서
⑤ 신주무원록(1438) : 송의 법의학서(무원록)에 주(註)를 달아 편찬
⑥ 의방유취(1445) : 김순의 등, 동양 최대의 의학 백과 사전

14. 인쇄술과 제지술

(1) 활자와 인쇄 기술의 발달

① 배경 : 초기에 각종 서적의 편찬 사업이 활발하게 추진되면서 함께 발달
② 금속 활자의 개량 : 고려 시대에 발명되어 조선 초기에 개량
  ㉠ 태종(1403) : 주자소를 설치하고 구리로 계미자를 주조
  ㉡ 세종(1434) : 구리로 갑인자를 주조(→ 정교하고 수려한 조선 활자의 걸작)

(2) 제지술의 발달

① 활자 인쇄술과 더불어 제지술이 발달하여 종이의 생산량이 크게 증가
② 세조 때 종이를 전문적으로 생산하는 조지서(造紙署)를 설치

15. 농서의 편찬과 농업 기술의 발달

(1) 농서의 편찬

① 농사직설 : 세종 때 정초 등이 편찬한 우리나라 최초의 농서, 직파법을 권장하고 하삼도의 이모작 등을 소개하고 있으며 씨앗의 저장법이나 토질 개량법, 모내기법 등에 관한 내용도 담고 있음
② 사시찬요 : 세종 때 강희맹이 편찬, 계절(四時)에 따른 농사와 농작물에 관한 주의 사항, 행사 등을 서술

천상열차분야지도

향약집성방

이전에 판문하(고려 시대 첨의부의 최고 관직명) 권중화가 여러 책을 뽑아 〈향약간이방〉을 짓고, 그후 평양백 조준 등과 함께 약국 관원에게 명하여 다시 여러 책을 상고하고 또 우리나라 사람들이 경험하였던 처방을 취하여 분류해서 편찬한 다음 인쇄하여 발행하였다. …… 그러나 방서가 중국에서 나온 것이 아직 적고, 약 이름이 중국과 다른 것이 많기 때문에 의술을 전공하는 자들이 미비하다는 탄식을 면치 못하였다. …… 다시 향약방에 대해 여러 책에서 빠짐없이 찾아낸 다음 분류하여 증보하게 하니 한해가 지나 완성되었다. …… 합하여 85권으로 바치니 이름을 〈향약집성방〉이라 하였다.

— 〈동문선〉 —

농서의 편찬

나라는 백성을 근본으로 삼고 백성은 먹는 것으로 하늘을 삼는데, 농사라는 것은 옷과 먹는 것의 근원이므로 왕도 정치에서 먼저 힘써야 할 것이다. …… 농서를 참조하여 시기에 앞서서 미리 조치하되, 너무 이르게도 너무 늦게도 하지 말고, 다른 부역을 일으켜서 그들의 농사 시기를 빼앗을 수도 없는 것이니 각각 자신의 마음을 다하여 백성들이 근본에 힘쓰도록 인도하라.

— 〈세종실록〉 —

③ 금양잡록 : 성종 때 강희맹이 금양(안양) 지방의 농민들의 경험담을 토대로 저술한 농서로서, 농사직설에 없는 내용만을 수록하는 것을 원칙으로 함
④ 농가집성 : 효종 때 신속이 편찬, 이앙법을 권장하고 주곡(主穀)에 관한 재배법만을 기록

(2) 농업 기술의 발달

① 2년 3작과 이모작 : 밭농사에서는 조·보리·콩의 2년 3작이 널리 시행, 논농사에서는 남부 지방 일부에서 벼와 보리의 이모작이 실시
② 건사리와 물사리 : 벼농사에서는 봄철에 비가 적은 기후 조건 때문에 건사리[乾耕法]가 이용되었고, 무논에 종자를 직접 뿌리는 물사리[水耕法]도 행해짐
③ 이앙법, 시비법, 가을갈이 등

16. 병서 편찬과 무기 제조

(1) 병서의 편찬

① 조선 초기에는 국방력 강화를 위해 많은 병서를 편찬, 무기 제조 기술 발달
② 병서 : 〈진도(陣圖)〉, 〈총통등록〉, 〈동국병감〉, 〈병장도설〉, 〈역대병요〉 등

(2) 무기 제조 기술의 발달

① 화약 무기 제조 기술 : 화포가 제작되고 로켓포와 유사한 화차가 제조
② 병선 제조 기술 : 태종 때 거북선을 만들었고(1413), 작고 날쌘 비거도선이 제조됨

17. 다양한 문학

(1) 조선 전기의 문학

① 특징
  ㉠ 조선 전기의 문학은 작자에 따라 내용과 형식에 큰 차이
  ㉡ 초기에는 격식과 질서·조화를 내세우는 경향이었으나 점차 개인적 감정과 심성을 나타내는 경향의 가사와 시조 등이 우세해짐
② 악장과 한문학
  ㉠ 건국 주도 세력은 악장과 한문학을 통하여 새 왕조의 탄생과 자신들의 업적을 찬양하고 우리 민족의 자주 의식 표출(→ 악장은 16세기 가사 문학으로 계승됨)
  ㉡ 성종 때 서거정, 노사신 등은 삼국 시대부터 조선 초기까지의 시와 산문 중에서 빼어난 것을 골라 〈동문선〉을 편찬
③ 시조
  ㉠ 중앙 관료 : 새 왕조 건설 찬양, 외적을 물리치며 강토를 개척하는 진취적인 기상, 농경 생활의 즐거움이나 괴로움 등, 김종서와 남이의 작품이 유명
  ㉡ 재야 선비 : 유교적 충절을 시조로 읊음, 길재와 원천석 등의 작품이 유명
④ 가사 문학 : 시조의 한계를 극복하고 감정을 구체적으로 표현하려는 필요에서 등장
⑤ 설화 문학

SEMI-NOTE

과학 기술의 발달과 침체
- 과학 기술의 발달(15세기)
  - 격물치지를 강조하는 경험적 학풍 : 부국강병과 민생 안정을 위해 과학 기술의 중요성 인식
  - 국왕들의 장려와 유학자의 노력 : 특히 세종의 관심이 컸고, 유학자들도 기술학을 학습
  - 서역과 중국의 기술 수용 : 전통 문화를 계승하면서 서역과 중국의 과학 기술을 적극적으로 수용
- 과학 기술의 침체(16세기) : 과학 기술을 경시하는 풍조가 생기면서 점차 침체

〈동문선〉을 통해 드러난 자주 의식
우리나라의 글은 송이나 원의 글도 아니고 한이나 당의 글도 아니다. 바로 우리나라의 글일 따름이다.

SEMI-NOTE

〈필원잡기〉와 〈용재총화〉
- **필원잡기** : 성종 18년(1487) 처음 간행된 서거정의 한문 수필집. 옛날부터 전해 오는 이야기 중 후세에 전할 만한 것을 추려 모아 엮은 것으로, 사실과 부합하지 않는 내용도 있으나 여러 면에서 귀중한 참고 자료가 많음
- **용재총화** : 중종 20년(1525) 처음 간행된 성현의 책, 예문관·성균관의 최고 관직을 역임한 바 있는 성현은 폭넓은 학식과 관직에 임했을 때의 경험을 바탕으로 이 책을 정리함. 고려~조선 성종에 이르기까지 형성, 변화된 민간 풍속이나 문물 제도, 문화, 역사, 지리, 학문, 종교, 문학, 음악, 서화 등을 다루고 있어 당시의 문화 전반을 이해하는 데 큰 도움을 줌

16세기의 건축
- 사림의 진출과 함께 서원의 건축이 활발
- **특징** : 가람 배치 양식과 주택 양식이 실용적으로 결합된 독특한 아름다움
- **대표적 서원** : 경주의 옥산 서원(1572)과 안동의 도산 서원(1574)

숭례문

분청 사기

백자

  ㉠ **대표 작품** : 서거정의 〈필원잡기〉, 성현의 〈용재총화〉 등
  ㉡ **소설로의 발전** : 김시습의 〈금오신화〉(최초의 한문 소설) 등

(2) 16세기의 문학

① **특징** : 사림 문학이 주류가 되어 표현 형식보다는 흥취와 정신을 중시, 부녀자·중인·재야 인사 등으로 문학 향유층이 확대되고, 한시와 시조·가사 분야가 활기를 띰
② **한시** : 현실에 대한 비판 의식보다는 높은 격조를 표현
③ **시조** : 초기의 경향에서 벗어나 인간 본연의 순수한 감정을 표현(황진이, 윤선도 등)
④ **가사 문학** : 정철은 〈관동별곡〉·〈사미인곡〉·〈속미인곡〉 같은 작품에서 풍부한 우리말 어휘를 마음껏 구사하여 아름다운 경치와 왕에 대한 충성심을 읊음

18. 건축

(1) 15세기의 건축

① **건축물의 특징**
  ㉠ 사원 위주의 고려와 달리 궁궐·관아·성문·학교 등을 중심으로 건축
  ㉡ 건물주의 신분에 따라 크기와 장식에 일정한 제한
② **대표적 건축물** : 경복궁, 창덕궁, 창경궁의 명정전과 도성의 숭례문, 창덕궁의 돈화문, 개성의 남대문과 평양의 보통문, 무위사 극락전, 해인사의 장경판전, 원각사지 10층 석탑(세조 13, 1467) 등
③ **정원** : 인공을 가하지 않은 자연미가 특색

19. 공예와 자기

(1) 공예의 발달

① 실용성과 검소함을 중시해 사치품보다는 생활필수품이나 문방구 등이 특색 있게 발달
② 보석류는 그리 쓰이지 않았으며, 나무·대·흙·왕골 등 흔하고 값싼 재료가 많이 이용됨, 소박하고 견고

(2) 자기

① **분청 사기** : 고려 자기를 계승
  ㉠ **특징** : 안정된 모양과 소박하고 천진스러운 무늬가 어우러져 구김살 없는 우리의 멋을 잘 표현
  ㉡ **침체** : 16세기부터 세련된 백자가 본격적으로 생산되면서 생산이 감소
② **백자** : 16세기에는 순수 백자가, 17세기 이후에는 청화 백자가 유행하고 철화 백자·진사 백자 등이 등장

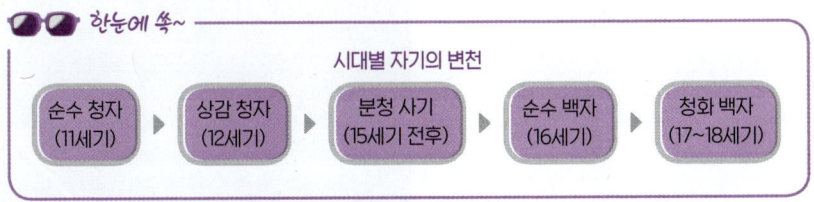

20. 그림과 글씨

(1) 그림

① 15세기
  ㉠ 특징 : 중국 화풍을 선택적으로 소화하여 우리의 독자적인 화풍을 개발, 일본 무로마치 시대의 미술에 영향을 미침
  ㉡ 대표적 화가
   • 안견 : 화원 출신, 대표작 몽유도원도
   • 강희안 : 문인 화가, 대표작 고사관수도
   • 최경 : 도화서 화원으로 인물화의 대가, 대표작 채희귀한도

② 16세기
  ㉠ 특징 : 다양한 화풍이 발달, 강한 필치의 산수화, 선비의 정신 세계를 표현한 사군자 등
  ㉡ 대표적 화가
   • 이상좌 : 노비 출신으로 화원에 발탁, 대표작 송하보월도
   • 이암 : 동물들의 모습을 사랑스럽게 그림
   • 신사임당 : 풀과 벌레를 소박하고 섬세하게 표현, 대표작 화훼초충도
   • 삼절(三絶) : 황집중은 포도, 이정은 대나무(묵죽도), 어몽룡은 매화(월매도)를 잘 그림

(2) 서예

① 양반의 필수 교양으로 여겨져 명필가가 다수 등장하고 독자적 서체가 개발됨
② 4대 서예가 : 안평대군, 김구, 양사언, 한호(한석봉)

음악, 무용, 연극

• 15세기 음악
  – 궁중 음악 : 음악을 교화 수단으로 여겼고, 국가의 의례와 밀접히 관련되어 중시함
  – 세종 : 정간보를 창안, 아악을 체계화 등
• 16세기 음악 : 가사, 시조, 가곡, 민요 등이 민간에 널리 확산됨
• 무용
  – 궁중과 관청 : 의례에서 음악과 함께 춤을 선보임, 나례춤, 처용무
  – 서민 : 민간에서는 농악무·무당춤·승무 등 전통 춤을 계승·발전
• 연극 : 산대놀이라는 가면극과 꼭두각시 놀이라는 인형극도 유행, 민간에서 굿이 유행하여 촌락제, 별신굿 등으로 분화·발전

9급공무원
한국사

나두공

05장 근대 태동기의 변동

01절 정치 상황의 변동

02절 경제 구조의 변동

03절 사회의 변화

04절 문화의 새 기운

근대 태동기의 변동

01절 정치 상황의 변동

1. 정치 구조의 변화

(1) 비변사의 기능 강화

① 비변사의 설치 : 3포 왜란(중종 5, 1510)을 계기로 여진족과 왜구에 대비하기 위하여 설치, 임시 회의 기구
② 을묘왜변(명종 10, 1555)을 계기로 상설 기구화 되어 군사 문제를 처리
③ 기능 강화 : 임진왜란을 계기로 기능 및 구성원이 확대
  ㉠ 기능의 확대·강화 : 최고 합의 기구로서 작용
  ㉡ 참여 구성원의 확대 : 전·현직 정승, 공조를 제외한 5조의 판서와 참판, 각 군영 대장, 대제학, 강화 유수 등 국가의 중요 관원들로 확대
④ 영향 : 왕권이 약화, 의정부와 육조 중심의 행정 체계도 유명무실, 세도 정치의 중심 기구로 작용
⑤ 폐지 : 1865년 흥선대원군의 개혁 정책으로 비변사는 폐지되고, 일반 정무는 의정부가, 국방 문제는 삼군부가 담당

(2) 삼사 언론 기능의 변질

① 붕당의 이해를 대변 : 삼사의 언론 기능도 변질되어 각 붕당의 이해 관계를 대변
② 혁파 : 삼사의 언론 기능은 변질·위축되었고 전랑의 권한은 영·정조의 탕평정치를 거치며 혁파됨

2. 군사 제도의 개편

(1) 중앙 군사 제도

① 개편 방향 : 임진왜란을 경험한 후 새로운 군영의 필요성을 인식하여 효과적인 편제와 훈련 방식을 모색하게 됨
② 5군영(중앙군) 설치
  ㉠ 훈련도감(1593)
    • 설치 : 임진왜란 중 왜군의 조총에 대응하고 국방력을 강화하기 위해 유성룡의 건의에 따라 용병제를 토대로 설치(→ 조선 후기 군제의 근간이 됨)
    • 편제 : 삼수병(포수·사수·살수)으로 편성
    • 성격 : 장기간 근무하며 일정 급료를 받는 장번급료병, 직업 군인의 성격
    • 폐지 : 1881년에 별기군이 창설되어 그 다음해 폐지됨
  ㉡ 총융청(1624) : 이괄의 난을 진압한 직후에 설치, 북한산성 및 경기 일대의 수비 담당, 경기도 속오군에 배치, 경비는 스스로 부담

SEMI-NOTE

비변사의 설치

조선 초기의 군사 제도는 그 특성상 적의 침입에 즉각적으로 대응하는 것이 어려웠음. 이에 남쪽 해안과 북쪽 국경 지대에 대한 국방대책을 사전에 마련하고자 중종 때 설치한 것이 비변사임. 한때 폐지론이 있기도 하였던 비변사는 임진왜란을 계기로 중시되기 시작함

삼수병의 성격

선조 26년(1593) 10월 임금의 행차가 서울로 돌아왔으나, 성 안은 타다 남은 건물 잔해와 시체로 가득 하였다. 기아에 시달린 백성들은 인육을 먹기도 하고, 외방에서는 곳곳에서 도적들이 일어났다. 이때 임금께서 도감을 설치하여 군사를 훈련시키라는 명을 내리시고는 나를 그 책임자로 삼으시므로 청하기를, "쌀 1천 석을 군량으로 하되, 한 사람당 하루에 2승씩 준다고 하여 군인을 모집하면 응하는 자가 사방에서 몰려들 것입니다."라고 하였다. …… 얼마 지나지 않아 수천 명을 얻어 조총 쏘는 법과 창·칼 쓰는 기술을 가르치도록 하였다. 또 당번을 정하여 궁중을 숙직하게 하고, 임금의 행차에 호위하게 하니 민심이 점차 안정되었다.

— 〈서애집〉 —

ⓒ 수어청(1626) : 남한산성의 수비 군대, 경기도 속오군에 배치, 경비는 스스로 부담
ⓔ 어영청(1628) : 수도 방어 및 북벌의 본영으로서 역할, 내삼청 등과 함께 정권 유지의 방편으로 이용되기도 함
ⓟ 금위영(1682) : 기병으로 구성되어 궁궐 수비 담당, 번상병, 비용은 보로 충당
③ 5군영의 성격 : 임기응변적 설치, 서인 정권의 군사적 기반

(2) 지방 군사 제도

① 제승방략 체제(制勝方略體制) : 유사시에 필요한 방어처에 병력을 동원하여 중앙에서 파견되는 장수가 지휘하는 체제
② 속오군(束伍軍) : 양천혼성군, 속오법에 따른 훈련과 편성
  ㉠ 편제 : 양반으로부터 노비까지 향민 전체가 속오군으로 편제됨
  ㉡ 동원 : 농한기에만 훈련에 참가, 평상시에는 생업에 종사하고 유사시에 전투

3. 붕당(朋黨)의 형성

(1) 근본 원인

① 직접적으로는 양반의 증가, 근본적으로는 양반의 특권 유지 때문에 발생
② 언론 삼사 요직의 인사권과 추천권을 가진 이조 전랑을 둘러싼 대립

(2) 사림 세력의 갈등

① 사림의 정국 주도 : 선조가 즉위하면서 향촌에서 기반을 다져 온 사림 세력이 대거 중앙 정계로 진출하여 정국을 주도
② 사림의 갈등 : 척신 정치의 잔재를 어떻게 청산할 것인가를 둘러싸고 갈등
  ㉠ 기성 사림 : 명종 때부터 정권에 참여해 온 세력
  ㉡ 신진 사림 : 향촌에서 기반을 다진 후 선조 때부터 중앙에 진출

(3) 동인과 서인의 분당(선조 8, 1575)

① 배경 : 기성 사림의 신망을 받던 심의겸(서인)과 신진 사림의 지지를 받던 김효원(동인) 사이의 대립으로 동·서인으로 분당되면서 붕당이 형성
② 동인(東人)
  ㉠ 이황·조식·서경덕의 학문을 계승(급진적·원칙적 주리학파)
  ㉡ 김효원, 우성전, 이산해, 이발 등 신진 세력의 참여로 먼저 붕당의 형세를 이룸
  ㉢ 명종 때 정치에 참여하지 않은 신진 사림, 척신 정치 잔재의 청산에 적극적
③ 서인(西人)
  ㉠ 이이와 성혼의 문인들이 가담함으로써 붕당의 모습을 갖춤(점진적·현실적 주기학파)
  ㉡ 심의겸, 박순, 윤두수, 윤근수, 정철 등
  ㉢ 명종 때 정치에 참여했던 기성 사림, 척신 정치 잔재 청산에 소극적

SEMI-NOTE

제승방략 체제
유사시 각 읍의 수령들이 군사를 이끌고 지정된 방위 지역으로 간 후, 한양에서 파견된 장수 또는 해당 도의 병수사를 기다렸다가 지휘를 받는 전술. 이러한 제승방략 체제는 후방 지역에 군사가 없으므로 일차 방어선이 무너진 후에는 적의 공세를 막을 방법이 없다는 치명적인 단점이 있으며, 이는 임진왜란 초기 패전의 한 원인이 됨

이조 전랑
젊고 명망 있는 홍문관 유신 중에서 임명되는 정5품의 관직으로, 당하관·언론 삼사 요직 및 재야인사 등의 인사권, 후임 전랑 추천권 등의 권한을 가지고 있었음. 전랑은 삼사의 의견을 통일하고 인사권과 언론권을 장악할 수 있는 막강한 권한을 가지고 있었으므로, 전랑직을 둘러싸고 붕당 간 다툼이 치열하게 전개됨

주리론과 주기론
• 주리론 : 도덕적 원리인 이 중시, 이황
• 주기론 : 경험적 세계인 기 중시, 이이

SEMI-NOTE

동인과 서인의 분당
선조 8년(1575), 김효원이 이조 전랑으로 천거됨. 이에 인순왕후의 동생인 심의겸은 김효원에 대하여 이조 전랑이 될 자격이 없다며 적극 반대함. 그의 반대에도 불구하고 김효원은 이조 전랑이 되었다가 얼마 후 다른 곳으로 자리를 옮기게 되었는데, 그 후임으로 천거된 사람이 바로 심의겸의 아우 심충겸이었음. 김효원은 왕의 외척으로서 이조 전랑이 되는 것은 바르지 못하다는 이유로 심충겸이 이조 전랑에 오르는 것을 반대함. 사람들은 심의겸이 집이 도성 서쪽 정동에 있다 하여 그의 일파를 서인, 김효원의 집이 도성 동쪽 건천동에 있다 하여 그의 일파를 동인이라고 불렀음

남 · 북인의 분당
동서 분당 후 처음에는 동인이 정국을 주도하였는데 정여립 모반 사건(1598)으로 동인은 잠시 위축(서인이 잠시 주도)됨. 그러나 정철의 건저상소 사건(1591)으로 정철 등 서인이 실권을 잃고 동인이 다시 집권하였음. 이때 동인은 서인에 대한 처벌을 두고 강경 · 급진파인 북인과 온건파인 남인으로 분열

제1차 예송 논쟁(기해예송)
성리학적 종법에 따르면 자식이 부모보다 먼저 죽었을 경우, 부모는 그 자식이 적장자라면 3년간, 적장자가 아니라면 1년간 상복을 입어야 함. 이에 따라 차남이면서 왕위에 오른 효종의 사망과 관련하여 자의대비의 복상 기간을 두고 벌어진 것이 바로 제1차 예송 논쟁임. 서인은 성리학적 종법에 따라 1년을, 남인은 왕인 효종을 적장자로 보아 3년을 주장했음. 종법의 해석과 권력이 연계되어 민감한 사안이 된 1차 예송 논쟁은 적장자와 차남의 구분 없이 1년간 상복을 입도록 규정한 〈경국대전〉에 따라 서인의 승리로 돌아감. 그러나 실제로 종법과 관련되어 확정된 것은 없었으며 그로인해 2차 예송 논쟁이 일어나게 됨

2차 예송 논쟁(갑인예송)
효종의 비인 인선왕후의 사망 후 그 시어머니인 자의대비의 복상 기간을 두고 벌어짐. 효종을 적장자로 인정한다면 1년, 차남으로 본다면 9개월이 복상 기간임. 2차 예송 논쟁 결과 남인 정권이 수립됨

(4) 붕당의 성격
① 16세기 왕권이 약화되고 사림 정치가 전개되면서 형성
② 정치 이념과 학문 경향에 따라 결집(→ 정파적 성격과 학파적 성격을 동시에 지님)

4. 붕당 정치의 전개

(1) 동인의 분열
① **동인의 우세** : 동서 분당 후 처음에는 동인이 수적 우세를 바탕으로 정국 주도
② **남 · 북인의 분당** : 온건파인 남인(이황 학파)과 급진파인 북인(서경덕 · 조식 학파)으로 분당

(2) 광해군의 정치와 인조 반정
① **중립 외교** : 명과 후금 사이에서 중립 외교 전개, 전후 복구 사업 추진
② **북인의 독점** : 광해군의 지지 세력인 북인은 서인과 남인 등을 배제
③ **인조 반정(1623)** : 폐모살제(廢母殺弟) 사건(인목대비 유폐, 영창대군 살해), 재정 악화, 민심 이탈 등을 계기로 발발한 인조 반정으로 몰락

(3) 붕당 정치의 진전
① **연합 정치** : 인조 반정을 주도한 서인은 남인 일부와 연합하여 정국을 운영, 서로의 학문적 입장을 인정하고 상호 비판적인 공존 체제를 이룸
② **학문적 경향** : 이황과 이이의 학문(주자 중심의 성리학)이 확고한 우위를 차지
③ **여론의 주재** : 주로 서원을 중심으로 여론이 모아져 중앙 정치에 반영되었는데, 학파에서 학식과 덕망을 겸비한 산림(山林)이 재야에서 그 여론을 주재
④ **서인의 우세** : 이후 현종 때까지는 서인이 우세한 가운데 남인과 연합하여 공존하며 서인 정권 스스로 전제와 독주를 경계

(4) 자율적 예송 논쟁과 붕당의 공존
① 예송 논쟁의 전개
　㉠ 제1차 예송 논쟁(기해예송, 1659)
　　• 효종 사망 시 자의대비의 복제를 두고 송시열 · 송준길 등 서인은 1년설을, 윤휴 · 허목 · 허적 등 남인은 3년설을 주장
　　• 서인 : 효종이 적장자가 아님을 들어 왕과 사대부에게 동일한 예가 적용되어야 한다는 입장(왕사동례)에서 1년설을 주장
　　• 남인 : 왕에게는 일반 사대부와 다른 예가 적용되어야 한다는 입장(왕사부동례)에서 3년설을 주장
　　• 실권을 장악하고 있던 서인의 주장(1년설)이 수용되어 서인 집권이 지속됨
　㉡ 제2차 예송 논쟁(갑인예송, 1674)
　　• 효종 비의 사망 시 서인은 9개월을, 남인은 1년을 주장
　　• 남인의 주장이 수용되어 남인이 집권하고 서인이 약화됨

② **붕당의 공존** : 갑인예송의 결과 남인의 우세 속에서 서인과 공존하는 정국은 경신환국(1680)으로 분열과 대립이 격화되기까지 정국 지속

(5) 붕당 정치의 성격 및 평가
① 정치적 성격의 변천
  ㉠ 붕당 정치의 성격 : 학연과 지연을 바탕으로 붕당 간 치열한 정권 다툼 전개
  ㉡ 붕당 정치의 변천
   • 초기 : 상대 붕당을 소인당(小人黨), 자기 붕당을 군자당(君子黨)이라 주장
   • 후기 : 모두 군자당으로 보고, 견제와 협력을 바탕으로 한 붕당 정치 전개
② 평가
  ㉠ 긍정적 측면 : 공론(公論)의 수렴, 언로(言路)의 중시, 산림(山林)의 출현
  ㉡ 한계 : 붕당이 내세운 공론은 백성들의 의견이 아니라 지배층 의견 수렴에 그침

5. 붕당 정치의 변질

(1) 붕당간의 대립 격화
① 배경
  ㉠ 일당 전제화의 추세 : 숙종 때에 이르러 붕당 사이의 견제와 균형이 무너지면서 특정 붕당이 정권을 독점하는 일당 전제화의 추세가 대두(→ 환국 발생)
  ㉡ 노론과 소론의 대립 : 노론은 송시열을 중심으로 하여 대의명분과 민생안정을 강조하는 반면, 소론은 윤증을 중심으로 하여 실리를 중시하고 적극적 북방 개척을 주장
  ㉢ 정치적 쟁점의 변화 : 사상적 문제에서 군사력과 경제력 확보에 필수적인 군영장악으로 이동
② 결과 : 서인과 남인의 공조체제 붕괴와 환국(換局)의 빈발, 외척의 비중 강화, 비변사 기능 강화, 전랑의 정치적 비중 약화

(2) 붕당 정치의 변질 ★빈출개념
① 경신환국(경신대출척, 숙종 6, 1680)
  ㉠ 서인 집권 : 서인이 허적(남인)의 서자 허견 등이 역모를 꾀했다 고발하여 남인을 대거 숙청
  ㉡ 결과 : 서인은 남인의 처벌을 놓고 온건론인 소론(윤증), 강경론인 노론(송시열)으로 분열
② 기사환국(숙종 15, 1689) : 숙종이 희빈 장씨 소생인 연령군(경종)의 세자 책봉에 반대하는 서인(송시열, 김수항 등)을 유배·사사하고, 인현왕후를 폐비시킴
③ 갑술환국(갑술옥사, 숙종 20, 1694)
  ㉠ 폐비 민씨 복위 운동을 저지하려던 남인이 실권하고 서인이 집권
  ㉡ 남인은 재기 불능이 되고, 서인(노론과 소론) 간에 대립하는 일당 독재 정국이 전개
④ 병신처분(1716) : 소론을 배제하고 노론을 중용

SEMI-NOTE

경제적·사회적 환경의 변화
• 상품 화폐 경제의 발달에 따라 17세기 후반 이후 상업적 이익을 독점하려는 경향 증가
• 지주제와 신분제 동요에 따라 붕당 기반이 약화되고 여러 사회세력 간 갈등 심화

SEMI-NOTE

⑤ 정유독대(1717) : 숙종과 노론의 영수 이이명의 독대를 통해 병약한 세자(경종)를 대신해 연잉군(영조)을 후사로 논의
⑥ 신임옥사(신임사화)(1721~1722) : 노론 축출, 소론 일당정국
  ㉠ 신축옥사(신축환국)(1721) : 경종 때 소론이 세자책봉 문제로 노론을 축출
  ㉡ 임인옥사(1722) : 경종 때 소론이 경종 시해와 연잉군(영조) 옹립 음모를 고변해 노론을 탄압

(3) 붕당 정치의 변질 결과

① 정치 운영의 변화 : 환국으로 왕과 직결된 외척이나 종실 등의 정치 권력 확대
② 붕당 정치의 기반 붕괴 : 일당 전제화, 비변사의 기능 강화, 언론 기관이나 재지 사족의 정치참여 곤란(전랑의 권력 약화)
③ 벌열 가문의 정권 독점 : 공론이 아닌 개인이나 가문의 이익을 우선
④ 양반층의 분화 : 양반층의 자기 도태로 다수의 양반이 몰락
⑤ 서원의 역할 변화 : 양반의 낙향이 늘어 서원이 남설되었고, 서원 고유의 여론 형성 기능이 퇴색함

재지사족(在地士族)
조선 시대의 지방 지배 세력을 일컫는 말. 향촌 사회에서 경제적 기반(중소 지주)과 신분적 배경(사족), 그리고 학문적 소양(성리학)을 지녔음

6. 탕평론

(1) 탕평론의 배경

붕당 정치의 변질로 인한 극단적 정쟁과 정치 세력 간 균형의 붕괴, 사회 분열 등의 문제가 발생, 국왕이 강력한 왕권을 토대로 정치의 중심에서 세력 균형을 유지하고자 하는 탕평론이 제기

(2) 탕평론의 전개

① 제기 : 숙종 때
  ㉠ 숙종 이전 : 서인과 남인이 공존하던 자율적 붕당 시대(17세기 전반)
  ㉡ 숙종 이후 : 왕에 의한 타율적 균형책으로 탕평론이 제기됨
② 목적 : 인사 관리를 통한 정치적 세력 균형의 유지
③ 한계 : 숙종의 탕평책은 명목상의 탕평론에 지나지 않아 균형의 원리가 지켜지지 않았고, 노론 중심의 편당적인 인사 관리로 환국이 일어나는 빌미를 제공

영조의 문물·제도 정비
- 민생 안정책
  - 균역법(1750) : 군역 부담을 완화하기 위하여 군포를 1년에 1필로 경감
  - 권농 정책 : 농업 정책과 수취 제도를 개선하고 〈농가집성〉을 대량 보급
  - 3심제 : 가혹한 형벌을 폐지하고 사형수에 대한 3심제를 엄격하게 시행
  - 노비공감법(1755) : 노비의 신공을 반으로 줄임
  - 신문고를 부활
- 군영 정비 : 훈련도감·금위영·어영청이 도성을 나누어 방위하는 체제를 갖춤
- 서원 정리 : 붕당의 본거지인 서원을 정리(→ 붕당·사치·음주를 3대 유폐로 지정)
- 청계천 준설(1760) : 홍수에 따른 하천 범람을 막고 도시 정비를 위해 준설
- 기로과 실시 : 60세 이상의 늙은 선비를 대상으로 과거 실시
- 편찬 사업
  - 속대전(1746) : 〈경국대전〉을 개정하여 편찬한 법전으로, 법전체계를 재정리하고, 형법(형량) 개선
  - 동국문헌비고 : 홍봉한이 편찬한 한국학 백과사전으로, 문물제도의 정비에 기여
  - 무원록(증수무원록)(1748) : 송의 〈무원록〉에 주석을 붙여 세종 때 간행한 〈신주무원록〉(1440)을 다시 증보하고 용어를 해석·교정하여 편찬한 법의학서
  - 속오례의(국조속오례의)(1744) : 왕명으로 예조에서 이종성 등이 중심이 되어 〈오례의(五禮儀)〉의 속편으로 편찬한 예절서

7. 영조의 탕평 정치

(1) 즉위 초기의 정국

① 탕평교서(蕩平敎書) 발표 : 탕평교서를 통해 어지러운 정국을 바로잡으려 하였으나 실패
② 이인좌의 난(영조 4, 1728) 발생
  ㉠ 소론 강경파와 남인 일부가 경종의 죽음에 영조와 노론이 관계되었다고 주장하며, 영조의 탕평책에 반대하여 반란
  ㉡ 붕당 관계를 재편성하는 계기가 됨

(2) 탕평파 중심의 정국 운영

① 탕평파 육성 : 붕당의 정치적 의미는 퇴색되고 정치권력은 왕과 탕평파로 집중
② 산림의 존재 부정 : 붕당의 뿌리를 제거하기 위하여 본거지인 서원을 대폭 정리
③ 이조 전랑의 권한 약화 : 자대권(후임자 천거권) 및 낭천권의 관행을 없앰

8. 정조의 탕평 정치

(1) 탕평 정치의 추진

① 추진 방향 : 정조는 영조 때보다 더욱 강력한 탕평책을 추진하고 이를 통해 왕권 강화
② 진붕(眞朋)과 위붕(僞朋)의 구분 : 각 붕당의 주장이 옳은지 그른지를 명백히 가리는 적극적인 탕평(준론탕평)을 추진
③ 남인(시파) 중용 : 노론(벽파) 외에 소론의 일부 세력과 그 동안 정치에서 배제되었던 남인 계열이 중용됨

(2) 왕권의 강화

① 인사 관리 : 붕당의 입장을 떠나 의리와 명분에 합치되고 능력 있는 사람을 중용
② 규장각의 설치·강화
  ㉠ 설치 : 본래 역대 왕의 글과 책을 수집·보관하기 위한 왕실 도서관의 기능
  ㉡ 기능 강화 : 국왕 비서실, 문신 교육, 과거 시험 주관 등의 기능을 통합적으로 부여하여 권력과 정책을 뒷받침할 수 있는 강력한 정치기구로 육성
  ㉢ 서얼 등용 : 능력 있는 서얼을 등용하여 규장각 검서관 등으로 임명
③ 초월적 군주로 군림하면서 스승의 입장에서 신하를 양성하고 재교육
④ 초계문신제(抄啓文臣制) 시행 : 신진 인물이나 중·하급(당하관 이하) 관리 가운데 능력 있는 자들을 재교육시키고 시험을 통해 승진
⑤ 장용영(壯勇營) 설치 : 친위 부대인 장용영을 설치하여 각 군영의 독립적 성격을 약화시키고 병권을 장악함으로써 왕권을 뒷받침하는 군사적 기반을 갖춤

(3) 화성(華城)의 건설

① 수원에 화성을 세워 정치적·군사적 기능을 부여
② 상공인을 유치하여 자신의 정치적 이상을 실현하는 상징적 도시로 육성하고자 함
③ 화성 행차 시 일반 백성들과의 접촉 기회를 확대하여 이들의 의견을 정치에 반영

(4) 수령의 권한 강화

① 수령이 군현 단위의 향약을 직접 주관하게 해 사림의 영향력을 줄이고 수령의 권한을 강화
② 지방 사족의 향촌 지배력 억제, 국가의 통치력 강화

(5) 정조의 문물·제도 정비 ★ 빈출개념

① 민생 안정과 서얼·노비의 차별 완화, 청과 서양의 문물 수용, 실학 장려

SEMI-NOTE

탕평교서
붕당 간 정쟁의 폐단을 지적하고 탕평의 필요성을 주장한 교서

시파와 벽파
정조의 아버지인 사도세자와 관련된 국론 분열은 영조 때부터 존재해 왔음. 이로 인한 대립은 정조 즉위 후 심화되었는데 이때 정조에게 동의한 무리를 시파, 반대한 무리를 벽파라고 함

규장각 검서관
규장각 각신의 보좌, 문서 필사 등의 업무를 맡은 관리로, 대부분이 서얼 출신이었음. 정조는 규장각 검서관을 매우 중시하여 정직이 아닌 잡직임에도 까다롭게 임명함. 초대 검서관에는 이덕무, 유득공, 박제가 등이 임명됨

수원 화성
흙으로 단순하게 쌓은 읍성을 조선 정조 때 성역으로 축조하면서 화성이라고 부르게 되었음. 정약용의 이론을 설계 지침으로 삼아 축조된 과학적인 구조물. 돌과 벽돌을 과감하게 혼용하였다는 점, 거중기를 활용하였다는 점, 용재(건축이나 가구 등에 쓰는 나무)를 규격화하였다는 점, 화포를 주무기로 삼았다는 점 등을 특성으로 함. 1997년에 유네스코 세계문화 유산으로 등록되었음

탕평 정치의 성격 및 한계
여러 정책들이 보수적인 성격을 띠고 있었고, 정치 운영 면에서는 왕의 개인적인 역량에 크게 의존하였으므로 탕평 정치가 구조적인 틀을 갖추어 안정적으로 유지되기는 어려웠음

> SEMI-NOTE
>
> **숙종·영조·정조의 탕평책**
> - 숙종 : 편당적 인사 정책으로 환국 발생, 노론과 소론 간 대립의 격화, 노론 세력 중심의 입당 전제화
> - 영조 : 왕권 강화를 통한 붕당 간 다툼 억제, 노론과 소론 간 균형을 추구하였으나 사도세자와 관련하여 소론이 축출되면서 노론 세력 중심의 입당 전제화
> - 정조 : 여러 세력을 고루 등용, 왕권 강화를 통한 탕평책으로 붕당 간 진정한 융합을 이루지는 못함, 정조 사후 세도 정치로 이어짐

② 신해통공(1791) : 상공업 진흥과 재정 수입 확대를 위해 육의전을 제외한 금난전권 철폐

③ 문체 반정 운동 : 문화 정책의 일환으로, 박지원 등이 패사소품체(稗史小品體)를 구사해 글을 쓰자 문체를 정통 고문으로 바로잡으려 한 것

④ 편찬
  ㉠ 대전통편 : 〈경국대전〉을 원전으로 하여 통치 규범을 전반적으로 재정리하기 위하여 편찬한 것으로, 규장각 제도를 법제화
  ㉡ 형조의 사례집으로 〈추관지〉를, 호조의 사례집으로 〈탁지지〉를 편찬
  ㉢ 동문휘고, 증보문헌비고(상고 시대 이후 우리나라의 제도·문물을 정리한 백과사전)
  ㉣ 무예도보통지(이덕무·박제가·백동수 등이 왕명으로 편찬한 병법서)
  ㉤ 제언절목, 규장전운, 홍재전서·일득록

9. 세도 정치

(1) 세도 정치의 성립

① 의의 : 세도 정치란 종래의 일당 전제마저 거부하고 특정 가문이 권력을 독점하는 정치 형태로서, 가문의 사익을 위해 정국이 운영되어 정치 질서가 붕괴됨

② 성립 배경
  ㉠ 탕평 정치로 왕에게 권력이 집중된 것이 19세기 세도 정치의 빌미가 됨
  ㉡ 정치 세력 간의 균형이 깨지고 몇몇 유력 가문의 인물에게 권력이 집중됨

(2) 세도 정치의 전개

① 순조(23대, 1800~1834)
  ㉠ 정순왕후의 수렴청정 : 정조 때 정권에서 소외되었던 노론 벽파 세력이 정국을 주도하고 인사권·군권 장악, 장용영을 혁파하고 훈련도감을 정상화시켜 이를 장악
  ㉡ 안동 김씨 일파의 세도 정치 전개 : 정순왕후 사후 벽파 세력이 퇴조, 순조의 장인 김조순의 안동 김씨 일파가 세도 정치를 전개

② 헌종(24대, 1834~1849) : 헌종의 외척인 풍양 조씨 가문이 득세

③ 철종(25대, 1849~1863) : 김문근 등 안동 김씨 세력이 다시 권력 장악

> **세도 정치**
> 순조·헌종·철종의 3대 60여 년 간에 걸친 세도 정치하에서 왕정(王政)과 왕권은 명목에 지나지 않았고, 왕도 정치는 하나의 허구에 지나지 않았음. 세도 가문은 정치적 기능이 강화된 비변사를 거의 독점적으로 장악하여 권력을 행사하였고, 훈련도감 등의 군권도 장기적으로 독점하여 정권 유지의 토대를 확고히 함

10. 세도 정치기의 권력 구조

(1) 가문 정치(家門政治)

① 정치 기반 축소 : 중앙 정치를 주도하는 것은 소수의 가문으로 축소

② 유력 가문의 권력 독점 : 왕실 외척으로서의 정치 권력, 산림으로서의 명망, 관료 가문의 기반을 동시에 가지고 권력 독점

(2) 권력 구조 및 기반

> **신유박해**
> 정조 사후 정권을 잡은 보수 세력은 천주교와 진보 세력에 대한 대대적인 숙청을 실시함. 이로 인해 이승훈, 이가환 등이 처형되었으며 정약용 등은 유배되었고 박지원, 박제가 등은 관직에서 쫓겨나게 되었음

① 정2품 이상의 고위직만이 정치적 기능을 발휘
② 의정부와 육조는 유명무실화되고 실질적인 힘은 비변사로 집중
③ 훈련도감(5군영) 등의 군권을 장기적으로 독점하여 정권 유지의 토대를 다짐

11. 세도 정치의 한계와 폐단

(1) 세도 정권의 한계
① 사회 개혁 의지와 능력 결여 : 개혁 세력의 정치 참여 배제, 사회 통합 실패
② 지방 사회에 대한 몰이해 : 세도가들은 도시 귀족의 체질을 지녔고 집권 후 개혁 의지도 상실하여 상대적으로 뒤떨어진 지방 사회의 사정을 이해하지 못함

(2) 세도 정치의 폐단
① 왕권의 약화 : 세도가의 권력 독점과 인사 관리의 전횡
② 정치 기강의 문란 : 매관매직(賣官賣職)의 성행, 수령·아전들의 수탈, 삼정의 문란
③ 상품 화폐 경제의 발전 저해, 농민 봉기의 발생

12. 대청 외교

(1) 청과의 관계
① 북벌 정책의 추진 : 적개심이 남아 북벌 정책을 오랫동안 고수, 전란 후 민심 수습과 국방력을 강화하는 데 기여
② 청의 발전과 북학론의 대두
  ㉠ 청은 전통 문화를 장려하고 서양 문물을 수용해 문화 국가로 변모
  ㉡ 학자들 중 일부는 청을 배척하지만 말고 이로운 것은 배우자는 북학론을 제기

(2) 청과의 영토 분쟁
① 국경 분쟁 : 청이 만주 지방을 성역화하면서 우리나라와 국경 분쟁이 발생
② 백두산 정계비 건립(숙종 38, 1712) : 청의 오라총관 목극등 등과 조선 관원들이 백두산 일대를 답사하여 국경을 확정하고 건립
③ 간도 귀속 문제 : 우리가 불법적으로 외교권을 상실한 상태에서 청과 일본 사이에 체결된 간도 협약(1909)에 따라 청의 영토로 귀속

13. 대일 외교

(1) 기유약조(광해군 1, 1609)
① 선조 37년(1604), 유정(사명당)을 파견하여 일본과 강화하고 3,000여 명의 조선인 포로를 송환
② 기유약조를 맺어 부산포에 다시 왜관 설치, 제한된 범위 내에서 교섭 허용(1609)

(2) 통신사(通信使)의 파견

SEMI-NOTE

붕당 정치와 세도 정치
세도 정치는 기존의 일당 전제마저 거부하고 특정 가문에서 권력을 독점하는 정치 형태. 붕당 정치가 이루어지던 시기에는 붕당들이 서로 대립하면서 어느 정도 여론을 수렴하였으며 정치적 명분을 내세워 사회 변동에 대처하기도 하였으나, 세도 정치 시기에는 세도 정권에 대해 비판을 할 수 있는 세력이 없었으므로 이들의 권력 행사를 견제할 방법이 없었음

철거전 백두산 정계비

간도 협약
1909년 일본은 남만 철도의 안봉선 개축을 두고 청과 흥정하여 철도 부설권을 얻는 대신 청에게 간도 지방을 넘겨주었음

SEMI-NOTE

통신사 행렬도

울릉도와 독도 문제
- 충돌의 원인 : 삼국 시대 이래 우리의 영토였으나 일본 어민들이 자주 침범
- 안용복의 활동 : 숙종 때 동래의 어민인 안용복은 울릉도에 출몰하는 일본 어민들을 쫓아내고, 일본에 2차례 건너가 울릉도와 독도가 조선의 영토임을 확인받고 돌아옴
- 19세기 말 정부는 울릉도에 주민 이주를 장려하고 군을 설치하여 관리를 파견, 독도까지 관할하게 함

조선 후기의 수탈과 통제 강화
- 수령과 향리 중심의 향촌지배방식으로 바뀜에 따라 이들에 의한 농민 수탈이 증가
- 농민의 이탈 방지를 위해 호패법과 오가작통제를 강화

영정법
세종 때 정비된 전분 6등법과 연분 9등법은 과세 기준이 복잡하고 토지의 작황을 일일이 파악해야 했으므로 적용이 번거로움. 그리하여 15세기 말부터는 4~6두를 징수하는 것이 관례화됨. 임진왜란을 거치며 토지가 황폐해지고 백성들의 삶이 피폐해지자 토지의 비옥도에 따라 전세를 정액화하는 영정법이 실시됨. 그러나 결과적으로는 큰 실효를 거두지 못함

① 조선의 선진 문화를 받아들이고, 막부의 권위를 인정받기 위해 사절 파견을 요청
② 사절의 파견 : 조선에서는 1607년부터 1811년까지 12회에 걸쳐 사절을 파견

02절 경제 구조의 변동

1. 수취 체제 개편의 배경 및 내용

(1) 개편의 배경
① 농촌사회의 붕괴 : 양난(兩亂)으로 인한 농민의 피해, 경작지 황폐화
② 정부 대책의 미흡 : 양반 지배층은 정치적 다툼에 몰두하여 민생 문제에 대처하지 못하였고, 복구를 위한 정부의 대책은 미봉책에 그침

(2) 개편의 내용 및 한계
① 개편의 기본 방향 : 농민들의 부담을 줄이고 지주의 부담은 늘림
② 개편의 내용 : 전세는 영정법, 공납은 대동법, 군역은 균역법으로 개편
③ 개편의 한계 : 결국 양반 중심의 지배체제 유지에 목적이 있었기에 농민 부담은 별로 줄지 않음

2. 전세(田稅) 제도의 개편

(1) 경제 상황과 정부의 개선책
① 양 난 이후의 경제 상황 : 당시 토지 결수가 임진왜란 전 150만 결에서 직후 30여만 결로 크게 감소
② 정부의 개선책
  ㉠ 개간 장려 : 진전(陳田)의 개간 등
  ㉡ 양전 사업 : 양안에서 빠진 토지(은결)를 찾아 전세의 수입원을 증대하려는 의도
③ 정부 정책의 한계 : 농민들의 삶을 향상시킬 수 없는 미봉책에 불과

(2) 영정법(永定法)의 시행(인조 13, 1635)
① 내용 : 풍흉에 관계없이 토지 1결당 미곡 4두로 전세를 고정(→ 전세의 정액화)
② 결과
  ㉠ 전세의 비율이 이전보다 다소 낮아짐
  ㉡ 전세 납부 시 부과되는 수수료와 운송비의 보충 비용 등이 전세액보다 많아 오히려 농민의 부담이 가중됨

3. 공납의 전세화

(1) 공납의 폐해

① 방납의 폐해 : 농민들의 토지 이탈 가속
② 국가 재정의 악화 : 양 난 후 더욱 악화

(2) 대동법(大同法)의 시행(광해군 1, 1608)

① 내용 : 토지 결수에 따라 쌀 등으로 납부하게 하고, 정부는 수납한 쌀 등을 공인에게 공가(貢價)로 지급하여 그들을 통해 필요한 물품을 구입
② 실시 목적 : 방납 폐해를 시정, 전후 농민 부담을 경감, 국가 재정 확충
③ 경과 : 양반 지주의 반대가 심해 전국 실시에 100년이란 기간이 소요
  ㉠ 광해군 1년(1608) : 이원익·한백겸의 주장으로 선혜청을 설치하고 경기도에서 처음 실시(→ 1결당 16두 징수)
  ㉡ 인조 1년(1623) : 조익의 주장으로 강원도에서 실시
  ㉢ 효종 : 김육의 주장으로 충청도·전라도에서 실시
  ㉣ 숙종 34년(1708) : 황해도에서 실시
④ 결과 : 농민 부담 경감, 공납의 전세화, 조세의 금납화, 국가 재정의 회복, 공인(貢人), 상품 화폐 경제의 발달
⑤ 한계 : 현물 징수의 존속, 전세의 전가, 가혹한 수탈

4. 균역법(均役法)의 시행

(1) 군역 제도 개편의 배경

① 5군영의 성립 : 16세기 이후 모병제가 제도화되자 군역을 대신하는 수포군이 점차 증가
② 양역의 폐단 발생
  ㉠ 군포의 중복 징수 : 장정 한 명에게 이중 삼중으로 군포를 부담하는 경우가 빈발
  ㉡ 군포 양의 불균등 및 면역(공명첩, 납속책) 증가, 부정부패 만연
③ 양역(良役)의 회피 증가, 군역에 대한 농민의 저항 발생
④ 양역변통론(良役變通論)의 대두 : 호포론(영조), 농병일치론(유형원) 등

(2) 균역법(영조 26, 1750) ★ 빈출개념

① 내용 : 종전의 군적수포제에서 군포 2필을 부담하던 것을 1년에 군포 1필로 경감
② 부족분의 보충 : 부가세 징수(결작, 선무군관포, 잡세)
③ 결과
  ㉠ 일시적으로 군포 부담이 줄어 농민들의 저항이 다소 진정, 국가 재정도 증가
  ㉡ 군역이 면제되었던 상류 신분층(양반·지주)이 군포와 결작을 부담함으로써 군역이 어느 정도 평준화
  ㉢ 결작이 소작 농민에게 전가되어 군적이 다시 문란해짐

5. 농업

(1) 농업 생산력의 증대

SEMI-NOTE

공인

대동법 실시 이후 국가에서 필요로 하는 물품을 사서 납부하던 어용 상인. 이들은 국가로부터 미리 지급받은 공가로 수공업자·시전 등으로부터 물품을 구매·납부하고 수수료나 차액을 차지함. 이들의 등장으로 선대제 수공업의 발달이 더욱 두드러지게 되었는데, 이러한 현상은 조선 후기 자본주의적 요소의 형성 및 발달을 나타내는 요소라고 할 수 있음

군정의 문란

- 족징 : 도망자나 사망자의 체납분을 친족에게 징수
- 인징 : 체납분을 이웃에게 징수
- 백골징포 : 죽은 사람에게 군포를 부과하여 가족이 부담
- 황구첨정 : 어린아이도 군적에 올려 군포 부과
- 강년채 : 60세 이상의 면역자에게 나이를 줄여 부과
- 마감채 : 병역 의무자에게 면역을 대가로 하여 일시불로 군포 징수

군적수포제

16세기 중엽 방군수포제의 폐해가 극심해지자 군적수포제를 실시하여 병역 의무자들에게 16개월에 군포 2필만을 부담시키고 현역 복무를 면제받게 하였음. 군적수포제를 통해 복무를 면제받은 사람을 납포군이라고 함

SEMI-NOTE

제언절목
정조 2년(1778) 비변사에서 제정한 제언(농업 용수용 수리 시설) 관련 규정. 저수지 면적의 유지, 저수지 관리 방법, 저수지 수축 방법, 인력 동원 방법 등을 규정하고 있음. 〈비변사 등록〉과 〈정조실록〉에 전함

양반 지주의 경제 생활
- 소작료 소득 등을 통한 경제 기반의 유지 · 확대
- 토지에서 발생하는 수입을 통한 토지 매입에 열중
- 물주(物主)로서 상인에게 자금을 대거나 고리대로 부를 축적
- 경제적 변동에 적응하지 못하여 몰락하는 양반(잔반) 발생

계층 분화 촉진의 요인
농업의 이앙법과 광작, 수공업의 납포장과 선대제 수공업, 상업의 객주와 상인 물주 등

타조법
조선 전기에는 종자와 전세(田稅)는 지주 부담이 원칙이었지만, 조선 후기에 이르면 중부 이남 지방에서는 소작인이, 북부지방에서는 지주가 부담하였음

---

① **농경지 확충** : 황폐한 농토의 개간(농민은 오히려 소유지 감축) 등
② **수리 시설 복구와 관리**
　㉠ 제언, 천방, 보(洑) 등 수리 시설 정비 · 확대
　㉡ 제언사를 설치(현종)하고 제언절목을 반포(정조)하여 국가에서 저수지 관리
③ **시비법 개량** : 거름의 종류 및 거름 주는 방법을 다양하게 개발
④ **새로운 영농 방법 도입을 통한 생산력 증대, 농업 경영의 전문화 · 다양화** : 이앙법, 견종법 등
⑤ **농업 경영 방식의 변화**
　㉠ 이앙법(모내기법) 보급
　　• 단위 면적당 경작 노동력이 80% 정도 감소, 농민 1인당 경작 면적도 5배정도 증가
　　• 이앙법 실시로 광작이 발생(→ 부농의 등장)
　㉡ 부농
　　• 지주형 부농 : 지주들도 직접 경작하는 토지를 확대
　　• 경영형 부농 : 자작농은 물론 일부 소작농도 더 많은 농토를 경작
⑥ **상품 작물의 재배** : 쌀, 인삼, 목화, 고추, 약초, 과일, 인삼, 담배(17세기, 일본), 고구마(18세기, 일본), 감자(19세기, 청)

(2) 지주 전호제의 일반화

① 양 난 이후 양반이 토지 개간과 매입을 통해 토지를 확대하여 이를 소작 농민에게 소작료를 받고 임대하는 지주 전호제가 증가하였고, 18세기 말에 일반화됨
② 지주 전호제의 변화
　㉠ **초기** : 양반과 지주라는 지위를 이용하여 소작료 등의 부담을 마음대로 강요
　㉡ **변화 계기** : 상품 화폐 경제가 발달되면서 소작인의 저항이 심해짐
　㉢ **후기** : 지주와 전호 사이의 신분적 관계보다 경제적인 관계로 바뀌어 감

(3) 몰락 농민의 증가

① **토지의 상품화** : 상품 화폐 경제의 발달과 함께 더욱 가속화
② **농민의 이농 현상** : 농촌을 떠나거나 품팔이로 생계를 유지하는 농민이 증가
③ **농민 계층의 분화** : 농촌을 떠난 농민은 도시로 가 상공업에 종사하거나 광산이나 포구의 임노동자가 됨

(4) 지대(地代)의 변화

① **배경**
　㉠ 소작 농민들은 더 유리한 경작 조건을 얻기 위하여 지주를 상대로 소작 쟁의를 벌임
　㉡ 이러한 과정에서 소작권을 인정받고, 소작료 부담도 다소 완화됨
② **타조법(打租法)** : 전기~후기의 일반적 지대
　㉠ 소작인이 지주에게 수확의 반을 바침(→ 정률 지대)
　㉡ 특징 : 농민에게 불리하고 지주에게 유리

③ 도조법(賭租法) : 후기에 보급
  ㉠ 일정 소작료(대개 평년작을 기준으로 수확량의 1/3)를 납부(→ 정액 지대)
  ㉡ 농민들의 항조 투쟁 결과 18세기에 일부 지방에서 등장
  ㉢ 특징 : 소작인에게 유리(→ 지주와 전호 간에 계약 관계, 지주제 약화)
④ 도전법(賭錢法)
  ㉠ 18세기 말 이후 상품 화폐 경제의 진전에 따른 소작료의 금납화
  ㉡ 소작농의 농업 경영을 보다 자유롭게 해 주는 기반으로 작용

6. 민영 수공업의 발달

(1) 발달 배경

① 시장 경제의 확대
  ㉠ 수요의 증가 : 인구 증가와 관수품 수요 증가
  ㉡ 공급의 증가 : 상품 화폐 경제의 발달로 시장 판매를 위한 수공업품 생산 활발
② 관영 수공업의 쇠퇴 : 16세기 전후 장인들의 공장안 등록 기피로 공장안에 의한 무상 징발이 어려워짐, 정부의 재정 악화 등으로 관영 수공업 체제의 유지가 곤란

(2) 민영 수공업의 발달

① 공장안 폐지(신해통공, 1791) : 정조 때 장인의 등록제를 폐지
② 민간 수요와 관수품의 수요 증가 : 민영 수공업을 통해 증가 수요 충족
③ 점(店)의 발달 : 민간 수공업자의 작업장(철점, 사기점 등), 전문 생산 체제 돌입

(3) 수공업 형태의 변화

① 선대제(先貸制) 수공업 : 17~18세기 수공업의 보편적 형태
② 독립 수공업자의 등장
  ㉠ 18세기 후반에 등장, 독자적으로 제품을 생산·판매하는 수공업자
  ㉡ 수공업자들의 독립 현상은 주로 놋그릇·농기구·모자·장도 분야에서 두드러짐

7. 광업의 발달

(1) 광산 경영의 변화

① 초기(15세기) : 정부의 광산 독점으로 사적인 광산 경영은 통제
② 16세기 : 농민들이 광산으로의 강제 부역을 거부하기 시작함
③ 17세기
  ㉠ 광산 개발 촉진 : 청과의 무역으로 은광의 개발이 활기
  ㉡ 설점수세(효종 2, 1651) : 민간의 사채(私採)를 허가, 정부에서는 별장을 파견하여 수세를 독점
  ㉢ 정부의 감독 아래 허가를 받은 민간인이 광산 채굴 가능
  ㉣ 호조의 별장제(숙종 13, 1687) : 별장이 호조의 경비로 설점을 설치하고 수세를

SEMI-NOTE

납포장(納布匠)
자신이 만든 제품을 판매하고 그에 대한 세금으로 국가에 베를 내던 수공업자를 말하며, 주로 지방의 유철장·수철장·주철장을 가리킴

농촌 수공업의 발달
- 전기의 자급자족 수준에 머물지 않고 전문적으로 상품을 생산하는 농가도 등장
- 주로 옷감(직물)과 그릇 종류를 생산

설점수세제(設店收稅制)
민간인들이 금광·은광 등을 운영 하는 것을 허가하고 그 대가로 세금을 거두는 것. 이는 악화되고 있던 국가의 재정을 보충하고 중국과의 무역을 활성화 하려는 목적으로 실시되었음

은광의 개발
청과의 무역에서는 은이 화폐로서의 기능을 함. 청과의 교역이 활성화됨에 따라 은광의 개발도 활발해짐

관리
④ 18세기
- ㉠ 호조의 수세 독점 : 관찰사와 수령의 방해로 점차 쇠퇴
- ㉡ 덕대제와 수령수세 : 18세기 중엽부터는 국가의 감독을 받지 않고 자본(상인 물주)과 경영(덕대)이 분리된 광산 경영 형태가 일반화됨, 수령이 수세를 관리
- ㉢ 잠채 성행, 자유로운 채광 허용

(2) 조선 후기의 광산 경영의 특징
① 덕대제 : 경영 전문가인 덕대가 상인 물주에게 자본을 조달받아 채굴업자와 채굴 노동자 등을 고용하여 광물을 채굴하고 제련하는 것이 일반화됨
② 협업 체제 : 작업 과정은 분업에 토대를 둔 협업으로 진행

8. 사상(私商)의 성장

(1) 상업 활동의 변화
① 전기의 국가 통제 중심에서 벗어나 후기에는 사경제가 발달함
② 유통 경제의 활성화, 부세 및 소작료의 금납화로 상품 화폐 경제가 더욱 진전, 계층의 분화

(2) 상업 활동의 주역
① 공인(貢人)
- ㉠ 의의 : 대동법이 실시되면서 나타난 어용 상인
- ㉡ 공계 : 관청별로 또는 물품별로 공동 출자를 해서 계를 조직하고 상권 독점
- ㉢ 결과 : 납부할 물품을 수공업자에게 위탁함으로써 수공업의 성장을 뒷받침
- ㉣ 성장 : 특정 물품에 대한 독점력을 갖게 되어 독점적 도매 상인인 도고로 성장

② 사상(私商)
- ㉠ 등장 : 17세기 초 도시 근교의 농어민이나 소규모의 생산자 등
- ㉡ 억제 : 적극적인 상행위는 어려움, 시전 상인의 금난전권으로 위축됨
- ㉢ 시전과의 대립 : 17세기 후반 사상들은 보다 적극적인 상행위로 종루·이현·칠패 등에 근거지를 마련하고 종래의 시전과 대립
- ㉣ 새로 점포를 열거나, 금난전권이 적용되지 않는 길목으로 상권 확대
- ㉤ 사상의 성장을 더 막을 수 없었던 국가가 금난전권을 철폐한 후 성장이 가속화
- ㉥ 사상의 활동
  - 지방의 장시를 연결하면서 물품을 교역하고, 각지에 지점을 두어 상권을 확장
  - 대표적 사상 : 개성의 송상, 경강 상인(선상, 강상), 의주의 만상, 동래의 내상 등
  - 도고의 활동 : 주로 칠패·송파 등 도성 주변에서 활동하였으며, 그 외 지방 도시로도 확대

도고
조선 후기, 대규모 자본을 동원하여 상품을 매점매석함으로써 이윤 극대화를 노린 상인을 말함. 국가에서는 신해통공 등을 통해 도고를 혁파하려 하였지만, 관청이나 권세가 등과 결탁한 이들을 근절할 수는 없었음. 이들이 쌀이나 소금 등 생활 필수품까지 매점매석함으로써 상품 부족과 물가 상승이 야기됨

금난전권 폐지
육의전을 제외한 시전의 금난전권 폐지 → 노론의 경제적 기반 약화. 자유 상인이 납부한 세금을 통해 국가 재정 확충

육의전
육주비전·육부전·육분전·육장전·육조비전·육주부전이라고도 하며, 육의전은 선전·면포전·면주전·지전·포전·내외어물전으로 되어 있음. 이들은 국역을 부담하는 대신 정부로부터 강력한 특권을 부여받아 주로 왕실과 국가 의식에 필요한 물품의 수요를 전담하는 등 상품의 독점과 전매권을 행사해 상업 경제를 지배하면서 조선말까지 특권적인 지위를 차지하였고, 갑오개혁 때 혁파됨

9. 포구에서의 상업 활동

(1) 포구(浦口)의 성장

① 성장 배경 : 물화의 대부분이 수로로 운송되었으며, 18세기에 이르러 교통과 운송의 중심지로 성장

② 상업 중심지로 성장 : 포구에서의 상거래는 장시보다 규모가 컸음

(2) 선상(船商)·객주(客主)·여각(旅閣)

① 유통권의 형성 : 선상·객주·여각 등이 포구를 거점으로 상행위를 전개하며 유통권을 형성

② 선상(경강 상인) : 선박을 이용해 각 지방의 물품을 구입한 후 포구에서 처분

③ 객주·여각 : 물화가 포구에 들어오면 매매를 중개하고, 운송·보관·숙박·금융 등의 영업도 함

10. 중계 무역의 발달

(1) 청과의 무역

① 국경 무역 : 17세기 중엽부터 대청 무역이 활발해지면서 의주의 중강과 중국 봉황의 책문 등 국경 지대를 중심으로 개시(공무역)와 후시(사무역)가 동시에 이루어짐

　㉠ 개시(開市) : 공인된 무역 장소, 중강 개시와 북관 개시, 왜관 개시 등이 있음

　㉡ 후시(後市) : 밀무역으로, 책문 후시(柵門後市)가 가장 활발

　㉢ 종사 상인 : 의주의 만상은 대중국 무역을 주도하면서 재화를 축적

　㉣ 중계 상인 : 개성의 송상

② 교역품 : 수출품(은·종이·무명·인삼 등), 수입품(비단·약재·문방구 등)

11. 화폐 유통

(1) 동전(銅錢)과 신용 화폐(信用貨幣)

① 동전의 유통

　㉠ 배경 : 상공업이 발달에 따른 교환의 매개

　㉡ 경과 : 인조 때 동전을 주조하여 개성을 중심으로 통용, 효종 때 널리 유통시킴, 숙종 때 전국적으로 유통

　㉢ 용도 : 18세기 후반부터는 세금과 소작료도 동전으로 대납, 상평통보로 물건 구매

② 신용 화폐의 보급 : 환(換)·어음 등의 신용 화폐가 사용됨

(2) 화폐 유통의 영향

① 긍정적 영향 : 상품 유통 촉진에 기여

SEMI-NOTE

포구의 발달

조선 시대에는 상업 활동이 활발하지 못했으므로 도로가 그리 발달하지 못하였음. 대부분의 세곡을 운반하는 데 사용된 길은 강이나 바다를 이용한 수로였음. 이에 따라 강이나 바다의 포구는 여러 지역에서 운반된 물건들이 모이는 곳으로 자연스럽게 번성하게 되었고, 그와 함께 객주와 여각 등이 출현하였음

거간(居間)

대표적인 중간상인으로 생산자와 상인, 상인과 상인, 상인과 소비자, 국내 상인과 외국 상인 사이에서 거래를 알선하였음

장시의 발달

- 성립과 발전 : 15세기 말 남부 지방에서 시작하여 18세기 중엽에는 전국에 천여 개소가 개설됨. 조선 후기 전국적으로 발달한 장시를 토대로 사상이 성장, 보통 5일마다 정기 시장 개설. 지역적 상권·상업 중심지로 자리 잡고 이윤을 확대

- 보부상(褓負商) : 농촌의 장시를 하나의 유통망으로 연계시킨 상인. 생산자와 소비자를 이어 주는 역할을 한 행상으로서, 장날을 이용하여 활동, 자신들의 이익을 지키고 단결하기 위하여 보부상단이라는 조합을 구성

상평통보

인조 11년(1633) 김신육·김육 등의 건의로 발행. 그러나 사용이 미비하여 유통이 중지되었다가, 숙종 4년(1678) 허적·권대운 등의 주장으로 다시 주조되어 서울과 서북 일부에서 유통되었으며, 이후 전국적으로 확산됨

② 부정적 영향
- ㉠ 지주나 대상인들은 화폐를 재산 축적 수단으로 이용
- ㉡ 전황으로 인한 화폐의 부족은 고리대로 이어져 농민의 피해가 극심

03절 사회의 변화

1. 양반층의 분화

(1) 배경
① 양반의 분화 : 붕당 정치의 변질과 일당 전제화의 경향으로 양반층의 분화(자기 도태 현상)를 초래
② 경제 구조의 변화 : 농업 생산력의 발달, 상품 화폐 경제의 진전, 상공업의 발달 등
③ 사회 계층 구성의 변화 : 경영형 부농, 상업 자본가, 임노동자, 독립 수공업자 등이 출현

(2) 양반층의 분화
① 벌열 양반(권반) : 지역 사회에서 권세 있는 양반으로 사회·경제적 특권을 독차지, 대부분 중앙과 연결되어 있음
② 향반(토반) : 향촌 사회에서 겨우 위세를 유지하고 있는 양반
③ 몰락 양반(잔반) : 평민과 다름없는 처지의 양반
- ㉠ 자영농·소작 전호화, 상업·수공업에 종사하거나 임노동자로 전락하기도 함
- ㉡ 서학·동학 등에 관심을 갖게 됨, 현실 비판적, 민중 항거자로 기능

2. 중간 계층의 신분 변동

(1) 중간 계층에 대한 사회적 차별과 역할 제약
① 서얼 : 성리학적 명분론에 의해 과거 응시나 사회 활동 등에 제약, 서얼차대법에 따라 문과 응시가 금지됨, 한품서용제
② 중인층 : 실제로는 서얼과 같이 천대받음, 청요직 임명에 제약이 따름

(2) 신분 상승의 추구
① 서얼
- ㉠ 제약의 완화 : 임진왜란 이후 정부의 납속책·공명첩 등으로 서얼의 관직 진출 증가
- ㉡ 허통(許通) 운동 : 신분 상승을 요구하는 서얼의 상소 운동
- ㉢ 영향 : 기술직 중인에게 자극을 주어 통청 운동이 전개됨
② 중인
- ㉠ 신분 상승 운동의 전개 배경 : 조선 후기의 사회·경제적 변동, 서얼의 신분

SEMI-NOTE

폐전론의 대두
전황 문제가 심각해지고 전화가 고리대의 수단으로 이용되면서 일부 실학자들은 전화의 보급에 대하여 부정적인 시각을 보이기도 함. 특히 중농학파인 이익은 〈곽우록〉에서 화폐가 고리대로 이용되는 폐단을 지적하며 폐전론을 주장하기도 하였음

풍속화(자리를 짜는 몰락 양반의 모습)

청요직(淸要職)
조선 시대 관리들이 선망하는 홍문관·사간원·사헌부 등의 관직을 말함. 청요직 출신은 판서나 정승으로 진출하는 데 유리하였음

역관
통역을 담당한 역관들은 사신들을 수행하여 중국 등을 오가며 밀무역을 통해 재산을 쌓아 양반 못지않은 경제력을 소유하고 있었으며 풍부한 실무 경험을 갖고 있었음

상승 운동, 기술직 종사로 축적된 재산과 풍부한 실무 경험
  ⓒ **통청 운동** : 중인도 청요직에 오를 수 있도록 해 줄 것을 요구(성공하지는 못함)
  ⓒ **역관의 역할** : 대청 외교 업무에 종사

3. 농민층의 분화

(1) 농민층의 구성 및 생활 모습
① **농민층의 구성** : 지주층(상층의 소수 농민), 자영농·소작농
② **농민의 생활 모습** : 자급자족적 생활을 영위, 국역 부담, 거주 이전의 제한(호패법·오가작통법·도첩제 등)

(2) 부농과 임노동자
① **부농**
  ⓐ 영농 방법 개선과 광작 경영 등을 통해 부를 축적한 부농 출현
  ⓑ **새로운 지주들의 신분 상승 추구** : 군역을 면하고 경제 활동에서 편의를 제공받을 수 있는 양반이 되고자 함
② **임노동자**
  ⓐ **배경** : 이앙법의 확대와 상품 화폐 경제의 발달 등으로 인해 농민의 계층 분화 발생, 다수의 농민이 토지에서 밀려남
  ⓑ **국가의 고용** : 16세기 중엽 이래 부역제가 해이해지면서 고용
  ⓒ **부농층의 고용** : 가족 노동력만으로는 경영이 어려운 부농층에서 고용

4. 노비의 해방

(1) 신분 구조에 대한 저항
① **신분 상승 노력** : 공노비를 종래의 입역 노비에서 신공을 바치는 납공 노비로 전환시킴
② **노비의 도망** : 납공 노비 등의 도망 확산, 잔존 노비의 신공 부담 증가

(2) 노비의 해방
① **일천즉천의 법제 폐지** : 현종 10년(1669) 해당 법제를 폐지
② **노비 종모법의 정착** : 영조 7년(1731) 노비 종모법을 확정·시행
③ **공노비 해방** : 순조 원년(1801)에 중앙 관서의 노비 6만 6,000여 명을 해방
④ **노비 세습제의 폐지** : 고종 23년(1886) 폐지
⑤ **사노비 해방** : 갑오개혁(1894)으로 공·사노비가 모두 해방됨

5. 가족 및 혼인 제도

(1) 가족 제도의 변화
① 조선 중기 : 남귀여가혼(男歸女家婚) 존속, 자녀 균분 상속의 관행, 제사의 자녀

SEMI-NOTE

상품 작물
조선 후기에 이르러 인삼, 담배, 약재, 목화, 삼 등의 특용 작물의 재배가 활발해졌는데, 이렇게 시장에서 매매되기 위한 목적으로 재배되는 농작물을 상품 작물이라고 함. 쌀도 상품화되어 시장에서 매매되었으며 경영형 부농은 상품 작물을 통해 부를 축적하였음. 상품 작물은 조선 후기 시장의 활성화 및 경영형 부농층의 형성과 농민의 분화에 큰 영향을 미쳤음

노비 관련법의 변화
• 고려
 – 정종 : 양인과 천민 간 혼인금지(원칙), 천자수모법(보완책)
 – 충렬왕 : 일천즉천법(부모 중 한 쪽이 노비면 그 자녀도 노비) 실시
• 조선
 – 태종 : 노비의 양인화를 위해 노비 종부법 실시
 – 세조 : 일천즉천법 실시
 – 영조 : 노비 종모법 실시
 – 순조 : 공노비 해방
 – 고종 : 공·사노비의 법적 해방

신공(노비공)
조선 시대 외거 노비들은 국가나 주인에게 신역을 바치지 않는 대신 신공을 바쳤음. 〈경국대전〉에 따르면 공노비인 남자는 면포 1필과 저화 20장(면포 1필의 가격)이고 여자는 면포 1필과 저화 10장이었으며, 사노비인 남자는 면포 2필이고 여자는 면포 1.5필이었음. 신공은 영조 31년(1755) 노비공감법을 통해 감소하였으며, 영조 51년(1775)에는 여자의 신공이 완전히 폐지되고 남자만 신공으로 면포 1필을 납부하였음

분담(윤회 봉사)

② 17세기 중엽 이후(조선 후기) : 친영(親迎) 제도의 정착, 장자 중심 봉사, 부계 중심의 가족 제도 강화, 과부의 재가 금지

(2) 혼인 제도의 변화

① 일부일처제와 첩 : 일부일처를 기본으로 하였지만 남자들은 첩을 들일 수 있었음
② 적(嫡)·서(庶)의 엄격한 구분 : 서얼의 문과 응시 금지, 제사나 재산 상속 등에서의 차별
③ 혼인 결정권 : 대개 집안의 가장이 결정, 법적으로 남자 15세·여자 14세면 혼인 가능

6. 양반의 지배력 약화

(1) 신분제의 동요와 양반의 지배력 약화

① 향촌 사회에서의 양반 : 양반은 족보를 만들어 가족 전체가 양반 가문으로 행세, 양반들은 촌락 단위의 동약을 실시, 향회를 통해 향촌 사회의 여론을 이끌고 유교적 향약을 강요하여 농민을 지배
② 양반의 지배력 약화 : 조선 후기 신분의 상하 변동이 촉진되면서 향촌 사회 내부에서의 양반의 권위가 하락

(2) 성장한 부농층의 도전

① 신분 상승 : 향촌의 새로운 부농층에게 납속이나 향직의 매매를 통한 합법적 신분 상승의 길이 열림
② 향회 장악 기도 : 부농층은 관권과 결탁하고 향안에 이름을 올리며 향회의 장악을 기도
③ 향회의 자문 기구화 : 수령이 세금 부과를 묻는 자문 기구로 변질되어 견제 기능 상실
④ 부농층과 정부(관권)의 연결 : 부농층은 종래 재지사족(구향층)이 담당하던 정부의 부세 제도 운영에 적극 참여하였고, 향임직에 진출하지 못한 부농층도 수령이나 향리 등 관권과 결탁하여 상당한 지위를 확보
⑤ 향촌 지배에서 소외된 대다수 농민들
 ㉠ 지배층이나, 지배층과 연결된 부농층 등에 수탈을 당함
 ㉡ 19세기 이후 농민 봉기에 주도적으로 참여하여 봉건적 수탈 기구에 대항하는 세력이 되기도 함

7. 천주교의 전파

(1) 천주교의 전래

17세기에 베이징을 방문하고 돌아온 사신들이 서학(학문적 대상)으로 소개, 18세기 후반 신앙으로 받아들여짐

SEMI-NOTE

동약
조선 중기 이후 재지사족이 신분질서와 부세제(賦稅制)를 유지하기 위해 만든 동 단위의 자치 조직을 일컬음. 동계, 동의, 동안이라고도 함. 17세기까지의 동약은 종족적(宗族的) 기반 위에 학계 등도 연관된 것으로, 재지사족 간 동족적·지역적 유대를 강화하는 역할을 하였으며, 문중의 세력을 측정하는 지표로 사용되기도 하였음. 그러나 18세기에 이르러 신분제가 동요하면서 향촌 질서를 양반 중심으로 재편성하기 위한 방법으로 사용되었음

사우(祠宇)
선조·선현의 신주나 영정을 모셔 두고 제향하는 곳을 일컬음. 향현사, 향사, 이사, 영당, 별묘 등으로 불리기도 함. 본격적인 발생은 고려 말 〈주자가례〉가 전래된 이후부터지만, 삼국 시대에도 이미 사우가 존재하고 있었음. 조선 시대에 유교 이념이 정착함에 따라 공신·명현 추존을 위한 사우 건립이 증가하였는데, 특히 서원이 흥륭하면서 사우의 질과 양도 크게 변모함. 이후 붕당 정치의 변질에 따라 사우는 각 붕당의 정치적 결속을 강화하는 거점 역할을 하기도 하였으며, 조선 후기에는 신분제가 변동하면서 양반의 지위를 유지하기 위한 일환으로 건립되기도 하였음

(2) 교세의 확장

남인 계열의 실학자들이 천주교 서적인 〈천주실의〉를 읽고 신앙 생활, 이승훈이 영세를 받고 돌아와 활발한 신앙 활동 전개

(3) 박해

① 원인
  ㉠ **사상적 원인** : 천주교의 평등관·내세관이 조선 왕조의 근본 질서에 반함
  ㉡ **사회적 원인** : 제사 거부는 유교적 패륜이며, 반상의 계층 사회 구조에 부적합
  ㉢ **정치적 원인** : 정쟁·정권 다툼의 구실, 서양 세력의 접근에 대한 위기 의식

② 경과
  ㉠ **사교로 규정** : 처음에는 저절로 사라질 것으로 생각하고 내버려두었으나 교세가 계속 확장되고 그 교리 등이 유교 질서에 반해 사교로 규정
  ㉡ **정조** : 천주교에 비교적 관대하던 시파가 정권을 잡아 큰 탄압이 없었음
  ㉢ **순조** : 노론 강경파인 벽파가 집권하면서 탄압이 가해짐
  ㉣ **안동 김씨 세도 정치기** : 탄압이 완화되며 백성들에게 활발히 전파
  ㉤ 조선 교구가 설정되고 서양인 신부들이 들어와 포교하면서 교세가 점차 확장됨

③ 박해 사건
  ㉠ **추조 적발 사건(정조 9, 1785)** : 이벽, 이승훈, 정약용 등이 김범우의 집에서 미사를 올리다 형조의 관원들에게 발각됨
  ㉡ **반회 사건(정조 11, 1787)** : 이승훈, 정약용, 이가환 등이 김석대의 집에서 성경 강습, 금압령 강화
  ㉢ **신해박해(정조 15, 1791)** : 전라도 진산의 양반 윤지충 등이 모친상을 천주교식으로 지냄(신주 소각)(→ 비교적 관대하게 처벌)
  ㉣ **신유박해(순조 1, 1801)**
    • 벽파(노론 강경파)가 시파를 축출하기 위한 정치적 박해(→ 시파 세력의 위축·실학의 쇠퇴)
    • 이승훈·이가환·정약종·주문모 신부 등 3백여 명 처형
    • 정약용·정약전 등이 강진과 흑산도로 유배됨
    • 황사영 백서(帛書) 사건 발생
  ㉤ **기해박해(헌종 5, 1839)** : 안동 김씨와 풍양 조씨의 세도 쟁탈전 성격, 프랑스 신부 등 처형, 척사윤음(斥邪綸音) 반포, 오가작통법을 이용하여 박해
  ㉥ **병오박해(헌종 12, 1846)** : 김대건 신부 처형
  ㉦ **병인박해(고종 3, 1866)**
    • 대왕대비교령으로 천주교 금압령
    • <u>최대의 박해, 프랑스 신부(9명)와 남종삼 등 8천여 명 처형(→ 병인양요 발생)</u>

8. 동학(東學)의 발생

(1) 성립

SEMI-NOTE

천주교 박해 시기

시기	박해
정조(1785)	추조 적발 사건
정조(1787)	반회 사건
정조(1791)	신해박해
순조(1801)	신유박해
헌종(1839)	기해박해
헌종(1846)	병오박해
고종(1866)	병인박해

병인박해

1864년 시베리아를 건너 남하한 러시아는 함경도에 와서 조선과의 통상을 요구하였음. 이때 몇몇 천주교도들의 건의에 따라 흥선대원군은 프랑스 선교사를 통해 프랑스와 동맹을 체결하고자 하였으나 시기가 맞지 않아 계획은 수포로 돌아갔음. 이전부터 천주교를 배척을 받고 있었는데, 이 사건으로 인해 비난이 고조되자 흥선대원군은 천주교를 탄압하기로 결심하였음. 1866년 천주교 탄압이 선포됨에 따라 프랑스 선교사 9명이 처형되고 수천 명의 천주교도들이 학살되었음. 이 박해를 피해 탈출한 리델 신부가 프랑스 해군사령관 로즈 제독에게 이 사실을 알림으로써 병인양요가 일어나게 되었음

황사영 백서(帛書) 사건

신유박해의 내용과 대응 방안을 적은 밀서를 중국 베이징의 구베아 주교에게 보내려고 한 사건을 말함. 이 사건으로 황사영은 처형되고 천주교는 더욱 탄압을 받게 되었음

① 성립 배경 : 세도 정치와 사회적 혼란, 민심의 동요, 서양의 통상 요구와 천주교 세력의 확대로 인한 위기 의식의 고조
② 창시 : 철종 11년(1860)에 경주 출신인 최제우(崔濟愚)가 창시

(2) 성격

① 성리학·불교·서학 등을 배척하면서도 교리에는 유·불·선의 주요 내용과 장점을 종합
② 샤머니즘, 주문과 부적 등 민간 신앙 요소도 결합되어 있으며, 현세구복적 성격
③ 시천주(侍天主), 사인여천(事人如天), 인내천(人乃天) 사상을 강조해 인간 평등을 반영
④ 운수 사상과 혁명 사상(조선 왕조를 부정)을 담고 있음

(3) 탄압

① 철종 14년(1863) : 사교로 규정하고 금령 반포
② 고종 1년(1864) : 혹세무민의 죄로 교주 최제우를 처형

(4) 교세의 확대

① 2대 교주 최시형은 교세를 확대하면서 〈동경대전(東經大全)〉과 〈용담유사(龍潭遺詞)〉를 펴내어 교리를 정리
② 의식과 제도를 정착시키고 포·접 등 교단 조직을 정비

9. 농민의 항거

(1) 원인

사회 불안 고조, 유교적 왕도 정치의 퇴색, 신분제의 동요, 19세기 세도 정치하에서 탐관오리의 부정과 탐학, 사회·경제적 모순의 심화, 극심한 삼정의 문란

(2) 전개

① 홍경래 난(평안도 농민 전쟁, 순조 11, 1811)
  ㉠ 의의 : 세도 정치기 당시 농민 봉기의 선구
  ㉡ 중심 세력 : 광산 노동자들이 중심적으로 참여, 영세 농민·중소 상인·유랑인·잔반 등 다양한 세력이 합세
  ㉢ 원인
   • 서북인(평안도민)에 대한 차별 및 가혹한 수취
   • 평안도 지역 상공인과 광산 경영인을 탄압·차별하고 상공업 활동을 억압
   • 세도 정치로 인한 관기 문란, 계속되는 가뭄·흉작으로 인한 민심 이반
  ㉣ 경과 : 가산 다복동에서 발발하여 한때 청천강 이북의 7개 고을을 점령하였으나 5개월 만에 평정
  ㉤ 영향 : 이후 각지의 농민 봉기 발생에 영향을 미침

SEMI-NOTE

동학의 사상
동학의 교리는 유·불·선의 주요 내용을 바탕으로 하였으며, 여기에 주문과 부적 등 민간 신앙의 요소를 결합하였음. 동학은 사회 모순을 극복하고 일본과 서양 국가의 침략을 막아내자는 주장을 폈으며, 모든 사람이 평등하다는 인내천 사상을 강조하였음

인내천
• 의미 : 사람이 곧 하늘
• 신분 및 계급을 초월하여 모든 인간을 평등하게 봄(인심이 곧 천심이요, 사람을 섬기는 것은 하늘을 섬기는 것) → 농민들 사이에서 급속도로 전파

〈동경대전〉과 〈용담유사〉
• 동경대전 : 최제우가 지은 동학의 경전. 최제우 생전에는 간행되지 못하고, 2대 교주인 최시형 때 간행되었음
• 용담유사 : 최제우가 지은 포교 가사집. 2대 교주인 최시형 때 간행되었음

홍경래
평안북도의 몰락 양반 출신인 홍경래는 평양 향시를 통과하고 유교와 풍수지리를 익힌 지식인이나 대과에 낙방하였음. 당시 대과에서는 시골 선비에 대한 차별이 심했을 뿐만 아니라, 서북 출신은 고구려 유민으로 구분되어 천한 취급을 받고 있었으므로 홍경래가 대과를 통해 관직에 나아가는 것은 어려운 일이었음. 세상을 바꿀 결심을 한 홍경래는 사회를 살피고 동료들을 규합하여 봉기를 주도하였음. 그러나 만 4개월 동안 이어졌던 봉기는 실패로 끝났으며, 홍경래는 정주성 싸움에서 전사하였음

② 임술 농민 봉기(진주 민란 · 백건당의 난, 철종 13, 1862)
  ㉠ 의의 : 삼남 일대에서 민란이 잇달아 촉발되어 농민 봉기의 전국적 확대 계기
  ㉡ 원인 : 진주 지역 포악한 관리(백낙신 · 홍병원 등)의 탐학
  ㉢ 경과 : 몰락 양반 유계춘의 지휘하에 농민들이 진주성을 점령, 수습책으로 삼정의 폐단을 시정하기 위한 임시 관청인 삼정이정청이 설치되었지만 큰 효과는 거두지 못함

(3) 항거의 의의
① 농민들의 사회 의식이 더욱 성장
② 양반 중심 통치 체제의 붕괴 가속화

👓 한눈에 쏙~

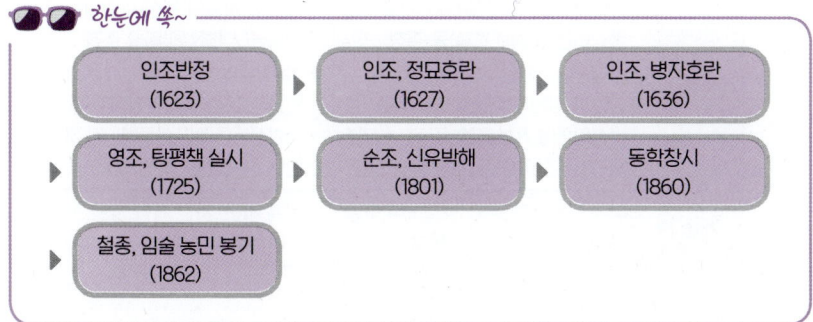

> **SEMI-NOTE**
>
> **임술 농민 봉기**
> 임술년(1862년) 2월 19일, 진주민 수만 명이 머리에 흰 수건을 두르고 손에는 몽둥이를 들고 무리를 지어 진주 읍내에 모여 서리들의 가옥 수십 호를 불사르고 부수어, 그 움직임이 결코 가볍지 않았다. 병사가 해산시키고자 장시에 나가니 흰 수건을 두른 백성들이 그를 빙 둘러싸고는 백성들의 재물을 횡령한 조목, 아전들이 세금을 포탈하고 강제로 징수한 일들을 면전에서 여러 번 문책하는데, 그 능멸하고 핍박함이 조금도 거리낌이 없었다.
> – 〈임술록〉 –

04절 문화의 새 기운

1. 성리학의 흐름

(1) 성리학 연구의 전개 및 분파
① 성리학의 연구는 정국의 흐름과 밀접하게 관련되어 진행
② 17세기 붕당들은 정통성을 가지기 위해 학연에 유의하여 학문적 토대를 굳힘
  ㉠ 영남학파가 주로 동인 계열을, 기호학파가 주로 서인 계열을 이끎
  ㉡ 동인은 다시 남인과 북인으로 나뉨
  ㉢ 인조 반정으로 정국을 주도하게 된 서인은 숙종 때에 이르러 노론과 소론으로 분파

(2) 노론과 소론의 성리학
① 노론 : 성리학의 교조화 · 절대화
  ㉠ 주자의 본뜻에 충실함으로써 사회의 모순을 해결할 수 있다고 봄
  ㉡ 신권 정치(臣權政治) 강조, 상공업에 관심, 수취 체제 개선과 민생 안정 · 노비속량 강조

SEMI-NOTE

윤증

조선 중기의 학자로, 송시열의 제자. 병자호란 이후 명에 대한 의리를 주장하는 송시열과 대립하여 대청 실리 외교를 주장하였으며, 양난 이후의 빈곤 및 사회 변동 등 정국의 변화는 송시열의 주자학적 조화론과 의리론만으로 바로잡을 수 없다고 비판하였다. 두 사람 간의 논쟁은 서인이 노론과 소론으로 분파되는 계기인 회니시비(懷尼是非)로 이어졌음

윤휴

조선 후기의 문신이자 학자로 젊은 시절부터 서인 계열인 송시열, 송준길, 유계 등과 남인 계열인 권시, 권준 등과 친분이 있었음. 기해예송 때 송시열의 주장이 내포한 오류를 가장 먼저 지적하였으며, 갑인예송 때에도 같은 기준에서 서인 측 견해가 잘못되었음을 지적하였음. 북벌을 실현시키고자 무과인 만과를 설치하고 병거와 화차를 개발·보급하고자 하였음. 주자에 대해서는 성학 발전에 최대의 공로를 세웠다고 높이 평가하였으며, 성학 발전을 위해서는 후학들이 선유의 업적을 토대로 새로운 해석과 이해의 경지를 개척해야 한다고 주장하면서 새로운 해석을 시도하였음

박세당의 탈성리학적 경향

박세당은 성리학에 대하여 스승을 무비판적으로 답습하는 것으로 파악하고 자유로운 비판을 강조하였음. 즉, 주자가 원대한 형이상학적 최고선(善)의 정신을 통해 인식의 절대성을 강조한 데 반해, 박세당은 일상적 행사를 통한 인식의 타당성을 강조하여 인식의 상대성을 제시하였음. 그 뿐만 아니라 주자가 주장한 인간 본성의 선천성을 비판하고 인간의 도덕적 판단력을 인정함으로써 인간의 능동적 실천 행위와 주체적인 사고 행위를 강조하였음

---

② **소론**: 성리학의 교조성 비판, 성리학의 상대적·탄력적 이해(윤증을 중심)

(3) 성리학의 이론 논쟁

① **16세기**: 4단 7정 논쟁(이황과 기대승), 이기철학의 논쟁
② **17세기**: 성리학의 이기론을 둘러싼 논쟁
③ **18세기**: 호락 논쟁(湖洛論爭)

구분	호론(湖論)	낙론(洛論)
주도 세력	충청도 지역을 중심으로 송시열의 제자인 권상하·한원진·윤봉구 등이 주도	서울·경기 지역을 중심으로 김창협·이간·이재·어유봉·박필주·김원행 등이 주도
본성론	• 인간과 사물의 본성이 다르다는 인물성이론(人物性異論)을 주장 • 기(氣)의 차별성 강조(주기론) • 성인과 범인의 마음이 다르다는 성범성이론(聖凡性異論) 강조(→ 신분제·지주전호제 등 지배 질서 인정)	• 인간과 사물의 본성이 같다는 인물성동론(人物性同論)을 주장 • 이(理)의 보편성 강조 • 인간의 본성을 자연에까지 확대 • 성범성동론(聖凡性同論) 강조(→ 일반인 중시, 신분 차별 개혁)
계승	화이론·대의명분론을 강조하여 북벌론과 위정척사 사상으로 연결	화이론 비판, 자연 과학 중시, 북학 사상·이용후생 사상으로 연결

2. 성리학의 한계와 비판

(1) 성리학의 한계

① 지배 신분으로서 양반의 특권을 강화(지배층의 지위 합리화)하기 위한 목적으로 이용됨
② 타 학문과 사상을 배척하여 사상적 경직성을 띠는 등 성리학이 교조화됨
③ 조선 후기의 사회 모순에 대하여 근본적 대책을 강구하지 못함

(2) 성리학의 비판(탈성리학)

① **사상적 경향**: 17세기 후반부터 본격화된 것으로 주자 중심의 성리학을 상대화, 6경과 제자백가 사상을 근거로 성리학을 재해석
② **대표적인 학자**
  ㉠ **윤휴**: 유교 경전에 대하여 주자와 다른 독자적인 해석을 하여 유학의 반역자(사문난적)라 지탄을 받았고, 결국 송시열의 예론을 비판하다가 사형 당함
  ㉡ **박세당**: 양명학과 노장 사상의 영향을 받아 〈사변록(思辨錄)〉을 써 주자의 학설을 비판하다가 사문난적으로 몰려 학계에서 배척됨

실력up 사변록(思辨錄)

경(經)에 실린 말이 그 근본은 비록 하나이지마는 그 실마리는 천 갈래 만 갈래이니. 이것이 이른바 하나로 모이는 데 생각은 백이나 되고, 같이 돌아가는 데 길은 다르다는 것이다. 그러므로 비록 독창적인 지식과 깊은 조예가 있으면 오히려 그 귀추의 갈피를 다하여 미묘한 부분까지 놓침이 없을 수 없는 경우가 있다. 반드시 여러 장점을 널리 모으고 조그마한 선도 버리지 아니하여야만 대략적인 것도 유실되지 않고, 얕고 가까운 것도 누락되지 아니하여, 깊고 심원하고 정밀하고 구비한 체제가 비로소 완전하게 된다.

3. 양명학의 수용

(1) 양명학

① 의의 : 성리학의 교조화와 형식화, 사상적 경직성 등을 비판하며 지행합일의 실천성을 강조하는 주관적 실천 철학

② 수용 및 연구
- ㉠ 전래 : 중종 때에 조선에 전래
- ㉡ 수용과 확산 : 17세기 후반 소론 학자들에 의하여 본격적으로 수용되어 주로 서경덕 학파와 불우한 종친들 사이에서 점차 확산
- ㉢ 본격적 연구 : 18세기 정제두의 강화학파에 의해 이루어짐

③ 사상 체계 : 심즉리(心卽理), 치양지설(致良知說), 지행합일설(知行合一說) 등을 근간으로 함

(2) 정제두의 활동

① 저서 : 〈존언〉·〈만물일체설〉 등으로 양명학의 학문적 체계를 수립, 변퇴계전습록변
② 양지설(良知說), 지행합일설 강조
③ 일반민을 도덕 실천의 주체로 상정하고, 이를 바탕으로 신분제 폐지를 주장
④ 강화학파의 성립 : 18세기 초 양명학 연구와 제자 양성에 힘써 강화학파를 이룸

4. 실학의 성립과 발전

(1) 등장 배경

① 17~18세기의 사회·경제적 변동에 따른 사회적 모순의 해결 방법을 구상하는 과정에서 대두
② 지배 이념인 성리학은 현실 문제를 해결할 수 없었음
③ 현실 문제를 탐구하려는 학문적·사상적 움직임으로 등장

(2) 실학의 성립

① 16세기 말 : 정치·문화 혁신의 움직임이 싹터 정인홍 등이 성리학 이외의 사상

SEMI-NOTE

강화학파
조선 후기 정제두 등 양명학자들이 강화도를 중심으로 형성한 학파. 그를 따라 모인 소론 학자들과 친인척 등을 중심으로 계승·발전하였다. 훈민정음 연구에도 관심을 보였고, 특히 실학에 많은 영향을 주어 실사구시의 이론적 기초를 제공하였음

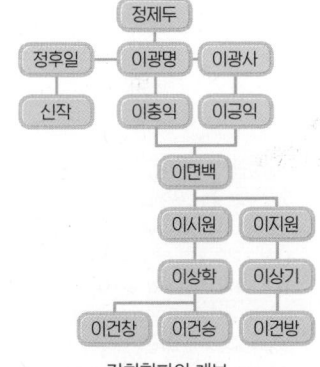

강화학파의 계보

양명학과 실학의 성격
성리학에 대하여 비판한 양명학과 실학도 성리학을 전면적으로 부정하지는 못했으므로 반유교적이라고 볼 수는 없음

고증학과 실학
고증학은 명말 청초에 일어난 학풍으로 실증적 고전 연구를 중시하였는데, 실증적 귀납법을 통해 종래의 경서 연구 방법을 혁신하였음 청으로부터 전해진 고증학으로 인해 우리나라의 실학 연구는 그 깊이를 더하게 됨

을 폭넓게 수용하려 함
② 17세기 : 국가 역량이 강화되어야 한다는 사회적 인식이 만연
  ㉠ 이수광 : 〈지봉유설〉을 저술하여 문화 인식의 폭을 확대
  ㉡ 한백겸 : 〈동국지리지〉를 저술하여 역사 지리를 치밀하게 고증

(3) 실학의 발전(18세기)
① 확산 : 농업 중심의 개혁론, 상공업 중심의 개혁론, 국학 연구 등을 중심으로 확산
② 영향 : 청에서 전해진 고증학과 서양 과학의 영향을 받음
③ 목표 : 민생 안정과 부국강병을 목표로 비판적·실증적 사회 개혁론 제시

5. 농업 중심의 개혁론

(1) 농업 중심의 개혁
① 신분층 : 대부분 경기 지방에서 활약한 남인 출신
② 제도적 개혁론 : 농민의 입장에서 토지·조세·군사·교육 제도 등 각종 폐단을 시정하려 함
③ 농업 기술 개발론 : 수리 시설의 확충, 종자와 농기구의 개량, 경작 방법과 시비법의 개선 등을 제시
④ 학문적 이상 : 유교적 이상 국가의 실현 추구(복고적 성격, 신분 차별 인정)
⑤ 한계 및 영향
  ㉠ 한계 : 재야 지식인들의 공감을 받았지만 국가 정책에는 별로 반영되지 못함
  ㉡ 영향 : 한말 애국 계몽 사상가들과 일제 강점기 국학자들에게 큰 영향을 미침

(2) 중농학파(경세치용 학파, 성호학파)
① 유형원(1622~1673) : 농업 중심 개혁론의 선구자
  ㉠ 저술 : 반계수록, 동국여지지
  ㉡ 균전론(均田論)
    • 주나라 정전법의 영향을 받아 자영농 육성을 위한 토지 제도의 개혁을 주장
    • 관리·선비·농민에게 토지의 차등적 재분배를 주장
    • 토지 국유제 원칙에서 토지 매매 금지와 대토지 소유 방지를 주장
    • 자영농 육성을 통한 병농일치의 군사 제도, 사농일치의 교육 제도 확립을 주장
② 이익(1681~1763) : 농업 중심의 개혁론을 더욱 발전시킴, 학파를 형성
  ㉠ 학파 형성 : 18세기 전반에 주로 활약하며 유형원의 실학 사상을 계승·발전시키고 많은 제자들을 길러내 성호학파를 형성
  ㉡ 저술 : 성호사설, 곽우록, 붕당론
  ㉢ 한전론(限田論)
    • 균전론 비판 : 급진적·비현실적이라 비판
    • 대안으로 한전론을 제시 : 토지매매의 하한선을 정함

SEMI-NOTE

유형원의 〈반계수록〉
유형원의 국가 운영과 개혁에 대한 견해를 내용으로 함. 균전제, 향약 등의 사회 조직을 통한 단계별 교육 기관의 운영, 과거제 폐지와 공거제(천거를 통한 인재 등용) 운영, 비변사 폐지와 의정부 육조 복구, 지방관의 권한 확대, 병농일치, 방어 시설·무기 정비, 정기적인 군사 훈련 등의 주장을 담고 있음

이익과 박지원의 한전론의 차이점
이익의 한전론은 토지매매의 하한선을 제한하고, 박지원의 한전론은 토지소유의 상한선을 제한함

정쟁에 대한 이익의 비판
"스스로 국시라고 주창하는 것이 결국 나라를 망치는 논의이다."

- ㉑ 6종 폐지론 : 양반 제도 · 노비 제도 · 과거 제도 · 기교(사치와 미신) · 승려 · 게으름을 지적
- ㉒ 농촌 경제의 안정책 : 고리대와 화폐 사용의 폐단을 지적, 사창제 실시를 주장
- ㉓ 역사관 : 역사의 흥망성쇠는 시세(時勢)에 따라 이루어진다고 봄
③ 정약용(1762~1836) : 이익의 실학 사상을 계승하면서 실학을 집대성
- ㉠ 활약 : 정조 때 벼슬길에 올랐으나 신유박해 때에 전라도 강진에 유배
- ㉡ 저술 : 500여 권의 저술을 〈여유당전서(與猶堂全書)〉로 남김
  - 3부작(1표 2서, 一表二書) : 지방 행정의 개혁 및 지방관(목민관)의 도리에 대하여 쓴 〈목민심서〉, 중앙의 정치 조직과 행정 개혁에 대하여 쓴 〈경세유표〉, 형옥을 담당한 관리들이 유의할 사항에 대해 쓴 〈흠흠신서〉
  - 3논설 : 여전제와 정전제를 논한 〈전론(田論)〉, 통치자는 백성을 위해 존재한다고 강조하여 정치의 근본을 주장한 〈원목(原牧)〉, 왕조 교체(역성혁명)의 가능성과 민권 사상의 정당성을 논증한 〈탕론(蕩論)〉
  - 기예론 : 농업 기술과 공업 기술을 논의
- ㉢ 여전론(閭田論) : 토지 제도의 개혁론으로 처음에는 여전론을, 후에 정전론을 주장(한 마을(1여)을 단위로 하여 토지를 공동으로 소유하고 공동으로 경작하여 수확량을 노동량에 따라 분배하는 일종의 공동 농장 제도)
- ㉣ 정전론(井田論)
  - 여전론은 이상적인 형태라 스스로 판단해 현실적 차선책으로 제시
  - 국가가 토지를 매입한 후 가난한 농민에게 분배해 자영 농민을 육성하고, 사들이지 못한 지주의 토지는 공동 경작지로서 병작 농민에게 골고루 경작하게 하여 세를 거둠
④ 박세당(1629~1703) : 〈농가집성〉을 비판 · 보완, 사변록
⑤ 홍만선(1643~1715) : 농업 기술을 중심으로 섭생(攝生) · 구급 치료법 등을 소백과사전처럼 기술한 〈산림경제〉를 저술
⑥ 서유구(1764~1845) : 종저보, 임원경제지(〈임원십육지〉)

6. 상공업 중심의 개혁론

(1) 특징

① 신분층 : 18세기 후반 한성의 노론 중심
② 상공업 진흥 : 도시를 배경으로 농업뿐만 아니라 상공업 진흥과 기술 혁신을 주장
  - ㉠ 국부의 원천을 국가 통제하의 상공업 운영에 있다고 봄
  - ㉡ 지주제를 인정하고 농업의 개량화 · 전문화 추구
③ 학문적 이상 : 유교적 이상 국가에서 탈피(→ 신분 제도 철폐)
④ 영향 : 부국강병을 위한 적극적 방안 제시, 19세기 개화 사상가들에게 영향을 줌

(2) 중상학파(이용후생학파, 북학파)

① 유수원(1694~1755)
  - ㉠ 우서(迂書) : 중국과 우리 문물을 비교하면서 정치 · 경제 · 사회 전반의 개혁

SEMI-NOTE

〈목민심서〉
48권 16책으로 조선 순조 때, 정약용이 지은 책. 지방관으로서 지켜야 할 준칙을 자신의 체험과 유배 생활을 통해 서술하였음

정약용의 〈원목(原牧)〉
목자(牧者)가 백성을 위하여 있는가, 백성이 목자를 위하여 있는가. 백성이라는 것은 곡식과 피륙을 제공하여 목자를 섬기고, 또 가마와 말을 제공하여 목자를 송영하는 것이다. 결국 백성은 피와 살과 정신까지 바쳐 목자를 살찌게 하는 것이니, 이것으로 보자면 백성이 목자를 위하여 존재하는 것이 아닌가. 아니다. 목자가 백성을 위해 존재한다. 오랜 옛날에는 목자가 없이 백성만이 있었다. …… 그러므로 목자의 근원은 마을의 어른이다. 백성이 목자를 위해 있는 것이 아니라 목자가 백성을 위해 있는 것이다.

유수원의 신분 차별 철폐론
상공업은 말업(末業)이라고 하지만 본래 부정하거나 비루한 일이 아니다. 그것은 스스로 재간이 없고 덕망이 없음을 안 사람이 관직에 나가지 않고 스스로의 노력으로 먹고 사는 것인데 어찌 더럽거나 천한 일이겠는가? …… 허다한 고질적인 폐단이 모두 양반을 우대하는 헛된 명분에서 나오고 있으니, 근본을 따져보면 국초에 법제를 마련할 때 사민을 제대로 분별하지 못한 데 있는 것이다.
- 〈우서〉 -

SEMI-NOTE

박지원 '한전론'
토지 소유의 상한선을 설정하여 일정 이상의 토지를 소유하지 못하게 하는 토지 개혁론

실학의 학문적 의의와 한계
- 의의 : 18세기를 전후하여 융성하였던 실증적·민족적·근대 지향적 특성을 지닌 학문
- 한계 : 대체로 몰락 양반 출신 지식인들의 개혁론이었으므로 국가 정책에 반영되지는 못함

을 제시
ⓛ 개혁론 : 농업의 전문화·상업화, 기술 혁신을 통해 생산력 증강, 상공업 진흥과 기술 혁신 강조, 신분 차별의 철폐 주장, 상인 간의 합자를 통한 경영 규모의 확대, 상인이 생산자를 고용하여 생산·판매 주관(선대제 수공업 등), 대상인의 지역 사회 개발 참여 및 학교 건립·교량 건설·방위 시설 구축 등에 대한 공헌, 국가의 상업 활동 통제를 통한 물자 낭비·가격 조작 방지, 사상의 횡포 견제

② 홍대용(1731~1783)
  ㉠ 저술 : 〈임하경륜〉·〈의산문답〉·〈연기(燕記)〉 등이 〈담헌서〉에 전해짐, 수학 관계 저술로 〈주해수용〉이 있음
  ㉡ 개혁론 : 농업(토지) 개혁론으로 균전론을 주장, 임하경륜(부국론), 의산문답

③ 박지원(1737~1805) ★ 빈출개념
  ㉠ 열하일기(熱河日記) : 청에 다녀와 문물을 소개하고 이를 수용할 것을 주장
  ㉡ 농업 관련 저술 : 〈과농소초(課農小抄)〉·〈한민명전의(限民名田議)〉
  ㉢ 한전론의 중요성을 강조, 상공업의 진흥을 강조
  ㉣ 양반 문벌 제도 비판 : 〈양반전〉, 〈허생전〉, 〈호질〉을 통해 양반 사회의 모순과 부조리·비생산성을 비판

④ 박제가(1750~1805) : 청에 다녀온 후 〈북학의〉를 저술 ★ 빈출개념
  ㉠ 상공업의 육성, 청과의 통상 강화, 세계 무역에의 참여, 서양 기술의 습득을 주장
  ㉡ 선박과 수레의 이용 증가 및 벽돌 이용 등을 강조
  ㉢ 소비의 권장 : 생산과 소비와의 관계를 우물물에 비유하면서 생산을 자극하기 위해서는 절약보다 소비를 권장해야 한다고 주장
  ㉣ 신분 차별 타파, 양반의 상업 종사 등을 주장

⑤ 이덕무(1741~1793) : 북학을 주장, 〈청장관전서〉를 남김

실력up 박제가의 소비관(消費觀)

비유하건대 재물은 대체로 샘과 같은 것이다. 퍼내면 차고, 버려두면 말라 버린다. 그러므로 비단옷을 입지 않아서 나라에 비단 짜는 사람이 없게 되면 여공이 쇠퇴하고, 쭈그러진 그릇을 싫어하지 않고 기교를 숭상하지 않아서 공장(工匠)이 도야(陶冶)하는 일이 없게 되면 기예가 망하게 되며, 농사가 황폐해져서 그 법을 잃게 되므로 사·농·공·상의 사민이 모두 곤궁하여 서로 구제할 수 없게 된다.

― 〈북학의〉 ―

7. 국학 연구의 확대

(1) 역사학 연구

① 연구 경향 : 역사의 주체성과 독자성 강조, 실증적·고증학적 방법
② 이익과 홍대용

- ㉠ 이익 : 중국 중심의 역사관에서 벗어나 우리 역사를 체계화할 것을 주장하여 민족에 대한 주체적 자각을 높이는 데 이바지
- ㉡ 홍대용 : 민족에 대한 주체적 자각을 강조

③ 안정복
- ㉠ 역사 의식 : 이익의 제자로 그의 역사 의식을 계승하고 연구 성과를 축적·종합, 중국 중심의 역사관 비판
- ㉡ <u>동사강목(東史綱目, 1778)</u> : 고조선부터 고려 말까지의 우리 역사를 독자적 정통론(마한 정통론)을 통해 체계화했으며, 사실들을 치밀하게 고증하여 고증 사학의 토대를 닦음(→ 성리학적 명분론에 입각하여 서술하면서도 독자적 정통론에 따르는 자주 의식의 일면을 보여 주고 있음)

④ 한치윤 : 〈해동역사(海東繹史)〉를 편찬(민족사 인식의 폭 확대에 기여)

⑤ 이종휘 : 고구려사인 〈동사〉를 저술하여 고대사 연구의 시야를 만주까지 확대

⑥ 유득공 : 〈발해고〉를 저술하여 발해사 연구를 심화하고 한반도 중심의 협소한 사관을 극복

> **실력up 유득공의 발해 인식**
>
> 고려에서 발해사를 편찬하지 못하였으니, 고려가 떨치지 못했다는 것을 알 수 있다. 옛날에 고씨가 북쪽 지방에 자리잡고 고구려라 했고, 부여씨가 서쪽 지방에 머물면서 백제라 했으며, 박·석·김 씨가 동남지방에 살면서 신라라 하였다. 이 삼국에는 마땅히 삼국에 대한 사서가 있어야 할 텐데, 고려가 이것을 편찬하였으니 옳은 일이다. 부여씨가 망하고 고씨가 망한 다음 김씨가 남쪽을 차지하고, 대씨가 북쪽을 차지하고는 발해라 했으니, 이것을 남북국이라 한다. 남북국에는 남북국의 사서가 있었을 터인데 고려가 편찬하지 않은 것은 잘못이다. 저 대씨는 어떤 사람인가. 바로 고구려 사람이다. 그들이 차지하고 있던 땅은 어떤 땅인가. 바로 고구려 땅인데, 동쪽을 개척하고 다시 서쪽을 개척하고 다시 북쪽을 개척해서 나라를 넓혔을 뿐이다.
>
> — 〈발해고〉 —

(2) 지리학 연구

① 세계관의 변화 : 중국 중심의 화이 사상을 극복하는 등 세계관의 변화가 나타남, 〈곤여만국전도(坤輿萬國全圖)〉·〈직방외기〉 등

② 지리서의 편찬
- ㉠ 역사 지리서 : 한백겸의 〈동국지리지〉, 정약용의 〈아방강역고〉 등
- ㉡ 인문 지리서 : 이중환의 〈택리지(팔역지)〉, 허목의 〈지승〉
- ㉢ 기타 : 유형원의 〈여지지〉, 신경준의 〈강계고〉(각지의 교통 및 경계를 밝힘), 김정호의 〈대동지지〉(전국 실지 답사)

③ 지도의 편찬
- ㉠ 배경 : 중국을 통해 서양식 지도가 전해져 보다 정밀하고 과학적인 지도 제작이 가능해짐
- ㉡ 목적
  - 조선 초기 : 정치·행정·군사적 목적을 중심으로 관찬(官撰)

SEMI-NOTE

이종휘의 〈동사〉

기전체 사서로, 현 시대는 과거의 역사를 통해 규명할 수 있다는 입장을 취하고 있음. 이를 위하여 당시 중화의 문화를 간직한 유일한 국가인 조선을 역사적 맥락에서 설명하고, 그 당위성을 지리적으로 밝혔음. 고조선과 발해를 우리 역사로서 다루고 있으며, 부여·옥저 등 한국 고대사의 여러 나라들의 위치를 격상시키는 한편 역사 체계에서 한 군현을 삭제하였다. 신채호는 이종휘를 조선 후기 역사가 중 가장 주체적인 인물로 평가하였음

김정희의 〈금석과안록(金石過眼錄)〉

김정희는 민족사와 전통문화에 대한 관심에서 금석학을 연구하여 〈금석과안록(金石過眼錄)〉을 저술하였다. 그는 여기서 북한산비가 진흥왕 순수비임을 밝혔으며 황초령비도 판독하였음

서얼, 중인의 역사서와 여항 문학
- 역사서 : 이진흥〈연조귀감〉(1777), 〈규사〉(1859), 유재건〈이향견문록〉(1862), 이경민〈희조일사〉(1866)
- 여항 문학 : 조희룡〈호산외기〉중 42명의 여항인들의 전기 수록, 〈풍요삼선〉의 위항인들의 시

SEMI-NOTE

조선 후기의 지도의 특징
- 대축적 지도의 발달
- 다양한 지도의 활발한 편찬
- 지방 각 군현 조도의 편찬 급증
- 지도의 보급과 소장이 현저히 증가

한글서적
농민의 지위 향상에 따른 의식의 성장으로 국민적 교화의 필요성이 절실했고, 세종의 민족문자 의식과 애민정신이 반영되었음. 주요 한글서적으로는 〈용비어천가〉·〈동국정운〉·〈석보상절〉·〈월인석보〉·〈월인천강지곡〉·〈불경언해〉·〈훈몽자회〉·〈사성통해〉 등이 있으며, 한글 번역서적으로 〈삼강행실도〉·〈두시언해〉·〈소학언해〉 등이 있음

곤여만국전도의 영향
우리나라 사람들의 세계관이 확대 될 수 있는 계기가 되었음. 즉, 중국 중심의 세계관을 탈피하는 데 영향을 미쳤음

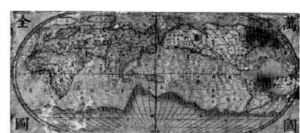

곤여만국전도

시헌력
1653~1910년에 우리나라에서 사용된 역법으로, 서양의 수치와 계산 방법이 채택된 숭정역법을 교정한 것

- 조선 후기 : 경제·산업·문화적 관심이 반영되어 산맥과 하천·제언, 항만·도로망 표시가 정밀해짐
④ 조선 후기의 지도 : 동국지도(팔도분도), 청구도(청구선표도), 대동여지도, 요계관방지도(1706)

(3) 국어학 연구

① 의의 : 한글의 우수성에 대한 인식, 즉 문화적 자아 의식을 크게 높임
② 서적
  ㉠ 음운에 대한 연구 성과 : 신경준의 〈훈민정음운해〉, 유희의 〈언문지〉 등
  ㉡ 어휘 수집에 대한 연구 성과 : 이성지의 〈재물보〉, 권문해의 〈대동운부군옥〉, 이의봉의 〈고금석림〉, 정약용의 〈아언각비〉, 유희의 〈물명고〉 등
  ㉢ 기타 : 중국 운서와 비교해 한글 자모의 성질을 밝힌 황윤석의 〈자모변〉 등

(4) 백과사전의 편찬

지봉유설 (芝峰類說)	이수광 (광해군)	천문·지리·군사·관제 등 25항목별로 나누어 저술
대동운부군옥 (大東韻府群玉)	권문해 (선조)	단군~선조의 역사 사실을 어휘의 맨 끝자를 기준으로 하여 운(韻)으로 분류한 어휘 백과사전
유원총보 (類苑叢寶)	김육 (인조)	문학·제도 등 27개 항목으로 기술
동국문헌비고 (東國文獻備考)	홍봉한 (영조)	지리·정치·경제·문화 등을 체계적으로 정리한 한국학 백과사전
성호사설 (星湖僿說)	이익 (영조)	천지·만물·경사·인사·시문의 5개 부문으로 서술
청장관전서 (靑莊館全書)	이덕무 (정조)	아들 이광규가 이덕무의 글을 시문·중국의 역사·풍속·제도 등으로 편집
오주연문장전산고 (五洲衍文長箋散稿)	이규경 (헌종)	우리나라와 중국 등 외국의 고금 사항에 관한 고증

8. 서양 문물의 수용

(1) 서양 과학 기술의 수용

① 서양 문물의 수용
  ㉠ 17세기경부터 중국을 왕래하던 사신들을 통해 도입
  ㉡ 선조 때 이광정은 세계지도(곤여만국전도)를 전하고, 이수광은 〈지봉유설〉에서 마테오 리치의 〈천주실의〉를 소개
  ㉢ 인조 때 소현세자에 의해 과학 및 천주교 관련 서적이 전래되고, 정두원은 화포·천리경·자명종·천문서 등을 전함
  ㉣ 효종 때 김육이 시헌력(時憲曆)을 전함
② 서양인의 표류 : 벨테브레(1628)와 하멜 일행(1653)이 우리나라에 표류하여 문물

을 전파하기도 함

(2) 과학 기술 수용의 정체
① 서양 과학 기술의 수용은 18세기까지는 어느 정도 이루어졌으나 19세기에 이르러서는 천주교 억압으로 진전되지 못함
② 후기의 기술 발전은 주로 농업 및 의학과 관련된 분야에 집중되고, 교통·통신과 제조업이나 군사 분야에서는 상대적으로 미미

9. 천문학·수학·의학의 발달

(1) 천문학의 발달
① 학자
  ㉠ 이익 : 서양 천문학에 큰 관심을 가지고 연구
  ㉡ 김석문 : 지전설(地轉說)을 우리나라에서 처음으로 주장하여 우주관을 전환시킴
  ㉢ 홍대용 : 지전설을 주장, 무한 우주론을 주장
  ㉣ 이수광 : 17세기 초 〈지봉유설〉에서 일식·월식·벼락·조수의 간만 등을 언급
② 천문서 : 숙종 때 김석문의 〈역학도해〉, 정조 때 홍대용의 〈담헌연기〉, 고종 때 최한기의 〈지구전요〉 등

(2) 수학과 역법
① 수학의 발달
  ㉠ 최석정과 황윤석이 전통 수학을 집대성
  ㉡ 마테오 리치가 유클리드 기하학을 한문으로 번역한 〈기하원본〉이 도입됨
  ㉢ 홍대용의 〈주해수용〉 : 우리나라·중국·서양 수학의 연구 성과 정리
② 역법의 발달 : 김육 등에 의해 시헌력이 도입되었는데, 이는 선교사 아담 샬이 중심이 되어 만든 것

(3) 의학의 발달
① 17세기 의학 : 허준의 〈동의보감〉, 허임의 〈침구경험방(鍼灸經驗方)〉
② 18세기 의학 : 서양 의학의 전래
  ㉠ 정약용 : 마진(홍역)에 대한 연구를 종합하여 〈마과회통〉을 편찬하였으며, 박제가와 함께 종두법을 연구
③ 19세기 의학 : 이제마는 〈동의수세보원(東醫壽世保元)〉을 저술하여 사상의학을 확립

10. 한글 소설과 사설 시조

(1) 한글 소설
① 허균의 〈홍길동전〉 : 최초의 한글 소설, 시대 상황을 비판하고, 새로운 이상향을 추구

SEMI-NOTE

벨테브레(1595~?)
한국 이름은 박연으로 훈련도감에 예속되어 대포의 제작과 조종법을 지도함

하멜(1630~1692)
네덜란드인이며 하멜 일행은 일본 나가사키로 가던 중 폭풍을 만나게 되어 제주도에 표류하게 됨. 조선 효종 때 훈련도감에 소속되어 조총과 신무기 개발을 지원하였음. 그 후 조선을 탈출하여 일본 나가사키를 거쳐 네덜란드로 돌아간 후 14년 동안의 조선에서 머물렀던 경험을 「하멜 표류기」에 담음

홍대용의 혼천의

사상의학
사람의 체질을 태양인, 태음인, 소양인, 소음인으로 구분하여 치료하는 체질 의학 이론으로서 오늘날까지 한의학계에서 통용되고 있음

조선 시대 문학의 흐름
- 15세기 : 사장 문학(詞章文學), 출판 인쇄 문화 발전
- 16세기 : 가사시조 문학, 경학(經學) 강조
- 17세기 : 군담 소설, 사회 비판적 한글 소설 등장
- 18세기 : 실학 정신의 반영, 문체의 혁신 시도, 한문 소설, 가정 소설, 타령, 사설 시조, 위항(委巷) 문학
- 19세기 : 서민 문학의 절정기, 판소리 정리, 시사(詩社) 조직

서민 문화의 확대
- 문학 : 한글 소설의 증가, 사설 시조의 등장
- 판소리·탈춤 : 서민 문화를 확대하는 데 크게 기여
- 회화 : 저변이 확대되어 풍속화와 민화가 유행
- 음악·무용 : 감정을 대담하게 표현

SEMI-NOTE

〈박씨전〉과 〈임경업전〉
병자호란을 배경으로 한 군담 소설. 전란으로 피폐해진 민족적 자존심을 고취시키는 한편 무능한 집권층을 비판하였음

위항 문학
중인·서얼·서리 출신 하급 관리들과 평민들을 중심으로 창작된 문학

18세기 후반의 미술의 특징
풍속화 유행, 실학적 화풍, 서양화 기법 도입, 민화의 발달

공예와 음악
- **자기** : 백자가 민간에까지 널리 사용되면서 본격적으로 발전
- **청화 백자** : 형태가 다양해지고 안료도 청화·철화·진사 등으로 다채로워짐, 제기와 문방구 등 생활 용품이 많고, 형태와 문양이 독특하고 준수한 세련미를 풍김
- **목공예** : 생활 수준의 향상에 따라 크게 발전, 장롱·책상·문갑·소반·의자·필통 등
- **화각 공예(華角工藝)** : 쇠뿔을 쪼개어 아름다운 무늬를 표현
- **음악** : 향유층이 확대됨에 따라 성격이 다른 음악이 다양하게 나타나 발전, 양반층은 종래의 가곡·시조를, 서민층은 민요를 즐겨 부름, 상업의 성황으로 직업적인 광대나 기생들이 판소리·산조와 잡가 등을 창작, 전반적으로 감정을 솔직하게 표현

② **춘향전** : 대표적인 한글 소설로, 최대의 걸작으로 손꼽힘
③ **김만중의 〈사씨남정기〉** : 축첩 제도의 모순과 해결 방법을 제시
④ **박씨전** : 아내의 내조로 남편을 입신시킨다는 여성 영웅 소설

(2) 사설 시조
① 17세기 이후 서민들을 중심으로 만들어진 자유로운 격식의 시조
② 서민들의 감정을 솔직하게 표현
③ 격식에 구애되지 않고 남녀 간의 사랑이나 현실에 대한 비판을 거리낌 없이 표현

(3) 시사(詩社)의 조직
① 중인층과 서민층의 문학 창작 모임을 말하며, 주로 시인 동우회가 결성됨
② **대표적인 시사** : 천수경의 옥계시사, 최경흠의 직하시사 등
③ **풍자 시인** : 김삿갓(김병연)·정수동 등

(4) 한문학
① 사회의 부조리한 현실을 예리하게 비판
② **정약용** : 삼정의 문란을 폭로하는 한시를 남김
③ **박지원** : 〈양반전〉·〈허생전〉·〈호질〉·〈민옹전〉 등을 통해 양반 사회의 모순과 부조리를 비판·풍자

11. 미술의 새 경향

(1) 조선 후기 미술의 특징
① **그림** : 진경 산수화와 풍속화의 유행
② **서예** : 우리의 정서를 담은 글씨 등장

(2) 진경 산수화(眞景山水畵)
① **수용·창안** : 중국 남종과 북종 화풍을 고루 수용하여 우리의 고유한 자연과 풍속에 맞춘 새로운 화법으로 창안한 것
② **정선** : 18세기 진경 산수화의 세계를 개척
　㉠ 서울 근교와 강원도의 명승지들을 두루 답사하여 사실적으로 그림
　㉡ **대표작** : 인왕제색도, 금강전도, 여산초당도, 입암도 등
③ **의의** : 우리의 자연을 사실적으로 그려 회화의 토착화를 이룩

(3) 풍속화(風俗畵)
① **의의** : 18세기 후반, 조선 후기의 새로운 현상들을 긍정적 의미로 이해하고, 당시 사람들의 생활 정경과 일상적인 모습을 생동감 있게 그려 회화의 폭을 확대
② **김홍도**
　㉠ **경향** : 정선의 뒤를 이어 산수화와 풍속화에 새 경지를 개척, 산수화·기록화·신선도 등을 많이 그렸지만 특히 정감 어린 풍속화로 유명(전원 화가)

    ⓒ 작품 : 밭갈이 · 추수 · 씨름 · 서당 · 베짜기 등
  ③ 김득신 : 관인 화가(궁정 화가)로 풍속화에 능했음
  ④ 신윤복
    ⓐ 경향 및 기법 : 김홍도에 버금가는 풍속 화가로, 간결하고 소탈한 김홍도에 비해 섬세하고 세련된 필치를 구사(도회지 화가)
    ⓑ 작품 : 주유도, 주막도, 여인도, 단오풍경, 풍속화첩 등

(4) 복고적 화풍
① 문인화의 부활 : 진경 산수화와 풍속화, 실학적 화풍은 19세기에 김정희 등을 통한 문인화의 부활로 침체
② 대표적 화가 : 김정희, 장승업, 신위, 이하응(흥선대원군)

12. 건축의 변화

(1) 17세기의 건축
① 성격 : 사원 건축 중심, 규모가 큰 다층 건물
② 대표적 건축물 : 금산사 미륵전, 화엄사 각황전, 법주사 팔상전 등

(2) 18세기의 건축
① 성격 : 장식성 강한 사원이 많이 건립됨
② 대표적 건축물 : 논산 쌍계사 · 부안 개암사 · 안성 석남사, 수원 화성 등

(3) 19세기 이후의 건축
① 19세기 : 흥선대원군이 국왕의 권위를 제고하고자 경복궁의 근정전과 경회루를 재건(화려하고 장중한 건물로 유명)
② 20세기 초 : 덕수궁 석조전(르네상스 양식)

SEMI-NOTE

묵죽도(김정희)

세한도(김정희)

조선 후기 미술과 서예의 흐름
- 17~19세기 초
  - 정선이 개척한 진경 산수화(眞景山水畵)가 유행
  - 허목이 고문전이라는 새로운 서체를 창안
- 18세기
  - 풍속화 유행, 실학적 화풍, 서양화 기법 도입, 민화의 발달
  - 이광사가 우리 정서와 개성을 추구하는 단아한 동국진체(東國眞體)를 완성
- 19세기
  - 복고적 화풍 유행(→문인화의 부활로 진경 산수화와 풍속화, 실학적 화풍 침체)
  - 김정희가 고금의 필법을 토대로 굳센 기운과 다양한 조형성을 가진 추사체를 창안

금산사 미륵전

화엄사 각황전

법주사 팔상전

개암사 대웅보전

쌍계사 대웅전(논산)

수원 화성 팔달문

9급공무원
한국사

나두공

06장 근대의 변화와 흐름

01절 근대 사회의 정치 변동

02절 개항 이후의 경제와 사회

03절 근대 문화의 발달

06장 근대의 변화와 흐름

SEMI-NOTE

경복궁 경회루

당백전

경복궁 중건을 위한 동전 주조와 세금 징수
- **당백전** : 경복궁 중건에 필요한 재원의 마련을 위해 발행한 동전(→ 인플레이션 초래)
- **원납전** : 경비 충당을 위해 관민에게 수취한 (강제)기부금
- **결두전** : 재원 마련을 위해 논 1결마다 100문씩 징수한 임시세
- **성문세(城門稅)** : 4대문을 출입하는 사람과 물품에 부과한 통행세

흥선대원군의 서원 철폐 정책 ★빈출개념

서원이 소유한 토지는 면세의 대상이었으며, 유생들은 면역의 혜택을 받고 있었음. 이는 국가 재정을 어렵게 만드는 한 원인이었음. 흥선대원군의 서원 철폐 정책은 백성들로부터 환영을 받았으나 유생들로부터는 큰 반발을 샀으며, 결국 흥선대원군이 유림 세력으로부터 배척을 받아 권좌에서 물러나게 되었음.

01절 근대 사회의 정치 변동

1. 흥선대원군

(1) 흥선대원군의 집정
① 집권(1863~1873)
  ㉠ 섭정 : 어린 고종이 즉위하자 생부로서 실권을 장악하고 섭정
  ㉡ 시대적 상황
    • 대내적 : 세도 정치의 폐단이 극에 달하여 홍경래의 난과 임술민란(진주 민란) 등 민중 저항 발생, 정부 권위의 약화, 민심 이반이 커짐
    • 대외적 : 일본과 서양 열강의 침략(서세동점)으로 위기에 처함
② 정책 방향 : 왕권 강화와 애민 정책 추구, 쇄국 정책

(2) 왕권 강화
① 인재의 고른 등용(사색 등용) : 붕당 및 세도 정치의 폐단을 시정하고 전제 왕권을 강화하고자 능력에 따라 인재를 등용
② 통치 체제의 재정비 : 왕권 강화의 일환으로 비변사를 혁파하고 의정부와 삼군부의 기능 회복(→ 정치와 군사 분리), 훈련도감의 삼수병을 강화
  ㉠ 〈대전회통〉, 〈육전조례〉 등의 법전 편찬
    • 대전회통(1865) : 〈경국대전〉·〈속대전〉·〈대전통편〉 등을 보완하는 의미에서 편찬한 것
    • 육전조례(1867) : 〈대전회통(大典會通)〉과 짝을 이루어 편찬한 것
③ 경제·사회·문화 개혁 : 지방관과 토호(土豪)·권세가의 토지 겸병 금지, 농민에 대한 불법적 수탈을 처벌, 대상인의 도고 금지, 풍속교정, 허례허식과 사치 억제, 청·일 문화에 대한 감시 등
④ 경복궁 중건
  ㉠ 목적 : 왕권 강화, 국가 위신의 제고 및 정체성 회복
  ㉡ 부작용 : 원납전을 강제로 징수하고 당백전을 남발하여 경제적 혼란(물가 상승 등)을 초래했으며, 양반의 묘지림을 벌목하고 백성을 토목 공사에 징발하는 과정에서 큰 원성이 발생

(3) 민생 안정(애민 정책) ★빈출개념
① 서원 정리
  ㉠ 국가 재정을 좀먹고 백성을 수탈하며 붕당의 온상이던 서원을 정리(→ 600여 개소의 서원 가운데 47개소만 남긴 채 철폐·정리)
  ㉡ 목적 : 국가 재정 확충과 민생 안정, 지방 토호 세력의 약화를 통한 전제 왕권

강화
② 삼정(三政) 개혁 : 농민 봉기의 원인인 삼정을 개혁하여 국가 재정 확충과 민생 안정 도모

군정(軍政)의 개혁	• 호포법(戸布法)을 실시하여 양반에게도 군포를 징수(→ 양반의 거센 반발을 초래) • 양반 지주층의 특권적 면세 철회(→ 민란 방지 목적)
환곡(還穀)의 개혁	• 가장 폐단이 심했던 환곡제를 사창제(社倉制)로 개혁하여 농민 부담을 경감하고 재정 수입 확보 • 지역과 빈부에 따른 환곡의 차등 분배를 통해 불공정한 폐단이 없도록 함
전정(田政)의 개혁	양전 사업을 실시하여 양안(토지 대장)에서 누락된 토지를 발굴(→ 전국적 사결 작업(查結作業)을 통해 토호와 지방 서리의 은루결을 적발하여 수세결로 편입)

(4) 통상 수교 거부 정책

① 사회적 배경 : 서양 세력의 침투, 천주교의 교세 확장과 양화(洋貨)의 유입
② 병인양요(1866)
  ㉠ 병인박해(1866)
    • 원인 : 대원군 집권 초기에는 선교사의 알선으로 프랑스 세력을 끌어들여 러시아 세력의 남하를 견제하려 함(천주교에 호의적)
    • 결과 : 프랑스 신부들과 수천 명의 신도들이 처형, 대왕대비교령으로 천주교 금압령 발표
  ㉡ 병인양요(1866)
    • 프랑스는 병인박해 때의 프랑스 신부 처형을 구실로 로즈 제독이 이끄는 7척의 군함을 파병
    • 프랑스는 철군 시 문화재에 불을 지르고 외규장각에 보관된 유물 360여 점을 약탈
③ 오페르트 도굴 사건(1868) : 독일 상인 오페르트가 통상을 거부당하자 충청남도 덕산에 있는 남연군의 묘를 도굴하다가 발각
④ 신미양요(1871)
  ㉠ 원인(1866) : 병인양요 직전에 미국 상선 제너럴셔먼호가 통상을 요구하다 평양 군민과 충돌하여 불타 침몰된 사건(제너럴셔먼호 사건)
  ㉡ 경과 : 미국은 제너럴셔먼호 사건을 구실로 로저스 제독이 이끄는 5척의 군함으로 강화도를 공격
  ㉢ 결과 : 어재연 등이 이끄는 조선의 수비대가 광성보와 갑곶(甲串) 등지에서 격퇴하고 척화비(斥和碑) 건립. 어재연 장군이 전사함
⑤ 양요의 결과
  ㉠ 전국에 척사교서를 내리고 척화비를 건립(→ 서양과의 수교 거부를 천명)
  ㉡ 외세의 침략을 일시적으로 저지하였으나 조선의 문호 개방을 늦추는 결과를 초래

SEMI-NOTE

대원군의 개혁 정치
• 왕권 강화 정책 : 사색 등용, 비변사 혁파, 경복궁 재건, 법치질서 정비(대전회통, 육전조례)
• 애민 정책 : 서원 정리, 삼정의 개혁(양전 사업, 호포제, 사창제)

제너럴셔먼호 사건(1866) ★ 빈출개념
대동강에 침입하여 통상을 요구하며 행패를 부리던 미국 상선 제너럴셔먼호(General Sherman 號)를 평양 군민들이 반격하여 불태워 버린 사건. 이 사건은 신미양요의 원인이 되었음

척화비

척화비(1871)의 내용
洋夷侵犯 非戰則和 主和賣國 戒我萬年子孫 丙寅作 辛未立(양이침범 비전즉화 주화매국 계아만년자손 병인작 신미립)
"서양의 오랑캐가 침범함에 싸우지 않음은 곧 화의하는 것이요, 화의를 주장함은 나라를 파는 것이다. 우리들의 만대자손에게 경계하노라. 병인년에 만들고 신미년에 세운다."

SEMI-NOTE

고종 즉위, 흥선 대원군 집권 (1863) → 병인박해(1월), 제너럴셔먼호 사건(8월), 병인양요(9월)(1866) → 오페르트 도굴사건(1868) → 신미양요 (1871)

2. 강화도 조약(조·일 수호 조약·병자 수호 조규, 1876)

(1) 배경

① 대원군의 하야(1873) : 경복궁 중건과 악화의 발행으로 민심 이반, 농민 봉기, 서원 정리, 호포법 등으로 양반 유생과의 갈등 심화, 최익현의 탄핵 상소 및 유생들의 하야 요구
② 명성황후의 집권 : 청의 돈을 수입하여 원활한 재정을 도모, 대표적 서원인 화양동 만동묘를 부활, 대원군 측 인사에 대한 탄압, 대일 외교 정책 등 국내외 정책의 변화
③ 통상 개화론자 대두
  ㉠ 통상 개화론자의 등장 : 박규수, 오경석, 유홍기, 이동인, 이규경 등
  ㉡ 의의 : 개화론자들의 세력이 성장하여 문호 개방의 여건을 마련
④ 운요호(운양호) 사건(1875) : 운요호가 연안을 탐색하다 강화도 초지진에서 조선 측의 포격을 받음, 일본이 청에 책임을 묻자, 청은 문제 확대를 꺼려 명성황후 정권에 일본과 조약을 맺도록 권유

(2) 강화도 조약(조·일 수호 조약, 병자 수호 조규)

① 강화도 조약의 체결(1876. 2) : 우리나라가 외국과 맺은 최초의 근대적 조약이자 불평등 조약, 신헌과 구로다가 대표로 체결
  ㉠ 청의 종주권 부인(→ 조선 침략을 용이하게 하려는 일본의 포석)
  ㉡ 침략 의도 및 주권 침해
    • 침략 의도 : 부산·원산·인천 개항(→ 정치적·군사적·경제적 거점 마련), 일본인의 통상 활동 허가, 조선 연해의 자유로운 측량 등
    • 불평등 조약(주권 침해) : 일본인 범죄의 일본 영사 재판권(치외법권 조항), 해안 측량권 등
② 조·일 통상 장정과 조·일 수호 조규 부록
  ㉠ 의의 : 강화도 조약의 부속 조약으로 마련
  ㉡ 내용

조약	내용	
조·일 무역 규칙 (1876. 7)	• 일본 수출입 상품 무관세 및 선박의 무항세 (無港稅) • 조선 양곡 무제한 유출 허용	일본의 경제적 침략을 위한 발판 마련

만동묘
임진왜란 때 조선을 도와준 데 대한 보답으로 명의 신종을 제사지내기 위해 숙종 30년(1704) 충북 괴산군 청천면 화양동에 지은 사당. 노론의 소굴이 되어 상소와 비판을 올리고 양민을 수탈하는 등 폐해가 심했음. 흥선대원군 때 철폐되었으나 그가 하야한 후인 고종 11년(1874) 다시 세워졌음. 일제강점기에 유생들이 모여 명의 신종에게 제사를 지내므로 조선총독부가 강제 철거하였음. 현재는 만동묘정비만 남아 있음

강화도 조약(조·일 수호 조규)의 주요 내용
• 제1관 : 조선국은 자주의 나라이며, 일본과 평등한 권리를 가진다.
  → 조선에 대한 청의 종주권 부정, 일본의 침략 의도 내포
• 제2관 : 일본국 정부는 지금부터 15개월 후 수시로 사신을 조선국 서울에 파견한다.
• 제4관 : 조선국은 부산 외에 두 곳을 개항하고, 일본인이 왕래 통상함을 허가한다.
  → 부산(경제적 목적) 개항, 1880년에는 원산(군사적 목적), 1883년에는 인천(정치적 목적)을 각각 개항
• 제7관 : 조선국은 일본국의 항해자가 자유롭게 해안을 측량하도록 허가한다.
  → 해안 측량권은 조선에 대한 자주권 침해
• 제9관 : 양국 인민의 민간무역 활동에서 관리의 간섭을 받지 않는다.
• 제10관 : 일본국 인민이 조선국 지정의 각 항구에 머무르는 동안에 죄를 범한 것은 조선국 인민에게 관계된 사건일 때에도 모두 일본 관원이 심판할 것이다.
  → 치외법권 규정으로, 명백한 자주권 침해이자 불평등 조약임을 의미

조·일 수호 조규 부록 (1876. 8)	• 일본 공사의 수도 상주 • 조선 국내에서 일본 외교관의 여행 자유 • 개항장에서의 일본 거류민의 거주 지역 설정 • 일본 화폐의 유통(사용) 허용	일본의 경제적 침략을 위한 발판 마련

ⓒ 결과 : 일본은 경제 침략을 위한 발판 마련, 조선은 국내 산업 보호 근거 상실

실력up 조·일 수호 조규의 후속 조약

- 수호 조규 속약(1882) : 일본 관리와 상인의 활동 영역을 사방 10리에서 50리(1882년)로 확대하고, 다시 100리(1883년)로 확대
- 조·일 통상 장정(개정)(1883. 7)
  - 1876년 체결된 조·일 통상 조약(무역규칙)의 불합리한 부분이 다소 시정되어 관세 자주권이 일부 회복되었으나, 협정 관세에 불과하고 내지 관세권도 부정되었으며, 최혜국 조항이 포함되는 등 여전히 불평등한 조약으로 남음
  - 곡물 수출 금지(방곡령) 조항이 포함되었으나, 방곡령 시행 1개월 전 일본 영사관에 통고 의무 조항을 두었고, 인천항에서의 곡물 수출 금지권도 폐지됨

(3) 각국과의 조약 체결

① 조·미 수호 통상 조약의 체결(1882) ★ 빈출개념

ⓐ 배경
- 조선이 일본과 조약을 맺자 미국은 일본에 알선을 요청
- 러시아 남하에 대응해 미국과 연합해야 한다는 〈조선책략〉이 지식층에 유포

ⓑ 체결 : 러시아와 일본 세력을 견제하고, 조선에 대한 종주권을 승인받을 기회를 노리던 청의 알선으로 체결, 신헌과 슈펠트가 대표로 체결

ⓒ 내용 : 거중조정(상호 안전 보장), 치외법권, 최혜국 대우(최초), 협정 관세율 적용(최초), 조차지 설정의 승인 등

ⓓ 의의 : 서양과 맺은 최초의 조약으로 처음으로 최혜국 대우를 규정, 불평등 조약(치외법권, 최혜국 대우, 조차지 설정 등), 청의 종주권 저지

② 영국(1882) : 청의 중재로 민영목과 파크스가 대표로 조·영 수호 통상 조약을 체결(비준은 1883년), 치외 법권과 조차지 설정에 관한 내용 포함

③ 독일(1882) : 청의 중재로 제물포에서 체결

④ 그 외 이탈리아(1884), 러시아(1884), 프랑스(1886)와도 외교 관계를 맺음

(4) 개화 정책의 추진

① 제도의 개편

행정 기구	• 개화 정책 전담 기구인 통리기무아문을 설치(1880)
	  - 의정부·육조와 별도로 설치, 삼군부는 폐지
	  - 신문물 수용과 부국강병 도모 등 개화 정책 추진
	• 통리기무아문 아래 12사를 두고 외교·군사·산업 등의 업무를 분장
	• 규장각 기능을 부활시켜, 개화 정치를 뒷받침하는 학술 기관으로 활용

SEMI-NOTE

강화도 조약 체결의 직접적 요인
- 세계 정세상 개국의 필요조건이 성숙
- 일본 전함의 공포시위와 일전불사의 위협
- 명성황후 정권의 유지(대원군 측의 척화론 수용 곤란)
- 사대관계에 있는 청의 요구에 대한 거부 곤란

조선책략(朝鮮策略)
- 도입 : 청의 주일 참사관인 황쭌셴이 지은 책으로, 김홍집(2차 수신사)이 도입
- 내용 : 조선의 당면 외교 정책으로 친중(親中)·결일(結日)·연미(聯美)를 주장
- 목적 : 일본 견제, 청의 종주권을 국제적으로 승인
- 영향 : 미국·영국·독일 등과의 수교 알선 계기, 개화론 자극, 위정척사론의 격화 요인

조·미 수호 통상 조약 주요 내용
- 제1조(거중조정) : 서로 돕고 중간 역할을 잘 하며 우애 있게 지낸다.
- 제2조(최혜국 대우) : 병권 대신을 서로 파견하여 수도에 주재시킬 수 있고, 최혜국 대우를 받는다.
- 제4조(치외법권) : 미국 국민이 조선인을 모욕하거나 재산을 훼손하는 경우 미국 영사나 그 권한을 가진 관리만이 미국 법률에 따라 처벌한다.
- 제5조(협정 관세율 적용) : 미국 상인과 상선이 조선에 와서 무역을 할 때 입출항하는 화물은 모두 세금을 바쳐야 하며, 세금을 거두어들이는 일은 조선이 자주적으로 한다.

군사 제도	• 종래의 5군영을 무위영 · 장어영의 2영으로 통합 · 개편
	• 신식 군대 양성을 위해 무위영 아래 별도로 별기군을 창설(1881)
	  – 양반 자제로 편성된 사관 생도와 일반 군졸로 구성된 교련병대
	  – 소총으로 무장한 신식 군대로서 국왕 근위병으로 특별 대우함
	  – 일본인 교관을 채용하여 근대적 군사 훈련 실시

② 외교 사절 및 해외 시찰단 파견

  ㉠ 수신사 파견

    • 제1차 수신사 김기수 : 〈일동기유〉에서 신문명을 조심스럽게 비판
    • 제2차 수신사 김홍집 : 황쭌셴의 〈조선책략〉을 가지고 들어와 개화 정책에 영향을 미침

  ㉡ 조사 시찰단(신사 유람단) 파견(1881) : 박정양 · 어윤중 · 홍영식 등으로 구성, 일본의 발전상을 보고 돌아와 개화 정책의 추진을 뒷받침

  ㉢ 영선사(1881) : 김윤식을 단장으로 청에 파견하여 무기 제조법과 근대적 군사 훈련법을 배움(→ 서울에 최초의 근대적 병기 공장인 기기창 설치)

  ㉣ 보빙 사절단(1883) : 최초의 구미 사절단

3. 위정척사 운동(衛正斥邪運動)

(1) 의의

① 의미 : 바른 것을 지키고 사악한 것을 물리치는, 즉 정학인 성리학 및 성리학적 질서를 수호하고 성리학 이외의 모든 종교와 사상을 배격하는 운동

② 목적 : 반외세 · 반침략 정책을 통한 조선의 정치 · 경제 · 사회 · 사상 체제의 유지

(2) 성격

① 강력한 반외세 · 반침략 운동 : 정치 · 경제적 측면에서 강력한 반침략 · 반외세(→ 동학 농민 운동과의 공통점) 정책을 전개하고, 대원군의 쇄국정책을 뒷받침

② 봉건적 전근대성 : 교역은 경제적 파멸을 초래하고 문호 개방은 열강 침략으로 직결된다고 봄

(3) 위정척사 운동의 전개

① 1860년대(통상 반대 운동) : 척화주전론(이항로, 기정진), 통상 수교 거부 정책을 뒷받침

② 1870년대(개항 반대 운동) : 왜양일체론(최익현의 5불가소), 개항 불가론

③ 1880년대(개화 반대 운동) : 영남 만인소(→ 개화 정책과 〈조선책략〉의 유포에 반발, 이만손), 만언척사소(홍재학)

④ 1890년대(항일 의병 운동) : 항일 투쟁(유인석, 이소응 등)

⑤ 경과 : 고종은 척사 상소를 물리치고 개화 정책을 강행

⑥ 한계 : 개화 정책 추진에 장애물, 전제주의적 정치 체제, 봉건적 경제 체제, 차별적 사회체제 등 유지하려는 것에 목적

SEMI-NOTE

일동기유

제1차 수신사로 일본에 다녀온 김기수가 메이지 유신 이후 발전된 일본의 문물을 시찰한 후 기록한 책. 근세 한일 외교사는 물론 메이지 유신 직후의 일본을 연구하는 데 중요한 자료

위정척사 주장

• 통상 반대론(1860년대) : "서양 오랑캐의 화(禍)가 오늘날에 이르러서는 홍수나 맹수의 해(害)보다 더 심합니다. 전하께서는 부지런히 힘쓰시고 경계하시어 안으로는 관리들로 하여금 사학(邪學)의 무리를 잡아 베게 하시고, 밖으로는 장병으로 하여금 바다를 건너오는 적을 정벌케 하소서."

• 개항불가론(1870년대) : "일단 강화를 맺고 나면 저들은 물화를 교역하는 데 욕심을 낼 것입니다. 저들의 물화는 모두 지나치게 사치스럽고 기이한 노리개로, 손으로 만든 것이어서 그 양이 무궁합니다. 우리의 물화는 모두 백성들의 생명이 달린 것이고 땅에서 나는 것이므로 한정이 있습니다. …… 저들이 비록 왜인이라고 하나 실은 양적(洋賊)입니다."

• 조선책략 반대(1880년대) : "러시아, 미국, 일본은 같은 오랑캐입니다. 그들 사이에 누구는 후하게 대하고 누구는 박하게 대하기는 어려운 일입니다. …… 더욱이 세계에는 미국, 일본 같은 나라가 헤아릴 수 없이 많습니다. 만일 저마다 불쾌해 하며, 이익을 추구하여 땅이나 물품을 요구하기를 마치 일본과 같이 한다면, 전하께서는 어떻게 이를 막아 내시겠습니까?"

• 을미의병(1895) : "원통함을 어찌하리. 이미 국모의 원수를 생각하며 이를 갈았는데, 참혹함이 더욱 심해져 임금께서 또 머리를 깎으시는 지경에 이르렀다. …… 이에 감히 먼저 의병을 일으키고서 마침내 이 뜻을 세상에 포고하노니, 위로 공경(公卿)에서 아래로 서민에 이르기까지, 어느 누가 애통하고 절박한 뜻이 없을 것인가."

4. 개화 사상

(1) 개화 사상의 형성 : 통상개화론(초기 개화파)
① 대내적으로는 실학(특히 북학파)의 사상을 발전적으로 계승, 동도서기와 부국 강병을 목표로 함, 대외적으로는 양무 운동(청)과 문명개화론(일본)의 영향을 받음
② 인물 : 박규수, 오경석, 유홍기(유대치)

(2) 개화파의 형성과 분화
① 개화파의 형성 : 박규수와 유홍기의 지도를 받은 김옥균·박영효·유길준 등
② 개화파의 두 흐름

구분	온건 개화파(사대당, 수구당)	급진 개화파(개화당)
주도 인물	김홍집, 김윤식, 어윤중, 민영익, 민긍식(→ 명성황후 정권과 연결)	김옥균, 박영효, 홍영식, 서광범, 서재필(→ 명성황후 정권에 반대, 갑신정변에 참여)
개화에 대한 관점	유교에 의한 개화(→ 조선은 개화된 나라)	문명개화론(→ 조선은 야만 상태 탈피를 위해 개화가 필요)
개화 방법	• 동도서기론에 기반한 개화 • 청의 양무운동을 본받아 점진적인 개혁 추구	• 변법자강론에 따른 전면적 개화 • 일본의 메이지유신을 본받아 급진적 개혁을 추구
외교적 입장	• 청과 사대관계의 지속·유지(친청 세력) • 중화 질서 아래서 조선의 위치를 파악(양절체제의 외교론)	• 청과의 사대적 외교관계의 청산을 강조 • 청에 대한 종속에서 벗어난 조선의 완전한 자주독립을 주장

③ 개화당의 활동
㉠ 근대적 국정 개혁의 필요성을 절감하고, 임오군란을 계기로 활발한 활동을 전개
㉡ 고종의 신임으로 여러 개화 시책을 추진

5. 임오군란(1882)

(1) 배경
① 명성황후(민씨) 정권의 개화파와, 대원군·유생의 보수파 간 갈등, 일본에 대한 민족적 척왜 감정
② 신식 군대(별기군) 우대 및 구식 군대에 대한 차별(구식 군인의 급료가 13개월간 체불됨)

(2) 경과
① 구식 군인들은 명성황후 정권의 고관들과 일본인 교관을 죽임, 포도청·의금부를 습격하고 일본 공사관을 불태움
② 대원군의 일시적 재집권 : 구식 군인들의 요구로 대원군이 재집권, 통리기무아문과 별기군 폐지, 5군영 부활(→ 청에 납치)

SEMI-NOTE

동도서기론(東道西器論)
우리(동양)의 전통 윤리와 도덕을 유지하면서 서양의 과학 기술을 받아들여 부국강병을 이룩하자는 주장. 중국의 중체서용론(中體西用論)이나 일본의 화혼양재론(和魂洋才論)과 마찬가지로 19세기 서양 자본주의 열강의 침략에 대응하기 위한 방법의 하나로 조선 지식인들이 주장한 논리

오경석과 유홍기
조선 후기에 해외 사정에 밝았던 것은 중인, 특히 역관들이었음. 오경석은 이러한 역관들 중 대표적인 인물. 그는 여러 차례 중국을 왕래하면서 보고 들은 것을 통해 언젠가 서양 세력이 조선에도 침투할 것이라고 판단하고 이에 대비하기 위한 개혁이 필요하다고 생각했음. 그는 사상적 동지인 의관 유홍기와 생각을 함께 하였는데, 중인인 그들은 신분의 한계로 인해 직접 정치의 전면에 나설 수 없었지만 그 사상은 유홍기의 가르침을 받은 개화파들에게 큰 영향을 미쳤음

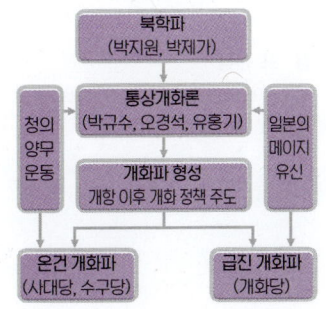

개화파 인물

SEMI-NOTE

제물포 조약의 내용
제1조 지금으로부터 20일을 기하여 범인을 체포하여 엄징할 것
제2조 일본국 피해자를 후례로 장사지낼 것
제3조 5만 원을 지불하여 피해자 유족 및 부상자에게 급여할 것
제4조 배상금 50만 원을 지불할 것
제5조 일본 공사관에 군대를 주둔시켜 경비에 임하는 것을 허용할 것
제6조 조선국은 대관을 특파하여 일본국에게 사죄할 것

청 · 프 전쟁
베트남에 대한 청의 종주권 문제로 프랑스와 청 사이에 벌어진 전쟁

혜상공국
1883년 보부상이 중심이 되어 조직된 상인조합으로 대원군의 쇄국정책을 강력히 지지하였음. 외국상인의 불법 상행위 저지, 불량행상 폐단 저지, 보부상 권익 보호 등의 활동을 하였고, 1885년 상리국으로 개칭되었음

---

(3) 결과

① 명성황후 일파가 청에 군대 파견 요청 : 청 군대 파견, 대원군 압송
② 청의 내정 간섭 강화
③ 조선을 둘러싼 청 · 일 양국 간 대립 위기 초래
④ 명성황후 일파의 재집권 : 청의 내정 간섭과 정부의 친청 정책으로 개화 정책은 후퇴
　㉠ 관제 개편 : 통리교섭통상사무아문(외아문), 통리군국사무아문(내아문)
　㉡ 군제 개편 : 친군영과 4영 설치
⑤ 조약의 체결 ★ 빈출개념
　㉠ 제물포 조약(1882. 7)
　　• 일본과 제물포 조약을 체결하여 배상금을 지불하고 군란 주동자의 처벌을 약속, 일본 공사관의 경비병 주둔을 인정(→ 일본군의 주둔 허용)
　　• 박영효를 사죄사로 일본에 파견(→ 태극기를 최초로 사용)
　　• 일본의 정치 · 경제적 침투가 한층 강화
　㉡ 조 · 청 상민 수륙 무역 장정(1882. 8)
　　• 청의 속국 인정, 치외법권
　　• 서울과 양화진 개방, 내지통상권, 연안 무역 · 어업권, 청 군함 항행권 등(→ 청 상인의 통상 특권이 넓게 허용되어 조선 상인들의 피해 증가)

6. 갑신정변(1884)

(1) 배경

① 바닥난 국가 재정 문제로 인한 대립 : 개화당의 대일 차관 도입이 실패
② 친청 세력의 탄압 : 개화당에 대한 탄압으로 비상 수단 도모
③ 청군의 철수 : 베트남 문제로 청군이 조선에서 일부 철수(→ 청 · 프 전쟁)
④ 일본의 음모 : 조선에서의 열세를 만회하고자 정변 시 개화당에 군사적 지원을 약속

(2) 경과

① 발발 : 우정국 개국 축하연을 이용해 사대당 요인을 살해하고 개화당 정부를 수립
② 개혁 요강 마련 : 14개조의 정강을 마련

(3) 갑신정변의 개혁 내용

① 청에 대한 사대 외교(조공)를 폐지하고, 입헌 군주제로의 정치 개혁을 추구
② 지조법을 개정하고, 재정을 호조로 일원화하여 국가 재정을 충실히 함
③ 혜상공국(보부상을 보호하기 위한 기관)의 폐지와 각 도 환상미의 폐지
④ 문벌을 폐지하여 인민 평등을 도모, 능력에 따른 인재 등용
⑤ 군대(근위대)와 경찰(순사)을 설치

실력up 갑신정변의 14개조 정강(신정부 강령 14개조)

- 청에 잡혀간 흥선 대원군을 곧 귀국하게 하고, 종래 청에 대하여 행하던 조공의 허례를 폐한다.
- 문벌을 폐지하여 인민 평등의 권리를 세워, 능력에 따라 관리를 임명한다.
- 지조법을 개혁하여 관리의 부정을 막고 백성을 보호하며, 국가 재정을 넉넉하게 한다.
- 내시부를 없애고, 그 중에 우수한 인재를 등용한다.
- 부정한 관리 중 그 죄가 심한 자는 치죄한다.
- 각 도의 환상미를 영구히 받지 않는다.
- 규장각을 폐지한다.
- 급히 순사를 두어 도둑을 방지한다.
- 혜상공국을 혁파한다.
- 귀양살이를 하고 있는 자와 옥에 갇혀 있는 자는 그 정상을 참작하여 적당히 형을 감한다.
- 4영을 합하여 1영으로 하되, 영 중에서 장정을 선발하여 근위대를 급히 설치한다.
- 모든 재정은 호조에서 통할한다.
- 대신과 참찬은 의정부에 모여 정령을 의결하고 반포한다.
- 의정부, 육조 외에 모든 불필요한 기관을 없앤다.

(4) 정변의 실패

청의 무력 개입(3일 천하로 끝남), 외세 의존적 정변 방식(일본의 지원은 미미), 개화당의 세력 기반이 약했으며, 개혁이 너무 급박하고 대의명분이 부족해 국민이 외면

(5) 결과

① 청의 내정 간섭이 더욱 강화, 보수 세력의 장기 집권
② 개화 세력이 도태되어 상당 기간 개화 운동의 흐름이 약화됨

(6) 조약

① **일본과 한성 조약 체결** : 일본의 강요로 배상금 지불, 공사관 신축비 부담
② **청 · 일 간 톈진 조약 체결** : 청 · 일 양국군은 조선에서 철수하고 장차 파병할 경우 상대국에 미리 알릴 것(→ 일본은 청과 동등하게 조선에 대한 파병권 획득)

(7) 의의

① 근대 국가 수립을 목표로 하는 최초의 정치 개혁 운동(최초로 입헌 군주제 추구)
② 민족 운동의 방향을 제시한 우리나라 근대화 운동의 선구
③ 최초의 위에서 아래로의 근대화 운동
④ 청에 대한 사대 극복의 의지 반영, 문벌폐지와 사민평등, 조세제도 개혁 주장
⑤ 조선에 대한 국제 사회의 인식을 새롭게 하는 계기

7. 동학 농민 운동 ★빈출개념

(1) 배경

① 국내의 상황

SEMI-NOTE

한성 조약의 영향

한성 조약을 통해 일본은 갑신정변 과정에서 입은 피해를 보상받고 가해자를 처벌하도록 하였으며, 조선에서 실추되었던 일본 세력을 회복하였다. 그 동안 일본은 청에 밀려 조선 정부에 위세를 발휘하지 못했는데, 청이 청 · 프 전쟁 등으로 국제 관계에서 곤경에 빠진 틈을 타 조선에의 파병권 등을 획득하였음

갑신정변 이후의 국내외 정세
- 러시아의 남하 정책 : 조 · 러 수호 통상 조약 체결(1884), 조 · 러 비밀 협약 추진(청의 방해로 실패)
- 거문도 사건(1885~1887) : 영국이 러시아의 남하를 견제하고자 거문도를 불법 점령
- 조선 중립화론 제기 : 독일 부영사 부들러, 유길준
- 방곡령(1889) : 실패

동학의 교세 확장

- **요인** : 인간 평등 사상과 사회 개혁 사상이 농민의 변혁 요구에 부합함. 동학의 포접제(包接制) 조직이 농민 세력의 규합을 가능하게 함. 민족 종교적 성격과 반봉건적 성격이 농민층과 몰락 양반에게 환영받음
- **교조 신원 운동**
  - 삼례 집회(제1차 교조 신원 운동, 1892) : 교조 신원과 지방관의 탄압 금지를 요구
  - 서울 복합 상소(제2차 교조 신원 운동, 1893) : 궁궐 앞에서 교조 신원과 외국인 철수를 요구
  - 보은 집회(제3차 교조 신원 운동, 1893) : 동학교도와 농민이 대규모 집회를 통해 탐관오리 숙청, 반봉건 · 반외세 · 척왜양창의 등을 요구

SEMI-NOTE

동학의 경전
- 동경대전 : 교조 최제우의 유문을 최시형이 1882년 편찬(한자로 간행)한 것으로, 포덕문(布德文), 논학문(論學文), 수덕문(修德文), 불연기연(不然其然)의 4편을 중심으로 구성되어 있음
- 용담유사 : 최제우의 포교용 가사집. 1909년에 한글로 간행되었음. 용담가(龍潭歌), 안심가(安心歌), 권학가(勸學歌) 등이 소개되어 있음

사발통문

고부 민란과 백산 재봉기
새로 임명된 고부 군수 박원명의 수습이 적절하였으므로 농민들은 흩어져 귀가하였음. 그러나 안핵사 이용태는 조사를 빙자하여 죄 없는 농민들을 체포하고 부녀자들을 능욕하였으며 재산을 약탈하였음. 이에 전봉준은 동학 교단에서 세력을 가지고 있던 김개남, 손화중 등과 함께 농민들에게 통문을 돌려 농민군을 조직, 고부의 백산에서 8,000명의 농민군을 이끌고 전면전을 일으켰음

- ㉠ 위기 의식의 증가 : 개항 이래 전개된 열강의 침략 경쟁이 갑신정변 후 가열
- ㉡ 정부의 무능력과 부패 : 궁중 예산 낭비와 배상금 지불 등으로 국가 재정 궁핍, 대외 관계 비용의 증가, 외세와의 타협
- ㉢ 농민 수탈의 심화 : 과중한 조세 부담, 지방관의 압제와 수탈 증가
② 일본의 경제적 침투
- ㉠ 일본의 침투로 농촌 경제 파탄, 농민층의 불안·불만 팽배
- ㉡ 입도선매나 고리대의 방법으로 곡물을 사들여 폭리, 무역 독점
- ㉢ 방곡령 사건(1889) : 일본의 경제적 침략에 대응하여 함경도와 황해도 지방에서 방곡령을 내리기도 하였으나, 배상금만 물고 실효를 거두지 못함
③ 농민층의 동요 : 농민층의 사회 불만 증대, 정치 및 사회 의식 성장

(2) 동학 농민 운동의 전개

① 고부 민란(고부 농민 봉기, 1894. 1~1894. 3)
- ㉠ 고부 민란 : 고부 군수 조병갑의 학정에 항거, 전봉준 등이 농민군을 이끌고 관아를 점령, 봉기를 계획하고 미리 사발통문(沙鉢通文)을 돌림
- ㉡ 봉기의 지속 : 안핵사 이용태가 동학교도를 색출·탄압하자 전봉준·김개남·손화중·오지영 등의 지도하에 농민군은 봉기를 지속
② 1차 봉기 : 반봉건적 성격이 강함
- ㉠ 백산 재봉기(1894. 3. 25) : 백산에 다시 결집하여 전봉준·김개남·손화중 등이 조직을 재정비하고 격문을 선포
- ㉡ 황토현 전투(1894. 4. 절정기) : 황토현 싸움에서 관군(전라 감영의 지방 관군)을 물리치고(최대의 승리), 정읍·고창·함평·장성 등을 공략
- ㉢ 장성 전투와 전주성 입성(1894. 5), 청·일의 개입
③ 전주 화약(1894. 5)과 집강소 활동
- ㉠ 청·일군이 개입하자 정부는 휴전을 제의해 전주 화약이 성립
- ㉡ 집강소 설치와 폐정 개혁안 : 폐정 개혁 12개조를 요구

> **폐정(弊政) 개혁 12개조**
> - 동학도(東學徒)는 정부와의 원한(怨恨)을 씻고 서정(庶政)에 협력한다.
> - 탐관오리(貪官汚吏)는 그 죄상을 조사하여 엄징(嚴懲)한다.
> - 횡포(橫暴)한 부호(富豪)를 엄징한다.
> - 불량한 유림(儒林)과 양반의 무리를 징벌한다.
> - 노비 문서(奴婢文書)를 소각한다.
> - 7종의 천인 차별을 개선하고, 백정이 쓰는 평량갓[平凉笠]은 없앤다.
> - 청상과부(靑孀寡婦)의 개가(改嫁)를 허용한다.
> - 무명(無名)의 잡세는 일체 폐지한다.
> - 관리 채용에는 지벌(地閥)을 타파하고 인재를 등용한다.
> - 왜(倭)와 통하는 자는 엄징한다.
> - 공사채(公私債)를 물론하고 기왕의 것을 무효로 한다.
> - 토지는 평균하여 분작(分作)한다.
>
> — 〈동학사〉 —

④ 2차 봉기 : 반외세의 기치로 재봉기
  ㉠ 동학 농민군의 재봉기 : 청·일 전쟁(1894)에서 주도권을 잡은 일본이 내정 간섭을 강화하자, 이에 대항해 대규모로 다시 봉기
  ㉡ 남접(전봉준)과 북접(손병희)이 논산에 집결하여 연합
  ㉢ 공주 우금치 혈전(1894.11) : 전봉준(남접)과 손병희(북접)의 연합군이 서울로 북진하다 공주 우금치에서 관군과 민보군, 일본군을 상대로 격전

구분	중심 세력	활동 내용	성격
1차 봉기 (고부 민란 ~전주 화약)	남접 (전봉준, 김개남, 손화중 등)	• 황토현 전투 • 집강소 설치, 폐정 개혁안	반봉건적 사회 개혁 운동
2차 봉기	남접(전봉준) + 북접(손병희)	공주 우금치 전투	반외세, 항일구국 운동

(3) 동학 농민 운동의 영향과 한계
① 동학 농민 운동의 영향 : 반봉건적·반침략적 민족 운동의 전개, 밑으로부터의 자주적 사회 개혁 운동
② 한계 : 포괄적인 근대 사회 의식은 결여됨, 근대 사회를 건설하기 위한 구체적인 방안을 제시하지 못함

8. 갑오개혁(고종 31, 1894)과 을미개혁(고종 32, 1895)

(1) 갑오개혁(甲午改革, 1894~1895)
① 개혁의 추진 배경 : 개항 이후의 여러 모순을 해결하기 바라는 농민들의 개혁 요구, 교정청(校正廳)의 설치, 일본의 간섭(타율적 측면)
② 제1차 갑오개혁(1894. 7~1894. 12)
  ㉠ 친일 정권의 수립 : 김홍집과 흥선대원군 중심의 제1차 김홍집 친일 내각 성립
  ㉡ 군국기무처 설치 : 초정부적 회의 기관인 군국기무처를 설치하고 개혁을 추진
  ㉢ 갑신정변을 주동했던 박영효와 서광범이 귀국해 개혁에 참여
  ㉣ 제1차 개혁의 내용
    • 정치면 : 내각의 권한을 강화하고 왕권을 제한

연호	개국 연호를 사용하여 청의 종주권 부인
전제화 견제	왕실(궁내부)과 정부(의정부) 사무를 분리하고 정치 실권을 상당 부분 내각이 가지도록 해 국왕 전제권을 제한, 육조를 80아문으로 개편, 관등품계 12등급으로 축소
과거제 폐지	문무관 차별 철폐, 신분 차별 없는 새로운 관리 임용 제도 채택

    • 경제면

재정 일원화	모든 재정 사무를 탁지아문이 관장, 왕실과 정부의 재정 분리

SEMI-NOTE

청·일 전쟁
동학 농민군이 해산하자 조선 정부는 일본에 군대의 철수를 요구하였으나, 일본은 이를 거부하고 내정에 간섭하는 등 조선에서의 지배권을 확보하려 하였음. 1894년 6월 21일 일본은 병력을 동원하여 궁궐을 침범하였으며, 조선 정부의 요청을 받은 것처럼 위장하여 아산만에 주둔하고 있던 청의 군대를 공격하였음

압송되는 전봉준

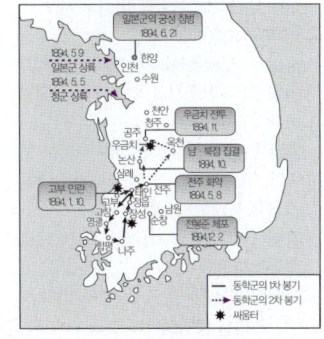

동학 농민 전쟁

동학 농민 운동의 실패 요인
• 동학 지도층의 분열과 지도력 부족
• 집권층과 민보군(수성군), 일본군 연합의 탄압, 전력상의 열세
• 화력(무기 등)·전술·훈련·조직의 미약

군국기무처
입법권을 가진 초정부적 개혁 추진 기구. 임시 기구이며, 정치·경제·사회 등 국가 주요 정책에 대한 개혁안을 심의하였음

SEMI-NOTE

홍범 14조

우리나라 최초의 근대적 정책 백서이자, 헌법적 성격을 지닌 최초의 것임. 갑오개혁의 목표를 강령화한 것으로, 일본 공사의 권고에서 비롯된 것이기는 하나 당시 개화파 관료들의 개혁 의지를 반영하고 있음. 왕이 우리나라의 자주 독립을 최초로 내외에 선포한 문서로서 역사적 의의가 크나, 청일 전쟁에서 승리한 일본에게 내정 간섭 강화 수단으로 이용되었음

홍범(洪範) 14조

- 청에 의존하는 생각을 버리고 자주 독립의 기초를 세운다.
- 왕실 전범(典範)을 제정하여 왕위 계승의 법칙과 종친과 외척과의 구별을 명확히 한다.
- 임금은 각 대신과 의논하여 정사를 행하고, 종실(宗室)·외척(外戚)의 내정 간섭을 용납하지 않는다.
- 왕실 사무와 국정 사무를 나누어 서로 혼동하지 않는다.
- 의정부(議政府) 및 각 아문(衙門)의 직무·권한을 명백히 규정한다.
- 납세는 법으로 정하고 함부로 세금을 징수하지 아니한다.
- 조세의 징수와 경비 지출은 모두 탁지아문(度支衙門)의 관할에 속한다.
- 왕실의 경비는 솔선하여 절약하고, 이로써 각 아문과 지방관의 모범이 되게 한다.
- 왕실과 관부(官府)의 1년 회계를 예정하여 재정의 기초를 확립한다.
- 지방 제도를 개정하여 지방 관리의 직권을 제한한다.
- 총명한 젊은이들을 파견하여 외국의 학술·기예를 견습시킨다.
- 장교를 교육하고 징병을 실시하여 군제의 근본을 확립한다.
- 민법·형법을 제정하여 인민의 생명과 재산을 보전한다.
- 문벌을 가리지 않고 인재 등용의 길을 넓힌다.

화폐, 조세	은(銀) 본위 화폐 제도를 채택, 일본 화폐의 통용을 허용, 조세의 금납제 시행
도량형 정비	도량형을 개정·통일

- 사회면

신분제 철폐	양반과 평민의 계급을 타파하고, 공·사 노비 제도를 폐지
전통적 폐습 타파	• 조혼 금지, 과부 개가 허용 • 악법 폐지(인신매매 금지, 고문과 연좌법의 폐지 등)

- 군사면 : 일본이 조선의 군사력 강화나 군제 개혁을 꺼림

③ **제2차 갑오개혁(1894. 12~1895. 7)** ★ 빈출개념

㉠ 연립 내각 성립 : 제2차 김홍집·박영효 친일 연립 내각이 성립
㉡ 홍범 14조 : 고종은 종묘에 나가 독립 서고문을 바치고 홍범 14조를 반포(1895. 1)
㉢ 제2차 개혁의 내용

정치	• 의정부 80아문을 7부로 개편 • 지방관제를 8도에서 23부 337군으로 개편(→ 종래의 도·부·목·군·현의 대소행정구역 통폐합, 소지역주의 채택) • 내각과 분리된 궁내부 관제를 대폭 축소 • 지방관의 사법권·군사권 박탈(행정권만을 가짐) • 사법권과 행정권 분리(사법부 독립)와 재판소 설치(1심·2심 재판소 분리·설치)를 위해 〈재판소구성법〉과 〈법관양성소규정〉 등을 공포 • 상리국 폐지
교육	• 교육입국조서 발표(근대적 학제 등) • 신교육 실시, 한성사범학교 설립
군사·경찰	훈련대·시위대 설치, 근대적 군사·경찰제도 확립을 위한 〈군부관제〉, 〈경무청관제〉 등을 제정

㉣ 개혁의 중단 : 삼국 간섭(1895. 4)에 따른 일본 세력의 약화, 박영효가 반역죄로 일본으로 망명

실력UP 삼국간섭(1895)

일본이 청일 전쟁의 승리 후 체결한 시모노세키 조약에 따라 청으로부터 요동반도를 할양받게 되자, 남하 정책을 추진하던 러시아가 이를 견제하고자 프랑스, 독일과 함께 요동반도의 반환을 일본에 요구하였다. 삼국간섭의 결과 일본은 요동반도를 돌려주고 세력이 위축되었는데, 국내에서는 이러한 정세를 이용해 일본을 견제하기 위해 친러내각(김홍집 내각)이 성립하였다.

(2) 을미개혁(제3차 개혁, 1895. 8~1896. 2)

① 을미사변(1895) : 명성황후가 친러파와 연결하여 일본을 견제하려 하자 일제는 명성황후를 시해하고 친일 내각을 구성
② 개혁의 추진 : 제4차 김홍집 친일 내각은 중단되었던 개혁을 계속하여 을미개혁

을 추진
- ⓐ **유생들의 반발** : 단발령에 대한 유생들의 강경한 반발
- ⓑ **개혁의 중단** : 명성황후 시해와 단발령을 계기로 유생층과 농민이 의병을 일으켰고, 친러파는 국왕을 러시아 공사관으로 피신(아관파천, 1896)시킴으로써 개혁 중단

(3) 갑오·을미개혁의 의의 및 한계
① **한계** : 일본의 강요에 의해 타율적으로 시작, 토지 제도의 개혁이 전혀 없고, 군제 개혁에 소홀
② **의의**
  - ⓐ 전통 질서를 타파하는 근대적 개혁의 성격을 지님
  - ⓑ 갑신정변과 동학 농민 운동의 개혁 요구가 일부 반영

한눈에 쏙~

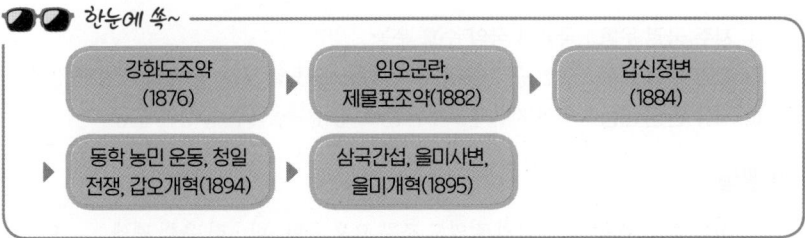

9. 아관파천(건양 1, 1896)

(1) 전개
① **배경** : 고종은 왕권을 제약하려는 개화 세력의 개혁에 불만을 가지게 되었고, 을미사변 후 신변의 위험을 느낌
② **경과** : 러시아 공사 베베르가 친러파와 모의하여 고종을 러시아 공사관으로 파천시켜 1년간 머물게 함

(2) 결과
① **친러내각의 성립** : 친일파가 제거되고 이범진 · 이완용 등의 친러내각이 정권을 장악
② **지방 제도 개편** : 전국을 13도로 개편
③ **일본의 협상 추진** : 수세에 몰린 일본이 러시아와 세력 균형을 위해 협상을 벌임
④ 베베르 · 소촌(고무라) 각서(1896. 5)
⑤ 러시아 로바노프의 비밀외교(1896. 6)
  - ⓐ 청(이홍장)과 중 · 러 비밀군사동맹 체결
  - ⓑ 로바노프 · 산현(야마가타) 협정서에서 러 · 일 완충지대를 설정(한반도 분할)
  - ⓒ 민영환 · 로바노프는 고종의 신변보호, 군사교관과 재정고문
⑥ **니시 · 로젠 협정(1898. 4)** : 조선에서의 정치적 · 경제적 이해관계를 상호 승인
⑦ 아관파천 후 조선의 주권이 약화되고 외세의 이권 침탈이 증가함

SEMI-NOTE

명성황후 시해 사건(을미사변, 1895)
일본 공사 미우라는 일제의 한반도 침략 정책의 장애물인 명성황후와 친러 세력을 일소하고자 일부 친일 정객과 짜고 고종 32년(1895) 10월 일본 군대와 낭인을 동원하여 왕궁을 습격한 후 명성황후를 시해하고 그 시체를 불사르는 만행을 저질렀음

명성 황후 인산(장례)

을미개혁의 내용
- 종두법 실시
- 소학교 설립
- 태양력 사용
- 우편 제도 실시
- 연호 건양(建陽) 사용
- 단발령 실시
- 군제의 개편 : 훈련대 폐지, 중앙군(친위대 2개)·지방군(진위대) 설치

아관파천 당시 러시아 공사관

SEMI-NOTE

독립신문

1896년 4월 서재필이 민중 계몽을 위해 창간한 신문으로, 최초의 민간 신문(최초의 근대 신문은 1883년 창간된 한성순보)이자 순한글 신문. 창간 이듬해인 1897년부터 한글판과 영문판을 분리하여 2개의 신문으로 발행하였음

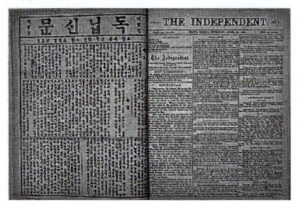

독립신문

독립협회의 기본 사상
- 자주 국권 사상 : 민족주의 사상
- 자유 인권 사상 : 민주주의 사상
- 자강 개혁 사상 : 근대화 사상

독립문

관민 공동회의 헌의 6조 ⭐빈출개념
- 외국인에게 의지하지 말고 관민이 한 마음으로 힘을 합하여 전제 황권을 견고하게 할 것
- 외국과의 이권에 관한 계약과 조약은 각 대신과 중추원 의장이 합동 날인하여 시행할 것
- 국가 재정은 탁지부에서 전관(專管)하고, 예산과 결산을 국민에게 공표할 것
- 중대 범죄를 공판하되, 피고의 인권을 존중할 것
- 칙임관을 임명할 때에는 정부에 그 뜻을 물어서 중의에 따를 것
- 정해진 규정(홍범 14조)을 실천할 것
– 독립신문 –

황국 협회

독립 협회에 대항하기 위해 조직된 어용 단체. 정식 지휘자는 정부 관료, 회원은 보부상이었음

10. 독립 협회(獨立協會, 1896)

(1) 배경 및 성립

서재필 등은 자유 민주주의적 개혁 사상을 민중에게 보급하고 국민의 힘으로 자주 독립 국가를 건설하기 위하여 독립신문을 창간하고 독립 협회를 창립(1896. 7)

(2) 구성

① **사상적 구성** : 서구 자유민주주의 사상(서재필·윤치호)과 개신 유학 사상·유교 혁신 사상(남궁억, 정교)이 합쳐져 자주 자강·개화 혁신 사상으로 승화(이상재)

② **구성원** : 근대 개혁 사상을 지닌 진보적 지식인들이 지도부를 이루고 도시 시민층이 주요 구성원으로 참여, 학생·노동자·여성·천민 등 광범한 계층의 지지

(3) 주장

① **자주 국권 운동** : 국권과 국익 수호 운동

② **자강 개혁 운동** : 입헌 군주제, 신교육 운동, 상공업 장려, 근대적 국방력 강화

③ **자유 민권 운동** : 민권(자유권·재산권) 보장 운동, 국민 참정권 운동

(4) 활동

① **이권 수호 운동** : 러시아의 절영도 조차 요구 규탄, 한·러 은행 폐쇄

② **독립 기념물의 건립** : 자주 독립의 상징인 독립문을 세우고, 모화관을 독립관으로 개수

③ **민중의 계도** : 강연회·토론회 개최, 신문·잡지의 발간 등을 통해 근대적 지식과 국권·민권 사상을 고취

④ **만민 공동회 개최(1898. 3)** : 우리나라 최초의 근대적 민중 대회(→ 외국의 내정 간섭·이권 요구·토지 조사 요구 등에 대항하여 반환을 요구)

⑤ **관민 공동회 개최(1898. 10~1898. 11)**
  ㉠ 만민 공동회의 규탄을 받던 보수 정부가 무너지고 개혁파 박정양이 정권을 장악하자 정부 관료와 각계각층의 시민 등 만여 명이 참여하여 개최
  ㉡ 의회식 중추원 신관제를 반포하여 최초로 국회 설립 단계까지 진행(1898. 11)
  ㉢ 헌의 6조 : 헌의 6조를 결의하고 국왕의 재가를 받음(→ 실현되지는 못함)

(5) 독립 협회의 해산(1898. 12)

① **보수파의 모함** : 시민 의식이 성숙하지 못한 상태에서 서구식 입헌 군주제의 실현을 추구하여 보수 세력의 지지를 얻지 못함

② **시민의 투쟁** : 시민들은 만민 공동회를 열어 독립 협회의 부활과 개혁파 내각의 수립, 의회식 중추원의 설치 등을 요구하면서 격렬한 투쟁

③ **해산** : 황국 협회를 이용한 보수 세력의 탄압으로 해산(1898. 12)

④ **의의** : 민중에 의한 자주적인 근대화 운동 전개

11. 대한 제국(大韓帝國)

(1) 대한 제국의 성립(1897. 10)

러시아 공사관에서 1년 만에 환궁한 고종은 국호를 대한 제국, 연호를 광무로 고치고 황제라 칭하여 자주 국가임을 내외에 선포

(2) 광무개혁

① 내용

정치면	• 황제권의 강화(전제황권) : 복고적 개혁의 성격 • 대한국제(대한국 국제)의 반포 : 대한국제는 광무정권이 1899년 제정한 일종의 헌법으로, 대한 제국이 전제 정치 국가이며 황제권의 무한함을 강조 • 황제가 군권을 장악하기 위해 최고 군통수기관으로 원수부를 설치 • 국방력 강화
경제면	• 양지아문을 설치(1898)하여 양전사업을 실시(1899)하고 지계(토지증서) 발급 • 탁지부에서 관할하던 재정업무를 궁내부 소속의 내장원으로 이관 • 상공업 진흥책을 실시하여 황실(정부)이 직접 공장을 설립하거나 민간 회사의 설립을 지원 • 실업학교 및 기술교육기관을 설립 • 금본위제 화폐 제도 채택 시도
사회면	• 종합 병원인 광제원(廣濟院)을 설치 • 신교육령에 의해 소학교 · 중학교 · 사범학교 등을 설립 • 고급장교의 양성을 위해 무관학교를 설립(1898) • 교통 · 통신 · 전기 · 의료 등 각 분야에 걸친 근대적 시설을 확충

② 한계
　㉠ 근대 사회로의 지향이나, 황권의 강화와 황실 중심의 개혁
　㉡ 진보적 개혁 운동을 탄압하여 국민 지지 상실(보수적 추진 세력의 한계)
　㉢ 열강의 간섭을 완전히 배제하지 못해 큰 성과를 거두지 못함

12. 항일 의병 투쟁

(1) 항일 의병 투쟁의 발발

① 배경 : 청 · 일 전쟁으로 조선에서 청을 몰아낸 일본이 침략 의도를 노골적으로 드러내자 여러 방면에서 민족적 저항이 일어났는데, 의병 항쟁은 그 중 가장 적극적인 형태의 저항
② 시초 : 1894년 8월 서상철이 갑오개혁에 따른 반일 감정으로 거사

(2) 을미의병(1895)

① 을미의병의 계기 : 최초의 항일 의병으로, 명성황후 시해와 단발령을 계기로 발생
② 구성원과 활동 : 유인석 · 이소응 · 허위 등 위정척사 사상을 가진 유생들이 주도, 농민들과 동학 농민군의 잔여 세력이 가담하여 전국적으로 확대
③ 해산 : 아관파천 후 단발령이 철회되고 고종의 해산 권고 조칙이 내려지자 대부분 자진 해산
④ 해산된 농민 일부가 활빈당을 조직하여 반봉건 · 반침략 운동을 계속함

황궁우와 원구단

대한국제(대한국 국제)의 주요 내용 ★ 빈출개념

제1조 대한국은 세계 만국이 공인한 자주 독립 제국이다.
제2조 대한국의 정치는 만세 불변의 전제 정치이다.
제3조 대한국 대황제는 무한한 군권(君權)을 누린다.
제4조 대한국의 신민은 대황제의 군권을 침해할 수 없다.
제5조 대한국 대황제는 육·해군을 통솔한다.
제6조 대한국 대황제는 법률을 제정하여 그 반포와 집행을 명하고, 대사특사감형복권 등을 명한다.
제7조 대한국 대황제는 행정 각부의 관제를 정하고, 행정상 필요한 칙령을 발한다.
제9조 대한국 대황제는 문·무 관리의 출척(黜陟) 및 임면권(任免權)을 가진다.
제9조 대한국 대황제는 각 조약 체결 국가에 사신을 파견하고, 선전 강화 및 제반 조약을 체결한다.

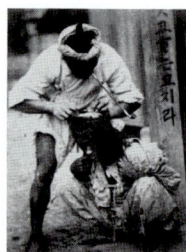

단발령

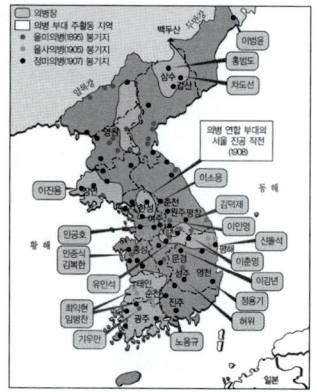

의병의 봉기

을미·을사·정미의병의 격문

- **을미의병**
  원통함을 어찌하리오. 국모의 원수를 생각하며 이를 갈았는데 참혹함이 더욱 심해져 임금께서 또 머리를 깎으시는 지경에 이르렀다.
  — 유인석의 창의문 —

- **을사의병**
  작년 10월에 저들이 한 행위는 오랜 옛날에도 일찍이 없던 일로서 억압으로 한 조각의 종이에 조인하여 500년 전해오던 종묘 사직이 드디어 하루밤에 망하였으니 ……
  — 최익현의 격문 —

- **정미의병**
  군대를 움직이는 데 가장 중요한 점은 고립을 피하고 일치단결하는 것에 있다. 따라서 각도의 의병을 통일하여 둑을 무너뜨릴 기세로 서울에 진격하면, 전 국토가 우리 손 안에 들어오고 한국 문제의 해결에 있어서도 유리하게 될 것이다.
  — 이인영의 격문 —

(3) 을사의병의 발발(1905)

① **의병의 재봉기** : 을사조약의 폐기와 친일 내각의 타도를 내세우고 격렬한 무장 항전(→ 항일 의병 전쟁의 전개)
② **의병장** : 민종식, 최익현, 신돌석 등
③ **특징** : 종래 의병장은 대체로 유생이었으나 이때부터 평민 출신 의병장이 활동

(4) 정미의병(1907)

① **계기** : 고종의 강제 퇴위, 군대 해산(1907. 8)
② **특징** : 해산 군인들이 의병에 합류하면서 의병의 조직과 화력이 강화, 전국 각지, 나아가 간도와 연해주 등 국외로까지 확산

(5) 의병 전쟁의 확대

① **13도 창의군 조직(1907. 12)** : 유생 이인영을 총대장, 허위를 군사장으로 13도 연합 의병이 조직
  ㉠ **외교 활동의 전개** : 서울 주재 각국 영사관에 의병을 국제법상의 교전 단체로 승인해 줄 것을 요구하여, 스스로 독립군임을 자처
  ㉡ **서울 진공 작전(1908)** : 의병 연합 부대는 서울 근교까지 진격(1908. 1)하였으나, 일본군의 반격으로 후퇴
② **국내 진입 작전** : 홍범도와 이범윤이 지휘하는 간도와 연해주의 의병들이 작전 모색
③ **안중근의 거사(1909)** : 하얼빈 역에서 일제의 침략 원흉인 이토 히로부미를 처단, 이듬해인 1910년 3월 26일 뤼순 감옥에서 순국

(6) 의병 전쟁의 의의와 한계

① **의병 전쟁의 한계**
  ㉠ **국내적 요인** : 비조직성, 전통적 신분제를 고집하여 유생층과 농민 간 갈등
  ㉡ **국외적 요인** : 열강 침략의 보편화, 을사조약으로 외교권이 상실되어 국제적으로 고립
② **의병 전쟁의 의의** : 민족 저항 정신 표출, 항일 무장 독립 투쟁의 기반, 반제국주의·민족주의 운동

13. 애국 계몽 운동의 전개

(1) 애국 계몽 운동

① **의미** : 을사조약(1905) 전후에 나타난 문화 활동과 산업 진흥 등 실력 양성을 통해 국권을 회복하자는 운동
② **주도 세력** : 지식인, 관료, 개혁적 유학자

(2) 애국 계몽 운동 단체

① 보안회(1904) : 일제의 황무지 개간권 요구에 반대하여 이를 저지
② 헌정 연구회(1905) : 국민의 정치 의식 고취와 입헌정체의 수립을 목적으로 설립됨, 일진회의 반민족적인 행위를 규탄하다가 해산
③ 대한 자강회(1906)
  ㉠ 조직 : 헌정 연구회를 모체로, 사회 단체와 언론 기관을 주축으로 하여 창립
  ㉡ 참여 : 윤치호, 장지연 등
  ㉢ 목적 : 교육과 산업의 진흥을 통한 독립의 기초 마련
  ㉣ 활동 : 독립 협회 정신을 계승하여 월보의 간행과 연설회의 개최 등을 통하여 국권 회복을 위한 실력 양성 운동 및 일진회에 대항하여 애국 계몽 운동 전개
  ㉤ 해체 : 일제의 고종 황제에 대한 양위 강요에 격렬한 반대 운동을 주도하다가 강제로 해체됨
④ 대한 협회(1907)
  ㉠ 조직 및 활동 : 오세창·윤효정·권동진 등이 대한 자강회를 계승하여 조직, 교육의 보급·산업의 개발·민권의 신장·행정의 개선 등을 강령으로 내걸고 실력 양성 운동을 전개
  ㉡ 해체 : 1910년 한·일 병합 조약 이후 해체
⑤ 신민회(1907)
  ㉠ 조직 : 사회 각계각층의 인사를 망라하여 조직된 비밀 결사
  ㉡ 구성원 : 안창호, 양기탁 등
  ㉢ 목적 : 국권 회복, 공화정체의 국민 국가 건설
  ㉣ 활동 : 자기 회사 설립(평양), 태극서관 설립(대구), 대성 학교·오산 학교·점진 학교 설립 등, 대한매일신보를 기관지로 활용, 최남선의 주도하에 〈소년〉을 기관 잡지로 창간, 남만주에 삼원보, 밀산부에 한흥동을 각각 건설하여 무장 독립 운동의 터전이 됨
  ㉤ 해체(1911) : 일제가 날조한 105인 사건으로 해체

(3) 의의 및 한계
① 의의 : 민족 독립 운동의 이념과 전략을 제시, 장기적인 민족 독립 운동의 기반 구축
② 한계 : 일제에 예속된 상태에서 전개되어 성과 면에서 일정한 한계

SEMI-NOTE

애국 계몽 운동의 전개
독립협회의 해체 뒤 개화 자강 계열 단체들이 설립되어 친일 단체인 일진회에 대항하면서 구국 민족 운동을 전개하였는데, 1905년을 전후하여 이러한 개화 자강 계열의 민족 운동은 국권 회복을 위한 실력 양성 운동, 곧 애국 계몽 운동으로 발전하였음

일진회
친일적 민의가 필요하다고 여긴 일본이 1904년에 설립한 친일 단체. 송병준, 윤시병, 유학주 등을 중심으로 적극적인 친일 활동을 전개하였음. 고종이 강제로 퇴위된 당시 전국 각지에서 봉기한 의병들은 일진회 회원들을 살해하고 일진회의 지부 및 기관지인 국민신보사를 습격하여 파괴하였음. 1910년 합병 조약이 체결된 후 해체됨

신민회의 4대 강령
• 국민에게 민족 의식과 독립 사상을 고취할 것
• 동지를 찾아 단합하여 민족 운동의 역량을 축적할 것
• 각종의 상공업 기관을 만들어 단체의 재정과 국민의 부력을 증진할 것
• 교육 기관을 각지에 설치하여 청소년 교육을 진흥할 것

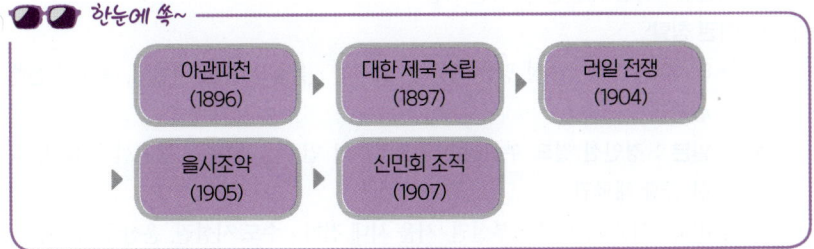

02절 개항 이후의 경제와 사회

1. 열강의 경제 침탈

(1) 일본 상인의 경제 침투
① 초기
  ㉠ 부산 · 원산 등 개항지를 중심으로 거류지 무역 전개
  ㉡ 재판권, 무관세, 일본 화폐의 사용 등의 불평등 조약을 이용해 약탈적 무역 전개
② 1880년대
  ㉠ 무역 활동 범위가 개항장 100리까지 확대되어 내륙까지 진출
  ㉡ **곡물 수매에 주력** : 자본주의 초기의 식량 부족을 해결하기 위해 조선의 곡물을 대량 수입해 감(→ 조선의 곡물 가격 폭등과 식량난 초래)
  ㉢ 조 · 청 상민 수륙 무역 장정(1882) 체결 이후 : 청 상인의 활발한 진출로 청 · 일 양국의 각축 격화(→ 청에서의 수입 비율이 점차 증가)
③ 1890년대 : 청 · 일 전쟁 이후 일본 상인들이 국내 상권을 거의 독점, 일본 제일 은행의 지점을 설치하고 대한 제국의 금융을 장악해 감

(2) 일본의 토지 약탈
① 개항 직후
  ㉠ **초기** : 일본 상인들이 개항장 안의 토지를 빌려 쓰는 데 그침
  ㉡ **토지 소유의 확대** : 차압과 고리대를 이용하여 우리 농민의 토지를 헐값으로 사서 점차 농장을 확대해 감
② 청 · 일 전쟁 이후(1890년대) : 일본 대자본가들이 침투하여 대규모 농장 경영, 전주 · 군산 · 나주 일대에 대규모 농장 경영
③ 1900년대 : 토지 약탈의 본격화

(3) 제국주의 열강의 이권 침탈
① 배경 : 아관파천 이후 본격화, 최혜국 대우 규정을 이용하여 철도 부설권 · 금광 채굴권 · 산림 채벌권 등 이권 침탈
② 이권 침탈
  ㉠ **러시아** : 경원 · 종성 광산 채굴권, 압록강 · 울릉도 산림 채벌권, 조 · 러 은행 설치권
  ㉡ **일본** : 경인선 철도 부설권(미국으로부터 인수), 경부선 · 경원선 부설권, 직산 금광 채굴권
  ㉢ **미국** : 서울 시내 전차 부설권, 서울 시내 전기 · 수도 시설권, 운산 금광 채굴권
  ㉣ **프랑스** : 경의선 철도 부설권(일본에 양도), 창성 금광 채굴권, 평양 무연탄 채굴권
  ㉤ **영국** : 은산 금광 채굴권

SEMI-NOTE

조 · 청 상민 수륙 무역 장정
고종 19년(1882) 조선과 청이 양국 상인의 통상에 대해 맺은 규정. 서두에 조선에 대한 청의 종주권을 명시하고 있으며, 조선의 비준도 생략되었음. 임오군란 이후 청의 내정 간섭이 강화된 상황에서 체결되었으며, 이후의 통상 조약 등에도 영향을 미쳐 불평등 조약 체계 확립에 결정적인 역할을 하였음

화폐 정리 사업
조선의 상평통보나 백동화 등을 일본 제일 은행에서 만든 새 화폐로 교환하도록 한 사업. 갑작스럽게 시행되었을 뿐만 아니라 질이 나쁜 백동화는 교환해 주지 않았는데, 일본 상인들과는 달리 이 사실을 모르고 있던 조선 상인들의 경우 화폐 정리 사업에 대비하지 못해 많은 사람들이 파산하게 되었음. 또한 소액도 교환해 주지 않아 농민들 역시 큰 피해를 입었음

철도에 대한 일본의 집착
열강의 경제적 침탈 속에서 일본은 특히 철도와 관련된 이권의 획득에 집착하였는데, 이는 철도가 인적 · 물적 자원을 대량으로 운송할 수 있는 육상 운송 수단으로서 대륙침략 시 일본군의 수송과 조선에서의 쌀을 반출 시 유용하기 때문이었음. 그리하여 미국이 처음 획득한 경인선 부설권을 사들이고, 이어서 경부선, 경의선, 경원선 부설권까지 차지하여 개통하였음

ⓗ 독일 : 당현 금광 채굴권
ⓢ 청 : 황해도·평안도 연안 어채권, 인천-한성-의주 전선 가설권, 서울-부산 전선 가설권

2. 경제적 구국 운동의 전개

(1) 방곡령과 상권 수호 운동

① 방곡령(防穀令, 1889)
  ㉠ 실시 : 개항 이후 곡물의 일본 유출이 늘어나면서 가격이 폭등한데다가 흉년이 겹쳐 함경도와 황해도를 중심으로 시행
  ㉡ 결과 : 일제는 1개월 전에 통고해야 한다는 조·일 통상 장정(1883) 규정을 구실로 방곡령의 철회를 요구하고 거액의 배상금을 요구
② 상권 수호 운동 : 상인들은 상권 수호 운동을 벌여 경제적 침탈에 적극적으로 대응
③ 상회사의 설립 : 1880년대에는 관리들과 객주, 보부상 등을 중심으로 대동상회·장통상회 등과 같은 동업자 조합 성격의 상회사가 주로 설립되었고, 대한 제국의 상공업 진흥 정책이 실시된 이후에는 해운회사·철도회사·광업회사 등과 같은 근대적 형태의 주식회사도 설립
④ 근대적 산업 자본의 성장 : 조선 유기 상회(鍮器商會), 직조 산업, 연초 공장(煙草工場), 사기 공장(砂器工場) 등

(2) 민족 은행 설립

① 일본의 금융 기관 침투와 고리대금업에 대응하기 위하여 우리 자본으로 은행 설립
  ㉠ 조선 은행(1896) : 관료 자본이 중심이 된 민간 은행(최초)
  ㉡ 민간 은행 : 한성 은행, 천일 은행 등
② 메가타의 화폐 정리 사업(1905), 자금과 기술의 부족, 미숙한 운영 방식 등으로 문을 닫거나 일본계 은행에 합병(→ 일제의 금융권 장악 가속화)

(3) 국채 보상 운동(國債報償運動, 1907)

① 배경 : 일제의 강제 차관 도입으로 인해 정부가 짊어진 1,300만 원의 외채를 국민의 힘으로 상환하여 국권을 회복하자는 운동
② 경과 : 국채 보상 기성회가 전국 각지로 확대, 보상금 모집소 설치
③ 결과 : 일본은 국채 보상 기성회의 간사인 양기탁에게 국채 보상금을 횡령하였다는 누명을 씌워 구속하고 1908년 초 2천만 원의 차관을 억지로 추가 공급하여 좌절시킴

(4) 황무지 개간권 반대 운동(1904)

보안회는 일제의 황무지 개간권 요구에 대한 반대 운동을 벌여 토지 약탈 음모를 분쇄, 이도재 등은 농광 회사를 설립하여 황무지를 우리 손으로 개간할 것을 주장

(5) 독립 협회의 이권 수호 운동

SEMI-NOTE

방곡령
1876년 강화도 조약으로 일본에 개국한 이래, 일본 상인들은 조선의 쌀과 콩을 매점하여 일본에 반출하였음. 이에 곡물의 절대비축량이 부족하여 식량난이 가중되고, 고종 25년(1888) 흉년까지 들자 전국 곳곳에서 폭동이 발발하였음. 이에 원산을 관장하던 함경도 관찰사 조병식은 1889년 9월 한·일 통상 장정을 근거로 원산항을 통한 콩의 유출을 금지하는 방곡령을 내렸음. 이에 일본 무역상이 타격을 입자 조선과 일본 간 분규가 발생함. 조선은 조병식을 강원도 관찰사로 전출시킴으로써 방곡령을 해제하였으나, 새로 함경도 관찰사로 부임한 한장석이 방곡령을 다시 시행하였음. 이에 일본은 손해 배상을 청구하였으며, 조선은 청의 권고에 따라 11만 환의 배상금을 지불하였음. 방곡령은 이후에도 부분적으로 시행되다가 1894년 1월 전면 해제됨

활발한 기업 활동을 통한 민족 자본의 확보
1890년대 후반기에 정부의 상공업 진흥 정책에 따라 기업 활동이 활발해졌는데, 일본의 운수업 지배에 맞서 국내 기업가들은 외국 증기선을 구입하여 대항하기도 하였고, 해운회사·광업회사 등을 설립하여 활발한 기업 활동을 전개함으로써 민족 자본의 토대를 확보하고자 하였음

일제의 시설 설립 사업
일제는 우리나라의 근대화를 위한다는 명분을 내세워, 우리나라에 거주하는 일본인들을 위한 도로·수도 시설, 은행, 학교, 병원 등의 시설 설립 사업을 실시하였음. 일제는 그 시설비를 우리나라에서 부담하도록 하면서 차관을 얻도록 강요하였음

SEMI-NOTE

① 러시아의 이권 침탈 저지 : 절영도의 조차 요구 저지, 한 · 러 은행의 폐쇄, 도서(島嶼)의 매도 요구 저지
② 프랑스 광산 채굴권 요구 저지
③ 미국 · 독일 등 열강이 차지한 철도 · 광산 · 산림에 대한 이권 반대 운동 전개

실력 up   만민 공동회의 상소

근대 우리나라 국유 광산이라든지, 철도 기지 · 서북 삼림 · 연해 어업 등등, 이 모든 것에 대한 외국인들의 권리 취득 요구를 우리 정부에서 한 가지라도 허락해 주지 않은 것이 있었는가. 이렇게 외국인들의 요구가 그칠 줄 모르는데, 오늘에 이르러서는 일인(日人)들이 또다시 국내 산림천택(山林川澤)과 원야(原野)개발권까지 허가해 줄 것을 요청하기에 이를 정도로 극심해졌으니, 정부는 또 이 요구를 허가할 작정인가. 만일 이것마저 허가한다면 외국인들이 이 위에 또다시 요구할 만한 무엇이 남아 있겠으며, 우리도 또한 무엇이 남아서 이런 요구에 응할 것이 있겠는가. 이렇게 되면 그야말로 500년의 마지막 날이 될 것이요, 삼천리의 종국(終局)이 될 것이니, 우리 정부에서는 반드시 이를 거절할 줄로 안다.

— 이상재 —

의식의 변화

서울 시전 상인들이 말하기를, 우리가 상업을 하는 데 올바른 대신들의 공정한 법률 밑에서 장사를 해야 생명과 재산을 보호하지, 근일 정부 대신들 밑에서는 상업도 못하겠다 하고, 그저께부터 각기 폐시하고 독립 협회와 총상회의 목적을 따라 비록 군밤 장사까지라도 모두 일심이 되어 회중소청에 가서 합동하였다는데, 경무관 안환 씨가 순검들을 많이 데리고 각 상인들을 압제하여 억지로 가게 문을 열라고 한즉, 상인 제씨가 서로 말하기를 우리도 충군 애국하는 마음으로 소청에 가서 합동하겠는지라, 지금은 전과 달라 관인의 무례한 압제는 아니 받겠노라. 경무청에서 우리에게 자본금을 주어 장사시키기에 가게 문을 열어라 어찌하라 무슨 참견이뇨. 우리도 자유 권리로 하는 일이니 다시는 이따위 수작 말라 하니, 안 경무관도 어찌할 수 없는 것으로 알더라고 하더라.

— 독립신문(1898. 10 .13) —

3. 평등 의식의 확산

(1) 19세기 사회의 변화

① 계기 : 천주교와 동학, 개신교의 전파는 사회 전반의 변화에 지대한 영향을 끼침
② 평등 의식의 확산 : 평등 의식이 확산되면서 종래 신분 제도에 변화가 나타남

(2) 종교의 영향

① 천주교 : 19세기 중엽에 교세가 확장되어 평등 의식의 확산에 기여, 중인 · 평민 · 부녀자 신도가 많음
② 동학 : 적서 차별과 남존 여비를 부정, 주로 평민층 이하의 지지를 받음
③ 개신교 : 19세기 말 전래, 포교의 수단으로 학교를 설립하고 의료 사업 전개, 한글 보급, 미신 타파, 남녀 평등 사상 보급, 근대 문명 소개, 애국 계몽 운동에 기여

(3) 갑신정변의 영향

① 진보적 사고 : 양반 신분 제도와 문벌 폐지, 인민 평등 실현 등
② 조선의 불합리한 신분 제도를 사회적 불평등의 근원이자 국가 발전을 저해하는 주요 원인으로 인식하고 개혁하고자 함

갑오개혁 때 추진된 사회 개혁

• 문벌에 따른 차별과 양반, 상민 등의 계급을 타파하고 귀천의 구별 없이 인재를 뽑아 등용
• 지금까지 내려온 문존 무비(文尊武卑)의 차별을 폐지
• 공 · 사 노비 제도를 모두 폐지하고 인신매매를 금지
• 연좌법을 모두 폐지하여 죄인 자신 이외에는 처벌하지 않음
• 남녀의 조혼을 엄금하여 남자는 20세, 여자는 16세에 결혼을 허락
• 과부의 재혼은 귀천을 막론하고 그 자유에 맡김

4. 사회 개혁 운동

(1) 동학 농민군의 사회 개혁

① 의의 : 반상(班常)을 구별하는 관행을 부정하고 인간 평등과 인권 존중의 반봉건적 사회 개혁을 추구하여 사회 전반에 커다란 변화를 야기
② 폐정 개혁안 : 반봉건적 사회 개혁안 요구, 지주제 철폐의 요구

③ 한계 : 신분 간의 갈등 초래(양반 지주의 저항 초래, 민보군, 집강소)

(2) 갑오개혁과 신분제의 폐지

① 사회면의 개혁
  ㉠ 동학 농민 운동의 요구 수용 : 갑오개혁에 일부 수용되어 사회 개혁이 많음
  ㉡ 개혁 추진의 중심 기구인 군국기무처를 통해 전통적 신분 제도와 문벌·출신 지역에 따른 인재 등용의 폐습을 개혁
② 개혁 내용 : 평등주의적 사회 질서 수립, 노비 및 천민층의 점진적 해방, 기술직 중인의 관직 등용 확대, 여성의 대우 향상과 혼인 풍습 개선 등
③ 결과 : 능력 본위의 인재 등용이 이루어지는 계기로 작용
④ 의의 : 조선의 근대화에 기여했으며, 양반의 권력 독점을 해체시키는 계기가 됨

5. 민권 운동의 전개

(1) 독립 협회의 운동

① 활동 방향 : 주권 독립 운동, 민권 운동(인권 운동과 참정권 실현 운동으로 전개)
② 기본 사상 : 자주 국권 사상·자유 민권 사상·자강 개혁 사상
③ 의의 : 민중의 자발적 참여, 평등 의식의 확산, 근대화 사상의 계승
④ 해체 : 입헌 군주제 주장에 위기를 느낀 정부가 황국 협회를 동원하여 탄압

(2) 애국 계몽 운동

① 활동 내용 : 사회·교육·경제·언론 등 각 분야에서 국민의 근대 의식과 민족 의식을 고취
② 영향 : 사회 인식의 전환, 민주주의 사상의 진전

03절 근대 문화의 발달

1. 근대 시설의 수용

(1) 근대 시설의 도입

① 인쇄 시설 : 박문국 설립(1883. 8), 광인사 설립(1884)
② 통신 시설
  ㉠ 전신 : 청에 의해 서울과 인천 간에 가설(1885)
  ㉡ 전화 : 처음에 궁궐 안에 가설(1896), 그 후 서울 시내에도 가설(1902)
  ㉢ 우편 : 우정국이 갑신정변으로 중단되었다가 을미개혁 이후 부활(우체사, 1895), 만국 우편 연합에 가입하여 여러 나라와 우편물을 교환(1900)
③ 교통 시설 : 경인선(1899)·경부선(1905)·경의선(1906)부설, 전차 운행(1899)

SEMI-NOTE

애국 계몽 운동
1905~1910년에 전개된 실력 양성 운동을 총칭. 애국 계몽 운동은 일제에 국권을 박탈당한 이유를 힘과 실력의 부족에서 찾아, 실력을 배양·축적해야 한다고 주장하였음. 이들은 국내에서 사업을 수행하여 민력을 키우고, 청소년을 민족 간부로 양성하며, 국외에 무관 학교를 중심으로 한 독립군 기지를 설치하고 독립군을 양성하여 실력을 쌓아 두었다가 일제를 몰아내어 국권을 회복하고자 하였음. 보안회, 헌정 연구회, 대한 자강회, 신민회, 흥사단 등이 애국 계몽 운동 단체에 속함

과학 기술 수용론의 등장
- 근대 이전 : 서양의 과학 기술에 대한 관심은 17세기 실학자들에 의하여 싹틈
- 개항 이후 : 당시의 개화파는 우리의 정신 문화는 지키면서 서양의 과학 기술을 수용하자는 동도서기론을 제창

서양 과학 기술의 수용 과정
- 개항 이전 : 1860년대 흥선대원군 집권 기에도 서양의 침략에 대응하기 위한 무기 제조 기술에 많은 관심을 보임
- 개항 이후 : 조사 시찰단과 영선사 파견, 산업 기술의 수용에도 관심이 높아져서, 1880년대에는 양잠·방직·제지·광산 등에 관한 기계를 도입하고 외국 기술자를 초빙
- 1890년대 : 근대적 과학 기술의 수용을 위해서는 교육 제도의 개혁이 급선무임을 인식하여 갑오개혁 이후 유학생의 해외 파견을 장려하고 교육 시설을 갖추는 데 노력

박문국과 광인사
- 박문국 : 고종 20년(1883) 김옥균, 서광범, 박영효 등의 노력으로 설치된 출판 기관. 같은 해 10월 한성순보를 발간하였음. 갑신정변의 실패로 폐지되었다가 고종 22년(1885) 통리교섭통상아문의 건의에 따라 재설치 되었음
- 광인사 : 출판사를 겸한 한국 최초의 근대식 민간 인쇄소로, 고종 22년(1884) 일본에서 납 활자를 수입하고 판화 인쇄 시설을 갖추었음. 광인국이라고도 함

SEMI-NOTE

덕수궁 석조전

명동 성당

장지연의 시일야방성대곡
저 돼지와 개만도 못한 우리 정부의 소위 대신자들이 영리를 바라고 덧없는 위협에 겁을 먹어 놀랍게도 매국의 도적을 지어 4천 년 강토와 5백 년 사직을 다른 나라에 갖다 바치고 2천만 국민으로 타국인의 노예를 만드니, …… 아아, 분하도다! 우리 2천만, 타국인의 노예가 된 동포여! 살았는가! 죽었는가! 단군, 기자 이래 4천 년 국민정신이 하룻밤 사이에 졸연히 멸망하고 말 것인가! 원통하다! 동포여! 동포여!
– 〈황성신문〉 –

④ 의료 시설 : 광혜원(1885), 광제원(1900), 대한 의원(1907), 자혜 의원(1909), 세브란스 병원(1904)
⑤ 건축 : 서구 양식의 건물인 독립문(프랑스의 개선문을 모방), 덕수궁 석조전(르네상스 양식), 명동 성당(중세 고딕 양식) 등
⑥ 무기(기기창), 화폐 주조(전환국)

(2) 근대 시설 수용의 의의
외세의 이권 침탈이나 침략 목적에 이용되기도 하였으나, 한편으로는 국민 생활 편리의 진작과 생활 개선에 이바지

2. 언론 활동·근대 교육의 발전

(1) 언론 기관의 발달

한성순보 (1883~1884)	• 박영효 등 개화파가 창간하여 박문국에서 발간한 최초의 신문 • 관보 성격의 순한문판 신문으로, 10일 주기로 발간 • 국가 정책 홍보와 서양의 근대 문물 소개 • 갑신정변으로 박문국 폐지 시 중단
한성주보 (1886~1888)	• 박문국 재설치 후 〈한성순보〉를 이어 속간 • 최초의 국한문 혼용, 최초로 상업광고를 실음
독립신문 (1896~1899)	• 서재필이 발행한 독립협회의 기관지로서, 최초의 민간지, 격일간지 • 순한글판과 영문판 간행, 띄어쓰기 실시 • 국민에 대한 계몽과 민족 자주의식, 자유민권사상의 배양을 목적으로 발간 • 사회진화론에 의한 세계질서 파악, 의병활동에 부정적 인식
매일신문 (1898~1899)	• 협성회의 회보를 발전시킨 최초의 순한글 일간지 • 개화사상과 국민의 각성을 주장, 독립협회 해산으로 폐간
황성신문 (1898~1910)	• 남궁억, 유근 등 개신유학자들이 발간, 국한문 혼용 • 민족주의적 성격의 항일 신문, 보안회 지원, 장지연의 '시일야방성대곡'을 게재하고 을사조약을 폭로하여 80일간 정간
제국신문 (1898~1910)	• 이종일이 발행한 순한글의 계몽적 일간지(일반 대중과 부녀자 중심) • 국민 계몽과 자강 사상 고취, 신교육과 실업 발달 강조 • 의병활동에 부정적
대한매일신보 (1904~1910)	• 영국인 베델이 양기탁 등과 함께 창간, 국한문판·한글판·영문판 간행(최대 발행부수) • 신민회 기관지로 활용, 국채 보상 운동에 주도적으로 참여 • 영·일동맹으로 검열이 면제, 서양문물 소개 • 의병활동, 친일 내각과 일진회의 매국행위 폭로·규탄 등 일제침략을 상세히 보도한 반일 신문으로, 항일운동의 전국적 확산에 기여 • 1910년 고종의 '을사조약부인친서'를 보도하다 총독부에 매수되어 일제 기관지〈매일신보〉로 속간

만세보 (1906~1907)	• 천도교의 후원을 받아 오세창이 창간한 천도교 기관지 • 사회진보주의 제창(신지식 개발, 신문화 보급운동) • 일진회의 〈국민신보〉에 대항(일진회 공격) • 이인직의 〈혈의 누〉 연재
경향신문 (1906~1910)	가톨릭교회의 기관지, 주간지, 민족성 강조
대한민보 (1909~1910)	대한협회의 기관지로, 일진회의 기관지인 〈국민신보〉에 대항
경남일보 (1909~1914)	최초의 지방지

(2) 근대 교육의 실시
① 원산 학사(1883) : 최초의 근대적 사립 학교, 외국어·자연 과학 등 근대 학문과 무술을 가르침
② 동문학(1883) : 정부가 세운 영어 강습 기관(통리교섭통상사무아문의 부속 기관)
③ 육영 공원(1886) : 정부가 보빙사 민영익의 건의로 설립한 최초의 근대식 관립 학교

(3) 근대적 교육 제도의 정비
① 교육 입국 조서 반포(1895) : 국가의 부강은 국민의 교육에 있음을 내용으로 함
② 광무개혁 : 실업 학교 설립

(4) 사립학교
① 개신교 계통
  ㉠ 개신교 선교사들이 학교를 설립하여 학생들에게 근대 학문을 가르치고 민족의식을 고취했으며, 민주주의 사상의 보급에 이바지
  ㉡ 배재 학당(1885), 이화 학당(1886), 경신 학교(1886), 정신 여학교, 숭실 학교(1897), 배화 여학교, 숭의 여학교, 보성 여학교 등
② 민족주의 계통의 학교
  ㉠ 민족 지도자들의 학교 설립
    • 배경 : 을사조약 이후 민족 지도자들은 근대 교육이 민족 운동의 기반이라 주장
    • 학교의 설립 : 보성 학교(1906), 양정 의숙(1905), 휘문 의숙(1906), 숙명 여학교(1906), 진명 여학교(1906), 서전 서숙(1906), 대성 학교(1908), 오산 학교(1907), 흥무관 학교(1907), 동덕 여자 의숙(1908), 흥화 학교(1898), 점진 학교(1899)
  ㉡ 학회의 구국 교육 운동 : 대한 자강회·신민회 등 정치·사회 단체와 서북학회·호남 학회·기호 흥학회·교남 교육회·관동 학회 등 많은 학회가 구국 교육 운동 전개
③ 여성 교육 : 황성신문에 최초의 여성 선언문 〈여성 통문〉 발표, 독립신문은 정부가 여성 교육을 위해 예산을 집행할 것을 주장, 순성 여학교 건립(1899)

SEMI-NOTE

일제의 언론 탄압
• 신문지법(1907)을 제정하여 언론을 탄압
• 국권 피탈 이후 민족 신문을 강제 폐간·매수

원산 학사
1883년 함경도 덕원부사 정현석과 주민들이 개화파 인물들의 권유로 설립한 최초의 근대적 사립학교

교육 입국 조서
세계의 형세를 보면 부강하고 독립하여 잘사는 모든 나라는 다 국민의 지식이 밝기 때문이다. 이 지식을 밝히는 것은 교육으로 된 것이니 교육은 실로 국가를 보존하는 근본이 된다. …… 이제 짐은 정부에 명하여 널리 학교를 세우고 인재를 길러 새로운 국민의 학식으로써 국가 중흥의 큰 공을 세우고자 하니, 국민들은 나라를 위하는 마음으로 지·덕·체를 기를지어다. 왕실의 안전이 국민들의 교육에 있고, 국가의 부강도 국민들의 교육에 있도다.

대성 학교
…… 학생들은 20세, 30세의 청년 유지들로, 입을 벌리면 나라를 걱정하였고, 행동은 모두 민족의 지도자를 자부하였다. 학교의 과정은 중등 학교라고 하지만, 그 정도가 높아 4학년 과정은 어느 전문학교의 3학년 과정과 대등하였으며, 학교의 설비도 중등학교로서는 유례가 없을 만큼 잘 갖추었다. …… 이 학교는 애국 정신을 고취하는 것을 목적으로 한 학교였으므로, 매일 아침 엄숙한 조회를 하여 애국가를 부른 후 애국에 관한 훈화가 있어 학생들은 이를 마음속 깊이 받아들였다. …… 체조 교사는 군대의 사관으로 뜻이 높던 철혈의 사람 정인목으로, 그는 군대식으로 학생들을 교련하였다. 눈이 쌓인 추운 겨울에 광야에서 체조를 시켰으며, 쇠를 녹이는 폭양 아래에서 전술 강화를 하였고……
– 〈안도산 전서〉 –

SEMI-NOTE

주시경
우리글에 '한민족의 크고 바르고 으뜸가는 글'이라는 뜻의 '한글'이라는 이름을 붙인 주시경은 당시 근대 학문을 배운 지식인으로서 후진을 양성하고 민족 정신을 고양시키기 위해 활발한 활동을 펼쳤음. 또한 그는 우리말의 문법을 최초로 정립하였으며, 표의주의 철자법과 한자어 순화 등 혁신적인 주장을 하였음. 〈국어 문법〉, 〈말의 소리〉 등의 저서를 남김

외국 문학의 번역
- 작품 : 〈천로역정〉, 〈이솝 이야기〉, 〈로빈슨 표류기〉 등
- 의의 : 신문학의 발달에 이바지하였고, 근대 의식의 보급에도 기여

예술계의 변화
- 음악
  - 서양 음악 소개 : 크리스트교가 수용되어 찬송가가 불리면서 소개
  - 창가의 유행 : 서양식 악곡에 맞추어 부르는 신식 노래, 〈애국가〉·〈권학가〉·〈독립가〉 등
- 연극 : 민속 가면극, 신극 운동(원각사(1908), 〈은세계〉·〈치악산〉 등의 작품이 공연
- 미술 : 서양식 유화 도입, 김정희 계통의 문인 화가들이 전통 회화를 발전시킴

신체시의 내용
문명 개화, 남녀 평등, 자주 독립 예찬, 친일 매국 세력에 대한 경고 등

친일 종교 단체
- 대동 학회 : 친일 유교 단체
- 동양 전도관 : 친일 기독교 단체
- 본원사 : 친일 불교 단체

원각사

3. 국학 연구의 진전

(1) 국사 연구 분야

① 근대 계몽 사학의 성립 : 장지연, 신채호, 박은식 등
  ㉠ 구국 위인 전기 : 〈을지문덕전〉, 〈강감찬전〉, 〈이순신전〉 등
  ㉡ 외국 흥망사 소개 : 〈미국 독립사〉, 〈월남 망국사〉 등
  ㉢ 일제 침략 비판 : 〈매천야록〉, 〈대한계년사〉 등
② 민족주의 사학의 방향 제시 : 신채호의 〈독사신론〉
③ 조선 광문회의 설립(1910) : 최남선과 박은식이 조직하여 민족 고전을 정리·간행
④ 국사 교과서 간행 : 〈유년필독〉, 〈동국사략〉

(2) 국어 연구

① 국·한문체의 보급 : 갑오개혁 이후 관립 학교의 설립과 함께 국·한문 혼용의 교과서 간행(서유견문(西遊見聞))
② 국문 연구소의 설립(1907) : 주시경·지석영이 설립, 국문 정리와 국어의 이해체계 확립, 〈국어문법〉 편찬

4. 문학의 새 경향

(1) 신소설(新小說)

① 특징
  ㉠ 순 한글로 쓰였고, 언문 일치의 문장을 사용
  ㉡ 봉건적인 윤리·도덕의 배격과 미신 타파, 남녀 평등 사상과 자주 독립 의식을 고취
② 대표작 : 이인직의 〈혈의 누〉(1906), 안국선의 〈금수회의록〉(1908), 이해조의 〈자유종〉(1910) 등

(2) 신체시

① 1908년 이후 등장한 새로운 형태의 시로, 정형적 시 형식을 탈피하여 자유로운 율조로 새로운 사상을 담음
② 대표작 : 최남선의 〈해에게서 소년에게〉(1908, 소년)

5. 종교 운동의 새 국면

천주교	• 1886년 프랑스와의 수호 통상 조약 이후 선교 활동 허용 • 교육, 언론, 사회 사업(양로원·고아원) 등에 공헌, 애국 계몽 운동의 대열에 참여
개신교	• 종교 운동은 개신교의 참여로 활발하게 전개 • 교육과 의료 사업 등에 많은 업적 • 배재 학당, 이화 학당, 세브란스 병원

천도교(동학)	• 민중 종교로 성장한 동학은 전통 사회를 혁신하는 데 크게 기여 • 대한 제국 시기 이용구 등 친일파가 일진회를 조직하고 동학 조직을 흡수하려 하자, 제3대 교주인 손병희는 동학을 천도교로 개칭하고 민족 종교로 발전시킴(1905) • 만세보라는 민족 신문을 발간하여 민족 의식을 고취 • 보성 학교 · 동덕 여학교 인수
대종교	• 나철 · 오기호 등은 단군 신앙을 기반으로 대종교를 창시(1909) • 민족적 입장을 강조하는 종교 활동을 벌였고, 특히 간도 · 연해주 등지에서의 항일 운동과 밀접한 관련을 가지면서 성장
불교	• 통감부의 간섭으로 일본 불교에 예속화 진행 • 한용운 등은 조선 불교 유신론(1913)을 내세워 일본 불교계의 침투에 대항하고 불교의 혁신과 자주성 회복을 위해 노력
유교	• 반침략적 성격은 강하였으나 시대의 흐름에 역행한다는 비판 • 박은식의 유교 구신론(1909) : 양명학에 토대, 실천적 유교 정신 강조

SEMI-NOTE

9급공무원
한국사

나두공

07장 민족 독립 운동의 전개

01절 국권 침탈과 민족의 수난

02절 민족 독립 운동의 전개

03절 사회·경제·문화적 민족 운동

07장 민족 독립 운동의 전개

SEMI-NOTE

시모노세키 조약(1895. 4. 17)
청 · 일 전쟁의 전후 처리를 위해 청과 일본이 일본 시모노세키에서 체결한 강화 조약

러 · 일 전쟁
한반도를 두고 벌어진 러시아와 일본 간 대립

을사조약 문서

을사조약 무효 선언서

01절 국권 침탈과 민족의 수난

1. 국제적 배경

(1) 청·일 전쟁(1894~1895)
조선에 대한 주도권 전쟁, 시모노세키 조약(1895)(일본의 주도권 장악)

(2) 러시아의 남하 정책 및 영국과 일본의 견제
① 러시아의 남하 정책 : 베이징 조약(1860)으로 연해주 획득, 러 · 일 협상(1896)으로 조선에 러시아군이 주둔, 조 · 러 육로 통상 조약의 체결(1888), 마산 · 목포의 조차 시도, 용암포 조차 시도(광무 7, 1903)
② 제1차 영 · 일 동맹(1902. 1)
㉠ 극동에서 세력 확대를 꾀하던 러시아를 겨냥하여 영국과 일본이 동맹 체결
㉡ 영국은 조선에서의 일본의 이권을 인정, 일본은 청에서 영국의 이권을 인정함

(3) 러·일 전쟁(1904~1905)
① 발발 : 한반도 분할에 관한 러 · 일 간의 협상이 결렬된 후 일본이 여순을 기습 침략하여 러시아 발틱 함대를 대파
② 경과 : 전쟁 중인 1905년 7월 미 · 일 간의 가쓰라 – 태프트 밀약이 체결, 1905년 8월 제 2차 영 · 일 동맹 체결
③ 결과 : 미국의 중재로 포츠머스 조약 체결(1905. 9)

2. 일제의 국권 침탈

(1) 한·일 의정서(1904. 2)
① 체결 과정 : 대한 제국의 국외 중립 선언(1904. 1) → 러 · 일 전쟁 발발(1904. 2) → 일제의 대규모 병력 투입 및 군사적 요지 점령
② 내용 : 일본군은 전략상 필요한 지역을 마음대로 사용, 대한 제국과 러시아 간 조약을 파기, 대한 제국은 일본의 동의 없이 제3국과 조약 체결을 하지 못함

(2) 제1차 한·일 협약(1904. 8)
① 체결 과정 : 러 · 일 전쟁의 전세가 유리하게 전개되자 일제는 한국 식민지화 방안을 확정하고, 제1차 한 · 일 협약의 체결을 강요
② 고문 정치 : 외교 · 재정 등 각 분야에 고문을 두고 한국의 내정에 간섭
㉠ 외교 고문 : 스티븐스(→ 1908년 미국 샌프란시스코에서 장인환, 전명운이 사살)
㉡ 재정 고문 : 메가타(→ 화폐 정리 사업 실시)

(3) 제2차 한·일 협약(을사조약, 1905. 11) ★ 빈출개념

① 체결 과정
- ㉠ 조약의 강요 : 러·일 전쟁에서 승리한 일본은 미국·영국·러시아 등 열강으로부터 한국의 독점적 지배권을 인정받은 후 한국을 보호국으로 만들기 위해 을사조약의 체결을 강요
- ㉡ 조약의 일방적 공포 : 우리 정부의 강력한 반대에도 불구하고 일제는 일방적으로 조약 공포

② 결과 : 외교권을 빼앗고, 통감부를 설치하여 내정까지 간섭(통감 정치), 각계각층에서는 일제의 침략을 규탄하고, 조약의 폐기를 주장하는 운동 발발

③ 저항
- ㉠ 을사의병 : 최익현, 민종식, 신돌석
- ㉡ 친일 매국노의 처단 : 5적 암살단(나철·오혁(오기호) 등)
- ㉢ 상소 운동 : 조약의 폐기를 요구하는 상소 운동(조병세 등)
- ㉣ 항일 언론 활동 : 장지연의 시일야방성대곡(황성신문)
- ㉤ 자결 : 자결로써 항거(민영환 등)

④ 외교를 통한 저항
- ㉠ 미국에 헐버트 특사 파견(1905) : 을사조약의 무효와 독립의 지원 호소
- ㉡ 헤이그 특사 파견(1907) : 고종은 조약 무효를 선언하고 특사를 파견해 일제 침략의 부당성과 국제적 압력을 호소

(4) 한·일 신협약(정미 7조약, 1907. 7)

① 체결 과정 : 고종을 퇴위시키고 순종을 즉위시킨 후 황제의 동의 없이 강제로 체결
② 내용
- ㉠ 정부에 일본인 차관을 두어 실제 행정권을 장악하는 차관 정치 실시
- ㉡ 모든 통치권이 통감부로 이관(→ 통감부 권한 강화, 내정권 장악)
- ㉢ 군대 해산(1907. 8) : 일제는 군대를 해산하고 의병의 저항을 무력으로 진압

③ 정미의병(1907) : 해산 군인들이 의병에 합류

(5) 기유각서(1909. 7)

사법권·감옥 사무권 강탈, 경찰권 강탈(1910. 6)

(6) 한·일 병합 조약(1910. 8. 22)

① 이완용과 데라우치 간에 국권 피탈 문서가 조인됨
② 천황과 총독에 의한 통치, 국내외 독립 운동의 본격화

(7) 조선 총독부(朝鮮總督府)

① 설치(1910) : 식민 통치의 중추 기관으로 조선 총독부를 설치하고 강력한 헌병 경찰 통치를 실시, 언론·집회·출판·결사의 자유를 박탈
② 총독부의 조직 : 조선 총독, 행정을 담당하는 정무총감, 치안을 담당하는 경무 총감
- ㉠ 중추원(中樞院) : 자문 기관으로, 친일파 한국인을 참여시키는 회유 술책

SEMI-NOTE

을사조약
- 제2조 일본 정부는 한국과 타국 간에 현존하는 조약의 실행을 완수하는 임무를 담당하고 한국 정부는 지금부터 일본 정부의 중개를 거치지 않고서는 국제적 성질을 가진 어떤 조약이나 약속도 맺지 않을 것을 서로 약속한다.
- 제3조 일본 정부는 그 대표자로 한국 황제 폐하 밑에 1명의 통감을 두되 통감은 오로지 외교에 관한 사항을 관리하기 위하여 경성에 주재하고 친히 한국 황제 폐하를 만날 수 있는 권리를 가진다.

헤이그 특사

정미 7조약
- 제2조 한국정부의 법령제정 및 중요한 행정상의 처분은 미리 통감의 승인을 거칠 것
- 제3조 한국의 사법사무는 보통 행정사무와 이를 구분할 것
- 제4조 한국 고등 관리의 임면은 통감의 동의로서 이를 행할 것
- 제5조 한국정부는 통감이 추천하는 일본인을 한국 관리에 용빙할 것
- 제6조 한국정부는 통감의 동의 없이 외국인을 한국 관리에 임명하지 말 것

정미의병
군대를 움직이는 데 가장 중요한 점은 고립을 피하고 일치단결하는 것에 있다. 따라서 각 도의 의병을 통일하여 둑을 무너뜨릴 기세로 서울에 진격하면, 전 국토가 우리 손 안에 들어오고 한국 문제의 해결에 있어서도 유리하게 될 것이다.
– 이인영 격문 –

조선 총독부

SEMI-NOTE

헌병 경찰 통치하의 식민지 교육

조선 태형령
- 제1조 3월 이하의 징역 또는 구류에 처하여야 할 자는 그 정상에 따라 태형에 처할 수 있다.
- 제4조 본령에 의해 태형에 처하거나 또는 벌금이나 과료를 태형으로 바꾸는 경우에는 1일 또는 1원을 태 하나로 친다. 1원 이하는 태 하나로 계산한다.
- 제11조 태형은 감옥 또는 즉결 관서에서 비밀리에 행한다.
- 제13조 본령은 조선인에 한하여 적용한다.

토지 조사 사업

토지 조사령(1912)
- 토지 소유권은 총독 또는 그 권한을 위촉받은 자가 결재, 확정한다.
- 소유권 주장에는 신고주의를 원칙으로 한다.
- 토지 소유자는 조선 총독이 정하는 기간 내에 주소, 씨명, 명칭 및 소유지의 소재, 지목, 결수를 임시 토지 조사 국장에게 신고해야 한다. 단 국유지는 보관 관청이 임시 토지 국장에게 통지해야 한다.

임야 조사 사업
임야와 관련된 자연 조건, 한국의 삼림 제도·정책 및 압록강 유역의 벌목 사업을 비롯한 지권 등을 조사 대상으로 함. 1911년 삼림령이 발표되어 국유림 구분 조사가 실시되었으며, 1918년에는 조선 임야 조사령이 발표되었음. 토지 조사 사업과 함께 식민지 수탈의 기초가 되었음

치안 유지법
일제가 1925년에 제정한 사상 통제법. 공산주의 및 무정부주의 운동을 탄압하기 위해 제정한다고 했으나 사실상 독립운동에 대한 전반적 탄압을 위해 만들어진 법률

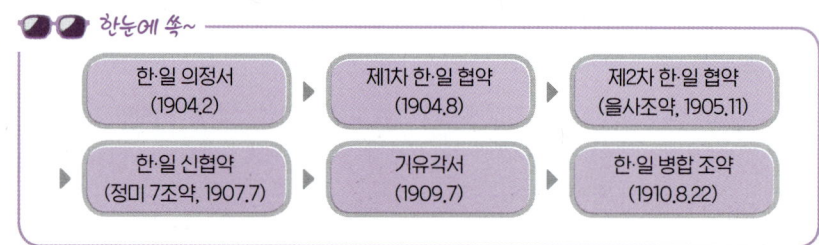

한눈에 쏙~

한·일 의정서(1904.2) → 제1차 한·일 협약(1904.8) → 제2차 한·일 협약(을사조약, 1905.11) → 한·일 신협약(정미 7조약, 1907.7) → 기유각서(1909.7) → 한·일 병합 조약(1910.8.22)

3. 1910년대(1910~1919)

(1) 무단 통치(헌병 경찰 통치)
① 헌병 경찰제 : 헌병의 경찰 업무 대행(헌병 경찰의 즉결 처분권 행사, 체포 및 구금(영장 불요), 조선 태형령 시행)
② 위협적 분위기 조성 : 관리와 교원들까지 제복과 칼을 착용
③ 언론·출판·집회·결사의 자유 박탈, 안악 사건과 105인 사건 조작

(2) 경제적 수탈
① 토지 조사 사업(1910~1918) ★ 빈출개념
  ㉠ 의도 : 일제는 근대적 토지 소유권 제도를 확립한다고 선전하였으나, 실제로는 토지를 약탈하고 지주층을 회유하여 식민지화에 필요한 재정 수입원을 마련하기 위함
  ㉡ 토지 조사령 발표(1912) : 막대한 자금과 인원을 동원하여 전국적인 토지 조사 사업 시행
  ㉢ 기한부 신고제 : 토지 신고제가 농민에게 널리 알려지지 않았으며, 신고 기간도 짧고 절차가 복잡하여 신고의 기회를 놓친 사람이 많았음
  ㉣ 소작농의 소작권(경작권) 불인정
  ㉤ 결과 : 토지의 약탈, 농민들이 계약 소작농으로 전락, 지주제의 강화, 농민의 해외 이주
② 산업의 침탈
  ㉠ 회사령(1910) : 회사 설립 허가제를 통해 민족 기업의 성장 억제, 일제의 상품 시장화
  ㉡ 자원 약탈 및 경제활동 통제 : 자원 약탈을 위해 삼림령(1911), 어업령(1911), 광업령(1915), 임야조사령(1918) 등을 실시
  ㉢ 경제 기반과 산업의 독점 : 민족 자본은 위축되고 경제발전이 막힘
    - 철도·항만·통신·도로 등을 모두 총독부와 일본의 대기업이 독점
    - 인삼·소금·담배 등도 총독부에서 전매

4. 1920년대(1919~1931(만주 사변) 또는 1937(중·일 전쟁))

(1) 문화 통치

① 목적 : 가혹한 식민 통치 은폐와 우리 민족에 대한 이간·분열·기만 통치, 식민 지배에 도움이 되는 인간양성 추구
② 문화 통치의 내용과 실상

일제의 정책	실상
문관 총독	한 명도 임명되지 않음
보통 경찰제	경찰 예산 및 관서·경찰의 수 증가, 고등계 형사 강화
조선·동아일보 간행	검열 강화, 기사 삭제, 정간·폐간
한국인의 교육 기회 확대	초등 교육·실업 교육 치중 (경성 제국 대학은 일본인을 위한 대학)
• 참정권 허용(중추원 회의 실시, 부·면 협의회 설치) • 결사·집회의 자유 허용	• 친일파를 위원으로 임명, 친일 단체·자산가·종교인의 집회만 인정 • 독립 단체(신간회)의 허용은 독립 운동에 대한 감시와 통제를 쉽게 하기 위함 • 치안 유지법(1925) 제정

(2) 경제적 수탈

① 산미 증식 계획(1920~1934)
  ㉠ 배경 : 제1차 세계 대전 후 일제는 고도 성장을 위한 공업화 추진에 따른 식량 부족과 쌀값 폭등을 우리나라에서의 식량 수탈로 해결하려 함
  ㉡ 방법
    • 수리 조합 설치와 토지 및 품종·종자 개량, 비료 증산 등의 개선(→ 미곡 증산이 목적)
    • 우리 농업을 논 농사(쌀) 중심의 기형적인 단작형 농업 구조로 전환
    • 조선 농회령을 제정(1926), 지주 중심의 착취 극대화 위한 조선 농회 조직
  ㉢ 결과 : 증산량보다 훨씬 많은 수탈, 만주 잡곡 수입, 농촌 경제의 파탄, 농민 몰락, 식민지 지주제를 강화하여 식민 지배체제를 위한 사회적 기반을 마련, 소작 쟁의 발생의 원인 제공, 일제의 농촌 진흥 운동 실시(1932~1940), 1930년대 세계 경제 공황과 일본 내 농민 보호를 위해 1934년 중단
② 회사령 철폐(1920) : 허가제를 신고제로 바꿔 일본 독점 자본의 진출이 용이하게 함

5. 1930년대 이후(1931 또는 1937~1945)

(1) 민족 말살 통치 ★ 빈출개념

① 배경 : 대공황(1929)을 타개하기 위해 침략 전쟁 확대
② 목적 : 조선의 민족성을 말살하고 일본인으로 동화시켜 전쟁 수행을 위한 인적·물적 수탈 강화
③ 민족 말살 구호 : 내선 일체, 일선 동조론, 황국 신민화
④ 민족 말살 정책 : 우리 말·우리 역사 교육 금지, 조선·동아일보 폐간, 창씨개명, 황국 신민 서사 암송, 신사 참배, 궁성 요배 강요

SEMI-NOTE

일제가 우리나라에서 수탈한 쌀을 일본으로 운반하기 위해 군산항에 쌓아둔 쌀

일제 독점 자본의 침투

• 1920년대
  – 일제 독점 자본들이 광업·비료·섬유 회사 등을 설립하고 우리나라의 공업 생산을 장악하는 등 본격적 침투가 시작
  – 1920년대 중반 자본 투자는 경공업에서 중공업 분야로 옮겨짐
• 1930년대 : 일본이 만주와 중국을 침략함에 따라 우리나라는 군수 물자를 공급하는 병참 기지가 되어 중공업 투자가 더욱 증가

민족 말살 정책의 내용

• 내선 일체(內鮮一體) : 내(內)는 내지인 일본을, 선(鮮)은 조선을 가리키며, 일본과 조선은 한 몸이라는 뜻. 한국인을 일본인으로 동화시키고자 하였음
• 일선 동조론(日鮮同祖論) : 일본인과 조선인은 조상이 같다는 이론으로, 한국인의 민족정신을 근원적으로 말살하기 위한 이론
• 황국 신민 서사(皇國臣民誓詞) : "우리들은 대일본 제국의 신민이다. 우리들은 마음을 합하여 천황 폐하에게 충의를 다한다."를 요지로 함

황국 신민 서사 암송

신사 참배

금속 공출

SEMI-NOTE

(2) 경제적 수탈

① 병참 기지화 정책 : 발전소, 군수 공장, 금속·기계·중화학 공업, 광공업 육성 (북부 지방)
② 남면 북양 정책(1934) : 남부에서는 면화, 북부에서는 면양 사육 장려
③ 국가 총동원령(1938) : 산미 증식 계획 재개, 미곡 공출제, 식량 배급제, 금속제 공출, 노무 동원(1939), 징용령(1939), 여자 정신대 근로령(1944), 일본군 위안부, 지원병제(1938), 학도 지원병제(1943), 징병제(1944)

02절 민족 독립 운동의 전개

1. 3·1 운동 이전의 민족 운동

(1) 국내의 민족 운동

① 의병 활동 : 서북 지방의 채응언 부대
② 국내 항일 비밀 결사

독립 의군부 (1912~1914)	• 조직 : 1912년 고종의 밀명으로 임병찬 등 각지의 유생들이 조직·결성, 복벽주의 단체 • 활동 : 조선 총독부와 일본 정부에 한국 침략의 부당성을 밝히고 국권 반환 요구·민중 봉기 계획
조선 국권 회복단 (1915)	• 조직 : 이시영·서상일 등의 유생이 시회(詩會)를 가장하여 조직한 비밀결사, 국권 강탈 후 조직된 전국 규모의 항일 운동 단체, 공화주의 단체 • 활동 : 단군 숭배, 3·1운동 시 만세 운동 주도, 군자금 모집, 만주·연해주의 독립 단체로 연계 투쟁 전개, 파리 강화 회의에 보낼 독립 청원서 작성 운동에 참여
대한 광복회 (1915~1918)	• 조직 : 풍기의 대한광복단(1913)과 대구의 조선 국권 회복단의 일부 인사가 모여 군대식으로 조직·결성, 각 도와 만주에 지부 설치, 박상진(총사령)·김좌진(부사령)·채기중 • 활동 : 군자금을 모아 만주에 독립 사관 학교 설립, 연해주에서 무기 구입, 독립 전쟁을 통한 국권 회복을 목표로 함
기타	• 단체 : 송죽회(1913)(→ 여성들이 조직한 유일한 비밀결사), 선명단(鮮明團), 자립단, 기성단, 조선국민회 등 • 활동 : 교사·학생·종교인·농민·노동자·여성 등 사회 각계각층 참여

(2) 국외의 민족 운동

① 국외 독립 운동 기지 건설 : 무장 투쟁을 계승하고 독립 전쟁의 기반을 다짐

만주	• 1910년 서간도 삼원보에 자치기구인 경학사(경학사는 부민단(1912) ⇒ 한족회(1919)로 발전)와 군사교육기관인 신흥 강습소 설립(신흥 강습소(1911)는 신흥학교(1912) ⇒ 신흥무관학교(1919)로 발전)

남만주(서간도)의 독립 운동 기지
이회영 등은 신민회의 지원을 받아 남만주에 삼원보를 건설하였음. 이곳에서 조직된 항일 독립 운동 단체인 경학사는 훗날 부민단, 한족회로 발전하면서 서로 군정서를 양성하였음. 또한 삼원보에 설립된 신흥 강습소는 가장 대표적인 독립군 사관 양성 기관이라고 할 수 있는 신흥 무관 학교로 발전함

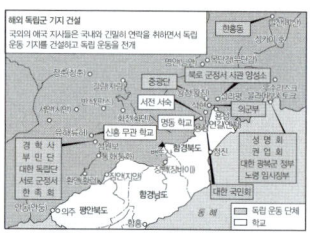

만주·연해주의 독립 운동 기지

독립 운동 기지 건설
• 목적 : 무장 항일 독립 투쟁의 준비 수행
• 중심적 기지
 - 이회영·이상룡·이시영·이동녕 : 남만주의 삼원보에 설치
 - 이상설·이승희 : 밀산부 한흥동에 설치
 - 이상설·이동휘 : 연해주 신한촌 등에 설치

만주	• 북간도 용정에 간민회(1913)(대한 국민회(1919)로 개편) · 중광단(1911)(북로 군정서로 발전), 서전서숙(1906) · 명동학교(1908) 운영 • 소 · 만 국경 지역에 이상설 · 이승희 등이 설립한 밀산부의 한흥동도 중요 기지(→ 대한 독립군단 결성)
상해	• 동제사(1912) : 상해에서 <u>신규식 · 박은식 · 조소앙</u> 등이 조직한 비밀결사, 청년 교육에 주력(박달학원 설립) • 신한 혁명당(1915) : 이상설 · 박은식 · 신규식 중심, 대동 단결 선언(1917) 제창(→ 최초로 애국 계몽 운동과 의병 운동의 통합을 시도) • 대동 보국단(1915) : <u>신규식 · 박은식</u>의 주도로 동제사의 대체 조직으로 설립, 대동사상 주창(→대동 단결 선언(1917)에 영향) • 신한 청년단(신한 청년당)(1918) : 김규식 · 서병호 · 여운형 · 문일평 · 신규식 등을 중심으로 조직, 활발한 외교활동(→파리 강화 회의에 김규식 파견)으로 3 · 1 운동과 임시정부 수립에 영향
연해주	• 블라디보스토크 신한촌을 중심으로 13도 의군(1910) · 성명회(1910) · 권업회(1911) · <u>대한 광복군정부(1914)</u> · 한인 사회당(1918) · 대한 국민 의회(1919, 3 · 1 운동 이후) 등이 활동 • 활동 : 이주 한인들의 결속 도모, 교육 사업 주력, 독립군 양성 등
미주	• 공립 협회(1905), 대한인 국민회(1909), 흥사단(1913), 대조선 국민 군단(1914), 구미 위원회(1919), 숭무 학교 등 • 활동 : 국제 외교 활동 전개, 독립 운동 자금 모금
일본	유학생들이 중심이 되어 민족의 단결 · 각성 촉구
중국	한 · 중 간의 유대 강화 노력

② 대동 단결 선언(大同團結宣言, 1917. 7. 상해)
㉠ 목적 : 독립 운동 세력에 의한 임시정부 수립 노력의 일환
㉡ 발기인 : 신규식 · 조소앙 · 박용만 · 홍명희 · 박은식 · 신채호 · 김규식(김성) · 조성환 등 14인
㉢ 제안 내용
- 국가 상속(國家相續)의 대의를 선포하여 해외 동포의 총 단결을 주장
- 국가적 행동의 한 단계 높은 활동을 표방하며 민권의 대동 단결로 독립 운동 세력의 통일 전선 결성
㉣ 선언의 요지 : 융희 황제의 주권 포기를 단정함으로써 조선 왕실의 존재를 신국가 건설의 도정에서 배제

2. 3·1운동의 전개

(1) 배경
① 레닌의 식민지 민족 해방 운동 지원 선언
② 윌슨의 민족 자결주의 제창 : 파리 강화 회의
③ 김규식의 파리 강화 회의 파견 : 신한 청년단
④ 대한 독립 선언서(1918, 만주), 2 · 8 독립 선언(1919, 일본 유학생)
⑤ 고종 황제의 죽음(1919. 1) : 독살설 유포

SEMI-NOTE

민족 교육 및 훈련기관 설립
- 신흥학교(1912) : 군정서 설치(→뒷날 서로군정서), 신흥무관학교(1919)로 개칭 후 독립군 기간요원 양성
- 서전서숙(1906) : 이상설 · 이동녕 등이 세운 최초의 신학문 민족 교육기관
- 사관학교 : 이상설 · 이동휘를 정 · 부통령으로 하여 블라디보스토크에 수립된 대한 광복군 정부(1914)가 만주에 설립하여 무장 항일 운동의 토대를 마련

대동보국단
신한혁명당 사업의 실패로 이에 참여한 동제사 조직이 사실상 와해되자 이를 대체하기 위해 1915년 상해에서 조직된 단체. 신규식과 박은식이 조직 설립을 주도하였고 박은식이 단장을 맡았음. 대동보국단의 대동 사상은 1917년 7월 신규식 등 14인이 발표한 대동 단결 선언에 영향을 미쳤음

조선 청년 독립단의 결의문
- 본 단(本團)은 한 · 일 합병이 오족(吾族)의 자유의사에 출(出)치 아니하고, 오족의 생존 · 발전을 위협하고 동양의 평화를 요란케 하는 원인이 된다는 이유로 독립을 주장함
- 본 단은 일본 의회 및 정부에 조선 민족 대회를 소집하여 대회의 결의로 오족의 운명을 결정할 기회를 여(與)하기를 요구함
- 본 단은 만국 평화 회의의 민족 자결주의를 오족에게 적용하기를 요구함
- 전항(前項)의 요구가 실패할 시(時)에는 일본에 대하여 영원히 혈전(血戰)을 선언함

SEMI-NOTE

3·1 운동의 규모와 피해
- 총 집회수 : 1,542회
- 참가 인원 : 2,023,098명
- 피검자 : 46,948명
- 사망자 : 7,509명
- 부상자 : 15,961명

제암리 학살 사건
3·1 운동 당시 일본군이 수원 제암리에서 주민들을 집단 학살한 사건. 1919년 4월 15일 한 무리의 일본 군경은 만세 운동이 일어났던 제암리에 가 기독교도와 천도교도 약 30명을 교회당 안에 몰아넣은 후 문을 잠그고 집중 사격을 퍼부었음. 일본군은 증거를 없애기 위해 교회당에 불을 지른 후, 다시 부근의 채암리에 가서 민가를 방화하고 주민들을 학살함. 이 만행에 분노한 선교사 스코필드(Frank W. Schofield)가 현장을 사진에 담아 〈수원에서의 일본군 잔학 행위에 관한 보고서〉를 작성하여 미국에 보내 여론화하였음

대한민국 임시정부 인사들

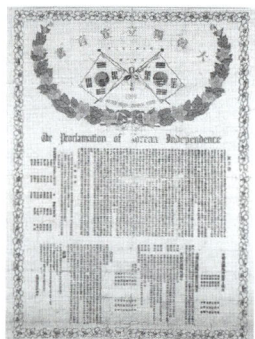

대한민국 임시정부가 발행한 대한 독립 선언서(1919. 4)

(2) 3·1 운동의 전개

① 시위 운동 준비 : 종교계(천도교, 불교, 기독교) 중심, 대중화, 일원화, 비폭력의 3대 원칙
② 독립 선포 : 최남선이 독립 선언서를 작성하고, 손병희·이승훈·한용운 등 민족 대표 33인의 이름으로 독립 선언서를 발표하여 국내외에 독립을 선포
③ 만세 시위 운동의 전개

제1단계 (준비·점화 단계)	민족 대표들이 독립 선언서를 제작하고 종로의 태화관에 모여 낭독·배포함으로써 서울과 지방에서 학생·시민들이 중심이 되어 거족적인 만세 시위를 전개
제2단계 (본격적 단계)	• 학생·상인·노동자층이 본격 참가, 시위 운동이 도시로 확산 • 학생들이 주도적 역할을 하였고, 상인·노동자들이 만세 시위·파업·운동 자금 제공 등의 방법으로 적극 호응
제3단계 (확산 단계)	• 만세 시위 운동이 주요 도시로부터 전국의 각지로 확산 • 농민들이 시위에 적극적으로 참가함으로써 시위 규모가 확대되고, 시위 군중들은 면 사무소·헌병 주재소·토지 회사·친일 지주 등을 습격(→ 비폭력 주의가 무력적인 저항 운동으로 변모)

④ 국외의 만세 시위 운동 : 만주(간도 지방), 연해주(블라디보스토크), 미국(필라델피아 한인 자유 대회), 일본(도쿄, 오사카 등)
⑤ 일제의 무력 탄압 : 헌병 경찰은 물론 육·해군까지 긴급 출동시켜 무차별 총격을 가하고, 가옥과 교회·학교 등을 방화·파괴, 제암리 학살 사건
⑥ 3·1 운동의 의의 : 대규모의 독립 운동, 민족 주체성의 확인, 민족의 저력 과시, 반제국적 민족 운동의 선구(중국·인도·동남아시아·중동 지역의 민족 운동에 선구적 역할), 독립 운동의 방향 제시, 대한민국 임시정부 수립의 계기

3. 대한민국 임시정부 ★ 빈출개념

(1) 임시정부의 수립과 통합

① 통합 이전의 임시정부
  ㉠ 한성 정부 : 국내에서 이승만을 집정관 총재로, 이동휘를 국무총리로 하여 수립
  ㉡ 대한민국 임시정부 : 중국 상하이에서 수립되어 이승만을 국무총리로 추대
  ㉢ 대한 국민 의회 : 연해주에서 손병희를 대통령으로 하여 조직
② 대한민국 임시정부의 통합(1919. 4) : 국내의 한성 정부를 계승하고 대한 국민 의회를 흡수하여 상하이에 통합 정부인 대한민국 임시정부를 수립

(2) 대한민국 임시정부의 체제

① 입헌 공화제 : 민주주의에 입각한 근대적 헌법을 갖추고 대통령제를 채택
② 3권 분립 : 입법 기관인 임시 의정원, 사법 기관인 법원, 행정 기관인 국무원(→ 우리나라 최초의 3권 분립에 입각한 민주 공화제 정부로 출범)
③ 대한민국 임시 헌법 : 대통령제, 인민의 기본 권리와 의무 규정

(3) 활동

① **역할** : 국내외의 민족 독립 운동을 더 조직적이고 효과적으로 추진하기 위한 중추 임무를 담당
② **비밀 행정 조직망**
　㉠ **연통제(聯通制)** : 문서와 명령 전달, 군자금 송부, 정보 보고 등의 업무를 담당
　㉡ **교통국(交通局)** : 통신 기관으로, 정보의 수집·분석·교환·연락의 업무를 관장
③ **활동** : 군자금의 조달, 파리 강화 회의에 김규식을 대표로 파견하여 독립을 주장, 〈독립신문〉을 간행하여 배포, 육군 무관 학교의 설립, 광복군 사령부·광복군 총영·육군 주만 참의부 등을 결성, 한국 광복군의 창설(1940) 등

(4) 대한민국 임시정부의 분열

① **배경** : 연통제·교통국 조직 파괴, 외교 활동의 성과 미미, 자금난과 인력난
　㉠ 독립 운동 방략을 둘러싼 대립 격화

방법론	주도 인물	특징
외교 독립론	이승만	• 외교 활동을 통해 강대국의 도움을 받아 독립을 이루자고 주장 • 제국주의 세력의 원조를 요구하는 한계를 지님
실력 양성론 (준비론)	안창호	• 아직 힘이 미약하므로 힘을 길러 독립 전쟁을 준비해야 한다고 주장 • 교육과 산업 발전을 통한 민족의 실력 양성이 우선 (→ 민립 대학 설립 운동, 물산 장려 운동 등) • 식민지배하에서 민족 실력 양성은 현실적으로 곤란
무장 투쟁론	이동휘, 신채호	• 무장 투쟁(전쟁 등)을 통해 독립 쟁취 주장 • 이동휘는 소련과의 연대를 강조하고, 신채호는 민중 직접 혁명론을 주장 • 일제의 힘에 맞서 무장 투쟁을 통해 독립을 쟁취하는 것은 현실적으로 어려움

② **국민 대표 회의 소집(1923. 1~1923. 5)** ★ 빈출개념
　㉠ **배경** : 독립 운동 방법론을 둘러싼 임시 정부의 대립과 침체, <u>위임 통치 청원서 사건(이승만)</u>에 대한 불만 고조, 임시 정부 개편의 필요성 제기
　㉡ **소집** : 신채호, 박용만 등 외교 중심 노선에 비판적인 인사들의 요구로 회의 소집
　㉢ **결과** : 독립 운동 세력의 분열 심화
　　• 창조파는 새 정부(한(韓) 정부)를 조직하고 연해주로 이동하였으나 소련의 지원을 얻지 못해 힘을 잃음
　　• 임시 정부는 이승만을 위임 통치건을 이유로 탄핵하고 박은식을 2대 대통령으로 추대, 제2차·제3차 개헌을 추진하며 체제를 정비

(5) 대한민국 임시정부의 변화

① 이승만 탄핵(1925), 2대 대통령으로 박은식 선출

SEMI-NOTE

대한민국 임시 헌장
- 제1조 대한민국은 민주 공화제로 함
- 제2조 대한민국은 임시 정부가 임시 의정원의 결의에 의하여 통치함
- 제3조 대한민국의 인민은 남녀귀천 및 빈부의 계급이 없고 일체 평등함
- 제4조 대한민국의 인민은 종교·언론·저작·출판·결사·집회·통신·주소 이전·신체 및 소유의 자유를 가짐
- 제5조 대한민국의 인민으로 공민 자격이 있는 자는 선거권 및 피선거권이 있음
- 제6조 대한민국의 인민은 교육·납세 및 병역의 의무가 있음

대한민국 임시정부 내의 의견 대립
- 무장 투쟁론과 외교 독립론 간 갈등
- 이승만의 위임 통치론에 대한 무장 투쟁파의 반발

창조파와 개조파의 대립

창조파	• 임시정부 해체, 신정부 수립 • 무력 항쟁 강조 • 신채호, 박용만
개조파	• 임시정부의 개혁과 존속 주장 • 실력 양성, 자치 운동, 외교 활동 강조 • 안창호
현상 유지파	• 임시정부를 그대로 유지 • 국민 대표 회의에 불참 • 이동녕, 김구

이승만의 위임 통치론
파리 강화 회의(1919)에 파견된 이승만은 미국 대통령 윌슨에게 위임 통치 청원서를 제출함. 한국을 일본의 학정으로부터 벗어나게 한 후 당분간 국제 연맹의 통치하에 있다가 장래 독립하게 해달라는 내용의 이 청원서는 독립 운동가들을 분노시켰음. 이에 대하여 신채호는 "이완용은 있는 정부를 팔아먹었지만, 이승만은 없는 정부를 팔아먹었다."라고 말하며 임시정부가 필요 없다고 주장함

② 헌정의 변천 : 5차에 걸친 개헌을 통하여 주석 · 부주석 체제로 개편

제정 및 개헌	시기	체제
임시 헌장 제정	1919.4	임시 의정원(의장 이동녕, 국무총리 이승만) 중심으로 헌법 제정
제1차 개헌	1919.9	대통령 지도제(1대 대통령 이승만, 2대 대통령 박은식, 국무총리 이동휘)
제2차 개헌	1925	국무령 중심제(내각 책임 지도제, 국무령 김구), 사법 조항 폐지
제3차 개헌	1927	국무 위원 중심제(집단 지도 체제, 김구 · 이동녕 등 10여 명
제4차 개헌	1940	주석제(주석 김구)
제5차 개헌	1944	주석 · 부주석제(주석 김구, 부주석 김규식), 심판원 조항(사법 조항)규정

4. 3·1 운동 이후의 국내의 항일 운동

(1) 6·10 만세 운동(1926) ★빈출개념

① 배경 : 순종의 사망을 계기로 민족 감정 고조(제2의 3·1 운동), 일제의 수탈 정책과 식민지 교육에 대한 반발
② 준비 : 민족주의 계열(천도교)과 사회주의 계열 만세 시위 운동을 준비하였으나 사전에 발각
③ 전개 : 순종의 인산일을 계기로 격문을 살포하고 시위 운동 전개, 조선 학생 과학 연구회(사회주의계)를 비롯한 전문학교와 고등보통학교 학생들이 주도
④ 결과 : 200여 명의 학생이 검거됨
⑤ 의의 : 민족주의계와 사회주의계가 연대하는 계기 마련, 학생들이 민족 운동의 구심점으로서 역할 자각

(2) 광주 학생 항일 운동(1929)

① 배경 : 청년 · 학생들의 자각, 독서회 · 성진회 등 학생 조직 활동, 신간회의 활동
② 경과
   ㉠ 발단 : 광주에서 발생한 한 · 일 학생 간의 충돌을 일본 경찰이 편파적으로 처리
   ㉡ 전개 : 일반 국민들이 가세하여 전국적인 규모의 항일 투쟁으로 확대되었고, 만주 지역의 학생들과 일본 유학생들까지 궐기
   ㉢ 신간회의 조사단 파견 · 활동
③ 의의 : 약 5개월 동안 전국의 학생 54,000여 명이 참여함으로써 3·1 운동 이후 최대의 민족 운동으로 발전

5. 의열단과 한인 애국단의 활동

(1) 의열단의 항일 의거

① 조직 : 1919년 만주 길림성에서 김원봉, 윤세주 등이 조직
② 목적 : 일제의 요인 암살, 식민 통치 기관 파괴

SEMI-NOTE

대한민국 임시정부의 의의와 한계
- 의의 : 우리나라 최초의 공화제 정부
- 한계 : 독립 운동의 방법론에 대한 의견 차로 인해 통일된 구심체 역할을 수행하기에는 역부족

대한민국 임시정부의 시대 구분
- 1919~1932 : 제1기 상해 시대
- 1932~1940 : 제2기 이동 시대
- 1940~1945 : 제3기 충칭 시대

6 · 10 만세 운동

6·10만세 운동 때의 격문

1. 조선은 조선인의 조선이다.
   학교의 용어는 조선어로,
   학교장은 조선 사람이어야 한다.
   동양 척식 회사를 철폐하자.
   일본인 물품을 배척하자.
   8시간 노동제 실시하라.
   동일 노동 동일 임금.
   소작제를 4·6제로 하고
   공과금은 지주가 납입한다.
   소작권을 이동하지 못한다.
   일본인 지주의 소작료는 주지 말자.
2. 조선 민중아! 우리의 철천지 원수는 자본 · 제국주의 일본이다.
   2천만 동포야! 죽음을 각오하고 싸우자! 만세 만세 조선 독립 만세!

광주 학생 항일 운동 때의 격문

학생, 대중이여 궐기하라! 검거된 학생은 우리 손으로 탈환하자.
언론 · 결사 · 집회 · 출판의 자유를 획득하라.
식민지 교육 제도를 철폐하라.
조선인 본위의 교육 제도를 확립하라.
용감한 학생, 대중이여!
최후까지 우리의 슬로건을 지지하라.
그리고 궐기하라. 전사여 힘차게 싸워라.

③ 활동 지침 : 신채호의 조선 혁명 선언(1923)
④ 활동 : 박재혁의 부산 경찰서 폭탄 투척(1920), 김익상의 조선 총독부 폭탄 투척(1921), 김상옥의 종로 경찰서 폭탄 투척(1923), 김지섭의 일본 황궁 폭탄 투척(1924), 나석주의 동양 척식 주식 회사 폭탄 투척(1926)
⑤ 의열단의 투쟁 방향 전환 : 중국의 황포(황푸) 군관 학교에 입학(1925), 조선 혁명 간부 학교 설립(1932), (조선) 민족 혁명당 결성(1935), 조선 의용대(1938)

(2) 한인 애국단의 활약
① 조직 : 1931년 상해에서 김구가 임시정부의 위기 타개책으로 조직
② 활동
  ㉠ 이봉창 의거(1932. 1. 8) : 일본 국왕에 폭탄 투척, 중국 신문의 호의적 논평으로 인해 1차 상하이 사변 발발, 일본이 상하이 점령
  ㉡ 윤봉길 의거(1932. 4. 29) : 상하이 홍커우 공원 의거
③ 의의 : 한반도 문제에 대한 국제적 관심 고조, 독립 운동의 의기 고양, 중국 국민당 정부의 임시정부 지원 계기(→ 한국 광복군 창설(1940))

6. 무장 독립 전쟁의 전개

(1) 봉오동 전투(1920. 6)
① 홍범도의 대한 독립군, 최진동의 군무 도독부군, 안무의 국민회군이 연합
② 독립군 근거지를 소탕하기 위해 간도 지역을 기습한 일본군 1개 대대 병력을 포위·공격하여 대파

(2) 청산리 대첩(1920. 10)
① 김좌진의 북로 군정서군, 홍범도의 대한 독립군, 안무의 국민회군 등 연합
② 간도 청산리의 어랑촌, 백운평, 천수평 등에서 6일간 10여 차례의 전투 끝에 일본군 대파
③ 독립군 사상 최대의 승리

(3) 간도 참변(1920. 10)
① 봉오동·청산리 전투에서의 패배에 대한 일제의 보복
② 독립군과 만주의 한인촌에 대한 무차별 학살, 방화, 파괴(경신 참변)
③ 간도 지역의 독립군 활동이 큰 타격을 입음

(4) 대한 독립 군단(1920. 12)
① 간도 참변으로 독립군이 각지로 분산하여 대오를 정비하던 중, 소·만 국경지대의 밀산부에 집결하여 서일을 총재로 독립군 부대를 통합·조직
② 소련령 자유시로 부대 이동

(5) 자유시 참변(1921. 6)

SEMI-NOTE

> **대한 독립군(1919)**
> 1919년 북간도에서 조직된 항일 무장 단체로, 홍범도(사령관), 주덕(부사령관) 등을 중심으로 2000여 명 정도로 구성되었음

청산리 대첩에서 승리한 북로 군정서군

간도참변(독립군 총살장면)

SEMI-NOTE

3부의 관할 지역과 성격

대한민국 임시정부의 직할 부대를 표방한 참의부는 압록강 근처에, 정의부는 남만주 일대에, 자유시에서 돌아온 독립군을 중심으로 구성된 신민부는 북만주 일대에 자리를 잡았음. 이들 3부는 만주의 여러 독립 운동 단체가 통합되면서 성립된 것으로, 사실상의 정부라고 할 수 있었음. 3부는 동포 사회에서 선출된 임원으로 행정부, 입법부, 사법부가 구성되었는데, 그 운영과 독립군 양성을 위한 비용은 동포 사회에서 걷은 세금으로 충당되었음

3부의 통합 운동

- 3부의 통합 운동으로 전민족 유일당 촉성 대회가 전개되었으나 실패하고, 이후 혁신의회와 국민부의 활동으로 전개
- 혁신 의회(1928) : 북만주의 독립 운동 세력인 김좌진 · 지청천 등을 중심으로 혁신 의회로 통합되었고, 산하에 한국 독립당 · 한국 독립군(지청천) 편성
- 국민부(1929) : 신민부 내의 민정부를 중심으로 통합되어 산하에 조선 혁명당 · 조선 혁명군(양세봉) 편성

미쓰야(三矢) 협정(1925. 6)

- 한국인의 무기 휴대와 한국 내 침입을 엄금하며, 위반자는 검거하여 일본 경찰에 인도함
- 재만 한인 단체를 해산시키고 무장을 해제하며, 무기와 탄약을 몰수함
- 일제가 지명하는 독립 운동 지도자를 체포하여 일본 경찰에 인도함
- 한국인 취체(取締)의 실황을 상호 통보함

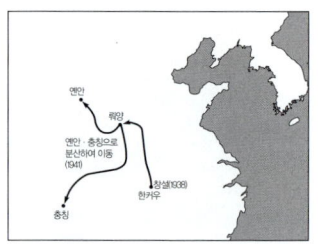

조선 의용대의 이동

① 자유시로 이동한 대한 독립 군단은 레닌의 적색군을 도와 내전에 참전
② 적색군의 무장 해제 요구에 독립군이 저항하자 공격

(6) 3부 성립

① 자유시 참변 이후 독립군은 다시 만주로 탈출하여 조직을 재정비하면서 역량을 강화한 후, 각 단체의 통합 운동을 추진
② 3부

참의부(1923)	압록강 건너 만주의 집안(輯安) 일대에 설치된 임시 정부 직할하의 정부 형태
정의부(1924)	길림과 봉천을 중심으로 하는 남만주 일대를 담당하는 정부 형태
신민부(1925)	자유시 참변 후 소련에서 되돌아온 독립군을 중심으로 북만주 일대에서 조직된 정부 형태

③ 3부의 활동 : 민정 기관과 군정 기관을 갖추고 자체의 무장 독립군을 편성하여 국경을 넘나들며 일제와 치열한 전투를 벌임

(7) 미쓰야 협정(1925)

① 총독부 경무국장 미쓰야와 만주의 봉천성 경무처장 우진 사이에 맺어진 협정
② 만주 지역의 한국인 독립 운동가를 체포해 일본에 인계한다는 조약

(8) 한 · 중 연합 작전

① 활동 : 한국 독립군과 조선 혁명군을 중심으로 1930년대 중반까지 전개됨
　㉠ 한국 독립군 : 지청천이 인솔하며, 중국의 호로군과 한 · 중 연합군을 편성하여 쌍성보 전투(1932) · 사도하자 전투(1933) · 동경성 전투(1933) · 대전자령 전투(1933)에서 승리
　㉡ 조선 혁명군 : 양세봉의 지휘로 중국 의용군과 연합, 영릉가 전투(1932) · 흥경성 전투(1933)에서 대승
② 독립군의 이동 : 양세봉 순국(1934) 후 세력이 약화되어 중국 본토 지역으로 이동

(9) 만주 지역의 항일 유격 투쟁(1930년대 중반 이후)

① 동북 인민 혁명군(1933. 9) : 만주에서 중국 공산당과 한인 사회주의자가 연합하여 결성(한 · 중 연합 항일 무장 단체)
② 동북 항일 연군(1936) : 동북 인민 혁명군이 개편하여 조직
③ 조국 광복회(1936) : 동북 항일 연군의 사회주의자가 함경도 지역의 민족주의 세력과 연결하여 조직한 반제 민족 운동 단체로, 국내 조직을 두고 활동
④ 보천보 전투(1937) : 동북 항일 연군이 조국 광복회의 국내 조직원들과 압록강을 건너 함경남도 보천보 일대를 점령한 사건(→ 국내 진공 작전)

(10) (조선) 민족 혁명당(1935)과 조선 의용대(1938), 조선 의용군(1942)

① (조선) 민족 혁명당(1935. 7) : 한국 독립당, 조선 혁명당, 의열단 등이 연합하여 중국 난징에서 결성

② 조선 의용대 : 조선 민족 전선 연맹 산하 부대로 한커우에서 창설(1938. 10)
  ㉠ 배경 : 중·일 전쟁(1937)이 일어나자 군사 조직의 필요성이 대두
  ㉡ 중국 국민당과 연합하여 포로 심문, 요인 사살, 첩보 작전 수행
  ㉢ 분열(1940년대 초)
    • 김원봉이 이끄는 조선 의용대 일부는 충칭의 한국 광복군에 합류(1942)
    • 다수의 조선 의용대 세력은 중국 화북 지역으로 이동하여 중국 팔로군, 조선 독립 동맹과 그 산하의 조선 의용군으로 합류
③ 조선 독립 동맹과 조선 의용군
  ㉠ 조선 독립 동맹(1942. 7) : 화북 조선 청년 연합회(1941) 등 중국 화북 지방의 사회주의 세력(김두봉·김무정 등)이 조선 의용대원을 흡수하여 조직을 확대 개편하면서 결성
  ㉡ 조선 의용군(1942)
    • 조선 독립 동맹이 조선 의용대를 개편하여 조선 의용군을 조직
    • 조선 의용군은 중국 팔로군과 함께 태평양 전쟁에 참전해 항일전을 전개
    • 해방 직후 중국 공산군에 편입되어 국공 내전에 참전했으며, 이후 북한으로 들어가 인민군에 편입

(11) 대한민국 임시정부의 이동과 한국 광복군의 창설(1940)
① 임시 정부의 체제 정비
  ㉠ 충칭 정부(1940) : 한국 독립당 결성
  ㉡ 주석제 채택(1940) : 김구 주석 중심의 단일 지도 체제 강화
  ㉢ 건국 강령 발표(1941) : 조소앙의 3균주의(정치, 경제, 교육적 균등)
② 한국 광복군의 창설(1940)과 활동 ★ 빈출개념
  ㉠ 창설 : 임시 정부의 김구와 지청천 등이 신흥 무관 학교 출신의 독립군과 중국 대륙에 산재해 있던 무장 투쟁 세력을 모아 충칭(중경)에서 창설, 조선 의용대를 흡수(1942)
  ㉡ 활동
    • 대일 선전 포고(1941)
    • 영국군과 연합 작전 전개(1943) : 인도, 미얀마 전선
    • 포로 심문, 암호 번역, 선전 전단 작성 등 심리전 수행
    • 국내 진입 작전(1945. 9) : 미국 전략정보처(OSS)의 지원과 국내 정진군 특수 훈련(→ 일제 패망으로 실행 못함)

03절 사회·경제·문화적 민족 운동

1. 민족 실력 양성 운동(민족주의)

(1) 민족 기업의 육성

SEMI-NOTE

조선 의용군(1942)
조선 독립 동맹의 군사 조직. 후에 북한 인민군으로 편입되었음

한국 광복 운동 단체 연합회, 전국 연합 진선 협회
• 한국 광복 운동 단체 연합회(1937) : 한국 국민당(김구), 민족 혁명당에서 탈당한 한국 독립당(조소앙)과 조선 혁명당(이청천) 등이 연합하여 조직
• 전국 연합 진선 협회(1939) : 한국 광복 운동 단체 연합회와 조선 민족 전선 연맹(김원봉)이 추진한 통합운동(통일전선)으로, 중·일 전쟁의 확대와 국민당 정부의 요구 등에 따라 결성을 추진하였으나 조선 민족 전선 연맹 내 일부 세력의 반대로 무산

민족 기업 육성의 배경
• 3·1 운동 이후 민족 산업을 육성하여 경제적 자립을 도모하려는 움직임이 고조되었는데, 일제의 각종 규제로 민족 기업 활동은 소규모 공장의 건설에서 두드러짐
• 대도시에서 순수한 민족 자본에 의하여 직포 공장, 메리야스 공장, 고무신 공장 등 경공업 관련 공장들이 건립됨

민족 실력 양성론 대두
• 애국 계몽 운동 계승, 사회 진화론의 영향
• 3·1운동 이후 민족의 실력 양성을 통한 민족 운동 주장

SEMI-NOTE

물산 장려운동 포스터

물산 장려 운동

물산 장려 운동 비판

물산 장려 운동의 사상적 도화수가 된 것이 누구인가? …… 실상을 말하면 노동자에겐 이제 새삼스럽게 물산 장려를 말할 필요가 없는 것이다. 그네는 벌써 오랜 옛날부터 훌륭한 물산 장려 계급이다. 그네는 중산 계급이 양복이나 비단 옷을 입는 대신 무명과 베옷을 입었고, 저들 자본가가 위스키나 브랜디나 정종을 마시는 대신 소주나 막걸리를 마시지 않았는가? …… 이리하여 저들은 민족적, 애국적하는 감상적 미사로써 눈물을 흘리면서 저들과 이해가 있어서는 저들도 외래 자본가와 조금도 다를 것이 없는 것을 알며, 따라서 저들 신시랑류의 침략에 빠져 계급 전선을 몽롱케는 못할 것이다.

조선 민립 대학 설립 기성회의 발기 취지서

우리의 운명을 어떻게 개척할까? …… 가장 급한 일이 되고 가장 먼저 해결할 필요가 있으며, 가장 힘 있고, 필요한 수단은 교육이 아니면 아니 된다. …… 민중의 보편적 지식은 보통 교육으로도 가능하지만 심오한 지식과 학문은 고등 교육이 아니면 불가하며, …… 오늘날 조선인이 세계 문화 민족의 일원으로 남과 어깨를 견주고 우리의 생존을 유지하며 문화의 창조와 향상을 기도하려면, 대학의 설립이 아니고는 다른 방도가 없도다.

---

① 민족 기업
  ㉠ 규모 : 1910년대까지는 소규모였으나, 1920년대에 이르러서는 노동자의 수가 200명이 넘는 공장도 나타남
  ㉡ 유형
    • 대지주 출신의 기업인이 지주와 상인의 자본을 모아 대규모의 공장을 세운 것으로, 대표적인 것이 경성 방직 주식회사
    • 서민 출신 상인들이 자본을 모아 새로운 기업 분야를 개척한 것으로, 대표적인 것이 평양의 '메리야스 공장'
  ㉢ 운영 : 민족 기업은 순수한 한국인만으로 운영
  ㉣ 품질 : 한국인의 기호에 맞게 내구성이 강하고 무게 있는 제품을 만듦
② 민족 은행의 설립 : 금융업에도 한국인의 진출(삼남은행 등)
③ 민족 기업의 위축 : 1930년대에 들어와 식민 통치 체제가 강화되고 탄압으로 위축

(2) 물산 장려 운동

① 배경 : 회사령 철폐(1920), 관세 철폐(1923), 일본 대기업의 한국 진출로 국내 기업의 위기감 고조
② 목적 : 민족 기업을 지원하고 민족 산업을 육성함으로써 민족 경제의 자립을 달성(→ '내 살림 내 것으로'라는 구호를 내세움)
③ 조직의 발족 및 전개
  ㉠ (평양) 조선 물산 장려회(1920) : 조만식 등이 중심이 되어 최초 발족
  ㉡ (서울) 조선 물산 장려회(1923) : 조선 물산 장려회가 설립되고 서울에 물산 장려회가 설립되면서 전국으로 확산
  ㉢ 기타 : 학생들의 자작회(1922), 토산 애용 부인회, 토산 장려회, 청년회 등
④ 활동 : 일본 상품 배격, 국산품 애용 등을 강조
  ㉠ 구호 : 내 살림 내 것으로, 조선 사람 조선 것, 우리가 만들어서 우리가 쓰자
  ㉡ 강연회, 선전 행사
  ㉢ 확산 : 전국적 민족 운동으로 확산되면서 근검 절약, 생활 개선, 금주·단연 운동도 전개
⑤ 문제점 : 상인, 자본가 중심으로 추진되어 상품 가격 상승 초래, 사회주의자들의 비판
⑥ 결과 : 초기에는 전국적으로 확산되었으나, 일제의 탄압과 친일파의 개입, 사회주의 계열의 방해 등으로 큰 성과를 거두지 못함

(3) 민립 대학 설립 운동

① 배경 : 민족 역량 강화 위해 고등 교육의 필요성
② 전개
  ㉠ 총독부가 대학 설립 요구를 묵살하자 조선 교육회는 우리 손으로 대학을 설립하고자 조선 민립 대학 기성 준비회(1922, 이상재)를 결성
  ㉡ 모금 운동 전개(1923) : 조선 민립 대학 기성회를 중심으로 모금 운동을 전개(→ 한민족 1천만이 한 사람 1원씩)

③ 결과
- ㉠ 지역 유지들과 사회단체의 후원으로 순조롭게 진행되었으나 일제의 방해와 남부 지방의 가뭄과 수해로 모금이 어려워져 결국 좌절
- ㉡ 일제는 1924년 경성 제국 대학을 설립을 통해 조선인의 불만 무마를 시도

(4) 문맹 퇴치 운동
① 배경 : 식민지 차별 교육 정책으로 한국인의 문맹률 증가
② 전개 : 3·1 운동을 계기로 문맹 퇴치가 급선무임을 자각하고 실천에 옮김
③ 야학 운동 : 1920년대 전반에 각지에 야학이 설립되면서 활발하게 전개
④ 언론사, 학생, 조선어 학회의 활동 : 문자 보급 운동, 브나로드 운동 등, 조선어 학회는 전국에 한글 강습소를 개최

2. 사회 운동(사회적 민족주의)

(1) 농민 운동
① 소작쟁의의 발생 : 3·1 운동 이후 정치·사회적으로 각성된 소작농들은 1919년 처음으로 소작쟁의를 일으킨 이후, 1920년대부터 본격적으로 소작료 인하, 소작권 박탈 반대 등을 요구(→ 농민 운동은 주로 소작쟁의를 중심으로 전개)
② 1920년대의 농민 운동 : 생존권 확보를 위한 투쟁 성격의 소작쟁의
- ㉠ 1920년대 전반기 : 주로 소작인 조합이 중심이 된 소작쟁의
- ㉡ 암태도 소작쟁의(1923~1924) : 전남 신안군 암태도의 소작농민들이 전개한 농민운동
- ㉢ 1920년대 후반기 : 자작농까지 포함하는 농민 조합이 소작쟁의를 주도
③ 농민조합의 결성 : 1920년대에 농민의 자구책으로 결성(조선 노·농 총동맹, 조선 농민 총동맹)
④ 1930년대 이후 농민 운동 : 항일 운동의 성격(정치 투쟁의 성격)

(2) 노동 운동
① 노동 쟁의의 발생 : 임금 인상, 점차 단체 계약권 확립, 8시간 노동제 실시, 악질 일본인 감독의 추방, 노동 조건의 개선 등을 요구(→ 생존권 확보 투쟁)
② 노동 조합의 결성
- ㉠ 조선 노동 공제회(1920), 조선 노·농 총동맹(1924)
- ㉡ 1927년 조선 노·농 총동맹에서 조선 노동 총동맹이 분리
③ 노동 운동의 대중화 : 대도시에 한정되던 노동쟁의가 1920년대 후반기 전국 각지로 확산되었으며, 영흥·원산 등의 지역에서 총파업이 발생
④ 대표적 노동 운동 : 부산 부두 노동자 파업(1921), 서울 고무 공장 여자 노동자 파업(1923), 원산 총파업(1929)

(3) 청년 운동
① 활동

SEMI-NOTE

브나로드(Vnarod) 운동
1931년 동아일보사에서 농촌계몽운동으로 전개한 것. 문맹퇴치를 목적으로 시작한 이 운동은 많은 학생들이 참여하여 효과를 거두었으며, 1933년 계몽운동이라고 개칭하면서 폭넓게 지속되다가 1935년 조선총독부 경무국의 명령으로 중단되었음. 원래 브나로드(Vnarod)란 많은 러시아어로 '민중 속으로'라는 의미임

암태도 소작 쟁의(1923~1924)
고율의 소작료로 고통을 겪던 암태도 소작농들은 1923년 소작인회를 조직한 후 소작료를 4할로 내릴 것을 요구하였음. 지주가 이를 거부하자 소작농들은 추수 거부 투쟁과 소작료 불납 동맹으로 대응하였으며, 동원된 일본 경찰에 대항하기 위하여 순찰대를 조직하기도 하였음. 소작 쟁의 결과 소작농들이 승리하여 소작료가 인하됨

농민·노동자 조합의 전개
- 농민 조합 : 조선 노동 공제회(1920) → 조선 노·농 총동맹(1924) → 조선 농민 총동맹(1927)
- 노동 조합 : 조선 노동 공제회(1920) → 조선 노·농 총동맹(1924) → 조선 노동자 총동맹(1927) → 지하 노동 조합 운동(1930년대)

대표적 노동 운동
- 부산 부두 노동자 파업(1921) : 최초의 대규모 연대파업, 임금 인상 요구
- 서울 고무 공장 여자 노동자 파업(1923) : 최초의 여성 노동자 연대 파업
- 원산 총파업(1929) : 1929년 1월 22일 원산 노동 연합회에 소속 노동자와 일반 노동자들이 합세하여 75일간 전개. 1920년대 최대의 파업투쟁, 원산시를 완전히 마비상태에 빠뜨려 일제에 큰 타격을 가하였고, 1930년대 이후의 노동 운동을 혁명적 성격으로 전환시키는 계기가 됨

SEMI-NOTE

근우회의 행동 강령
- 여성에 대한 사회적·법률적 일체 차별 철폐
- 일체 봉건적인 인습과 미신 타파
- 조혼(早婚) 방지 및 결혼의 자유
- 인신 매매 및 공창(公娼) 폐지
- 농촌 부인의 경제적 이익 옹호
- 부인 노동의 임금 차별 철폐 및 산전·산후 임금 지불
- 부인 및 소년공의 위험 노동 및 야업(夜業) 폐지

형평사 운동 포스터

조선 형평사 발기 취지문
공평(公平)은 사회의 근본이고 애정(愛情)은 인류의 본령이다. 그러한 까닭으로 우리는 계급(階級)을 타파하고 모욕적(侮辱的)인 칭호를 폐지하여, 우리도 참다운 인간이 되는 것을 기하자는 것이 우리의 주장이다.

　　㉠ 강연회·토론회 개최, 학교·강습소·야학 등을 설치·운영, 운동회 등을 통한 심신 단련
　　㉡ 단연회·금주회·저축 조합 등을 결성하여 사회 교화와 생활 개선 추구
　② 조선 청년 총동맹(1924) : 1920년대 사회주의 사상이 유입된 후 청년 단체들은 민족주의와 사회주의 계열로 나뉘었는데, 이 같은 청년 운동의 분열을 수습하기 위하여 조직
　③ 학생 운동
　　㉠ 전개 : 대개 동맹 휴학의 형태로 전개되었는데, 처음에는 시설 개선이나 일인 교원 배척 등의 요구가 많았으나 점차 식민지 노예 교육 철폐, 조선 역사 교육과 조선어 사용, 언론·집회의 자유 등을 요구
　　㉡ 광주 학생 항일 운동(1929) : 반일 감정을 토대로 일어난 민족 운동으로서 청년 운동의 절정

(4) 여성 운동
　① 여성 단체의 조직
　　㉠ 1920년대 초반 : 대체로 가부장제나 인습 타파라는 주제로 계몽 차원에서 전개
　　㉡ 1920년대 중반 : 여성 해방의 문제를 계급해방·민족해방의 문제와 연결지으면서 사회주의 운동과 결합
　　㉢ 1920년대 후반 : 여성의 지위 향상을 취지로 여성 직업 단체들이 조직되어 여성들이 사회 활동에 참여
　② 근우회(1927)
　　㉠ 신간회의 출범과 더불어 탄생, 김활란 등을 중심으로 여성계의 민족 유일당으로 조직
　　㉡ 행동 강령 : 여성 노동자의 권익 옹호와 생활 개선

(5) 소년 운동
　① 인물 : 방정환, 조철호
　② 발전
　　㉠ 천도교 소년회(1921) : 천도교 청년회에서 독립하면서 소년 운동이 본격화, 전국적 확산, 어린이날 제정, 최초의 순수 아동 잡지 〈어린이〉 발행, '어린이'라는 말을 만듦
　　㉡ 조선 소년 연합회(1927) : 전국적 조직체로서 조직되어 체계적인 소년 운동 전개
　③ 중단 : 지도자들 간의 사상과 이념의 대립으로 분열, 일제는 중·일 전쟁 발발 후 한국의 청소년 운동을 일체 금지하고 단체를 해산

(6) 조선 형평사 운동(1923)
　① 배경 : 백정들은 갑오개혁에 의해 법제적으로는 권리를 인정받았으나, 사회적으로는 오랜 관습 속에서 계속 차별
　② 조직 : 이학찬을 중심으로 한 백정들은 진주에서 조선 형평사를 창립
　③ 전개 : 사회적으로 평등한 대우를 요구하는 형평 운동을 전개, 민족 해방 운동으

로 발전
④ 변질 : 1930년대 중반 이후 경제적 이익 향상 운동으로 변질

3. 사회주의 운동과 신간회

(1) 사회주의 운동의 유입

① 수용 : 1920년대 러시아와 중국 지역에서 활동하던 독립 운동가들이 수용(초기의 사회주의 운동은 소수의 지식인이나 청년·학생을 중심으로 전파)

② 영향
  ㉠ 사회·경제 운동을 활성화시켰고, 권익과 지위 향상을 위한 활동에 영향을 미침
  ㉡ 사회주의 운동이 본격화되면서 노동·농민·청년·학생·여성 운동과 형평 운동 등이 본격 전개
  ㉢ 국내 사회주의자들은 비밀리에 조선 공산당(1925)을 결성

③ 독립 노선의 분열 : 민족주의 운동과의 대립, 노선에 따른 계열간 대립이 발생

(2) 신간회(민족 유일당 운동, 1927~1931) ★ 빈출개념

① 배경 : 민족 운동의 분열과 위기

계열		주요 활동
민족주의 계열	자치론 (타협적 민족주의)	• 일제의 식민 지배를 인정하고 자치 운동 전개 • 민족성 개조 주장 • 이광수(민족 개조론, 민족적 경륜 발표), 최린
	비타협적 민족주의	• 일제와의 타협 거부, 민족 개량주의 비판 • 실력 양성 운동, 즉각적인 독립 추구 • 사회주의자들과의 연대를 추진, 조선 민흥회 조직 • 이상재, 안재홍
사회주의 계열		• 치안 유지법(1925)으로 사회주의 운동 탄압 • 민족 운동의 분열을 초래한다는 비판을 받음 • 정우회 선언 : 민족주의 계열과의 연합을 주장

② 신간회 결성과 활동
  ㉠ 결성(1927)
    • 민족주의 진영과 사회주의 진영이 민족 유일당, 민족 협동 전선의 기치 아래 결성
    • 조선 민흥회(비타협 민족주의 계열)와 정우회(사회주의 계열)가 연합하여 합법적 단체로 결성(회장 이상재·안재홍 등이 중심)
  ㉡ 조직 : 민족 운동계의 다수 세력이 참가하였으며, 전국에 약 140여 개소의 지회 설립, 일본과 만주에도 지회 설립이 시도됨
  ㉢ 강령 : 민족의 단결, 정치·경제적 각성 촉진, 기회주의자 배격
  ㉣ 활동 : 민중 계몽 활동, 노동 쟁의, 소작 쟁의, 동맹 휴학 등 대중 운동 지도

③ 신간회의 해체(해소, 1931)
  ㉠ 민중 대회 이후 일제의 탄압 강화(신간회 1차 지도부 체포)

SEMI-NOTE

독립운동 세력의 분화
• 민족주의 세력
• 사회주의 세력
• 아나키스트(무정부주의자) 세력

민족 유일당 운동(좌·우 합작 운동)

국외	• 한국 독립 유일당 북경 촉성회(1926) • 3부 통합(국민부, 혁신 의회) • (조선) 민족 혁명당(1935) • 조국 광복회(1936) • 조선 의용대의 한국 광복군 합류(1942)
국내	• 조선 청년 총동맹(1924) • 6·10 만세 운동(1926) • 신간회, 근우회(1927) • 조선 건국 동맹(1944)

민족 유일당 운동의 전개(동아일보, 1925년 9월 27일자)

지금 우리 사회에는 두 가지 조류가 있다. 하나는 민족주의 운동(민족 해방)의 조류요, 또 하나는 사회주의 운동(계급 해방)의 조류인가 한다. 이 두 가지 조류가 물론 해방의 근본적 정신에 있어서는 조금도 다를 것이 없다. 그러나 운동의 방법과 이론적 해석에 이르러서는 털끝의 차이로 1000리의 차이가 생겨 도리어 민족 운동의 전선을 혼란스럽게 하여, 결국은(일제로 하여금) 어부의 이를 취하게 하며 골육(骨肉)의 다툼을 일으키는 것은 어찌 우리 민족의 장래를 위하여 통탄할 바가 아니랴.

신간회의 기본 강령
• 민족의 단결을 공고히 한다.
• 정치적·경제적 각성을 촉구한다.
• 기회주의자를 일체 배격한다.

ⓒ 2차 지도부(민족주의 계열)의 개량화(→ 자치론 주장)
ⓒ 코민테른의 지시를 받은 사회주의자들이 협동 전선 포기(→ 신간회 해소론)
④ 의의 : 사회주의 세력과 비타협적 민족주의 세력이 연합한 협동 단체, 일제 강점기 최대의 합법적인 반일 사회 단체

4. 해외 동포들의 활동

(1) 만주

① 이주 동포들의 활동
  ㉠ 신민회 : 독립 운동 기지 결성
    • 남만주(서간도) : 삼원보 선설, 신한민촌 형성, 신흥 학교 설립 운동, 경학사, 부민단
    • 북만주 : 밀산부에 한흥동 건설
  ㉡ 간도 : 서전 서숙(1906, 이상설), 명동 학교
② 만주 동포들의 시련 : 간도 참변(1920), 만보산 사건, 일제의 대륙 침략

(2) 연해주

① 이주 동포들의 활동 : 신한촌의 형성, 13도 의군 결성, 대한 광복군 정부(1914), 대한 국민 의회(노령 정부, 1919)
② 이주 동포들의 시련
  ㉠ 1920년대 초 : 볼셰비키가 정권을 장악한 후 한국인 무장 활동을 금지, 무장 해제 강요
  ㉡ 1937년에는 연해주의 한인들이 소련에 의해 중앙아시아로 강제 이주

(3) 일본

① 이주 형태 ★빈출개념
  ㉠ 한말 : 주로 학문을 배우기 위한 유학생들이 이주
  ㉡ 국권 강탈 후 : 생활 터전을 상실한 농민들이 건너가 산업 노동자로 취업
② 동포들의 활동 : 최팔용을 중심으로 조선 청년 독립단을 구성하여 2·8 독립 선언을 발표함
③ 동포들의 시련 : 민족 차별, 관동 대지진(1923)

(4) 미국

① 이민의 시작
  ㉠ 하와이 이민 : 1902년 정부의 보증으로 하와이 노동 이민 시작, 주로 사탕수수밭 노동자와 그 가족 등으로 가혹한 노동에 시달림
  ㉡ 이후 미국 본토와 멕시코, 쿠바 등으로 이민 지역 확대
② 이주 동포들의 활동 : 대한인 국민회(1909), 흥사단(1913), 대조선 국민군단(1914), 구미 위원부(1919), 태평양 전쟁 참전

SEMI-NOTE

간도 참변, 만보산 사건, 일제의 대륙 침략
• 간도 참변(1920) : 일본군이 출병하여 독립 운동 기지를 초토화하면서 무차별 학살
• 만보산 사건 : 1931년 일제의 악의적인 한·중 이간책으로 조선 농민과 중국 농민 사이에 벌어진 유혈 농지 분쟁 사건
• 일제의 대륙 침략 : 1930년대 일제의 본격적 대륙 침략으로 근거지를 상실하고 수난

2·8 독립 선언
1919년 2월 8일, 도쿄 조선 유학생 학우회는 독립 선언서와 결의문을 낭독한 뒤 일본 정부와 국회, 각국 대사관 등에 이를 보냈다. 3·1독립 선언보다 강경한 태도로 일제의 침략을 고발하고 있으며, 민족 자결 주의의 적용을 요구하는 한편 독립을 위해 마지막 한 사람까지 투쟁하겠다는 내용을 담고 있음

미주 동포의 활동
1908년 장인환과 전명운의 스티븐스 사살이 계기가 되어 샌프란시스코에 대한인 국민회가 조직되었다. 미국, 하와이, 만주, 연해주 등지에 지부를 두고 있는 이 단체는 독립 의연금을 모집하여 독립군을 지원하였다. 또한 태평양 전쟁에서 미국이 이겨야 우리나라가 빨리 독립할 수 있을 것이라고 믿은 청년들이 미군에 입대하기도 하였음

5. 일제의 식민지 문화 정책

(1) 일제의 식민지 교육 정책

① **교육 목표** : 우민화 교육을 통해 이른바 한국인의 황국신민화를 추구하여 일제의 식민지 정책에 순종하도록 함, 일본인으로 동화

② **일제의 조선 교육령**

구분	내용
제1차 (1911)	• 정책 방향 : 무단정치에 적합한 충량한 국민을 양성하기 위한 교육 • 우민화 교육 : 교육 기회 축소, 사립학교 축소(사립 학교 규칙, 1911) • 보통 학교 수업 연한 축소 : 일본인은 6년, 한국인은 4년(단축) • 초등 · 기술 · 실업 교육 등 낮은 수준의 실용 교육 강조 • 민족의식 억압, 조선어 과목의 선택화, 역사 · 지리 제외, 일어 교육 강요 • 서당 규칙(1918) : 개량 서당의 민족 교육 탄압

제2차
(1922)
	• 유화 정책 : 한국인과 일본인의 공학 원칙, 동등 교육 및 교육상의 차별 철폐라는 명분 제시(→3 · 1운동 이후 식민통치 방식 변경에 따른 명목상의 정책)
	• 조선어 필수 과목 : 한국 역사 · 지리 시간은 최소화하고 일본어와 역사 · 지리 시간을 늘려 실질적 식민교육을 강화
	• 보통 학교 수업 연한 연장 : 일본인과 동일한 6년제, 고등 보통 학교는 5년
	  – 일본인 : 소학교, 중학교
	  – 한국인 : 보통 학교, 고등 보통 학교
	• 사범 대학 설치, 대학교육 허용(→ 민립 대학 설립 운동 발생)
	• 경성 제국 대학 설립(설치에 관한 법률 반포) : 조선에 있는 일본인을 위한 대학(→ 조선인 차별), 민립 대학 설립 운동 저지가 목적

제3차 (1938)	• 정책 방향 : 민족 말살 정책에 따른 내선일체 · 황국 신민화 강조 • 황국 신민화 교육 : 황국 신민 양성을 목적으로 황국 신민서사 제정 · 암송을 강요 • 조선어의 선택 과목화(수의과목)(→ 우리말 교육과 국사 교육 억압) • 교명을 일제와 동일하게 조정 : 보통 학교를 소학교로, 고등 보통 학교를 중학교로 개칭(→ 일본어로 된 수업만 가능) • 국민 학교 : 1941년에는 소학교를 국민 학교로 개정
제4차 (1943)	• 정책 방향 : 전시 체제에 따른 황국 신민화 교육 강화 • 중등 교육의 수업 연한 단축 • 조선어, 조선사 교육의 금지 • 국민 학교에서 대학교까지 모두 황국 신민 양성을 위한 군사 기지화 • 전시 교육령 공포, 전시 비상조치 및 학도 전시 동원 체제의 확립(→ 1943년 학도 지원병제 실시, 1944년 징병제 · 정신대 근무령 시행)

(2) 일제의 한국사 왜곡

① **목적** : 한국사의 자율성 · 독창성 부인, 식민 통치 합리화

② **식민 사관** : 식민지 근대화론

  ㉠ **정체성론** : 고대 이래로 역사 발전이 정체(→ 중세 부재론)

  ㉡ **타율성론(반도 사관)** : 외세의 간섭과 압력에 의해 타율적으로 전개, 한국사의 독자적 발전 부정(→ 임나 일본부설)

  ㉢ **당파성론** : 한국사의 오랜 당파 싸움은 민족성에 기인

SEMI-NOTE

일제 강점기의 교육 현실
- 한국인의 초등학교 취학률은 일본인의 6분의 1에 지나지 않음
- 정규 학교에서는 철저한 식민지 교육을 실시하여, 한국인을 위한 민족 교육은 거의 존재하지 않음
- 정규 공립학교에서는 민족 교육이 어려웠으나, 사립학교나 개량 서당 및 야학에서는 민족 교육 운동이 활발하게 전개

황국신민서사
민족말살정책의 하나로 내선일체 · 황국신민화 정책 등을 강요하면서 암송을 강요한 글

조선사 편수회의 〈조선사〉 편찬 요지
조선인은 다른 식민지의 야만적이고 반개화적인 민족과는 달라서 문자 문화에 있어서도 문명인에게 떨어지지 않는다. 따라서 예로부터 전해 오는 역사책도 많고, 또 새로운 저술도 적지 않다. …… 헛되이 독립국의 옛 꿈을 떠올리게 하는 폐단이 있다. …… 〈한국 통사〉라고 하는 재외 조선인의 저서는 진상을 깊이 밝히지 않고 함부로 망령된 주장을 펴고 있다. 이들 역사책이 인심을 어지럽히는 해독은 헤아릴 수 없다.

SEMI-NOTE

③ 단체 : 조선사 편수회(〈조선사〉 간행), 청구학회(〈청구학보〉 발행)

(3) 언론 탄압 ★ 빈출개념

① 1910년대 : 대한 제국 시기 발행된 신문 폐간, 매일 신보(총독부 기관지)만 간행
② 1920년대 : 조선·동아일보의 발행(1920)을 허가하였으나 검열, 기사 삭제, 발행 정지
③ 1930년대 : 만주 사변 이후 언론 탄압 강화, 일장기 삭제 사건(1936)으로 동아일보 정간
④ 1940년대 : 조선·동아일보 폐간(1940)

(4) 종교 탄압

① 기독교 : 안악 사건, 105인 사건, 신사 참배 강요
② 불교 : 사찰령을 제정(1911)하여 전국 사찰을 총독에 직속시킴
③ 천도교 : 3·1 운동에 주도적 역할을 했다는 이유로 감시 강화, 지방 교구 폐쇄
④ 대종교 : 일제의 탄압으로 본거지를 만주로 이동

사찰령
전국 불교 사찰의 총독부 귀속과 총독부의 주지 임면권 행사 등을 내용으로 함

6. 민족 문화 수호 운동

(1) 한글 연구

① 조선어 연구회(1921)
  ㉠ 조직 : 3·1 운동 이후 이윤재·최현배 등이 국문 연구소의 전통을 이어 조직
  ㉡ 활동 : 잡지 〈한글〉을 간행, 가갸날을 정하여 한글의 보급과 대중화에 공헌
② 조선어 학회(1931)

개편	조선어 연구회가 조선어 학회로 개편되면서 그 연구도 더욱 심화
활동	• 한글 교재를 출판하고, 회원들이 전국을 순회하며 한글을 교육·보급 • 한글 맞춤법 통일안(1933)과 표준어(1936) 제정 • 〈우리말 큰사전〉의 편찬에 착수(→ 일제의 방해로 성공하지 못함)
해산	1940년대 초에 일제는 조선어 학회 사건을 일으켜 수많은 회원들을 체포·투옥하여 강제로 해산

조선어 학회 사건(1942)
일제는 조선어 학회가 독립 운동 단체라는 거짓 자백을 근거로 회원들을 검거하고 강제 해산시킴

(2) 민족주의 사학

① 방향 : 민족 문화의 우수성과 한국사의 주체적 발전을 강조
② 박은식
  ㉠ 민족 사관 : 민족 정신을 혼(魂)으로 파악하고, 혼이 담긴 민족사의 중요성을 강조
  ㉡ 저술 및 내용
    • 한국통사 : 근대 이후 일본의 침략 과정을 밝힘("나라는 형(形)이요, 역사는 신(神)이다.")
    • 한국 독립 운동 지혈사, 유교구신론 등

박은식 　　신채호

〈독립 운동 지혈사〉
우리 민족은 단군 성조의 자손으로서 동해의 명승지에 자리 잡고 있다. 인재의 배출과 문물의 제작에 있어서 우수한 자격을 갖추어, 다른 민족보다 뛰어난 것도 사실이다. …… 우리의 국혼(國魂)은 결코 다른 민족에 동화될 수 없다.

ⓒ 주요 활동 : 〈서북학회월보〉의 주필로 직접 잡지를 편집, 다수의 애국계몽 논설을 게재, 임시정부의 대통령지도제하에서 제2대 대통령을 지냄

③ 신채호
  ㉠ 연구 부분 및 사관 : 〈조선 상고사〉·〈조선사 연구초〉등을 저술하여 민족주의 역사학의 기반을 확립, 민족 사관으로 낭가(郎家) 사상을 강조
  ㉡ 저술 및 내용 : 고대사 연구
    • 조선 상고사 : 역사는 아(我)와 비아(非我)의 투쟁의 기록
    • 조선사 연구초 : 낭가 사상을 강조하여 묘청의 서경 천도 운동을 '조선 1천 년래 제일대 사건'으로 높이 평가
    • 조선 상고 문화사 : 〈조선 상고사〉에서 다루지 못한 상고사 관련 부분과 우리 민족의 전통적 풍속, 문화 등을 다룸
    • 독사신론 : 일제 식민사관에 기초한 일부 국사교과서를 비판하기 위해 〈대한 매일 신보〉에 연재, 만주와 부여족 중심의 고대사 서술로 근대 민족주의 역사학의 초석을 다짐
    • 조선 혁명 선언(한국 독립 선언서, 의열단 선언) : 의열단의 요청으로 집필

④ 정인보
  ㉠ 연구 방향 : 양명학과 실학사상을 주로 연구, 신채호를 계승하여 고대사 연구에 치중, '오천 년간 조선의 얼'을 신문에 연재
  ㉡ 조선사 연구 : 단군부터 삼국 시대에 이르는 우리나라 고대사를 특정 주제로 설정하여 통사적으로 서술한 사서로 식민 사관에 대항하여 고대사 왜곡을 바로잡고자 광개토대왕비를 새롭게 해석하고, 한사군 실재성을 부인
  ㉢ 민족 사관 : '얼' 사상을 강조

⑤ 문일평 : 〈대미관계 50년사〉·〈호암 전집〉을 저술, 개항 후의 근대사 연구에 역점, 조선심(朝鮮心)으로 1930년대 조선학 운동을 전개

⑥ 안재홍 : 〈조선 상고사감〉을 저술, 민족 정기를 강조, 신민족주의자로서 1930년대 조선학 운동 전개

⑦ 최남선
  ㉠ 백두산 중심의 불함문화론(不咸文化論)을 전개하여 식민 사관에 대항
  ㉡ 〈아시조선〉·〈고사통〉·〈조선역사〉 등을 저술, 〈조선 광문회〉를 조직

⑧ 손진태 : 〈조선 민족사론〉·〈국사 대요〉를 저술, 신민족주의 사관의 확립에 노력

(3) 사회·경제 사학

① 특징 : 유물 사관에 바탕을 두고, 한국사가 세계사의 보편 법칙에 따라 발전하였음을 강조하여 식민 사관의 정체성론을 타파하고자 하였고, 민족주의 사학의 정신사관을 비판(대립)

② 학자 및 저서
  ㉠ 백남운 : 사적 유물론을 도입하여 일제의 정체성론에 대항, 〈조선 사회 경제사〉·〈조선 봉건 사회 경제사〉
  ㉡ 이청원 : 〈조선 역사 독본〉, 〈조선 사회사 독본〉
  ㉢ 박극채, 전석담 등

SEMI-NOTE

신채호의 〈조선 상고사〉
역사란 무엇이뇨, 인류 사회의 아(我)와 비아(非我)의 투쟁이 시간에서 발전하여 공간까지 확대하는 심적 활동의 상태의 기록이니, 세계사라 하면 세계 인류의 그리 되어 온 상태의 기록이며, 조선사라 하면 조선 민족이 그리 되어 온 상태의 기록이니라. 그리하여 아에 대한 비아의 접촉이 많을수록 비아에 대한 아의 투쟁이 더욱 맹렬하여 인류 사회의 활동이 휴식할 사이가 없으며, 역사의 전도가 완결될 날이 없다. 그러므로 역사는 아와 비와의 투쟁의 기록이니라.

신채호의 〈조선혁명선언〉
내정 독립이나 참정권이나 자치를 운운하는 자 누구이냐? 너희들이 '동양 평화', '한국 독립 보전' 등을 담보한 맹약이 먹도 마르지 아니하여 삼천리강토를 집어 먹힌 역사를 잊었느냐? …… 민중은 우리 혁명의 대본영이다. 폭력은 우리 혁명의 유일한 무기이다.

> **신민족주의 사학**
> 실증적 토대 위에서 민족주의 사학과 사회경제 사학의 방법을 수용하여, 일제 말부터 해방 직후에 체계를 갖추었음. 대표적 학자로는 안재홍, 손진태, 이인영, 홍이섭 등이 있음

안확, 이능화, 장도빈
• 안확 : 〈조선문명사〉에서 붕당 정치를 긍정적으로 인식하여 일제의 당파성론 비판
• 이능화 : 〈조선불교통사〉, 〈조선도교사〉 등을 저술, 한국 종교 및 민속 방면의 연구 공헌
• 장도빈 : 〈국사〉, 〈이순신전〉, 〈조선역사록〉 등을 저술, 민족주의 사학 발전에 공헌

〈조선 사회 경제사〉(백남운)
조선사의 계기적 변동의 법을 파악할 경우, 과거 몇 천 년 간의 사적(史蹟)을 살피는 것도 당연히 우리의 과제이지 않으면 안 된다. …… 나의 조선관은 그 사회 경제의 역사적 발전 과정을 본질적으로 분석, 비판, 총관하는 일에 집중되어 있다.

SEMI-NOTE

진단 학회
실증주의 사학에 입각한 진단 학회는 문헌 고증을 통해 있었던 사실을 그대로 밝혀내는 것을 목적으로 삼았음. 이들은 역사 연구에 있어 일반적인 법칙을 가정하여 사실을 이론에 끼워 맞추기보다는, 객관적인 사실을 정확하게 인식함으로써 한국사를 깊이 이해할 수 있다고 주장하였음. 이러한 실증주의 사학은 한국 역사학을 독립된 학문으로 정립시키는 데 공헌하였음

(4) 실증 사학

① 특징 : 문헌 고증에 의한 실증적인 방법으로 한국사를 연구함으로써 역사 상황을 정확하고 올바르게 인식하고자 함
② 진단 학회 조직(1934) : 이병도·손진태 등이 조직, 〈진단 학보〉를 발간하면서 한국사 연구
③ 학자 및 저서
  ㉠ 손진태 : 신민족주의 사관(新民族主義史觀) 제창, 〈조선 민족사개론〉, 〈국사대요〉 등
  ㉡ 이병도 : 진단 학회 대표, 〈역주 삼국사기〉, 〈조선사 대관〉 등
  ㉢ 이윤제, 이상백, 신석호 등

7. 교육과 종교 활동

(1) 교육 운동

조선 교육회(1920)	한규설, 이상재 등이 조직하여 민족 교육의 진흥에 노력, 민립 대학 설립 운동 전개
문맹 퇴치 운동	조선일보와 동아일보 등 언론 단체 참여
사립 학교	근대적 지식 보급, 항일 민족 운동의 거점
개량 서당	일제의 제도 교육에 편입되기를 거부한 한국인을 교육
야학	1920년대 전반 활성화, 민중에게 자주 의식과 반일 사상 고취

(2) 종교 활동

천도교	제2의 3·1 운동을 계획하여 자주 독립 선언문 발표, 〈개벽〉·〈어린이〉·〈학생〉 등의 잡지를 간행하여 민중의 자각과 근대 문물의 보급에 기여
개신교	천도교와 함께 3·1 운동에 적극 참여, 민중 계몽과 문화 사업을 활발하게 전개, 1930년대 후반에는 신사 참배를 거부하여 탄압을 받음
천주교	고아원·양로원 등 사회 사업을 계속 확대하면서 〈경향〉 등의 잡지를 통해 민중 계몽에 이바지, 만주에서 항일 운동 단체인 의민단을 조직하여 항일 무장 투쟁 전개
대종교	• 천도교와 더불어 양대 민족 종교를 형성 • 교단 본부를 만주로 이동해 민족 의식 고취, 적극적인 민족 교육 및 항일 투쟁 • 지도자들은 항일 무장 단체인 중광단을 조직, 3·1 운동 직후 북로 군정서로 개편하여 청산리 대첩에 참여
불교	3·1 운동에 참여, 한용운 등의 승려들이 총독부의 정책에 맞서 민족 종교의 전통을 지키려 노력, 교육 기관을 설립하여 민족 교육 운동에 기여
원불교	박중빈이 창시(1916), 불교의 현대화와 생활화를 주창, 민족 역량 배양과 남녀 평등, 허례 허식의 폐지 등 생활 개선 및 새생활 운동에 앞장섬

8. 문예 활동

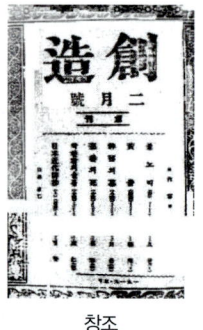

창조

(1) 문학 활동

① 1910년대 : 계몽적 성격의 문학, 이광수의 〈무정〉
② 3·1 운동 이후(1920년대) : 순수 문학, 신경향파 문학, 프로 문학의 대두, 국민 문학 운동의 전개
③ 1930년대 이후 : 일제의 탄압 강화
  ㉠ 친일 문학 : 이광수·최남선 등 침략 전쟁을 찬양하는 활동에 참여
  ㉡ 저항 문학
    • 전문적 문인 : 한용운·이육사·윤동주(→ 항일의식과 민족 정서를 담은 작품을 창작)
    • 비전문적 문인 : 독립 운동가 조소앙, 현상윤(→ 일제에 저항하는 작품을 남김)
    • 역사 소설 : 김동인·윤백남(→ 많은 역사 소설을 남겨 역사와 민족의식을 고취)

(2) 민족 예술

① 음악 : 항일 독립 의식과 예술적 감정을 음악과 연주를 통해 표현(창가(1910년대), 가곡·동요, 한국(코리아) 환상곡)
② 미술 : 안중식은 한국 전통 회화 발전에 기여, 고희동과 이중섭은 서양화를 대표
③ 연극 : 민족 의식을 고취하는 수단으로, 민중을 계몽하고 독립 정신을 고취
④ 영화 : 다른 어느 분야보다 발전이 늦음
⑤ 문화·예술 활동의 탄압 : 제2차 세계 대전이 일어난 후 일제는 모든 문화·예술 분야에 대한 통제를 강화

9. 사회 구조와 생활 모습

(1) 의식주

① 의생활
  ㉠ 한복, 고무신, 모자 차림이 주를 이룸
  ㉡ 양복과 여성의 단발머리, 파마머리, 블라우스, 스커트를 입는 경우가 늘어남
  ㉢ 모던걸, 모던보이 등장(1920년대)
  ㉣ 남성은 국방색의 국민복, 여성은 '몸뻬'라는 일바지 입도록 강요(1940년대)
② 식생활 : 잡곡밥, 풀뿌리, 나무껍질 등으로 연명, 도시의 상류층은 일본음식과 서양식이 소비됨
③ 주거 생활 : 농촌(초가·기와로 된 전통 한옥), 도시(2층 양옥집, 개량 한옥), 영단 주택이 지어짐(노동자의 주택 부족 문제 해결, 조선주택영단령)

(2) 식민지 도시화

개항장의 도시화, 군산·목포 등 항만 도시 성장, 철도 교통 발전, 북부 지방의 공업 도시 성장, 화신 백화점의 등장, 시가지 형성, 도시 빈민층 증가(토막촌)

SEMI-NOTE

조선 프롤레타리아 예술가 동맹
(Korea Artista Proleta Federatio)
한국의 사회주의 혁명을 위해 1925년에 결성된 문예 운동 단체로, 카프(KAPF)라고 약칭함. 사회주의 사상의 영향을 받은 저항 문학을 전개하였음. 주요 작가로는 최서해, 주요섭, 이상화, 임화, 한설야 등이 있음. 민족주의 계열은 이들의 계급 노선에 반대하여 국민 문학 운동을 전개함

흰 소(이중섭)

영화 아리랑의 포스터

9급공무원
한국사

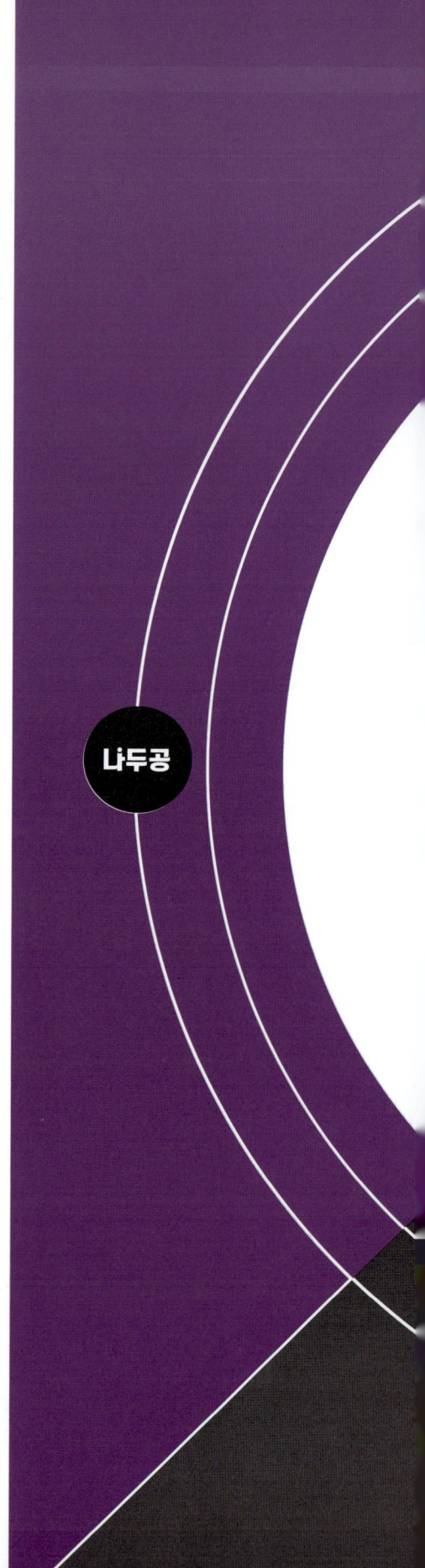

08장 현대 사회의 발전

01절 대한민국의 건국과 발전

02절 통일 정책

03절 경제 발전과 사회·문화의 변화

08장 현대 사회의 발전

SEMI-NOTE

광복 당시 여러 정당의 활동
- **한국 민주당** : 송진우·김성수. 민족주의 우파 세력 중심으로 임시정부 지지, 미 군정에 적극 참여
- **독립 촉성 중앙 협의회** : 이승만을 중심으로 한국 민주당·국민당·조선 공산당 등 2백여 개 단체가 모여 구성한 협의체. 독립 쟁취를 위하여 공동 투쟁·공동 노선을 취할 것을 결의
- **한국 독립당** : 김구가 중심, 통일 정부 수립을 위한 활동 전개
- **국민당** : 안재홍, 중도 우파, 신민주주의 및 신민족주의 표방
- **조선 인민당** : 여운형, 중도 좌파, 좌·우 합작 운동 전개

조선 독립 동맹 건국 강령
- 보통선거를 통한 민주 공화국의 건국
- 모든 정치적 자유의 보장, 남녀평등, 의무교육제
- 일제의 모든 자산과 토지 몰수(토지 국유화), 일제와 관련된 대기업의 국영화와 토지 분배

01절 대한민국의 건국과 발전

1. 조국의 광복

(1) 광복 직전의 건국 준비 활동

① 국내외의 건국 준비

㉠ 국외 활동

대한민국 임시 정부	• 대한민국 건국 강령의 제정(1941) : 조소앙의 삼균주의에 따라 정치·경제·교육의 균등을 규정
	• 정부 체제의 개편
	  – 중심 세력 : 김구가 민족주의 계열의 단체를 통합하여 조직한 한국독립당이 중심 세력을 형성
	  – 연합 전선 형성 : (조선)민족 혁명당의 지도자와 그 산하의 조선 의용대 일부를 수용해 연합 전선을 형성하고 한국 광복군(정규군)을 강화(적극적 항일 전쟁을 전개)

조선 독립 동맹 (1942)	• 중국 화북의 사회주의 계열 독립 운동가들이 결성 • 김두봉(주석), 조선 의용군을 거느림, 한국 광복군에 합류하지 않고 연안을 중심으로 독자적 활동(연안파) • 건국 강령(민주 공화국 수립, 대기업의 국영화 등)

㉡ 국내 활동

조선 건국 동맹 (1944)	• 국내에서 조직한 비밀결사조직으로, 중도 좌파인 여운형(위원장)의 주도로 만들어짐 • 건국 강령 제정 : 일제 타도와 민주국가 건설, 노동운동에 치중 • 조선 건국 준비 위원회 조직(1945. 8) • 3원칙(3불 원칙) : 불언(不言), 불문(不文), 불명(不名) • 해방 후 조직 분열
치안권 이양 교섭 (1945. 8. 10)	패망이 임박하여 총독부는 일본인의 무사 귀국을 위해 민족지도자 송진우·여운형과 접촉
조선 건국 준비 위원회 (1945. 8. 15)	• 여운형(위원장)·안재홍(부위원장), 좌우인사 포함(해방 후 최초의 통일전선 성격의 정치단체) • 건국 강령 : 완전한 독립국가 건설과 민주주의 정권 수립 • 활동 : 건국 치안대 조직, 식량 대책 위원회 설치, 지방지부 조직 확장(전국 145개 지부 결성) • 본격적인 건국 작업에 착수하면서 좌·우익이 분열(안재홍 등 우파의 사퇴 후 좌파 세력이 우세), 조선 인민 공화국 선포 후 해산(1945. 9)
조선 인민 공화국 (1945. 9. 6)	• 건국 준비 위원회에서 우세를 확보한 좌파 세력이 전국 인민 대표자회의를 개최하고 인민 공화국을 선포 • 이승만(주석)·여운형(부주석)이 주도, 민족 통일 전선 원칙을 바탕으로 하나 지방별 주도 세력에 따라 정치성향의 차이가 큼 • 활동 : 인민 위원회, 대중조직 결성

국민 대회 준비 위원회 · 한국 민주당(1945. 9. 8)	• 송진우 등 우파는 조선 인민 공화국을 공산주의라 규정하고 민족주의 계열을 중심으로 한국 민주당 결성(1945. 9. 8) • 임시 정부를 지지하고 국민총회 집결을 명분으로 국민 대회 준비회를 개최 • 임시 정부 봉대론을 주장했으나, 임시 정부는 한민당을 친일 세력으로 규정해 거부

(2) 8·15 광복

① 독립 투쟁의 전개
  ㉠ 정치 · 경제 · 사회 · 문화 · 외교 등 모든 영역에 걸쳐서 지속적으로 전개
  ㉡ 무장 투쟁 · 외교 활동 · 민족 문화 수호 운동(실력 양성 운동) 등으로 전개
  ㉢ 국내외에 널리 알려져 국제적으로도 독립 국가 수립을 긍정
② 광복의 의의 : 우리 민족이 국내외에서 전개해 온 독립 투쟁의 결실이자 민족 운동사의 위대한 업적

2. 남북의 분단

(1) 열강의 한국 문제 논의

① 카이로 회담(1943. 11) : 미국 · 영국 · 중국의 3국 수뇌가 적당한 시기에 한국을 독립시킬 것을 최초로 결의, 일본의 무조건 항복 요구
② 얄타 회담(1945. 2) : 미국 · 영국 · 소련 3국 수뇌가 소련의 대일 참전을 결정, 한반도 신탁통치를 밀약
③ 포츠담 선언(1945. 7) : 미국 · 영국 · 소련이 일본의 무조건 항복과 한국 독립(카이로 회담 내용), 한반도 신탁통치(얄타 회담 내용) 재확인

(2) 국토의 분단

① 38도선의 확정 : 일본군 무장 해제를 이유로 미 · 소 양군이 남과 북에 각각 진주
② 군정의 실시 : 남한에 주둔한 미군은 군정을 실시, 친미적인 우익 정부의 수립을 후원, 북한에서도 소련군과 공산주의자들이 공산 정권을 수립하기 위한 기반을 닦음
③ 민족 분단의 고착화

(3) 광복 이후 남북한의 정세

① 남한의 정세 : 조선 건국 준비 위원회, 한국 민주당 등 여러 정치 세력 간의 갈등, 경제적 혼란, 좌익 세력의 사회 교란
② 북한의 정세 : 공산주의자들에 반대하는 조만식 등 민족주의 계열의 인사들을 숙청

3. 모스크바 3상 회의와 좌·우 대립의 격화

(1) 모스크바 3상 회의(1945. 12)

① 미국 · 영국 · 소련의 3국 외상은 모스크바에서 회의를 열어 한반도 문제를 협의

SEMI-NOTE

조선 건국 준비 위원회 강령
• 우리는 완전한 독립국가의 건설을 기함
• 우리는 전민족의 정치적, 경제적, 사회적 기본요구를 실현할 수 있는 민주주의 정권의 수립을 기함
• 우리는 일시적 과도기에 있어서 국가 질서를 자주적으로 유지하며 대중생활의 확보를 기함

카이로 회담과 포츠담 회담
• 카이로 회담
  – 일제의 군사 행동에 대한 압력을 결의하고 일제가 탈취한 지역에 대한 독립 문제를 논의한 회담
  – 우리나라와 관련된 특별 조항을 마련하여 "적당한 시기에 한국을 독립시킨다."고 결정하였으나, '적당한 시기'에 대한 명확한 언급이 없어 문제가 됨
• 포츠담 회담 : 카이로 회담의 실행, 일제의 군국주의 배제 및 무장 해제, 점령군의 철수, 일제의 무조건적 항복 등을 규정한 회담

38도선 푯말(강원 양양)

신의주 반공 의거
1945년 11월 23일에 일어난 학생 의거. "공산당을 몰아내자.", "소련군 물러가라.", "학원의 자유를 쟁취하자." 등의 구호를 외침

미 군정 실시
• 총독부 체제 유지, 우익 세력 지원
• 조선 건국 준비 위원회 · 대한민국 임시정부를 불인정

SEMI-NOTE

② 한국에 임시 민주 정부를 수립하기 위하여 미·소 공동 위원회를 설치, 최고 5년 동안 미·영·중·소 4개국의 신탁 통치하에 두기로 결정
③ 결정서의 채택 과정(신탁 통치안) : 미국은 한국의 참여가 제한된 4개국 대표에 의한 신탁 통치를 먼저 제안 → 소련은 민주주의적 임시정부 수립을 기본 취지로 하여 신탁통치를 5년 이내로 한정하자는 수정안을 제안 → 소련의 수정안에 대해 미국이 다시 일부를 수정하여 신탁 통치에 대한 모스크바 3상 회의 결정서가 채택

> **실력up 한국에 대한 모스크바 3상 회의 결정서(1945)**
> - 한국을 독립 국가로 재건하기 위해 임시적인 한국 민주 정부를 수립함
> - 한국 임시 정부 수립을 돕기 위해 미·소 공동 위원회를 설치함
> - 미, 영, 소, 중의 4개국이 공동 관리하는 최고 5년 기한의 신탁 통치를 실시함
> - 남북한의 행정·경제면의 항구적 균형을 수립하기 위해 2주일 이내에 미·소 양군 사령부 대표 회의를 소집함

좌·우 대립의 전개 방향

- 우익 세력의 통일 전선(비상 국민 회의)
  - 1946년 1월, 임정(臨政) 세력(김구·이승만) 중심
  - 비상 정치 회의 준비회(동년 1월 20일)
  - 우익의 통일 전선 구축이 목적
  - 좌·우익의 연립을 요구하고 반탁(反託)을 중심으로 모든 정당이 통일할 것을 주장

- 좌익 세력의 통일 전선(민주주의 민족 전선)
  - 1946년 1월, 조선 공산당·조선 인민당·독립 동맹(조선 신민당) 등이 주체, 임정 세력에서 이탈한 김원봉·성주식·김성숙·장건상 등이 중심
  - 조선 민족의 완전한 독립과 민주의 정권 수립을 위한 임무 달성이 목적
  - 조선 인민 공화국(朝鮮人民共和國)의 후신

정읍 발언

이제 무기한 휴회된 미·소 공동 위원회가 재개될 기색도 보이지 않으며, 통일 정부를 고대하나 여의치 않습니다. 남방만이라도 임시 정부 혹은 위원회 같은 것을 조직하여 38도선 이북에서 소련이 철퇴하도록 세계 공론에 호소해야 할 것이니, 여러분도 결심해야 할 것입니다.

(2) 신탁 통치안과 좌·우 세력의 대립

① 초기의 정세(전면적인 반탁)
  ⊙ 신탁 통치안을 식민지 지배와 차이가 없는 것이므로 모욕으로 받아들임
  ⓒ 전국적으로 신탁통치에 대한 반대 운동이 확산
② 좌·우 세력의 대립
  ⊙ 김구와 이승만, 조만식 등의 우익 세력과 민족주의 세력은 적극적인 반탁 운동을 전개
    • 반탁 활동과 조직 결성 : 반탁 전국 대회를 개최하고, 신탁 통치 반대 국민 총동원 위원회 조직(1945. 12)
    • 대한 독립 촉성 국민회 결성 : 이승만 계열인 독립 촉성 중앙 협의회와 김구 계열의 신탁 통치 반대 국민 총동원 중앙 위원회가 반탁 운동이라는 공통 목적에서 통합 결성(1946. 2. 8)
  ⓒ 박헌영·김일성 등 좌익 세력들은 처음에 신탁 통치를 반대하다 소련의 사주를 받은 후 모스크바 3상 회의의 결정(신탁 통치 결정)을 수용하기로 하여 좌·우 세력은 격렬하게 대립

(3) 미·소 공동 위원회와 좌·우 합작 운동 ★빈출개념

① 제1차 미·소 공동 위원회(1946. 3) : 서울에서 개최되었으나 참여 단체를 놓고 대립하여 결렬
  ⊙ 소련의 주장 : 반탁 단체의 참여 배제를 주장
  ⓒ 미국의 주장 : 신탁통치 반대세력들도 협의대상이 되어야 함
② 이승만의 정읍 발언(1946. 6) : 남한만의 단독 정부 수립 주장
③ 좌우 합작 운동
  ⊙ 전개

- 여운형·김규식 등의 중도파가 중심이 되어 좌우 합작 위원회를 결성(1946. 7)하고, 단독 정부 수립을 반대하며 좌우 합작 운동을 전개
- 미군정은 중도적 좌우 세력을 결집해 지지 기반을 확대하고자 좌우 합작 운동을 지원
ⓒ 좌우 합작 7원칙의 발표(1946.10) : 우익 측을 대표한 김규식과 좌익 측을 대표한 여운형은 양측의 주장을 절충하여 좌우합작 7원칙을 발표(좌·우익 양진영 모두 불만을 표시하며 반대)
ⓒ 결과 : 동서냉전의 시작, 이승만 등의 단독정부 수립운동, 미·소 공동 위원회 결렬, 참가 세력 간의 갈등, 여운형의 암살(1947. 7) 등으로 인해 좌우 합작 운동은 결국 실패
④ 남조선 과도 입법 의원 및 과도 정부 구성
ⓐ 남조선 과도 입법 의원(1946. 12) : 미군정의 주도로 과도 입법 의원 성립
ⓑ 남조선 과도 정부(1947. 6~1948. 5. 10)
- 과도 입법 의원의 구성 후 미 군정 장관 아래 대법원장(김용무)과 민정장관(안재홍)을 임명하고, 이를 남조선 과도 정부라 명명(1947. 6)
- 미군정하에서 민정 이양을 위한 과도기 정부의 성격을 지님
⑤ 제2차 미·소 공동 위원회(1947. 5~1947. 10) : 1947년 트루먼 독트린이 발표되면서 미·소 간 갈등과 냉전이 시작

4. 대한민국 정부의 수립

(1) 한국 독립 문제의 유엔 상정과 유엔 한국 임시 위원단의 활동
① 한국 독립 문제의 유엔 총회 상정
 ⓐ 원인 : 미·소 공동 위원회의 실패로 미국과 소련은 남북한에서 별도의 정부를 세우는 데 관심을 가지게 됨
 ⓑ 한반도 문제의 유엔 이관 : 미·소 공동 위원회의 결렬 후 미국은 한반도 문제를 유엔에 이관(1947. 9)
 ⓒ 유엔 총회의 총선거 결의 : 유엔 한국 임시 위원단의 감시 하에 인구 비례에 의한 남북한 총선거 실시를 결의(1947. 11)
② 유엔 한국 임시 위원단의 구성
 ⓐ 유엔의 결정 : 한국 임시 위원단을 구성(1948. 1)하고, 선거를 통하여 통일된 독립 정부 수립
 ⓑ 소련의 거부 : 유엔 한국 임시 위원단이 북한에 입국하지 못함(1948. 1)
 ⓒ 유엔 소총회의 총선거 실시 결정(1948. 2) : 소총회에서 선거가 가능한 지역에서만이라도 총선거를 실시하여 정부를 수립하도록 결정

(2) 남북 협상(남북 대표자 연석 회의, 1948. 4)
① 김구(한국 독립당)·김규식(민족 자주 연맹) 등의 중도 우파는 남북한이 협상을 통해서 통일 정부를 수립하자고 주장
② 김구·김규식·김두봉·김일성의 4인 회의 등이 개최되었으나 의미 있는 결정

SEMI-NOTE

좌·우합작 7원칙(1946. 10)
- 모스크바 3상 회의 결정에 의해 좌우 합작으로 임시 정부 수립
- 미·소 공동 위원회의 속개를 요청하는 공동 성명 발표
- 몰수·유조건(有條件) 몰수 등으로 농민에게 토지 무상 분여 및 중요 산업의 국유화
- 친일파 및 민족 반역자 처리 문제는 장차 구성될 입법 기구에서 처리
- 정치범의 석방과 테러적 행동의 중단
- 합작 위원회에 의한 입법 기구의 구성
- 언론·집회·결사·출판·교통·투표 등의 자유 절대 보장

김구의 단독 정부 수립 반대

조국이 있어야 한국 사람이 있고, 한국 사람이 있고야 민주주의도 공산주의도 무슨 단체도 있을 수 있는 것이다. 그러면 우리의 자주 독립적 통일 정부를 수립하려는 이때에 있어서 어찌 개인이나 자기 집단의 사리사욕에 탐하여 국가 민족의 백년대계를 그르칠 자가 있으랴? …… 현실에 있어서 나의 유일한 염원은 3천만 동포가 다 손을 잡고 통일된 조국의 달성을 위하여 공동 분투하는 것뿐이다. 이 육신을 조국이 필요로 한다면 당장에라도 제단에 바치겠다. 나는 통일된 조국을 건설하려다 38선을 베고 쓰러질지언정 일신의 구차한 안일을 위하여 단독 정부를 세우는 데는 협력하지 않겠다.
– 삼천만 동포에게 읍고함(1948. 2) –

SEMI-NOTE

제주도 4·3 사건

이나 합의에 도달하지 못함

(3) 건국 전후의 사회적 혼란

① 제주도 4·3 사건 : 1948년 4월 3일부터 1954년 9월 21일까지 제주도에서 남조선 노동당(남로당) 세력이 주도가 되어 벌어진 무장 항쟁 및 그에 대한 대한민국 군경과 극우 단체의 유혈 진압
  - ㉠ 주장 : 남한 단독 선거 반대, 경찰과 극우 단체의 탄압에 대한 저항, 반미구국 투쟁 등
  - ㉡ 진압 과정에서 무고한 주민들이 많이 희생됨

② 여수·순천 사건(10·19 여수 14연대 폭동, 1948) : 여수에 주둔하던 국군 제14연대가 제주 4·3 사건 진압을 위한 출동 명령을 거부하고 순천 등지까지 무력 점거를 확산시킨 사건
  - ㉠ 동족을 학살할 수 없다는 것과 친일파 처단, 조국 통일을 명분으로 하여 발생
  - ㉡ 이승만 정부는 계엄령 선포 후 이를 진압하고 국가 보안법을 제정, 반란 군인과 이에 가담한 양민들 일부는 빨치산을 조직

(4) 대한민국의 수립

① 총선거 실시(1948. 5. 10) : 남한에서 5·10 총선거가 실시되어 제헌 국회 구성
② 헌법 제정·공포(1948. 7. 17) : 제헌 국회는 임시 정부의 법통을 계승한 민주 공화국 체제의 헌법 제정·공포
③ 정부 수립(1948. 8. 15) : 이승만을 대통령으로, 이시영을 부통령으로 선출하여 대한민국의 수립을 국내외에 선포하였고, 유엔 총회에서 한반도의 유일한 합법 정부로 승인받음

5·10 총선거에서 투표하는 유권자

통일 독립 촉성회(1948. 7)
단독 정부 수립에 반대해 총선거에 참여하지 않은 김구의 한국 독립당과 김규식의 민족 자주연맹 등이 중심이 되어 결성된 단체로, 민족 문제의 자주적 해결과 통일 정부 수립을 목적으로 하였음

(5) 반민족 행위 처벌법

① 반민족 행위 처벌법의 제정(1948. 9)
  - ㉠ 목적 : 일제 잔재를 청산하기 위하여 제헌 국회에서 제정
  - ㉡ 내용 : 일제 강점기 친일 행위를 한 사람들을 처벌하고 공민권을 제한하는 것 등
② 반민 특위의 활동 : 반민족 행위 처벌법에 의거하여 국회의원 10명으로 구성된 반민족 행위 특별 조사 위원회에서 친일 주요 인사들을 조사
③ 결과 : 반공을 우선시하던 이승만 정부의 방해로 친일파 처벌이 좌절됨
  - ㉠ 친일파들은 법 제정 바로 다음 날 반공 구국 궐기 대회(1948. 9. 23)를 열었고, 이승만 정부는 이 대회를 적극 지원
  - ㉡ 국론 분열과 혼란을 구실로 반민특위를 공개적으로 반대
  - ㉢ 법을 개정하여 2년으로 명시된 반민법의 시효를 1년으로 줄이고 특위 활동을 종료시킴

반민 특위 사건
이승만 정부와 경찰이 반민 특위를 습격하여 특위 산하 특경대를 체포한 사건

5. 북한 정권의 수립

(1) 정권의 수립

평남 건국 준비 위원회의 결성 → 인민 위원회의 조직(1945. 8) → 조선 공산당 북조선 분국 설치(1945. 10) → 북조선 5도 행정국 발족(1945. 10. 28) → 북조선 공산당의 독립(1945. 12) → 북조선 임시 인민 위원회 구성(1946. 2) → 북조선 노동당 창당(1946. 8) → 인민 위원 선출(1946. 11) → 북조선 인민 회의 및 인민 위원회 구성(1947. 2) → 인민 공화국 헌법 초안의 채택(1948. 4) → 최고 인민 회의 대의원 선출(1948. 8) → 조선 민주주의 인민 공화국 수립(1948. 9. 9)

(2) 공산주의 지배 체제 확립
① 토지 개혁(1946. 3) : 임시 인민 위원회는 토지 개혁법을 제정하여 무상 몰수 · 무상 분배를 단행(→ 실제로는 모든 토지의 국유화)
② 체제 강화 : 남녀 평등법을 제정해 여성 노동력을 동원하고, 산업 국유화법을 통과시켜 공산주의 체제를 강화

(3) 6·25 전쟁과 공산군의 격퇴
① 6·25 전쟁의 발발(1950. 6. 25)
  ㉠ 배경 : 북한의 군사력 강화, 미군 철수와 미국 극동 방위선에서 한반도 제외
  ㉡ 발발 : 김일성은 비밀리에 소련과 중국의 지원을 약속받아 남침을 감행
② 경과 : 전쟁 발발 → 서울 함락(1950. 6. 28) → 한강 대교 폭파(1950. 6. 28) → 낙동강 전선으로 후퇴(1950. 7) → 인천 상륙 작전(1950. 9. 15) → 서울 탈환(1950. 9. 28) → 중공군 개입(1950. 10. 25) → 압록강 초산까지 전진(1950. 10. 26) → 서울 철수(1951. 1. 4) → 서울 재수복(1951. 3. 14) → 휴전 제의(1951. 6. 23) → 휴전 협정 체결(1953. 7. 27)
③ 유엔군과 중공군의 개입 : 유엔군의 참전, 중공군의 개입으로 국군과 유엔군은 후퇴, 38도선 부근에서 교전
④ 휴전
  ㉠ 휴전 제의(1951. 6. 23) : 소련의 유엔 대표가 휴전을 제의
  ㉡ 휴전 성립(1953. 7. 27) : 유엔군과 공산군 사이에 휴전이 성립
⑤ 전후 복구
  ㉠ 복구 사업 : 황폐된 국토의 재건과 산업 부흥에 힘씀, 자유 우방들의 원조
  ㉡ 한·미 상호 방위 조약의 체결(1953. 10)
⑥ 결과 : 인명 피해, 재산 손실, 적대적 대립 체제를 갖춤, 미국의 영향력이 커짐

6. 이승만 정부(제1공화국)의 장기 집권과 4·19 혁명

(1) 이승만 정부의 반공 정책
① 반공 정책 : 북진 통일론 주장, 반공의 통치 이념
② 영향 : 반공 명분으로 반대 세력 탄압, 국민의 자유와 국회의 정치활동 제한, 부패 척결과 친일파 청산에 소극적

(2) 이승만 정부의 장기 집권

피난하는 사람들

전쟁으로 파괴된 건물

SEMI-NOTE

사사오입 개헌
발췌 개헌을 통해 대통령에 재선한 이승만은 장기 집권을 위하여 헌법을 고치고자 하였음. 이에 자유당은 대통령의 3선 금지조항 폐지에 대한 개헌안을 표결에 부쳤는데, 개헌 정족수인 136표에서 1표가 부족하여 부결되었음. 그러자 자유당은 저명한 수학자를 동원하여 사사오입(반올림)을 적용, 재적 의원 203명의 2/3는 135.333 ······이므로 135명으로도 정족수가 된다고 주장하며 개헌안의 통과를 선포하였음

4·19 혁명 당시 서울대 문리대 선언문
상아의 진리탑을 박차고 거리에 나선 우리는 질풍과 같은 역사의 조류에 자신을 참여시킴으로써 이성과 진리, 그리고 자유의 대학 정신을 현실의 참담한 박토(薄土)에 뿌리려 하는 바이다. 오늘의 우리는 자신들의 지성과 양심의 엄숙한 명령으로 하여 사악과 잔학의 현상을 규탄(糾彈), 광정(匡正)하려는 주체적 판단과 사명감의 발로임을 떳떳이 천명하는 바이다. ······ 민주주의 및 민중의 공복이며 중립적 권력체인 관료와 경찰은 민주를 위장한 가부장적 전제 권력의 하수인을 발 벗었다. 민주주의 이념의 최저의 공리인 선거권마저 권력의 마수 앞에 농단(壟斷)되었다. 언론, 출판, 집회, 결사 및 사상의 자유의 불빛은 무식한 전제 권력의 악랄한 발악으로 하여 깜빡이던 빛조차 사라졌다. 긴 칠흑 같은 밤의 계속이다. ······ 보래! 현실의 뒷골목에서 용기 없는 자학을 되씹는 자까지 우리의 대열을 따른다. 나가자! 자유의 비결은 용기일 뿐이다. 우리의 대열은 이성과 양심과 평화, 그리고 자유에의 열렬한 사랑의 대열이다. 모든 법은 우리를 보장한다.

---

① 발췌 개헌(제1차 개헌, 1952. 7)
  ㉠ 배경 : 2대 국회(1950. 5)에서 반이승만 성향의 무소속 의원 대거 당선
  ㉡ 개헌 내용 : 간선제에서 직선제로 대통령 선출 방식 개정
  ㉢ 과정 : 자유당 창당(1951. 12), 계엄령 → 야당 의원 50여 명 연행 → 대통령 직선제 개헌안이 기립 투표로 통과됨
  ㉣ 결과 : 이승만의 대통령 재선(1952. 8)

② 사사오입 개헌(제2차 개헌, 1954. 11)
  ㉠ 배경 : 3대 국회 의원 선거에서 관권 개입으로 자유당 압승
  ㉡ 과정 : 초대 대통령에 한해 중임 제한 규정을 철폐하는 개헌안 제출 → 부결(1표 부족) → 2일 후 사사오입의 논리로 개헌안 불법 통과
  ㉢ 결과 : 장기 집권을 위해 독재를 강화하면서 부정부패가 심화되고, 자유당 지지 세력 크게 감소, 민주당 창당

③ 3대 대통령 선거(1956)
  ㉠ 대통령 후보 : 이승만(자유당), 신익희(민주당), 조봉암(무소속)
  ㉡ 부통령 후보 : 이기붕(자유당), 장면(민주당)
  ㉢ 결과 : 신익희의 갑작스런 서거로 이승만 당선, 민주당 장면 후보의 부통령 당선, 조봉암 후보의 선전과 선거 후 진보당 창당

④ 독재 체제의 강화
  ㉠ 진보당 사건(1958) : 진보당의 당수 조봉암을 간첩 혐의로 처형
  ㉡ 신국가 보안법 제정(보안법 파동, 1958) : 반공 체제 강화를 구실로 야당 탄압
  ㉢ 언론 탄압 : 경향신문 폐간(1959)

(3) 4·19 혁명(1960)

① 배경 : 이승만 정권의 독재와 장기 집권, 탄압, 부정 부패, 1960년 자유당 정권의 3·15 부정 선거, 부정 선거 규탄 시위에 대한 유혈 진압

② 경과
  ㉠ 선거 당일(1960. 3. 15) 부정 선거를 규탄하는 3·15 마산 의거에서 경찰의 발포로 많은 사상자가 발생
  ㉡ 마산 의거에서 행방불명되었던 김주열 학생의 시신이 발견(1960. 4. 11)되었는데, 경찰의 최루탄에 의한 사망임이 밝혀져 항의 시위 발발
  ㉢ 4월 18일 고려대 학생들의 총궐기 시위 직후 정치 깡패들이 기습·폭행하여 수십 명의 사상자 발생(4·18 고대생 습격 사건)
  ㉣ 부정 선거와 강경 진압으로 인한 사상자 속출 등의 진상이 밝혀지면서 국민의 분노가 극에 달해 4월 19일 학생·시민들의 대규모 시위가 발발
  ㉤ 4월 22일 재야인사들이 이승만 대통령의 퇴진을 요구
  ㉥ 4월 25일 서울 시내 27개 대학 259명의 대학 교수들이 시국 선언문을 발표
  ㉦ 4월 26일 이승만은 라디오 연설을 통해 대통령 자리에서 하야하겠다고 발표

③ 의의 : 학생과 시민이 중심이 되어 독재 정권을 무너뜨린 민주 혁명

7. 장면 내각(제2공화국, 1960.8~1961.5)

(1) 허정 과도 내각
4·19 혁명 후의 혼란 수습을 위해 헌법을 내각 책임제와 양원제 국회로 개정(제3차 개헌, 1960. 6. 15)

(2) 장면 내각
① 총선거에서 민주당 압승
② 장면 내각 출범, 국회에서 대통령 윤보선 당선
③ 내각 책임제·양원제 의회 설립, 민의원과 참의원 선거 실시

(3) 민주주의의 발전
① 언론 활동 보장 : 국가 보안법 개정, 경향신문 복간
② 노동 조합 운동 고조 : 교원 노조, 언론인 노조 등
③ 통일 운동의 활성화 : 중립화 통일론, 남북 협상론, 남북 교류론 등

8. 5·16 군사 정변과 박정희 정부의 수립(제3공화국)

(1) 5·16 군사 정변(1961)
① 발발 : 장면 내각은 자유 민주주의의 실현을 위해 노력하였으나, 박정희를 중심으로 한 군부 세력은 사회의 혼란을 구실로 군사 정변을 일으켜 정권을 잡음
② 군정의 실시
　㉠ 국가 재건 최고 회의 구성 : 헌정을 중단시키고 군정을 실시
　㉡ 혁명 공약 : 반공을 국시로 경제 재건과 사회 안정 추구, 구정치인들의 정치 활동 금지

(2) 박정희 정부(제3공화국, 1963~1972)
① 성립
　㉠ 제5차 개헌 : 대통령제 환원, 대통령 직선제, 임기 4년
　㉡ 민선 이양 약속을 버리고 민주 공화당 창당, 박정희의 대통령 당선
② 경제 성장 제일주의 : 경제 개발 5개년 계획 추진
③ 한·일 협정(1965)
　㉠ 배경
　　• 한국 : 경제 개발 계획 추진에 필요한 재원 마련
　　• 미국 : 사회주의 세력에 대한 한·미·일 공동 체제 필요
　㉡ 경과 : 김종필과 오히라 간의 한일 회담 진행(1962)(→ 차관 제공 합의)
　㉢ 6·3 시위(6·3 항쟁) 전개(1964) : 굴욕 외교(제2의 을사조약) 반대 시위
　㉣ 내용 : 독립 축하금 3억 달러, 민간 차관 제공, 청구권 문제
　㉤ 문제점 : 식민지 지배에 대한 보상과 사죄 문제 미해결
④ 베트남 파병(1964~1973)

SEMI-NOTE

제2공화국의 한계
• 사회적 혼란을 수습하지 못함
• 경기 침체
• 국민들의 불만 고조
　- 민주당의 내분으로 부정 선거 관련 자들을 제대로 처벌하지 못함
　- 남북 관계 등에 대한 국민들의 불만 해결이 미비함
• 4·19 정신을 적극적으로 계승하지 못함

5·16 군사 정변 당시 박정희(가운데)

5·16 군사 정변 세력의 혁명 공약
• 반공을 국시(國是)의 제일의(第一義)로 삼고 지금까지 형식적이고 구호에만 그친 반공 태세를 재정비·강화한다.
• 유엔 헌장을 준수하고 국제 협약(國際協約)을 충실히 이행할 것이며 미국을 위시한 자유 우방과의 유대를 더욱 공고히 한다.
• 이 나라 사회의 모든 부패와 구악(舊惡)을 일소하고 퇴폐한 국민 도의와 민족 정기를 다시 바로잡기 위하여 청신한 기풍을 진작시킨다.
• 절망과 기아 선상(飢餓線上)에서 허덕이는 민생고(民生苦)를 시급히 해결하고 국가 자주 경제 재건에 총력을 경주한다.
• 민족적 숙원인 국토 통일(國土統一)을 위하여 공산주의와 대결할 수 있는 실력 배양에 전력을 집중한다.
• 이와 같은 우리의 과업이 성취되면 참신(斬新)하고도 양심적인 정치인들에게 언제든지 정권을 이양하고 우리들 본연의 임무에 복귀할 준비를 갖춘다.

한·일 협정
1965년에 체결된, 한국과 일본 양국의 국교 관계를 규정한 조약. 협정 결과 일본으로부터 많은 차관을 들여와 경제 발전의 원동력으로 사용할 수 있었으나 식민 통치에 대한 배상 문제, 어업 문제 등에서 일본에 지나치게 양보했다는 비난을 받았음. 6·3 시위의 원인이 됨

SEMI-NOTE

한·일 협정 반대 시위(6·3 시위)
국제 협력이라는 미명 아래 우리 민족의 치떨리는 원수 일본 제국주의를 수입, 대미 의존적 반신불수인 한국 경제를 2중 계속의 철쇄로 속박하는 것이 조국의 근대화로 가는 첩경이라고 기만하는 반민족적 음모를 획책하고 있다. 우리는 외세 의존의 모든 사상과 제도의 근본적 개혁 없이는, 전 국민의 희생 위에 홀로 군림하는 매판 자본의 타도 없이는, 외세 의존과 그 주구 매판 자본을 지지하는 정치 질서의 철폐 없이는 민족 자립으로 가는 어떠한 길도 폐쇄되어 있음을 분명히 인식한다.

유신 헌법의 주요 내용
- 국회와 별도로 통일 주체 국민 회의를 대의 기구로 설정, 대통령 및 일부 국회 의원 선출권 부여
- 대통령에게 국회 해산권, 긴급 조치권 등 초헌법적 권한 부여
- 대통령은 법관 및 국회 의원의 1/3에 해당하는 임기 3년의 유신 정우회 의원을 임명
- 대통령 임기를 6년으로 연장

긴급 조치 9호(1975. 5. 13) ★빈출개념
- 유언비어 사실 왜곡 금지, 집회시위 또는 신문·방송·통신 등 공중 전파 수단이나 문서 등에 의한 헌법의 부정·반대·왜곡이나 개정·폐지 주장 등 금지
- 학생의 집단적 정치 활동 금지
- 본 조치의 비방 금지

㉠ **과정** : 브라운 각서로 국군의 전력 증강과 차관 원조 약속
㉡ **영향** : 외화 획득, 건설 사업 참여 등 베트남 특수로 경제 발전, 많은 전사자 발생

> **실력up 브라운 각서(1966)**
> - 한국에 있는 대한민국 국군의 현대화 계획을 위하여 앞으로 수년 동안에 상당량의 장비를 제공한다.
> - 월남 공화국에 파견되는 추가 병력에 필요한 장비를 제공하며 또한 파월 추가 병력에 따르는 일체의 추가적 원화 경비를 부담한다.
> - 파월 대한민국 부대에 소요되는 보급 물자 용역 및 장비를 실행할 수 있는 한도까지 대한민국에서 구매하며 파월 미군과 월남군을 위한 물자 중 결정된 구매 품목을 한국에서 발주한다.
> - 수출 진흥의 전반 부분에 있어서 대한민국에 대한 기술 협조를 강화한다.

⑤ **3선 개헌(1969. 9)**
  ㉠ **배경** : 박정희 정부의 장기 집권 의도, 한반도 긴장 고조
  ㉡ **결과** : 학생들의 시위가 거세게 전개, 여·야 국회의원들 사이에는 극심한 대립과 갈등이 발생

9. 유신 체제(제4공화국, 1972~1979)

(1) 배경
① 닉슨 독트린에 따른 냉전 체제 완화로 미군의 베트남 철수, 주한 미군 감축
② 박정희 정부는 강력하고도 안정된 정부가 필요하다는 주장을 내세워 10월 유신을 단행

(2) 성립 과정
① **10월 유신 선포(1972. 10)** : 비상 계엄 선포, 국회 해산, 정치 활동 금지, 언론·방송·보도·출판의 사전 검열, 각 대학 휴교
② **성격** : 권위주의 독제 체제, 장기 집권 도모
③ **유신 헌법(제7차 개헌, 1972. 12. 27)** : 국민 투표로 통과 ★빈출개념
  ㉠ **대통령 간선제** : 통일 주체 국민 회의에서 대통령 선출
  ㉡ 대통령의 임기 6년, 중임 제한 철폐
  ㉢ **대통령 권한 극대화** : 긴급 조치권, 국회 해산권, 유신 정우회 국회 의원

(3) 유신 체제에 대한 저항
① **유신 반대 운동** : 학원·언론·종교·정계 등 각 분야에서 민주 헌정의 회복과 개헌을 요구하는 시위발생
② **민주 회복 국민 회의(1974)** : 재야 인사, 종교인, 언론인 등
③ 3·1 민주구국선언문 발표
④ 우방 국가를 비롯한 국제 사회에서도 유신 체제의 인권 탄압을 비판

(4) 민주화 운동 탄압
① **긴급 조치 발동(1974)** : 국민의 자유·권리의 무제한 제약
② **민청학련 사건(1974)** : 학생, 민주 인사 탄압
③ **군사 통치 강화** : 학도 호국단 조직, 민방위대 창설

(5) 붕괴
1979년 부·마 항쟁이 발발하는 등 시위가 연일 계속되어 집권 세력 내부에서도 갈등이 발생, 10·26 사태(대통령 시해)로 유신 정권 붕괴

10. 5·18 민주화 운동(1980)과 전두환 세력의 집권(제5공화국)

(1) 신군부 세력의 정권 장악
① **12·12 사태(1979)** : 신군부 세력(전두환·노태우 등)이 쿠데타로 통치권 장악
② **집권 준비** : 계엄령 유지, 헌법 개정 지연

5·18 광주 민주화 운동

(2) 서울의 봄(1980)
① **배경** : 신군부의 대두, 민주화 지연
② **경과** : 5월 15일 서울역 앞에서 시위(4·19 혁명 이후 최대 규모)
③ **탄압** : 비상 계엄령의 전국 확대(5. 17), 국회 폐쇄, 민주 인사 체포

(3) 5·18 광주 민주화 운동(1980)
① **과정** : 민주화를 열망하는 국민의 요구는 5·18 광주 민주화 운동으로 이어졌는데, 계엄군의 무자비한 진압으로 많은 시민과 학생이 희생됨
② **의의** : 신군부의 도덕성 상실, 1980년대 민족 민주 운동의 토대, 학생 운동의 새로운 전환점(반미 운동의 시작)

반미 감정
당시 우리나라 군대의 작전권을 가진 미국이 광주로의 군대 이동에 동의하여 무력 진압이 이루어졌는데, 이로 인해 미국에 대한 반감이 싹트기 시작함

(4) 전두환 정부
① **국가 보위 비상 대책 위원회(1980. 5)** : 대통령의 자문 기관, 행정·사법 업무의 조정·통제 담당, 김대중 내란 음모 사건 기소, 언론 통폐합, 비판적 기자·교수 해직
② **전두환 정부의 성립(1980. 8)** : 7년 단임의 대통령 간선제(대통령 선거인단)의 헌법 제정(→ 전두환 대통령 선출)
③ **강압 통치** : 정치 활동 규제, 공직자 숙청, 언론 통폐합, 민주화 운동, 노동 운동 탄압
④ **유화 정책** : 해외 여행 자유화, 통행 금지 해제, 교복 자율화 등
⑤ **경제 성장** : 3저 호황(유가 하락, 달러 가치 하락, 금리 하락)

국가 보위 비상 대책 위원회(국보위)
대통령의 자문 및 보좌 기관이라는 명목으로 조직된 비상 기구. 위원장은 전두환이었음

11. 6월 민주 항쟁(1987)과 노태우 정부(제6공화국)

(1) 6월 민주 항쟁

6월 민주 항쟁

SEMI-NOTE

6 · 29 민주화 선언
- 여야 합의 하에 조속히 대통령 직선제로 개헌하고 새 헌법에 의해 대통령 선거를 실시, 1988년 2월 평화적 정부 이양을 실현한다.
- 직선 제도의 변경뿐만 아니라 이를 민주적으로 실천하기 위해 대통령 선거법을 개정, 자유로운 출마와 공정한 선거를 보장하여 국민의 심판을 받도록 한다.
- 국민적 화해와 대동단결을 위해 김대중 씨를 사면 복권시키고, 자유 민주주의적 기본 질서를 부인한 반국가사범이나 살상·방화·파괴 등으로 국기를 흔들었던 소수를 제외한 모든 시국 관련 사정들을 석방한다.

박종철 고문 치사 사건과 이한열의 사망
- 박종철 고문 치사 사건 : 1987년 1월 14일, 서울대학교 학생인 박종철이 고문으로 인해 사망한 사건. 이를 두고 경찰에서는 "탁, 하고 치니까 억, 하고 죽었다."는, 어처구니없는 경위 발표를 하였음. 부검 결과 박종철은 물 고문 중 사망한 것으로 밝혀졌음
- 이한열의 사망 : 시위 도중 최루탄으로 사망하였음

청문회
5·18 민주화 운동의 진상을 밝히기 위한 것이었으나 큰 효과를 거두지는 못함

---

① 배경 : 전두환 정권의 독재 정치, 박종철 고문 치사(1987. 1. 14)
② 전개
  ㉠ 직선제 요구 시위
  ㉡ 4·13 호헌 조치 : 현행 헌법으로 대통령 선거
  ㉢ 이한열 사망(6. 9)
  ㉣ 박종철 고문 치사 규탄 및 호헌 철폐 국민 대회(6월 민주화 운동, 6. 10)
③ 결과 : 노태우의 6·29 민주화 선언 발표(대통령 직선제, 평화적 정권 이양, 기본권 보장 약속)

실력UP 4·19 혁명과 6월 민주 항쟁 비교

	4·19 혁명	6월 민주 항쟁
원인	3·15 부정 선거	4·13 호헌 조치
전개 과정	김주열 사망 → 전국적 시위 → 계엄령 발동	박종철·이한열 사망 → 전국적 시위 → 계엄령 발동 안 함
결과	• 내각 책임제 • 정권 교체(장면 내각)	• 대통령 직선제 • 정권 교체 실패(노태우 정부)

(2) 노태우 정부(제6공화국, 1988. 3~1993. 2)

① 헌법 개정(1987. 10) : 5년 단임, 대통령 직선제
② 성립 : 야당의 후보 단일화 실패로 노태우 대통령 당선(1987)
③ 정치 : 5공 청문회 개최, 지방 자치제 부분적 실시, 언론 기본법 폐지
④ 외교 : 소련(1990)·중국(1992)과 수교, 남북한 유엔 동시 가입(1991)
⑤ 3당 합당(1990)
  ㉠ 1988년 13대 총선에서 여당인 민정당 참패
  ㉡ 민주 정의당(노태우), 통일 민주당(김영삼), 신민주 공화당(김종필)의 합당

12. 김영삼 정부(문민 정부, 1993. 3~1998. 2)

(1) 성립

1992년 12월 김영삼 대통령 당선(→ 5·16 군사 정변 이후 30여 년만의 민간인 출신 대통령)

(2) 주요 정책

공직자 재산 등록, 금융 실명제, 지방 자치제 전면 실시, 역사 바로 세우기 운동(전두환, 노태우 구속)

(3) 외환 위기

집권 말기 국제 통화 기금(IMF)의 구제 금융 지원 요청

13. 김대중 정부(국민의 정부, 1998. 3~2003. 2)

(1) 성립

야당의 김대중 후보가 당선(→ 최초의 평화적 정권 교체)

(2) 주요 정책

① 외환위기 극복, 민주주의와 시장 경제의 병행 발전을 천명
② 국정 전반의 개혁과 경제난의 극복, 국민 화합의 실현, 법과 질서의 수호 등을 국가적 과제로 제시
③ 햇볕 정책 추진(→ 금강산 관광 사업 시작(1998), 남북 정상 회담 개최 및 6·15 공동 선언 발표(2000))

14. 김대중 정부 이후

(1) 노무현 정부(참여 정부, 2003.02~2008.02)

저소득층을 위한 복지 정책 강화, 한·칠레 자유 무역 협정 발표(2004), 제2차 남북 정상회담(2007)

(2) 이명박 정부(2008.02~2013.02)

4대강 살리기(친환경 녹색 성장 등) 추진, 한미 FTA 비준(2012)

(3) 박근혜 정부(2013.02~2017.03), 문재인 정부(2017.05~)

① 박근혜 정부 : 5년 임기를 채우지 못하고 2017년 3월 10일 탄핵됨
② 문재인 정부 : 2017년 5월 9일 대통령 선거 실시, 당선됨

02절 통일 정책

1. 남북한의 대치(1950~1960년대)

(1) 이승만 정부

① 통일 정책 : 북진 통일론, 반공 정책 고수
② 진보당 사건(1958) : 평화 통일론을 주장한 조봉암 사형

(2) 장면 내각

① 통일 정책 : 북진 통일론 철회, 유엔 감시하의 남북한 총선거 주장, 선 경제 건설 후 통일 제시
② 민간에서의 통일 논의 활발 : 중립화 통일론, 평화 통일론, 남·북 학생 회담 추진(가자 북으로, 오라 남으로)(→ 정부가 저지함)

SEMI-NOTE

헌법개정 ★ 빈출개념

	개정 요지	특기 사항
제헌 헌법 (1948)	• 대통령 간선제(국회) • 1회 중임 가능, 임기 4년	제헌 의회에서 제정
제1차 개헌 (1952)	대통령 직선제	발췌 개헌
제2차 개헌 (1954)	초대 대통령에 한해 연임 제한 규정 철폐	사사오입
제3차 개헌 (1960)	• 내각 책임제, 양원제 • 기본권 강화	4·19 혁명의 결과
제4차 개헌 (1960. 11)	부정 선거 관련자, 부정 축재자 처벌 소급 특별법 제정을 위한 개헌	-
제5차 개헌 (1962)	• 대통령 직선제 • 임기 4년, 단원제	국민 투표를 통한 개정(최초)
제6차 개헌 (1969)	대통령 3선 금지 규정 철폐	-
제7차 개헌 (1972)	• 대통령 간선제(통일 주체 국민 회의) • 임기 6년, 중임 제한 없음	유신 헌법
제8차 개헌 (1980)	• 대통령 간선제(선거인단) • 임기 7년, 단임제	단임제
제9차 개헌 (1987)	• 대통령 직선제 • 임기 5년, 단임	6월 민주 항쟁의 결과

SEMI-NOTE

1·21 사태
1968년 1월 21일 북한의 무장 게릴라들이 청와대를 습격하고 정부 요인을 암살하기 위하여 서울 세 검정 고개까지 침투한 사건. 밤을 틈타 수도권까지 이른 이들은 세검정 고개의 자하문을 통과하려다가 경찰의 불심 검문을 받자 수류탄과 기관단총으로 무차별 공격을 퍼붓는 한편, 지나던 시내버스에도 수류탄을 투척하여 많은 시민들을 살상하였음. 군과 경찰은 침입한 게릴라 중 28명을 사살하고 1명을 생포하였는데, 생포된 게릴라 김신조는 한국에 귀순하였다. 이 사건을 계기로 향토예비군이 창설되었음

푸에블로호 납치 사건
1968년 1월 23일 북한 원산항 앞 공해상에서 미국 정보 수집함 푸에블로호가 북한의 해군 초계정에 납치된 사건. 이에 대하여 미국은 핵 추진 항공모함 엔터프라이즈호 및 구축함 2척을 출동시키는 한편, 소련에 푸에블로호의 송환을 알선해 줄 것을 요구하였으나 거절당했음. 북한은 푸에블로호 승무원들을 고문하여 그들이 북한 영해를 침범했음을 시인하도록 강요하였음. 북한에서는 이 사건을 미국의 불법적이고 침략적인 도발 행위로 선전하였음. 1968년 12월 23일 북한은 판문점을 통해 승무원 82명과 유해 1구를 송환하였는데, 이를 위해 미국은 푸에블로호의 북한 영해 침범을 시인하고 사과하는 것을 요지로 하는 승무원 석방 문서에 서명해야 했음

(3) 박정희 정부
① 반공 강화 : 반공을 국시로 삼음
② 선 건설 후 통일론 제시(→ 민간의 통일 운동 탄압)

(4) 북한의 통일 정책
① 연방제 통일 방안 제시(1960) : 남북의 정치 체제 유지, 연방제 실시
② 1·21 사태(1968), 푸에블로호 납치(1968) : 한반도의 긴장 고조

2. 남북 대화의 출발(1970~1980년대)

(1) 배경
냉전 완화, 닉슨 독트린(1969), 닉슨 대통령의 중국 방문(1972)

(2) 통일 정책의 변화(1970년대)
① 8·15 선언(1970) : 한반도 평화 정착을 위한 선의의 체제 경쟁 제의
② 남북 적십자 회담 제의(1971) : 북한이 수용하여 남북한 적십자 회담이 개최됨
③ 7·4 남북 공동성명(1972) ★ 빈출개념
  ㉠ 민족 통일 3대 원칙 : '자주·평화·민족 대단결'의 원칙
  ㉡ 합의 사항 : 통일 문제 협의를 위해 남북조절위원회 설치, 남북 직통 전화 설치
  ㉢ 한계 : 남북한 모두 독재 체제 강화에 이용(유신 헌법, 사회주의 헌법)

> **실력 up 7·4 남북 공동 성명**
> 첫째, 통일은 외세에 의존하거나 외세의 간섭을 받음이 없이 자주적으로 해결하여야 한다.
> 둘째, 통일은 서로 상대방을 반대하는 무력 행사에 의거하지 않고 평화적 방법으로 실현하여야 한다.
> 셋째, 사상과 이념, 제도의 차이를 초월하여 우선 하나의 민족으로서 민족적 대단결을 도모하여야 한다.

④ 6·23 평화 통일 외교 정책 선언(1973) : 남북한 유엔 동시 가입과 호혜 평등의 원칙하에 문호를 개방
⑤ 상호 불가침 협정의 체결(1974) : 평화 통일의 3대 기본 원칙에 입각해 제안

(3) 남북한의 통일 방안(1980년대)
① 남한 : 민족 화합 민주 통일 방안 제시(1982)

민족 통일 협의회 구성 ▶ 국민 투표로 통일 헌법 ▶ 남북한 총선거 ▶ 통일 민주 공화국

② 북한 : 고려 민주 연방 공화국 창립 방안(1980), 1국가 2체제
③ 남북 이산가족 고향 방문(1985) : 이산가족 고향 방문단 및 예술 공연단의 교환 방문

3. 남북 관계의 새로운 진전(1990년대 이후)

(1) 노태우 정부

① 7·7선언(1988) : 북한을 적대의 대상이 아니라 상호 신뢰·화해·협력을 바탕으로 공동 번영을 추구하는 민족 공동체 일원으로 인식
② 한민족 공동체 통일 방안(1989) : 자주·평화·민주의 원칙 아래 제시
③ 남북 고위급 회담, 남북한 유엔 동시 가입(1991)
④ 남북 기본 합의서 채택(1991. 12)·발효(1992) : 상호 화해와 불가침, 교류 및 협력 확대 등을 규정
⑤ 한반도 비핵화 공동 선언 채택(1991. 12)·발효(1992)

(2) 김영삼 정부

① 3단계 3기조 통일 정책(1993) : 화해·협력, 남북 연합, 통일 국가 완성의 3단계 통일 방안을 효율적으로 실천하기 위해 민주적 국민합의, 공존공영, 민족 복리의 3대 기조를 바탕으로 하는 통일 정책을 마련
② 민족 공동체 통일 방안(1994. 8) : 한민족 공동체 통일 방안과 3단계 3기조 통일 정책을 수렴하여 종합한 것

③ 제네바 합의(1994) : 북한 핵 동결, 경수로 건설 제공, 북·미 관계 정상화
④ 한반도 에너지 개발 기구(KEDO)에 의한 경수로 발전 사업 추진

(3) 김대중 정부

① 베를린 선언(2000) : 남북 경협, 냉전 종식과 평화 공존, 남북한 당국 간 대화 추진
② 남북 정상 회담 개최(2000)
③ 6·15 남북 공동 선언(2000) : 1국가 2체제 통일 방안 수용(통일을 위한 남북의 연합제와 연방제의 공통성 인정), 이산가족 방문단의 교환, 협력과 교류의 활성화 등
④ 금강산 관광 시작(1998), 육로 관광은 2003년부터 시작
⑤ 경의선 철도 연결 사업(2000년 9월 착공)

(4) 노무현 정부

① 남북 경의선 철도 복원(2003년 6월 연결 행사) 및 정기 운행(2007. 12)
② 2007 남북 정상 선언문(10·4 선언, 2007. 10)
  ㉠ 제2차 남북 정상회담으로 기본 8개 조항에 합의하고 공동으로 서명
  ㉡ 6·15 남북 공동 선언의 구현, 남북 관계의 상호 존중과 신뢰, 군사적 적대관계 종식 및 한반도 긴장 완화와 평화 보장을 위한 협력, 다자간 협력, 경제 협력 사업의 활성화 및 확대, 각 분야의 교류와 협력, 인도주의 협력 사업의 적극 추진 등을 포함

SEMI-NOTE

남북 기본 합의서

남과 북은 분단된 조국의 평화적 통일을 염원하는 온 겨레의 뜻에 따라 7·4 남북 공동 성명에서 천명된 조국 통일 3대 원칙을 재확인하고, 정치·군사적 대결 상태를 해소하여 민족적 화해를 이룩하고, 무력에 의한 침략과 충돌을 막고 긴장 완화와 평화를 보장하며, 다각적인 교류 협력을 실현하여 민족 공동의 이익과 번영을 도모하며, 쌍방 사이의 관계가 나라와 나라 사이의 관계가 아닌 통일을 지향하는 과정에서 잠정적으로 형성되는 특수 관계라는 것을 인정하고, 평화 통일을 성취하기 위한 공동의 노력을 경주할 것을 다짐하면서 다음과 같이 합의하였음

- 남과 북은 서로 상대방의 체제를 인정하고 존중한다.
- 남과 북은 상대방에 대하여 무력을 사용하지 않으며, 상대방을 무력으로 침략하지 아니한다.
- 남과 북은 민족 경제의 통일적이며 균형적인 발전과 민족 전체의 복리 향상을 도모하기 위하여 자원의 공동 개발, 민족 내부 교류로서 물자 교류, 합작 투자 등 경제 교류와 협력을 실시한다.
- 남과 북은 흩어진 가족과 친지의 자유로운 서신 거래와 왕래, 상봉 및 방문을 실시하고 자유 의사에 의한 재결합을 실현하며 기타 인도적으로 해결할 문제에 대한 대책을 강구한다.

제1차 남북 정상 회담(2000)

제2차 남북 정상 회담(2007)

SEMI-NOTE

③ 개성 관광(2007. 12) : 2007년 12월에 시작, 2008년 12월 이후 중단된 상태

(5) 문재인 정부

① 4 · 27 판문점 선언(2018) : 문재인 대통령과 김정은 국방위원장이 판문점에서 만나 발표
② '한반도의 평화와 번영, 통일을 위한 판문점 선언'
  ㉠ 군사적 긴장 상태를 완화하고 전쟁 위험을 실질적으로 해소하도록 공동으로 노력
  ㉡ 현재의 정전 상태를 종식시키고 확고한 평화 체제를 수립하도록 함
  ㉢ 남과 북은 완전한 비핵화를 통해 핵 없는 한반도를 실현한다는 공동의 목표를 확인

미 군정의 토지 정책
- 일본인 소유의 토지 몰수, 유상 분배
- 경작 농민을 위한 토지 개혁이 되지는 못함

미곡 수집령
농가의 잉여 양곡을 수집하여 비농가에 배급하는 전면적인 양곡 유통 통제 정책

농지 개혁법의 실시
- 주요 내용
  - 유상 매입 : 법령 및 조약에 의하여 몰수하거나 국유로 된 농지, 직접 땅을 경작하지 않는 사람의 농지, 직접 땅을 경작하더라도 농가 1가구당 3정보를 초과하는 농지는 정부가 사들였다.
  - 총 경영 면적 제한 : 분배 농지는 1가구당 총 경영 면적이 3정보를 넘지 못하였다.
  - 상환 : 분배받은 농지에 대한 상환액은 평년작을 기준으로 하여 주요 생산물의 1.5배로 하고, 5년 동안 균등 상환하도록 하였다.
- 실시 전후 소작지 면적의 변화 : 1947년 소작지의 89.1%가 1951년까지 자작지(自作地)로 바뀌었다. 그중 미국 군정청에 귀속되었던 농지를 유상 분배한 것이 18.9%였고, 지주의 임의 처분에 의한 것이 49.2%이므로 농지 개혁의 실시로 소작지에서 자작지로 바뀐 것은 31.9%에 불과하였다.
  - 이종범, 〈농지 개혁사 연구〉 -

03절 경제 발전과 사회·문화의 변화

1. 해방 이후의 경제 혼란과 전후 복구

(1) 광복 직후의 경제 혼란

① 일제하의 우리 경제는 일본 경제에 예속되어 자본과 기술이 일본인들에게 독점됨으로써 정상적으로 발전하지 못함
② 국토 분단과 경제 혼란의 계속 : 극심한 인플레이션 · 원자재와 소비재 부족 · 식량 부족 등으로 큰 어려움을 겪음, 농업과 경공업 중심의 남한 경제는 어려움이 가중됨, 월남민의 증가

(2) 이승만 정부의 경제 정책 ★빈출개념

① 경제 정책의 기본 방향
  ㉠ 농업과 공업의 균형 발전, 소작제의 철폐, 기업 활동의 자유 보장, 사회 보장 제도의 실시, 인플레이션의 극복 등
  ㉡ 미국과 경제 원조 협정을 체결, 일본인이 소유했던 공장을 민간 기업에 불하, 농지 개혁법을 제정 · 시행하여 농촌 경제의 안정을 꾀함
② 농지 개혁법(1949년 제정, 1950년 시행)
  ㉠ 목적 : 소작제를 철폐하고 자영농을 육성하고자 경자 유전의 원칙에 따라 시행
  ㉡ 원칙
    - 삼림, 임야 등 비경작지를 제외한 농지만을 대상으로 한 개혁
    - 3정보를 상한으로 그 이상의 농지는 유상 매입하고 지가 증권을 발급하여 5년간 지급
    - 매수한 토지는 영세 농민에게 3정보를 한도로 유상 분배하여 5년간 수확량의 30%씩을 상환하도록 함(→ 예외적으로 부재 지주의 농지는 무상 몰수 · 유상 분배)

ⓒ 결과
- 지주 중심의 토지 제도가 해체되고 자작지와 자작농이 증가
- 소작권 이동을 금지하고 농지 매매를 제한
- 지주층의 반대로 제도 시행 전에 사전 매도 현상이 발생
- 지주의 사전 매도로 법의 실효성이 떨어지고 신흥 지주 계층 형성

③ 귀속 재산 불하 : 일본인 소유의 재산을 민간인에게 불하
④ 경제 복구 사업
ⓐ 삼백 산업(三白産業)의 성장 : 1950년대 후반부터 미국의 원조 물자에 토대를 둔 제분(製粉)·제당(製糖) 공업과 섬유 공업이 성장
ⓑ 문제점 : 원조 경제의 폐해, 미국 잉여 농산물 도입에 따른 농업 기반 파괴, 경제의 대미 의존도 심화
ⓒ 삼분 산업(三粉産業)의 생산 증가 : 시멘트·비료·밀가루 등

2. 경제 발전의 과정

(1) 경제 개발 5개년 계획의 추진(박정희 정부)

① 경제 개발 계획의 수립
ⓐ 최초 계획 : 이승만 정부가 작성한 7개년 계획
ⓑ 수정 : 장면 내각은 처음의 7개년 계획안을 5개년 계획안으로 수정
ⓒ 실천 : 1960년대 박정희 정부가 경제 개발 5개년 계획을 추진

② 경제 개발 계획의 추진
ⓐ 제1, 2차 경제 개발 계획(1962~1971) : 기간 산업, 사회 간접 자본 확충, 경공업 중심의 수출 산업 육성, 베트남 특수로 호황, 새마을 운동 시작(1970)
ⓑ 제3, 4차 경제 개발 계획(1972~1981) : 중화학 공업 육성, 중동 진출, 새마을 운동 확산

③ 성과 : 고도 성장, 국민 소득 증가, 신흥 공업국으로 부상
④ 문제점 : 빈부 격차 심화, 미·일 의존도 심화, 외채 급증, 농촌 피폐, 재벌 중심 경제, 정경 유착, 저임금과 노동 운동 탄압, 공해 문제 등

실력UP 1960~1970년대 무역의 특징

- 원자재와 기술의 외국 의존도가 높아 외화 가득률이 낮음 : 1962년에서 1973년까지 공산품만의 외화 가득률은 34%에서 62%로 증가하였지만 수출 전체의 외화 가득률은 82%에서 65%로 줄었음
- 국가 경제의 무역 의존 증가 : 수출 위주의 정책으로 인하여 무역 의존도는 1961년의 21%에서 1975년에는 74%로 증가
- 무역 상대국이 일본과 미국에 편중 : 원자재와 기계를 일본에서 들여온 다음 상품을 만들어 주로 미국에 수출하는 구조를 가지고 있으며, 1967년에 미국과 일본에 대한 편중도가 69%인데 1972년에는 72%로 증가하는 추세

SEMI-NOTE

재벌의 성장
귀속 재산은 일제 강점기 일본인 소유의 재산, 기업, 시설 등을 말함. 귀속 재산 불하 시의 특혜로 인해 재벌이 성장하였음

미국의 소비재 산업 원조
1950년대 우리나라는 전쟁으로 인해 파괴된 시설의 복구 등을 위해 생산재 공업이 필요한 상황이었음. 그러나 미국의 지원은 소비재 산업 위주로 이루어졌으며, 이에 따라 생산재 산업 부진으로 인한 산업 불균형이 발생하였음

제1차 석유 파동(1973)
- 경공업 위주의 경제 정책 추진으로 인해 석유 의존도가 낮음
- 중동 특수를 통해 극복, 경제 성장

SEMI-NOTE

1980년대 이후 노동 환경의 변화
- **노동 운동의 활발한 전개** : 민주화 운동의 진전과 사회의식의 향상, 권리 주장의 확산 등에 따라 노동 운동이 활발하게 전개
- **정부의 노동 정책의 변화**
  - 저임금 문제 등 전반적인 노동 문제를 해결하기 위하여 노동 관계법을 개정
  - 기업가와 노동자의 인간적 관계와 직업윤리를 정착시키기 위하여 노력
  - 새로운 노사 문화가 정착되고 노동 환경이 개선되어 생산성도 증가

제2차 석유 파동(1979)
- 중화학 공업 위주의 경제 정책 추진으로 인해 경제 성장률 마이너스 기록, 물가 상승, 경기 불황, 국제 수지 악화 (1980년대)
- 3저 호황(저금리, 저유가, 저달러)으로 극복

외환위기(1997)
금융권의 부실 개정, 대기업의 과잉 투자, 외국 자본의 국외 이동 등으로 인해 발생한 외환 부족

대도시의 인구 급증
1960년대 이후, 경제적으로 어려움을 겪고 있던 농촌 사람들이 일자리를 찾아 대도시나 신흥 산업 도시로 이동하자 이들 도시의 인구가 급팽창하였음. 또한 농촌과 도시 간 소득 격차 역시 젊은층이 도시로 몰리는 원인이 되었음

저출산, 고령화
- **저출산** : 핵가족화가 급격히 진행
- **고령화** : 낮은 출산율과 인구 고령화의 빠른 진행

산업화와 도시화의 영향
- 우리나라의 근대화와 발전에 크게 기여
- 가족 제도의 붕괴, 노동자 및 실업자 문제 등 여러 사회·경제적 문제도 양산
- 산업화와 함께 여성의 지위와 사회적 위상이 제고

---

(2) 1980년대 이후의 경제

① **1980년 전후** : 중화학 공업에 대한 과잉·중복 투자, 정치 불안정, 제2차 석유 파동(→ 경제 위기 발생)
② **전두환 정부** : 중화학 공업 투자 조정, 3저 호황(저유가, 저달러, 저금리)
③ **김영삼 정부** : 금융 실명제 실시, 신경제 5개년 계획 발표(1993), 세계 무역 기구(WTO) 출범(1995), 경제 협력 개발 기구(OECD) 가입(1996), 외환위기(1997)
④ **김대중 정부** : 금 모으기 운동, 노사정 위원회 구성, 신자유주의 경제 정책 추진, 수출, 무역 흑자 증가, 벤처 기업 창업 등으로 외환위기 극복

3. 사회의 변화

(1) 급속한 경제 발전에 따른 사회 문제

농촌의 피폐와 도시 빈민층의 형성, 기업의 근로 기준법 위반, 노사 갈등의 발생, 환경오염의 증가, 국가 주도의 급속한 경제 발전에 따라 노약자·빈곤층·실업자 등 소외 계층 발생

(2) 1960년대 이후의 정책

① **성장 위주의 정책** : 대기업 성장, 노동자 수의 증가, 빈부의 차 발생
② **도시와 농촌의 불균형** : 사회 기반 시설 및 소득의 격차, 대규모 이농 현상으로 대도시의 인구의 급증(도시 문제 발생), 농촌 인구 감소
③ **사회 보장 제도 시행** : 급격한 성장에서 오는 문제들을 해결하기 위하여 사회 보장 제도를 마련

4. 산업화와 도시화

(1) 산업 구조의 변화

산업화의 진전과 고도 성장 달성, 산업 구조가 선진국형으로 바뀌었고 공업 구조도 경공업 중심에서 중화학 공업 중심으로 바뀜

(2) 사회 문제의 발생

① 환경 문제의 발생
  ㉠ 성장 우선주의 정책에 수반하여 1960년대 말부터 발생
  ㉡ 환경 문제 해결을 위해 환경부처를 설치하고 관련 법률 제정, 공해 규제, 환경에 대한 경각심 고취, 환경 보호 실천 등에 역점을 둠
② 농촌 문제의 발생
  ㉠ 수출 주도형 경제 개발로 말미암아 농업은 희생을 감수
  ㉡ 침체된 농촌 사회에 활기를 불어 넣기 위해 새마을 운동 실시

5. 교육, 사상 및 종교

(1) 교육의 발전

① 미 군정 시기
  ㉠ 식민지 교육 체제가 무너지고 미국식 교육이 도입
  ㉡ 6·3·3·4제의 학제를 근간으로 하는 교육 제도 마련
  ㉢ 교육 이념 : 홍익 인간, 애국심의 함양, 민주 시민의 육성 등
② 이승만 정부 : 의무 교육 실시, 국방 교육 강조
③ 4·19 혁명 이후 : 교육의 정치적 중립을 확보하려는 움직임과 더불어 학원 민주화 운동이 활발하게 전개
④ 박정희 정부 : 교육의 중앙 집권화와 관료적 통제, 국민 교육 헌장의 선포, 중학교 무시험 진학 제도, 대학 입학 예비고사와 학사 자격 고시 등
⑤ 1970년대
  ㉠ 국사와 국민 윤리 교육의 강화와 함께 새마을 교육 실시, 고교 평준화 추진
  ㉡ 한국 교육 개발원 설립, 방송 통신 대학과 고등 학교가 설치
⑥ 1980년대
  ㉠ 국민 정신 교육을 강조하고 통일 안보 교육, 경제 교육 등을 실시
  ㉡ 대학 졸업 정원 제도 도입, 다수의 대학 설립
⑦ 1990년대 이후
  ㉠ 창의력 신장과 시민 의식을 육성하기 위한 교육 개혁이 지속적으로 추진됨
  ㉡ 열린 교육·평생 학습 사회 건설 지향, 대학 수학 능력 시험 도입
  ㉢ 김대중 정부 시대 : 중학교 의무 교육 실시, 만 5세 유아에 대한 무상 교육·보육 등 추진

(2) 사상 및 종교

① 현대의 사상
  ㉠ 광복 후 : 민족주의, 민주주의, 반공 등 여러 이념이 혼재
  ㉡ 1960년대 이후 : 민족주의와 민주주의가 중요한 이념으로 자리 잡음
  ㉢ 1980년대 초 : 5·18 민주화 운동과 6월 민주 항쟁 등을 거치면서 사회 전반에 걸쳐 이들 이념들이 뿌리를 내림
  ㉣ 1980년대 말 : 냉전 체제가 해체되기 시작, 남북 간 화해의 기운이 높아짐
② 종교 활동
  ㉠ 개신교 : 교단의 통일과 사회 참여를 모색하면서 교세를 확장
  ㉡ 천주교 : 활발한 포교 활동 전개, 교황의 방한, 103위 순교자의 시성 등
  ㉢ 불교 : 1970년대부터 일대 혁신 운동을 전개, 농촌 지역뿐만 아니라 도시에서도 지속적으로 발전
  ㉣ 기타 종교 : 민족 종교인 천도교·대종교·원불교도 그 나름의 기반 확립과 교세 확장에 노력

6. 예술과 문학

SEMI-NOTE

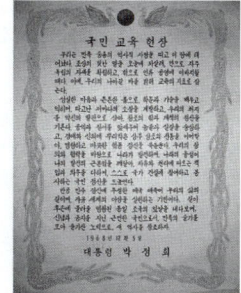

국민 교육 헌장

학력 구성의 변화
광복 이후 교육은 양적 면에서 크게 확대되어, 사회 전체적으로 고학력화 되어가고 있음. 특히 초등학교 졸업 이하의 비율이 큰 폭으로 감소하였고, 중졸자의 비율도 1990년 이후 감소하고 있음

해방 공간(1945~1948)
8·15 광복 직후부터 독립 정부 구성까지를 이르는 말. 당시 우리나라는 독립 정부를 구성하지 못한 채 미 군정 치하에 있었는데 좌·우익의 대립이 극심하였음

SEMI-NOTE

언론 활동 · 대중문화 · 체육 활동 · 과학 기술의 발전

- 언론 활동
  - 광복 이후 : 신문, 잡지, 라디오, 텔레비전 방송, 인터넷 신문, 인터넷 방송 등 등장
  - 언론 통제 : 박정희 정부, 전두환 정부의 언론 탄압
  - 1990년대 이후는 정보의 취사선택으로 언론의 사회적 책임을 요구하는 여론이 높음. 인터넷 익명성에 의한 부정적 문제가 제기
- 대중문화
  - 미군정기와 6 · 25 전쟁을 통해 미국식 춤과 노래 유행, 경제 발전과 대중 매체 보급으로 1960년대부터 대중문화 성장
  - 가요, 드라마, 코미디가 대중문화의 중심(1970년대), 민주화와 사회 · 경제적 평등을 지향하는 활동이 대중문화에 영향(1980년대~1990년대), 한류라는 이름으로 여러 나라에서 인기를 가짐(1990년대 말 이후)
- 체육 활동
  - 보스턴 마라톤 대회에서 우리나라 선수 우승으로 국가 위상을 알림(1947), 선수촌 건립(박정희 정부), 몬트리올 올림픽 대회 레슬링 종목에서 광복 이후 최초로 금메달 획득(1976)
  - 제10회 아시아 경기 대회(1986), 제24회 서울 올림픽 대회(1988), 월드컵 축구 대회(2002) 개최
  - 삶의 질 향상을 위한 사회 체육에 대한 관심과 지원 높아짐
- 과학 기술
  - 원자력 연구소 설립(1950년대), 한국 과학 기술 연구소(KIST) 설립(1966)
  - 정부와 민간의 기술 투자, 통신 · 교통 · 컴퓨터 · 반도체 등 성장
  - 위성 아리랑호, 무궁화 7호, 나로호 등 발사 성공
  - 과제 : 소외시킨 기초 학문에 대한 투자, 인간 윤리와 자연환경과 조화를 이루어야함

(1) 시기별 전개

① 광복 후
  ㉠ 예술 단체의 분열 : 광복 직후 좌 · 우익에 따라 성격이 나뉘어 분열
  ㉡ 민족주의적 자유주의 문인 중심의 순수 문학 작품이 주류를 이룸
  ㉢ 시 : 김기림 등이 해방 공간 시기에 새해의 노래 등을 발표

② 1960년대
  ㉠ 중등 교육의 확대와 경제 여건 향상에 따라 문화의 대중화 현상이 등장
  ㉡ 전쟁 중 소시민들의 삶을 주제로 하는 문학 예술 작품이 출간됨, 인간의 가치와 삶을 주제로 다룬 예술 활동이 활발해짐
  ㉢ 국립 극장과 드라마 센터가 건립, 각 대학에 예술 분야의 학과가 설치됨

③ 1970년대
  ㉠ 민족 문학론이 대두되어 현실의 비판과 민주화 운동의 실천, 통일 문제를 다루는 데까지 진전
  ㉡ 일부에서는 민중의 삶을 주제로 삼는 민중 문학 운동이 전개

④ 1980년대 이후
  ㉠ 문화 향유층이 급격하게 확대되었고, 다양한 내용과 형식을 가진 문화가 등장
  ㉡ 이전 문화의 틀에서 벗어나 더 분방한 경향을 추구하는 포스트모더니즘이 등장

(2) 현대 문화의 문제점과 과제

① 전통 문화는 점점 대중화와 서양화에 밀려 자리를 잃어 가고 있으며, 감각적이고 상업적인 대중 문화가 성행

② 세계화의 추세 속에서 민족 문화를 발전시키는 것과 세계적인 문화를 창출하는 것이 과제로 제기됨